KB0733684

미세공격

미세공격

삶을 무너뜨리는 일상의 편견과 차별

Microaggressions in Everyday Life
(Second Edition)

데럴드 윙 수·리사 베스 스패니어만 지음 | 김보영 옮김

3부 실천: 조사연구, 교육, 상담

4부 미세공격과 거대공격을 무장해제하기

일러두기

1. 외국 작품명, 인명, 지명의 우리말 표기는 대체로 국립국어원 외래어표기법을 따랐다.

2. 단행본과 정기간행물은 겹꺾쇠《 》, 단편 작품, 영화, 드라마, 다큐멘터리, 강연, 비디오 클립, 일간지는 홑꺾쇠〈 〉, 논문과 짧은 글은 큰따옴표 " "로 구분했다.

3. 각주는 원주이고, 옮긴이주는 해당 부분에 괄호로 병기했다.

4. 논문 등을 제외하고 큰따옴표 " "로 표기한 부분과 굵은 서체는 원서의 강조이다.

5. 외국 도서의 제목은 최대한 원어의 느낌을 살려 번역하고 원제를 병기했다. 국내 번역 본이 있는 경우 번역본의 한글 제목을 우선했다.

《미세공격: 삶을 무너뜨리는 일상의 편견과 차별Microaggressions in Everyday Life(2nd edition)》(이후《미세공격》으로 줄여 사용)은 우리 사회에서 소외집단 구성원들의 삶에 일상적인 편견, 편향, 차별이 끼치는 유해한 영향을 다룬 책이다. 초판을 바탕으로 하되 전면 개정, 업데이트한 2판에서는 다양한 소외집단과 여러 환경에서 나타나는 미세공격의 표출 형태와 작동 방식, 영향에 관한 최근의 연구 결과와 학계에서 현재 주목하는 바를 분석한다. 미세공격 이론은 심리학, 교육, 법, 의료, 공공정책 등 여러 전문 분야에서 다루어지고 있으며, 인쇄 매체, 텔레비전, 라디오 등의 주류 담론은 물론 블로그나 페이스북 같은 소셜미디어에서도 중요한 쟁점이 되었다. 또한 초기에 유색인과 그들의 공동체에 초점을 맞추었던 미세공격 개념이 이제는 사회의 여러 소외집단(여성, 성소수자(LGBTQ), 장애인, 종교적 소수자, 빈곤층)과 다양한 상황(교실, 공공장소, 직장)에도 적용되고 있다. 2017년에는 메리엄웹스터 영어 사전에도 "미세공격"이라는 단어가 등재되었을 만큼, 이 용어는 미국 영어의 공식적인 어휘가 되었다.

초판을 읽은 독자라면 2판에서 다룬 내용에 큰 변화가 있음을 금방 알아볼 것이다. 이 변화에는 특히 리사 B. 스패니어만과 수행한 협업 이 큰 역할을 했다. 스패니어만 박사는 인종차별이 미국의 백인에게 부과하는 심리사회적 비용과 미세공격이 피해자에게 끼치는 유해성, 인종 정의를 지지하는 백인 협력자의 역할과 책임에 대한 전문가다. 개정판에서 그녀의 전문성은 신선하고 사회 변화에 발맞춘 시각을 제 공했으며, 새롭고 중요한 주제를 도입하고 미세공격 연구를 일상생활 에 적용할 수 있게 해주었다. 구성과 내용의 여러 변화에도 불구하고 초판의 독자들이 특히 유용하다고 평가해 준 세 가지 특징은 그대로 유지했다. (a) 대부분의 장 첫머리에 그 장 내용을 잘 보여주는 실제 사례 또는 짧은 이야기를 수록했다. (b) 시사적인 사회·정치적 사건과 오늘날 주변에서 흔히 볼 수 있는 사건을 예로 들어 명시적, 암묵적 편 향 개념을 설명했다. (c) 미세공격에 맞서기 위한 구체적인 행동과 나 아갈 방향을 제시하는 "향후의 과제"라는 절로 각 장을 마무리했다.

장 구성은 초판에서 인종차별 미세공격, 성차별 미세공격, 성적지향 미세공격을 별도로 다루었던 세 장을 제거했다. 그 대신 모든 장에서 이러한 집단 기반 미세공격을 통합하여 다루고, 표적 집단에 따른 미 세공격의 유사점과 차이점을 지적했다.

2판에서 달라진 점

여러 심리학자와 교육자들이 우리의 미세공격 분류가 편견과 차별에 관해 생각하는 방식에 혁명을 일으켰다고 평가해 주었다. "일상에서 일어나는 인종차별 미세공격: 임상 실무에서의 함의Racial Microaggressions in Everyday Life: Implications for Clinical Practice"(D. W. Sue, Capodilupo, et al., 2007)와 이 책의 초판인《미세공격: 인종, 성별, 성적지향Microaggressions in Everyday Life: Race, Gender and Sexual Orientation》(Sue, 2010)의 출판 이후 이 주제에 관한 학술지 논문과 관련 서적이 2만 편 넘게 출판되었다(Google Scholar, October 2018). 이 저술들은 수많은 조사연구, 개념/분석 모형, 사례 연구, 구술 자료, 사설 및 칼럼으로 이어졌다. 본 개정판은 미세공격에 관한 최신의 연구 결과를 반영하며, 이 분야에서 또 하나의 중요하고 획기적인 표준이 될 것으로 기대한다.《미세공격》2판의 새로운 특징과 주제는 다음과 같다.

첫째, 이 분야의 연구는 대개 미세공격이 표적 집단에게 어떻게 피해를 끼치는지에 초점을 맞춰왔지만, 우리는 개정판에서 거시 수준의 지배 및 억압 체계가 미시 수준에서 가해자의 정신과 행동에 영향을 끼치는 방식에 관해 한 장(6장)을 할애한다. 미세공격을 저지르는 사람들에 관한 연구는 아직 거의 이루어진 바가 없다. 그래서 우리는 중요한 몇 가지 질문을 던지고자 한다. 미세공격의 가해자는 누구인가? 그들은 왜, 어떻게 미세공격을 저지르는가? 가해자가 자신이 미세공격을 저지르고 있다는 사실을 인식하지 못하게 하는 요인은 무엇인가? 미세공격의 가해자는 어떤 대가를 치르는가? 마지막 질문은 특히 중요하다. 가해자에 대한 대부분의 논의는 지배집단 구성원이 억압 행위에 가담함으로써 발생하는 권력, 특권, 이점을 강조하지만 우리는 미세공격의 가해자가 인간성을 고갈시키는 다양한 심리사회적(감정적, 행동적, 영적, 도덕적) 비용을 경험한다는 사실을 확인했다.

둘째, 우리가 미세개입microintervention이라고 이름 붙인 완전히 새로운 개념 하나를 소개할 것이다. 우리가 미세공격을 연구하면서 반복적으로 질문한 한 가지는 편향이 표출될 때 그에 맞서려면 어떻게 해야 하는가였다. 미세개입이란 대인관계에서 모욕을 저지르는 가해자, 편향된 정책이나 관행을 구현하는 정부나 조직의 행위자에게 이의를 제기함으로써 미세공격과 거대공격을 무력화하거나 그 효과를 반감시키는 데 사용되는 대응 레퍼토리를 말한다. 10장에서 우리는 반편향 조치에 관한 여러 문헌과 연구 결과들을 검토하여 미세개입 전략의 개념적 틀을 마련했다. 이 장에서는 미세, 거대공격과 관련되는 주요 세 집단, 즉 피해자target, 협력자ally, 방관자bystander가 인종차별에 맞서 사용할 수 있는 반인종차별 조치를 설명할 것이다. 우리는 이 세 집단이 가해자의 차별 행위에 대해 능동적인 자세를 취해야 한다고 본다. 우리는 여러 조사연구에서 추출한 기본 원칙을 바탕으로 편견과 차별을 중단, 감소, 종식시키기 위해 개인적인 수준에서 실행할 수 있는 전략과 개입 방법을 제안할 것이다. 또한 학계와 현장에서 조직의 편향된 제도와 관행, 편향된 사회 정책에 대한 반인종차별적 미세개입 전략을 개발할 필요성을 제기할 것이다.

셋째, 7장 "미세공격 조사연구: 증거를 보여달라!"도 2판에서 새롭게 추가된 부분이다. 인간의 조건에 관해 묻고 답하는 데에는 여러 방식이 있으며, 미세공격을 연구하는 방법도 마찬가지다. 어떤 학자들은 경험적 실재experiential reality와 피해자 관점의 중요성을 폄하하지만, 우리는 방법론적 다양성이 필요하고 사람들의 생생한 경험에 귀기울여야 한다고 본다. 7장에서는 수 년에 걸쳐 미세공격 연구가 어떻게 진화해 왔는지 살펴보고, 연구 전략별 장점과 단점을 제시한 다음, 미세공격의 본질, 표출 형태, 영향에 대한 포괄적인 그림을 완성하고 미세공격의 양상이 발생 맥락과 표적 집단에 따라 어떻게 달라지는지 설명하기 위해 어떤 양적·질적 연구 방법이 사용되어 왔는지 검토할 것이다. 또한 특히 미래의 연구자들을 위해, 미세공격과 같은 편향 조사에 주로 사용되어 온 10여 가지 척도를 개괄할 것이다.

넷째, 이 책 전체에 걸쳐 "미세공격"과 "거대공격"이라는 두 용어가 사용된다. 이전의 미세공격 이론에서는 미세폭력microassault, 미세모욕microinsult, 미세부정microinvalidation의 구분에 주목했다. 그런데 사람들이 미세공격에서 비롯되는 피해의 심각성을 강조하기 위해 "거대공격"이라는 용어를 사용하기 시작하면서 혼란이 일어났다. 우리는 대인관계 맥락에서 일어나는 미세공격과 달리 거대공격은 본질적으로 시스템에 내재하므로 집단 또는 계층 전체에 영향을 끼치는 것으로 구분한다. 또한 미세공격은 개인의 신념과 태도에 의해 작동하는 반면, 거대공격은 조직과 사회의 제도, 정책, 관행에서 작동한다. 미세공격을 무력화하거나 미세공격에 대적한다는 것은 개인의 편협성을 감소시키는 것을 뜻하는 반면, 거대공격에 맞서 싸운다는 것은 모두에게 동등한 기회를 부여하지 않는 조직이나 사회의 정책 및 관행을 바꾸는 것을 뜻한다.

다섯째, 교육자이자 정신건강을 다루는 실무자로서, 우리는 이 책의 8장 "미세공격 교육"과 9장 "상담 및 심리치료와 미세공격"을 완전히 개정하여 수록했다. 미세공격에 관해 가르치는 일과 교실에서 미세공격이 일어나는 상황을 완전히 분리하기란 불가능에 가까우므로, 8장에서는 미세공격에 관한 교육과 수업 중에 일어난 미세공격을 가르침의 순간으로 활용하는 효과적인 방법을 함께 다룬다. 9장에서는 내담자가 겪고 있는 다른 문제와 일상생활에서 겪는 미세공격의 관련성에 주목한다. 또한 선의의 조력 전문가가 치료 상황에서 자기도 모르게 내담자에게 미세공격을 저지르는 경우가 있다는 점을 강조할 것이다. 이미 문제가 있어서 해결하러 온 내담자이기에 이러한 상황이 발생할 수 있다는 것은 더욱 우려스러운 일이다. 문화 감수성이 결여된 치료 행위는 이차 외상으로 이어질 수 있으며, 일상에서 이미 여러 미세공격을 겪고 있는 내담자에게라면 특히 그럴 위험이 높다. 치료사가 미세공격에 베인 상처를 치유하기는커녕 또 다른 미세공격을 가한다면, 내담자는 도움을 받을 길이 없다. 이 장에서 우리는 치료 서비스의 낮은 이용률과 조기 종료, 치료의 질 관점에서 정신 건강 격차 문제를 간략히 살펴본다. 또한 상담 과정 및 성과와 미세공격의 관련성을 탐구한 최신 연구를 검토할 것이다.

《미세공격》2판은 다음과 같이 4부로 구성된다.

1부 미세공격의 심리와 작동 원리는 세 장으로 구성되며 미세공격 이론의 개념적 틀을 제공하고, 여러 소외집단 구성원들에게 가해지는 미세공격의 표출 형태와 작동 원리, 영향을 설명한다.

1장 미세공격은 산성비처럼 우리 주변 곳곳에
- 미세공격이란 무엇인가?
- 인종차별 미세공격
    - 보이지 않고 모호한, 일상 속 인종차별
- 성차별 미세공격
- 성적지향 미세공격
- 미세공격에 대한 오해
    - 침소봉대하지 말라!
    - 정치적 올바름 운운하면 모든 것이 미세공격이다
    - 분석이 틀렸다
- 미세공격, 주변성, 유해성
- 향후의 과제: "보이지 않는 것"을 보이게 하기

2장 미세공격 분류
- 의식적이고 의도적인 차별 대 무의식적이고 비의도적인 편향

2부 피해자와 가해자에게 미세공격이 끼치는 영향은 세 장으로 구성된다. 2부에서 우리는 미세공격 피해자의 내적 투쟁과 그들의 신체와 정신의 안녕에 일어나는 피해를 이해하기 위한 모델을 제공한다. 특히 새롭게 추가된 내용은 미세공격 가해자와 미세공격이 그들에게 끼치는 영향을 분석한 6장이다.

- 그들은 왜, 어떻게 미세공격을 저지르게 되는가?
  - 지배를 창출하고 유지하는 도구
  - 현실을 규정하는 권력
- 미세공격 가해자는 왜 자신이 특권을 가졌다는 사실을 깨닫기 어려운가?
  - 1단계-인종차별주의자로 보일까 봐 두렵다
  - 2단계-억압의 공모자라는 자각이 두렵다
  - 3단계-특권을 행사하는 지위를 인정하는 것이 두렵다
  - 4단계-억압을 종식할 책임이 두렵다
- 미세공격 가해자는 어떤 대가를 치르게 되는가?
  - 억압의 인지 비용
  - 억압의 감정 비용
  - 억압의 행동 비용
  - 억압의 윤리 비용
- 향후의 과제: 윤리적 의무

3부 실천: 조사연구, 교육, 상담은 세 가지 상이한 관점에서 미세공격을 논의하는 세 장으로 구성된다. 즉 3부에서는 (a) 미세공격에 관한 조사연구는 무엇을 밝혔으며, 미세공격 연구에 어떤 연구 방법이 사용될 수 있는지, (b) 교육자가 미세공격 문제를 다루거나 가르치는 일을 어떻게 인식해야 하는지, (c) 정신 건강 전문가가 다양한 문화 배경을 지닌 내담자를 상대할 때 미세공격과 관련하여 개인적으로 각성하고 양질의 서비스를 제공하기 위해 어떠한 노력이 필요한지에 관해 다룰 것이다.

7장 미세공격 조사연구: 증거를 보여달라!

- 그들 자신의 언어로: 미세공격에 관한 질적 연구
    - 의도된 표본
    - 포커스 그룹
    - 개별 인터뷰
    - 그 외의 자료 수집 방법
    - 진실성
- 결과의 일반화: 미세공격에 관한 양적 연구
    - 미세공격 측정
    - 양적 연구 설계
- 요약
- 향후의 과제: 앞으로의 연구 방향

8장 미세공격 교육

- 교육자들의 진술: 교실에서 겪는 어려움
    - 유색인 교사가 겪는 어려움
    - 백인 교사가 겪는 어려움
- 수업에서 일어나는 미세공격에 대응하기
- 교육자가 해야 할 일
- 미세공격 교수법: 어떻게 가르칠 것인가?
- 향후의 과제: 인종 문제를 대화의 장에 올려놓는 전략

9장 상담 및 심리치료와 미세공격

- 정신 건강 서비스의 낮은 이용률
- 정신 건강 치료의 조기 종료와 치료의 질
- 다문화적 상담 역량

- 상담 및 심리치료에서 나타나는 미세공격 유형
- 미세공격이 상담 과정과 성과에 끼치는 영향
  - 혁신적 연구 방법
- 향후의 과제: 연구와 실무에서 미세공격 개념이 갖는 함의

4부 미세공격과 거대공격을 무장해제하기는 한 장으로 구성된다. 10장은 피해자, 협력자, 방관자가 미세공격을 무장해제하거나 무력화하기 위해 할 수 있는 일을 직접적으로 제시한다.

10장 미세공격과 거대공격을 무장해제하는 미세개입 전략
- 미세공격과 거대공격
- 피해자, 협력자, 방관자가 행동에 나서야 한다
  - 피해자
  - 협력자
  - 방관자
- 미세공격과 거대공격에 대응하기
- 미세개입
  - 전략상 목적: "보이지 않는 것"을 보이게 하기
  - 전략상 목적: 미세공격을 무장해제하기
  - 전략상 목적: 가해자 교육하기
  - 전략상 목적: 외부 개입과 지원 요청하기
- 미세개입과 거대공격
- 맥락의 중요성
- 향후의 과제: 미세개입과 새로운 연구 영역

이 책을 쓰는 가장 중요한 목적은 소외집단 구성원들을 겨냥한 미세공격에 관한 조사 데이터와 이론을 소개하고 개인, 조직, 사회 수준에서 미세공격 문제를 개선할 수 있는 방법을 구체적으로 제안하는 데 있다. 우리는 개선과 예방을 위한 개입을 촉구하기 위하여 각 장의 마지막 절인 "향후의 과제"에 독자들이 우리 사회의 미세공격 빈도와 영향을 줄이기 위해 할 수 있는 개입의 지침과 전략, 전술을 담았다. 또한 한 장(10장) 전체를 할애하여 독자들에게 미세개입의 개념 틀과 구체적 전술을 제시한다.

끝으로, 이 책을 쓰는 내내 격려와 지지, 도움을 준 가족에게 개인적인 감사를 전하고 싶다. 데럴드 윙 수는 이 책을 아내 폴리나, 아들 데럴드 폴과 그의 아내 클레어, 손녀 캐럴라인과 줄리엣, 딸 마리사 캐서린과 그녀의 남편 닐, 손자 니암과 키런에게 바친다. 리사 B. 스패니어만은 늘 한결같은 지지를 보내준 토니 클라크, 부모님 브렌다와 론, 여동생 다나에게 이 책을 바친다. 또한 연구를 도와준 호르헤 바에스테로스, 셸비 메서슈미트-코언, 잭슨 리구오리에게도 감사를 전한다.

데럴드 윙 수
리사 베스 스패니어만
2019년 7월

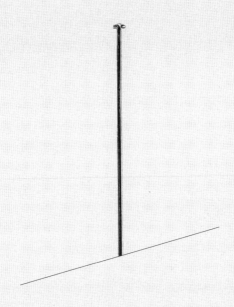

1부

미세공격의 심리와 작동 원리

1장

미세공격은 산성비처럼 우리 주변 곳곳에

그래도 나는 일어난다

당신들은 나를 역사에 기록할 수 있겠지,
모질고 비뚤어진 거짓말로.
당신들은 나를 먼지구덩이에 짓뭉갤 수도 있겠지.
그러나, 그래도 나는 일어날 거야, 먼지처럼.
……
당신들은 말로 나를 저격하고,
눈빛으로 나를 난도질하고,
증오로 나를 죽일 수도 있겠지만,
그러나, 그래도 나는 일어날 거야, 공기처럼.

— 마야 안젤루

널리 알려진 아프리카계 미국인 시인이자 작가, 인권운동가인 마야 안젤루Maya Angelou의 〈그래도 나는 일어난다Still I Rise〉는 억압과 학대, 괴롭힘, 모욕, 불의를 당한 사람들에게 힘을 실어주고 그들을 인정해 주는 동시에, 그들을 억압하는 자들의 양심에 그들의 인종 편견과 차별 행위가 야기한 상처와 고통을 환기한다. 또한 이 시는 멈추지 않는 증오와 편견 속에서 살아남고 잘 살아낸 아프리카계 미국인의 용기와 회복력, 강인함에 대한 증언이다. 이 시는 미국에 사는 흑인들의 개별 경험에 관해 노래하지만 우리 사회의 모든 유색인과 소외집단에 해당 되는 이야기이며, 그래서 보편적인 호소력을 지닌다.

인용한 이 시의 두 대목은 미세공격이라는 주제에 딱 들어맞는다. 이 시를 읽는 사람들은 대개 마야 안젤루가 인종차별주의와 편견, 백 인우월주의white supremacy에 의한 의식적이고 명시적인 증오범죄hate crime에 관해 말하고 있다고 생각한다. 그러나 그것은 〈그래도 나는 일 어난다〉가 담은 의미의 극히 일부일 뿐이다. 안젤루는 이 시를 비롯하 여 여러 작품에서 *스스로*를 선량하고 도덕적이며 예의를 갖춘 사람이 라고 여기는, 따라서 유색인을 차별하려는 의도가 전혀 없는 선의의 지배집단 구성원들에 의해서도 일상적인 인종차별주의가 일어나고 있다는 점을 다룬다. 안젤루가 "미세공격"이라는 단어를 쓴 적은 없지 만, 일상적으로 일어나는 무시와 모욕을 "대형 살상"(증오범죄)과 구별 되는 "작은 살인"이라고 표현했다. 일상적이며 악의 없어 보이는 이러 한 모욕과 멸시(미세공격)를 그녀는 "천 번의 베임에 의한 죽음death by a thousand cuts"이라고 말한다. 인용한 시는 미세공격이 언어적으로("당신 들은 말로 나를 저격하고"), 비언어적으로("눈빛으로 나를 난도질하고"), 또는 학 교 교육과정curriculum에서("당신들은 나를 역사에 기록할 수 있겠지, 모질고 비 뚤어진 거짓말로") 어떻게 드러나는지를 보여준다. 요컨대 미세공격은 언 어나 비언어, 또는 맥락에 의해 전달될 수 있다. 미세공격의 발현 형태와 작동 원리, 영향을 두 사례에서 살펴보자.

이 사례들의 공통점은 무엇이며, 마야 안젤루의 시는 두 사례와 어떻게 연결될까? 우선 공통점은 바로 권력을 가진 개인이 부지불식간에 자행하는 미묘한 미세공격을 보여준다는 점이다. 사례 1.1에서는 교수가 선의로 한 발언이 인종차별 미세공격이 되었고, 사례 1.2에서는 한 지하철 통근자와 부사장이 성차별 미세공격을 저질렀다. 〈그래도 나는 일어난다〉는 이러한 미세공격의 피해자가 지닌 회복력을 보여주는 시다. 두 사례를 더 깊이 분석하기 전에 미세공격을 더 세밀하게 정의할 필요가 있다.

사례 1.1

백인 교수 찰스 리처드슨이 교단에서 학생들에게 질문을 받았다. 그리스-로마 시대가 심리학사에 미친 영향에 관한 강의를 막 마친 참이었다. 한 아프리카계 미국인 남학생이 손을 들었다.

그 학생은 불만스러운 말투로 심리학의 역사가 "자민족중심적이고 유럽중심적"이라면서 다른 나라, 다른 문화가 기여한 바를 배제하고 있다고 지적했다. 그 학생은 아프리카, 중남미, 아시아 심리학의 성과를 전혀 다루지 않았다는 점을 공격하며 교수에게 도전하는 것으로 보였다.

교수는 이렇게 대답했다. "로버트, 진정해요. 우리는 이 수업에서 미국 심리학을 공부하고 있고, 이후에 그것이 아시아나 다른 사회에 어떤 영향을 미치고 그 사회에서 어떻게 적용되었는지를 다룰 겁니다. 심리학의 체계와 이론이 어떻게 보편적으로 적용되는지에 관해서도 이야기할 예정이에요."

하지만 리처드슨 교수는 자신의 대응이 상황을 진정시키기보다 몇몇 유색 인종 학생들을 흥분하게 만들었음을 감지했다. 다른 흑인 남학생이 이렇게 발언했다. "아마 우리는 이 문제를 서로 다른 관점, 혹은 세계관으로 보고 있는 것 같네요. 언어가 문제를 규정하는 방식에 영향을 미치는 것처럼, 아마도 우리 모두 자신이 가진 전제와 믿음을 되돌아보아야 할 것 같습니다. 어쩌면 우리 모두 자민족 중심주의적일 테지요. 모든 집단에 적용되는 심리학의 측면도 있겠지요. 더 많이 대화를 나누고 서로 다른 해석들에 대해 더 열려 있어야 한다고 봅니다."

사실 리처드슨은 학기 내내 유색 인종 학생들이 수업 내용에 대해 점점 더 분노하고 있다고 느끼고 있었고, 그 이유는 알 수 없었다. 그래서 유색 인종 학생들이 수업에 기여하고 있는 점에 대해 말할 기회가 생겨 다행스럽게 생각했다. "저스틴[흑인 학생], 사려 깊고 지적인 관찰을 해주었군요. 훌륭한 개념 이해와 분석 능력으로 논지를 명확히 말할 줄 아는 학생이네요. 이것이 바로 판단을 개입하지 않는 분석법이자 좋은 대화에 필요한 객관성입니다. 이런 문제를 다룰 때 우리는 냉정하고, 감정에 휘둘리지 않고, 합리적이라야 합니다."

그러나 놀랍게도, 저스틴과 몇몇 다른 유색인 학생들은 이 칭찬을 불쾌하고 모욕적이라고 느낀 것 같았다.

사례 1.2

이번에 경영학 석사과정을 졸업하는 캐슬린은 컬럼비아대학교에서 맨해튼 중심가로 가려고 지하철 1호선을 탔다. 단정해 보이는 검정 재킷과 그에 어울리는 스커트 차림이었다. 대형 증권회사의 2차 면접을 보러 가는 길이었는데, 중간관리자와의 1차 면접이 썩 괜찮았던 느낌이라 설레는 마음이었다. 이번에는 부사장 인터뷰라고 했다. 세 명의 최종후보 중 하나일 뿐이라는 것은 알고 있었지만 회사가 관심을 가질 만한 직무훈련을 받은 적이 있어서 유리할 거라고 생각했다.

캐슬린은 지하철 안에서 늘 그랬듯이 아래위로 훑어보는 눈길과 약간의 음탕한 시선을 참아야 했다. 열차는 타임스스퀘어역에 도착했고, 그녀는 쏟아져 들어오는 통근자들 사이에서 비집고 나갈 틈을 찾으려 했다. 그때 이 모습을 본 한 남자가 캐슬린의 허리를 잡고 플랫폼으로 잡아당겼다. 그는 왼팔을 감은 채 그녀를 출구 쪽으로 이끌었고, 계단에 다다르자 사람이 적어졌다. 그제야 손을 놓은 남자는 미소를 지으며 고개를 끄덕였다. 분명 기사도 정신을 발휘한 자신의 행동에 뿌듯해하는 표정이었다. 캐슬린은 허락 없이 몸에 손을 댔다는 것이 달갑지 않았지만 감사 인사를 했다.

부사장의 태도는 인터뷰가 진행되는 내내 편안하고 느긋해 보였다. 그러나 캐슬린은 그가 남자 직원을 지칭할 때는 "A씨"와 같이 성에 경칭을 붙이는 반면 여자 직원에 관해 얘기할 때는 성은 빼고 이름만 부른다는 사실을 깨달았다. 캐슬린을 "캐시"라고 부른 적도 몇 번 있었다. "캐슬린"이라고 불리는 편을 좋아한다고 말할까도 싶었지만 직장 상사가 될 수도 있는 사람의 심기를 불편하게 할까 봐 꾹 참았다. 꼭 합격하고 싶었다. 캐슬린은 채용 기준이 어떻게 되는지 물었는데, 부사장은 농담으로 답했다. "일자리를 왜 그렇게 원하죠? 당신 같으면 언제든지 좋은 남자를 만날 수 있을 텐데요."

캐슬린의 굳은 표정을 보고, 부사장은 곧바로 이렇게 말했다. "그자리에 걸맞은 자격을 가장 잘 갖춘 사람이 뽑혀야 한다고 생각합니다. 우리는 모든 남성과 여성을 동등하게 대합니다. 사실 직원들의 성별은 아예 생각도 안 해요. 그냥 사람일 뿐이지요. 채용과 성공의 기회는 모든 사람에게 똑같이 있습니다."

캐슬린에게는 이 대답이 매우 불편했다. 그녀는 자신이 채용되지 않으리라고 느끼며 그곳을 나왔다.

미세공격이란 무엇인가?

"미세공격"은 아프리카계 미국인 정신과 의사이자 하버드대학교 교수인 체스터 미들브룩 피어스Chester Middlebrook Pierce가 미국인 흑인을 다룬 연구에서 처음 제안한 용어다. 그는 미세공격을 "미묘하고 의외이며 종종 자동으로 이루어지는 비언어 교류로 상대방을 '깎아내리는' 일"(Pierce, Carew, Pierce-Gonzalez, & Willis, 1978, p. 66)이라고 정의했다. "유색인을 겨냥한 미묘한 (언어적, 비언어적, 시각적) 모욕으로 종종 자동으로 또는 무의식적으로 행해진다"라고 정의하기도 한다(Solórzano, Ceja, & Yosso, 2000, p. 60).

이 개념이 처음 제안되었을 때는 인종차별 미세공격에만 초점이 맞추어졌지만, 미세공격은 우리 사회의 모든 소외집단에 가해질 수 있다. 미세공격은 인종차별, 성차별, 젠더리즘genderism, 이성애주의, 계급차별, 장애인차별 등 각종 형태의 억압과 연관될 수 있다(Nadal, Whitman, Davis, Erazo, & Davdoff, 2016; D. W. Sue & Capodilupo, 2008). 이 책에서는 여러 연구가 이루어진 구체적인 미세공격 형태들(인종, 젠더, 성적지향 등에 관련된 미세공격)에 주목하고, 이에 더하여 트랜스젠더 및 젠더퀴어(탈이분법적 성별 지향—옮긴이)에 대한 미세공격(Nadal, Whitman, et al., 2016), 종교 미세공격(Dupper, Forrest-Bank, & Lowery-Carusillo, 2014; Husain & Howard, 2017), 계급주의 미세공격(Gray, Johnson, Kish-Gephardt, & Tilton, 2018; Smith, Mao, & Deshpande, 2016), 상호교차적 미세공격intersectional microaggression(Lewis & Neville, 2015; Nadal et al., 2015) 등 이 책 초판 이후에 새롭게 나타난 연구의 흐름을 다룰 것이다. 또한 미국 외에 호주, 캐나다, 멕시코, 영국 등 국가 차원에서의 연구 결과도 포함했다. 거대 공격과 미세개입이라는 두 개념을 새로 도입했다는 점도 중요하다. 전 자는 미세공격과 대비되는 개념이고, 후자는 미세공격 및 거대공격에 대한 저항과 회복력을 강조하기 위한 개념이다(D. W. Sue, Alsaidi, et al., 2019).

미세공격에 관해 처음 접하는 독자는 이 용어를 구성하는 두 부분을 나누어 생각하면 도움이 될 것이다. 첫째, 미세공격에서 "미세micro" 는 작다거나 무해하다는 뜻이 아니라 그 공격 행위가 개인과 개인 사이, 즉 미시적인 수준에서 이루어진다는 뜻이다. 즉, 미세공격은 가해자와 대상(소외집단의 구성원)이 결부되는 개인 간 상호작용interpersonal interaction이다. 둘째, "공격aggression"이라는 용어에 주목할 필요가 있다. 사회심리학에서는 대개 공격을 누군가를 해치려는 의도를 지닌언어 또는 비언어 행동이라고 정의한다. 그런데 간접 공격, 사회적 교류나 관계에서 비롯되는 공격 등 의도의 유무와 관계없이 타인을 배제하거나 타인의 평판을 훼손함으로써 상대방에 위해를 가하는 공격형태도 있다(Archer & Coyne, 2005). 모욕, 무시, 비난의 형태로 이루어지는 미세공격은 바로 후자에 해당한다.

따라서 미세공격이란 의도의 유무와 관계없이 가해자가 상대방에게 위해를 야기하는 언어적, 비언어적인 개인 간 교류를 말한다. 짧은 시간 안에, 그러나 흔히 일어나는 이러한 공격은 상대방에게 적대감, 경멸, 반감을 전달한다(D. W. Sue, Capodilupo, et al., 2007). 가해자가 공격 대상을 비하하는 행동을 하고 있음을 의식하지 못할 때가 많으므로 미세공격 이론에서는 그 대상이 피해를 어떻게 지각하는지가 중요하다. 심리적 딜레마와 미세공격의 작동 원리를 설명하는 3장에서 이 점이 자세히 다루어질 것이다.

해를 끼칠 의도가 없는 미묘한 미세공격을 설명하기 위해 이 책의 두 번째 저자 리사 스패니어만은 미국 대형 항공사의 비행기를 탔던 경험을 예로 든다. NFL(내셔널 풋볼 리그-옮긴이) 명예의 전당에 오른 아프리카계 미국인 풋볼 선수가 게이트 안내 직원에게 일등석 탑승권을 제시했는데, 그 직원이 "지금은 일등석 탑승 중입니다"라고 조롱하듯 말한 것이다. 게이트 안내 직원이 명예의 전당에 오른 선수에게 해를 끼치려고 했을 리는 없다. 아프리카계 미국인은 일등석에 앉지 않는다고 가정하고 효율적으로 일하려고 했을 뿐이다. 스패니어만 교수는 자리에 앉은 뒤 풋볼 선수에게 말을 걸었다. 스패니어만이 인종차별 미세공격을 연구하고 있다고 하니, 풋볼 선수는 이런 일을 너무 자주 겪는다고 했다. 아이러니는 그가 비행기에 탑승할 때 많은 승객들이 그를 알아보고 악수를 청하거나 함께 사진을 찍어달라고 부탁했다는 점이었다. 스패니어만은 항공사에 항의 메일을 보냈고, 고객서비스 부서에서 틀에 박힌 답변을 받았다. ("저희가 더 잘 응대했어야 하는데 … 우려되는 사항을 말씀해 주셔서 감사합니다.") 2017년 전미유색인지위향상협회National Association for the Advancement of Colored People(NAACP)는 아메리칸항공과 관련된 일련의 사건들이 인종 문제에 둔감하고 편향된 기업 문화를 시사한다고 지적하며 아프리카계 미국인 승객에게 이 항공사 이용을 만류했다. 우리는 둔감함을 보여주는 개별 사건들과 더 광범위한 제도·문화 형태의 인종차별적 상호작용에 관해 논의할 것이다. 전자(인종차별 미세공격)가 횡행할 수 있는 것은 후자(체계적 인종차별 systemic racism)가 있기 때문이다.

미세공격의 피해는 누적되는 특성이 있으므로 한 번의 미세공격만으로는 영향력이 미미할 수 있지만 그것이 평생 지속적으로 일어난다면 중대한 결과를 초래할 수 있다(Holmes & Holmes, 1970; Holmes & Rahe, 1967; Jones, Peddie, Gilrane, King, & Gray, 2016; Meyer, 1995, 2003; Utsey,

Giesbrecht, Hook, & Stanard, 2008; Utsey & Ponterotto, 1996). 백인 중에는 유색인이 태어나는 순간부터 매체, 또래집단, 이웃, 친구, 교사, 심지어 학교의 교육 방식이나 교육과정으로부터 여러 인종차별 미세공격을 받는다는 사실을 인식하지 못하는 사람이 많다. 또한 이러한 모욕과 무시, 경멸이 너무 만연해 있다는 점도 그것들을 알아차리지 못하고 지나치게 되는 이유다. 이 장에서 우리는 인종차별 미세공격과 성차별 미세공격을 더 넓은 억압 체계의 맥락에서 이해하고 앞에서 본 두 사례에 두 개념을 적용해 볼 것이다.

인종차별 미세공격

필로메나 에세드Philomena Essed의 일상의 인종차별everyday racism 개념 (Essed, 1991)처럼 인종차별 미세공격도 미시상호작용과 거시구조 사이의 복잡한 관계를 반영한다. 다시 말해, 일상의 인종차별과 인종차별 미세공격은 그 사회에 존재하는 체계적 불공정성(수입, 부, 교육, 건강 등의 불균형)의 발현이다. 인종차별 미세공격은 교실, 쇼핑몰, 음식점, 호텔, 사무실 등 일상 환경에서 너무 익숙하게 일어나는 일이어서, 사람들이 알아채지 못하거나 무시하고 지나갈 때가 많다. 한편 사회심리학자 제임스 존스James Jones의 인종주의 수준levels of racism 개념은 미시행위와 거시구조 사이의 역동적인 상호작용을 강조한다(Jones, 1997). 인종차별 미세공격이 흔히 일어나고 사람들에게 자연스럽게 받아들여진다는 것은 그 사회에 지배집단dominant group의 문화 우월성에 기반을 둔 제도적 불공정성이 팽배하다는 뜻이다.

"인종주의"는 특정 인종 집단의 구성원이라는 이유로 개인이나 집단을 경시하는 태도, 행위, 제도적 구조, 사회 정책이라고 정의할 수 있다(Jones, 1997; Ponterotto, Utsey, & Pedersen, 2006). 유색인에 대한 경시는 열등한 주거, 교육, 고용, 의료 서비스 등의 형태로 나타난다(D. W. Sue, 2003). 인종주의는 개인, 제도, 문화 세 층위에서 복합적으로 발현한다(Jones, 1997; Jones & Rolon-Dow, 2018). 또한 명시성과 의도성 정도가 매우 다양하다.

 "개인적 인종주의"는 인종 소수자에게 피해, 불이익, 차별을 가하는 공공연하고 의식적으로 의도를 품은 개인의 행위를 말한다. 흑인 손님을 서비스 우선순위에서 뒤로 미루는 일, 인종차별 용어로 누군가를 지칭하는 일, 백인이 자신의 자녀가 유색인과 사귀거나 결혼하지 못하게 하는 것, 유색인 고객에게 부유한 백인 동네의 집을 보여주지 않는 것이 모두 이에 해당한다. 스펙트럼의 맨 끝, 즉 공공연한 개인적 인종주의의 가장 극단적인 형태는 유색인에 대한 증오범죄다. 2015년, 사우스캐롤라이나 찰스턴시에 있는 이매뉴얼 아프리칸 감리교회 Emanuel African Methodist Episcopal Church에서 21세의 백인우월주의자 딜런 루프Dylann Roof가 45구경 글록 권총을 꺼내 성경 공부를 하던 신도들을 향해 70발을 발사하여, 아홉 명이 사망하고 한 명이 다쳤다. 루프는 인종주의자 선언문에서 자신이 백인을 위해 싸우고 있는 것이라고 설명했다. 그는 33개의 연방 증오범죄 조항으로 기소되었고, 모든 기소 조항에 대해 유죄 판결을 받았다. 2017년에 미국 반폭력 프로그램 연합National Coalition of Anti-Violence Programs은 성소수자를 대상으로 한 살인 사건이 역사상 가장 빈번하게(거의 일주일에 한 건씩) 일어나고 있다고 발표했다. 대부분의 사람들은 이렇게 극단적인 형태의 개인적 인종주의와 폭력에 대해 "나는 그런 짓을 하지 않는다. 나는 인종주의자나 동성애혐오자가 아니다"라고 말할 수 있을 것이다. 그러나 개인적 인종주의와 이성애주의는 대개 더 미묘하고 간접적이며 비의도적인 형태를 띠며, 가해자가 의식하지 못하는 사이에 표출된다. 일상의 인종차별(Essed, 1991)이나 암묵적 편향implicit bias(Dovidio, Pearson, & Penner, 2019)이 바로 이러한 형태로 나타나는 인종주의를 가리킨다.

"제도적 인종주의"는 기업, 정부, 법원, 종교시설, 지방자치단체, 학교 등에서 의사결정과 행위가 불공정하여 결과적으로 유색인에게 불리하고 백인에게 이익이 되게 만드는 정책, 관행, 절차, 구조를 가리킨다. 이러한 인종주의의 예로는 인종 프로파일링, 인종적으로 분리된 교회와 주거지, 차별적인 채용이나 승진 관행, 소수집단 구성원의 역사를 무시하거나 왜곡하는 교육과정 등을 들 수 있다. 제도적 편향은 표준 운영 절차를 누구에게나 똑같이 적용한다는 정책에 가려져 있지만 결과적으로는 특정 집단에 불리하고 다른 집단에 유리하게 작동한다(Jones, 1997; D. W. Sue, 2003). 커뮤니티와 조직의 철학, 프로그램, 관행, 구조에 들어 있는 체계적, 제도적 편향은 거대공격이라고 할 수 있다(D. W. Sue, Alsaidi, et al., 2019). 논의를 더 진행하기에 앞서, 미세공격과 거대공격의 차이를 짚고 넘어갈 필요가 있다. 첫째, 미세공격은 개인의 편향된 태도나 행동으로 드러나는 반면, 거대공격은 기관, 커뮤니티, 사회의 규칙, 규정, 허가된 관행 안에 들어 있다. 둘째, 미세공격은 일반적으로 특정 개인을 겨냥하지만, 거대공격의 표적은 집단이며 그 집단에 속한 사람들 전체에 영향을 미친다. 셋째, 미세공격에 맞서 싸운다는 것은 그 사람의 개인적인 편견에 대해 행동을 취한다는 것을 뜻한다. 반면에, 거대공격에 맞서 그것을 없앤다는 것은 편향된 제도적 정책이나 관행을 바꾼다는 뜻이다.

"문화적 인종주의"는 아마 가장 은밀하게 해를 끼치는 인종주의 형태일 것이다. 그 커다란 우산 안에서 개인적, 제도적 인종주의가 횡행할 수 있기 때문이다. 문화적 인종주의란 다른 집단에 비해 특정 집단의 문화적 유산(예술/공예, 역사, 전통, 언어, 가치)이 지닌 우월성의 개인적, 제도적 표현과 그 집단의 기준을 다른 집단에 부과하는 권력이라고

정의된다(D. W. Sue, 2004). 예를 들어, 아메리카 원주민*은 때때로 "우리 모두가 기독교 국가의 국민"이라거나 "영어가 우월하다"는 편견 때문에 종교 행위나 모국어 사용을 금지당하며, 교과서에서도 "유럽의 역사와 문명이 우월하다"는 전제 아래 유색인종의 역사와 공헌이 무시되거나 왜곡되어 왔다. 이 모두가 문화적 인종주의의 예다.

요컨대, 개인적 인종주의는 미세공격의 원천이고, 제도적/구조적 인종주의는 거대공격의 원천이며, 문화적 인종주의는 미세공격과 거대공격 모두를 승인하고 조장하고 촉진한다(D. W. Sue et al., 2019).

명시적인 인종주의에 대한 인식이 높아짐에 따라 사람들은 개인적, 제도적, 문화적 편견과 차별을 공공연하게 드러내는 일을 더 예민하게 의식하게 되었다. 평등과 민주주의에 대한 신념 때문이든, 흑인 민권운동의 영향 때문이든, 우리는 공정성, 정의, 비차별이라는 우리의 국민적 가치에 반하는 인종차별적, 성차별적, 이성애주의적 행위를 강력하게 비난한다(Dovidio, Gaertner, Kawakami, & Hodson, 2002; Sears, 1988). 그러나 불행히도, 이러한 상황은 의식 수준에만 해당되며, 도널드 J. 트럼프Donald Trump와 트럼프 진영 사람들이 인종차별, 성차별, 외국인 혐오xenophobia의 정서를 표출함에 따라 달라질 수 있다. 정권이 드러내 놓고 편향을 표출하는 최근의 정치 기류 속에서 한 연구는 그러한 행태가 이를 듣거나 본 청소년들 사이에서 인종적 적대감 전염을 조

---

*그들 대부분은 부족 이름으로 불리기를 원하지만(Blackhorse, 2016; Yellow Bird, 1999), 가장 일반적으로 그들을 부르는 명칭은 "아메리카 인디언"과 "아메리카 원주민"이다. 미국 인구총조사에 대한 한 분석에 따르면 아메리카 원주민의 49%는 "인디언"이라고 불리는 것을 선호하며, 37%는 "아메리카 원주민", 3.6%는 "그 외의 명칭"을 선호한다고 답했고, 약 5%는 선호하는 명칭을 밝히지 않았다(Tucker, Kojetin, & Harrison, 1996). "아메리카 인디언American Indian"과 "아메리카 원주민Native American"은 같은 뜻으로 사용될 때도 있고, 각기 다른 의미로 쓰이기도 하며, 두 용어 모두를 쓰지 않는 경우도 있지만, "아메리카 원주민"이 더 광범위하게 쓰인다. 아메리카 원주민 권리 기금Native American Rights Fund(n.d.)에 따르면, 아메리카 원주민은 "하와이 원주민, 미국령 사모아인을 포함하여, 미합중국과 그 준주의 모든 원주민"을 뜻한다. 따라서 이 책에서는 "아메리카 원주민"이라는 용어를 사용하겠지만, 이 용어에 논쟁의 여지가 있음을 인정한다.

장한다는 사실을 실험으로 밝히기도 했다(Bauer, Cahliková, Chytilová, & Želinsky, 2018). 그 실험에서, 싫어하는 소수집단을 겨냥한 유해 행동은 자신이 속한 집단 구성원에게 해가 되는 행동에 비해 두 배의 전염성을 지니는 것으로 나타났다. 이 연구자들은 인종 간 혐오가 거의 없는 사회 또는 사회적 상황에서도 편향된 행동이나 말을 보거나 듣게 되면 "사회적 전염social contagion"으로 인해 공공연한 편견과 차별이 번성하고 빠르게 확산될 수 있다고 경고했다.

보이지 않고 모호한, 일상 속 인종차별

일부 대중 사이에서 공공연한 편향과 편협성(명시적 편향explicit bias)이 거듭 드러나고 있는데도, 선의의 백인 미국인 대부분은 인종차별, 성차별, 이성애주의의 공개적 표출에 반대한다고 말한다. 게다가 인종차별의 공공연한 표현(증오범죄, 신체 폭행, 인종차별 용어 사용, 노골적인 차별 행위)을 수십 년간 추적해 온 사회과학자들은 그러한 표현이 더 현대적이고 은밀한 형태로 변형되어 왔다고 주장한다. 편협성은 종종 문화적 가정/신념/가치, 제도적 정책과 관행, 각자의 심리 깊숙한 곳에 숨어 있다(DeVos & Banaji, 2005; Dovidio, Gaertner, & Pearson, 2017; Nelson, 2006; D. W. Sue, Capodilupo, Nadal, & Torino, 2008). 다시 말해, 오늘날의 인종차별은 이전보다 비가시적이고 모호하며 더 간접적이지만, 의식 수준 밑에서 작동하여 보이지 않는 방식(암묵적 편향)으로 억압을 지속한다. 이러한 현대적 형태의 인종차별은 상징적 인종차별(Sears, 1988; Sears & Henry, 2003), 현대적 인종차별(McConahay, 1986), 암묵적 인종차별(Banaji, Hardin, & Rothman, 1993), 회피적 인종차별(Dovidio & Gaertner, 1996), 인종차별 없는 인종차별(Bonilla-Silva, 2001, 2006; Neville, Awad, Brooks, Flores, & Bluemel, 2013; Neville, Lilly, Duran, Lee, & Browne, 2000) 등 다양한 용어로 불린다.

회피적 인종차별aversive racism은 인종차별 미세공격 개념과 밀접하게 관련된다(Dovidio, Pearson, & Penner, 2018). 도비디오와 게르트너(Dovidio and Gaertner, 1996)에 따르면, 백인 대부분은 스스로를 선량하고 도덕적이고 예의 바른 인간으로 여기며, 자신은 결코 인종을 근거로 타인을 의도적으로 차별하지 않는다고 생각한다. 그러나 이 연구는 미국에서 나고 자란 사람이라면 누구든 인종 편향에서 벗어나기 힘들다는 점을 보여준다. 사실 교육 수준이 높은 자유주의자에 해당하는 많은 백인이 회피적 인종차별을 드러낸다. 회피적 인종차별주의자들은 자신들이 편견이 없으며 평등주의 가치를 옹호하고, 결코 의식적으로 다른 인종을 차별하는 일이 없을 것이라고 굳게 믿지만, 그들에게 있는 무의식적인 편향된 태도는 차별 행위로 이어질 수 있다. 도비디오와 게르트너는 여러 연구를 통해 이러한 결론을 뒷받침했다(1991, 1993, 1996, 2000).

인종차별 미세공격도 일반적으로 잘 교육 받은 사람들의 무의식 수준에서 일어난다는 점에서 회피적 인종차별과 유사하다. 그러나 미세공격 연구자들은 가해자와 공격 대상 사이의 역동적 상호작용을 설명하고, 일상에서 발현되는 방식을 분류하며, 숨은 메시지를 분석해 내고, 내적(심리학적), 외적(교육, 고용, 의료에서의 격차)으로 초래되는 결과를 탐구하는 데 일차적으로 초점을 맞춘다(Dovidio et al., 2019; D. W. Sue & Capodilupo, 2008; D. W. Sue, Capodilupo, & Holder, 2008).

인종차별 미세공격은 인종차별 없는 인종차별color-blind racism과도 공통점이 있다. 네빌 등(Neville et al., 2013)이 설명하는 인종차별 없는 인종 이데올로기란 인종 및 인종주의의 왜곡, 부정, 축소를 뜻한다. 그것은 능력주의 신화meritocracy myth(경쟁의 장이 평평한 운동장이라는, 즉 모든 사람에게 성공의 기회가 동등하게 주어진다는 그릇된 인식)를 뒷받침하는 여러 신념들로 구성되며 흑인민권운동 이후 시대의 지배적인 인종 이데올로기다. "나는 인종을 보지 않는다. 나는 모든 사람을 그저 사람으로만 대한다"라고 말하는 사람들이 바로 이에 해당한다. 현대 사회에서 인종주의의 존재를 부정하고, 유색인이 처한 상황을 그들이 자초한 일이라고 보는 것도 인종차별 없는 인종 이데올로기다. 이러한 사고방식은 버락 오바마Barack Obama가 44대 미국 대통령으로 당선된 후 특히 더 뚜렷해졌다. 일부 사람들은 흑인이 자유세계의 지도자로 선출되었다는 사실을 인종주의가 끝났다는 뜻으로 받아들였다. 여기서 잠시 사례 1.1로 돌아가 인종차별 미세공격의 관점에서 교수와 흑인 학생들 사이에 일어나는 상호작용을 살펴보자.

흑인 학생들은 리처드슨 교수로 인해 무의식적, 비의도적인 일련의 인종차별 미세공격 및 거대공격을 겪었다. 교수는 자신이 유색인 학생들을 모욕하거나 무시한다고 생각하지 않았다. 그는 자신이 심리학의 "진정한" 역사를 가르치고, 학생들이 객관적으로 사고하고 발언하도록 지도하며, 흑인 학생을 칭찬했다고 믿었다. 그의 의식적 의도는 그랬을지도 모른다. 그러나 유색인 학생들은 무시하고 비하하는 숨은 메시지를 감지했다.

첫째, 리처드슨 교수는 심리학의 역사와 교육과정이 유색인 학생들의 현실적 경험을 소외하거나 포착하지 못하는 백인의 유럽 중심 관점에서 나왔다는 것(문화적 인종주의)을 간과했다. 이 책의 초판에서 우리는 이런 종류의 모욕과 경멸을 환경적 미세공격environmental microaggression이라는 용어로 설명한 바 있다. 이 사례에 적용하자면, 교재, 강의, 수업 내용이 한 가지 관점으로만 구성되어 우리 사회 혹은 전 세계에 존재하는 모든 집단의 역사적 총체성을 반영하지 못한다는 뜻이다. 이제 우리는 이러한 모욕을 환경적 거대공격이라는 용어로 재개념화하여 이것이 거시 수준의 제도, 구조, 문화적 가치에서 표출된다는 점을 강조하고자 한다. 다만 중요한 점은 편향된 프로그램이나 정책은 거대공격이지만 일반적으로 개인에 의해 매개된다는 것이다. 권위 있는 누군가, 이 경우에는 리처드슨 교수가 유색인 학생에게 잠재적으로 해를 끼칠 수 있는 편향된 교육과정의 대리인 역할을 한다.

아프리카계 미국인 심리학자 로버트 거스리Robert Guthrie는 1970년대 후반에 이제는 고전이 된《쥐조차 하얗다Even the Rat Was White》초판을 출간했다. 이 책은 심리학이 역사적 스토리텔링에서 "점잖은 무시"라는 방법으로 아시아, 아프리카, 라틴아메리카 공헌자들을 폄하함으로써 유색인종의 기여를 평가절하하고 의도치 않게 한 집단(주로 백인 남성)의 기여를 과대평가했다는 점에서 백인 유럽인 중심적이라고 질타했다. 유색인 학생들이 받은 숨은 메시지는 백인 미국인들의 심리학이 보편적이고 우월하다(즉 다른 심리학은 열등하다)는 것, 따라서 유색인 학생들은 이 "현실"을 받아들여야 한다는 것이었다. 백인 학생들과 달리 유색인 학생들은 강의실 안에서 자신의 정체성이 끊임없이 공격을 받거나 무시딩한다고 느꼈다. 흑인 학생들은 상당한 감정 에너지를 자아의 통합감integrity을 지키는 데 소모하고 학습 과정에 완전히 몰입하지 못하게 될 가능성이 크다(D. W. Sue, Lin, Torino, Capodilupo, & Rivera, 2009). 남아시아계 캐나다인 대학생들을 대상으로 한 연구에서도 유사한 결과가 나온 적이 있다(Poolokasingham, Spanierman, Kleiman, & Houshmand, 2014).

둘째, 리처드슨 교수는 이성적인 대화를 침착하고 객관적인 태도로 주제에 접근하는 것과 동일시하는 것으로 보인다. 흑인 학생에게 "진정해요"라고 말함으로써 학생들이 "너무 감정적"이라는 점을 묵시적으로 지적한 것은 의도치 않게 또 다른 인종차별 미세공격이 될 수 있다. 그 말 속에는 (a) 흑인들은 감정 폭발을 일으키기 쉽고, 그 감정을 주체하지 못해 폭력적이 될 수 있다거나 (b) 감정은 이성에 반대되므로 강의실에서 대화는 냉정하고 객관적이어야 한다, 혹은 (c) 흑인은 의사소통 방식communication style에 문제가 있는 경우가 많으므로 제어가 필요하다는 등의 여러 공포, 가정, 편향된 가치가 숨어 있을 수 있기 때문이다(D. W. Sue & Sue, 2008). 흑인의 의사소통과 학습 스타일의 병리화pathologizing, 즉 비정상적이고 고쳐야 할 특징으로 간주하는 태도는 아프리카계 미국인이 흔하게 경험하는 미세공격이다(Constantine & Sue, 2007; D. W. Sue, Capodilupo, Nadal, & Torino, 2008). 의사소통과 학습 스타일에 있어서 흑인 미국인과 백인 미국인 사이에 차이가 있을 수 있다(DePaulo, 1992; Hale, 2016; Kochman, 1981). 예를 들어, 흑인 미국인 사이에서 정서, 감정, 열정은 대화의 화제나 주제에 대한 진정한 관심과 진지함을 뜻하므로 의사소통의 긍정적인 요소로 간주되는 반면, 객관성과 냉정한 반응은 무관심 또는 연결의 부족을 뜻한다.

셋째, 일부 흑인 학생들은 저스틴의 지적인 분석과 문제를 명확히 표현하는 능력에 대한 리처드슨 교수의 칭찬을 불쾌하게 느꼈다. 왜 그랬을까? 이 질문에 답하려면 인종에 대한 오랜 고정관념과 그들의 상호작용 역학을 이해해야 한다. 이 상황은 2007~2008년 민주당 대선 후보 경선에서 당시 상원의원이던 조 바이든Joe Biden(백인)과 버락 오바마(흑인)가 출마를 선언했을 때 일어난 일과 매우 유사하다. 바이든은 출마 선언 후 한 기자로부터 한 흑인 후보자, 즉 버락 오바마에 대한 대중의 광범위한 열광에 관해 질문 받았다. 조 바이든은 이렇게 대답했다. "명석하고 전과도 없고 잘생겼으며 주류 사회에 편입된 최초의 아프리카계 미국인이 나타난 거죠. 그건 동화 같은 얘기입니다."

이 발언을 모욕적이고 불쾌하다고 생각하는 많은 흑인 사회 구성원들이 즉각 반발했다. 그들에게 이 발언은 인종차별 미세공격이었다. 바이든으로서는 동료 민주당원에 대한 긍정적인 언급이 왜 흑인 사회의 분노를 일으켰는지 이해할 수 없었다. 여기서 우리는 하나의 메시지에 다중의 의미가 들어 있을 때가 많다는 사실을 이해할 필요가 있다. 표면적으로 바이든의 언급은 칭찬으로 해석될 수 있지만, 메타커뮤니케이션metacommunication(숨은 메시지)은 "오바마는 예외적인 인물이다. 대부분의 흑인들은 지적이지 않고, 명료하게 의사표현을 하지 않으며, 과거가 깨끗하지 못하고 매력적이지도 않다"라는 것이다. 가해자는 이러한 인종차별 미세공격으로 유색인인 누군가를 인정하고 칭찬하면서도 동시에 집단에 대한 고정관념을 표현할 수 있다. 즉, 흑인학생을 칭찬하는 것이 교수의 선량한 의도였을지는 모르나, 그 언급이 누군가에게는 흑인 학생이 그렇게 통찰력 있고 지적인 관찰을 할수 있다는 사실에 놀랐다는 뜻으로 읽히면서 미세공격으로 느껴진 것이다.

성차별 미세공격

인종차별처럼 성차별도 의식의 층위에서 공공연하게 작동하거나 덜의식적인 층위에서 은밀하게 작동할 수 있다(Swim & Cohen, 1997). 여성에 대한 음란하고 불공정하고 불평등한 대우는 성희롱, 신체 학대, 차별적 고용 관행, 적대적이고 남성중심적인 노동 환경 등으로 나타날수 있다. 공공연한 인종차별이나 증오범죄와 마찬가지로, 이러한 성차별 행위는 사회의 강력한 지탄을 받으며, 성차별 행위에 대한 남성들의 인식도 점점 더 높아져 왔다(D. W. Sue & Sue, 2008). 성차별과 그것이 여성들에게 끼치는 해로운 영향에 관한 우리 사회의 인식이 높아지면서, 의식적·의도적·고의적인 젠더 편향 형태는 줄어든 것으로보이지만, 성차별은 미묘하고 의도하지 않은 형태로 지속되고 있다(Butler & Geis, 1990; Fiske, 1993; Swim & Cohen, 1997). 이 미묘한 형태의 성차별은 성평등을 지지하고 결코 자신은 고의로 여성을 차별하지 않는다고 생각하는 선의의 남성에 의해 일어난다는 점에서 회피적 인종차별과 유사하다. 그러나 이 남성들은 자기도 모르게 여성을 불리한 처지에 놓이게 하거나 여성을 어린아이처럼 대하거나 고정관념에 따라 대우하고, 그들에게 동등한 기회를 부여하지 않은 행동에 가담한다(Benokraitis, 1997; Fiske & Stevens, 1993; Glick & Fiske, 2001; Swim, Aikin, Hall, & Hunter, 1995).

성차별에 관한 이론들은 회피적 인종차별이나 상징적 인종차별처럼 성차별 행위에도 공공연한 옛 형태와 구별되는 현대적인 오늘날의 형태가 있음을 확인한다(Glick & Fiske, 1996; Swim & Cohen, 1997; Swim et al., 1995). 글리크와 피스크(Glick and Fiske, 1996)는 두 가지 서로 다른, 그러나 상호보완적인 성차별주의의 표현을 설명하기 위해 양가적 성차별 이론ambivalent sexism theory을 제시했다. 적대적 성차별은 〈매드맨Mad Men〉(1960년대 광고회사가 배경인 TV 드라마-옮긴이)이나 〈핸드메이즈 테일The Handmaid's Tale〉(마거릿 애트우드의 소설 원작으로 페미니즘에 기반한 디스토피아 드라마-옮긴이) 등에서 볼 수 있는 공공연한 성차별을 뜻한다. 적대적 성차별hostile sexism은 남성이 본래 우월하다는 전제 아래 남성이 여성에 대해 지배적인 위치를 점하는 것을 정당화한다. 반면에 온정적 성차별benevolent sexism은 남성의 우월성을 기사도적인 형태로 표출한다는 점에서 미묘한 성차별 형태에 해당한다(Becker & Wright, 2011). 온정적 성차별은 언뜻 보기에는 여성에게 우호적인 것 같지만 여성의 역할을 육아와 같은 특정 영역으로 제한하며 여성을 남성의 보호를 받아야 하는 존재로 보는 등의 고정관념을 통해 남성 지배를 영속화한다.

여성들은 성차별 미세공격이 빈번히 일어나며, 그로 인해 여성의 기여가 평가절하되고, 여성이 성적 대상으로 취급되며, 여성의 성취가 무시되고, 친교·교육·운동·고용·직무 환경에서 여성의 능력 발휘 기회가 제한된다고 말한다(Banaji & Greenwald, 1995; Basford, Offermann, & Behrend, 2014; Benokraitis, 1997; Caplan & Ford, 2014; Kaskan & Ho, 2016; Morrison & Morrison, 2003). 예를 들어, 직업 세계에서 많은 여성들은 남성 동료에 의한 반복적인 무시와 무례, 묵살을 경험한다(Sojo, Wood, & Genat, 2016). 팀 회의에서 여성 직원이 아이디어를 내면 남성 팀장이 아무런 반응을 보이지 않거나 듣지 않고 있는 것처럼 보이는 반면, 같은 의견을 남성 직원이 내면 동료와 상사가 인정하고 칭찬한다는 뜻이다. 교실에서 여학생보다 남학생에게 더 많은 발언이나 대답의 기회를 준다는 연구도 있었다. 이러한 미세공격의 숨은 메시지는 여성의 아이디어나 기여가 남성의 아이디어, 기여보다 덜 가치 있다는 것이다.

캐슬린의 취업 면접에 관한 사례 1.2에서 몇 가지 흔한 성차별 미세공격을 볼 수 있다. 그 미세공격의 가해자는 선의의 남성 통근자들과 면접자였다.

첫째, 매력적인 젊은 여성이 남성들로부터 감탄의 시선을 받는 것은 드문 일이 아니다. 캐슬린은 지하철 열차에 탑승했을 때 남성 승객들이 쳐다보는 것을 알았으며, 그것을 즐기는 듯도 했지만 몇몇 "음탕한" 시선을 느꼈다. 이따금 여성들은 양날의 검과 같은 경험을 한다. 매력적으로 보이기를 원하지만 성적 대상으로 보이거나 취급받는 느낌은 불쾌하다. 성적 대상화sexual objectification의 공공연한 표현은 대놓고 휘파람을 부는 것에서부터 여성을 뚫어지게 쳐다봄으로써 당사자가 마치 공공장소에서 옷을 벗고 있는 듯 느끼게 하는 것처럼 더 모호한 방법에 이르기까지 다양한 형태로 전달된다.

둘째, 남성 통근자 한 사람이 "곤경에 빠진 처자damsel in distress"(소설, 영화, 게임 등에 흔히 쓰이는 상투적인 캐릭터로 DID로 줄여 부르기도 한다-옮간이)를 보고 선의로 한 행동이기는 했지만, 그가 임의로 캐슬린의 허리에 손을 댄 채 출구로 인도한 것은 개인적 공간의 침해다. 모르는 사람이 허락 없이 여성의 등에, 혹은 더 과감하게 엉덩이에 조금이라도 손을 대는 것은 신체에 대한 침해 행위가 될 수 있다. 그것은 다음과 같은 성적 대상화의 메시지를 담은 미세공격이다. (a) 여성의 외모는 남성의 쾌락을 위한 것이다. (b) 여성은 약하고 의존적이며 도움을 필요로 한다. (c) 여성의 몸은 자신의 것이 아니다. 남성의 이러한 행위로 여성은 모욕과 불쾌감을 느낄 수 있지만 캐슬린을 도우려고 한 남자에게는 악의가 없었을 것이다. 가트너와 스터징(Gartner and Sterzing, 2016)은 그들의 청소년 성폭력에 관한 모델에서 성차별 미세공격과 성희롱(당사자가 원치 않는 발언이나 행동) 사이에 겹치는 부분이 있음을 보여준다.

셋째, 면접관이 여성 직원을 경칭 없이 이름으로 부르고 심지어 캐슬린을 "캐시"라고 불렀더라도 남성 직원에게도 똑같이 했다면 "무례하게" 느끼지 않았을 것이다. 그러나 그가 남성 직원을 지칭할 때는 계속 경칭(Mr. ○○○)을 사용했다. 또한 부사장은 (아무리 농담이라고 해도) 캐슬린에게 일자리보다는 그녀를 돌볼 "좋은 남자"가 필요하다는 식으로 말함으로써 여성은 결혼해야 하며, 여성이 있을 자리는 가정이고, 여성은 남성의 돌봄을 받아야 하는 존재라는, 즉 캐슬린이 부양할 가족이 있는 어떤 남성의 일자리를 빼앗으려 한다는 미세공격적 메시지를 전달했다. 캐슬린은 부사장과 계획되지 않은 이 짧은 대화를 나누면서 자신의 구직 의욕이 하찮게 다루어지고, 자신이 아이처럼 취급되고 있으며, 자신이 채용 대상자로 진지하게 받아들여지지 않고 있다고 느꼈다.

넷째, 부사장은 채용 기준을 묻자 "그 자리에 걸맞은 자격을 가장 잘 갖춘 사람"을 뽑을 것이며, 모두에게 똑같은 기회가 있고, 모두가 똑같은 "사람"이라고 대답한다. 흥미로운 점은 캐슬린이 이 말을 듣고 자신이 뽑히지 않을 것이라고 판단했다는 것이다. 물론 그 판단이 잘못되었을 가능성도 있지만, 우리는 캐슬린이 왜 그렇게 믿게 되었는지 질문해야 한다. 2장에서 논의하겠지만, 부사장의 대답은 여성의 위치에 관한 우리 사회의 한 관점을 반영한다. 채용 면접 자리에서 "그 자리에 걸맞은 자격을 가장 잘 갖춘 사람이 뽑혀야 한다"는 말을 들은 많은 여성은 이것을 "여성은 남성만큼 자격을 잘 갖추고 있지 않으므로 남성 후보자가 선택될 때 그것은 차별 때문이 아니라 그가 적격이기 때문인 것"이라는 메시지를 담은 성차별 미세공격으로 인식할 것이다. 면접관의 진술에는 자신은 성별을 아예 의식하지 않으므로 성별에 대한 편견을 가질 수 없다는 뜻이 내포되어 있다. 유색인이 경험하는 인종차별 없는 인종차별과 유사한 상황이다. 부사장은 성별 차이를 부정하는 것이 여성이 경험하는 현실을 무시하고 남성이 자신의 특권적 지위를 부인할 수 있게 한다는 점에서 미세공격일 수 있다는 사실을 알지 못한다.

성적지향 미세공격

이성애주의도 인종주의나 성차별주의처럼 명시적으로 또는 미묘하게 작동할 수 있다(Nadal, Whitman, et al., 2016). 동성애혐오가 처음 개념으로 자리 잡았을 때 그 용어는 남성 동성애자 개인에 대한 공포와 혐오만을 가리켰다. 헤렉(Herek, 1990, 2000, 2004)은 그 한계를 지적하며, 레즈비언, 게이, 양성애자에 대한 개인적, 제도적, 문화적 억압 형태를 더 잘 포착할 수 있는 용어를 제안했다. 그것은 성소수자에 대한 부정적인 태도와 적대감으로 폭넓게 정의되는 "성적 편견sexual prejudice"

이라는 용어였다. 그는 더 나아가 "성적 낙인sexual stigma"을 이성애 외의 모든 성적지향에 대해 사회가 가진 부정적 태도, "이성애주의"를 성소수자의 정체성, 행동, 커뮤니티 폄하를 정당화하는 이데올로기 체계라고 정의했다. 이후에 연구자들은 이성애주의의 옛 형태와 현대적 형태를 구별했다(Cowan, Heiple, Marquez, Katchadourian, & McNevin, 2005; Eldridge & Johnson, 2011; Morrison & Morrison, 2003). "전통적 이성애주의old-fashioned heterosexism"란 혐오 발언이나 증오범죄처럼 공공연하게 반反동성애적 태도와 행동을 표출하는 것을 말한다. 반면에 "현대적 이성애주의modern heterosexism"는 현대적 인종차별이나 성차별처럼 성소수자를 향해 미묘하게 표현되는 편향을 가리키며, 이 책에서 다루는 미세공격과 밀접한 관련이 있다.

나달(Nadal, 2013)은 성적지향 미세공격을 일상 속에서 게이, 레즈비언, 양성애자, 퀴어를 향해 이성애주의적이고 동성애혐오적인 경멸을 짧게 표출하는 모욕과 무시 행위라고 정의했다. 이러한 미세공격은 모든 장소, 모든 사회적 관계에서 일어나며, 아무도 그에 대한 대항력을 갖고 있지 않다. 흔한 예로, 교실이나 학교 운동장에서 게이인 청소년은 친구들이 바보 같거나 어리석은 행동을 가리켜 "게이 같아That's gay"라고 말할 때마다 불편함을 느낀다. 이 말의 숨은 메시지는 게이가 바람직하지 않고 일탈적인 존재라는 것이다. 또 다른 예로, 남자들끼리의 모임에서 누군가가 "사랑해"라고 말한 다음 "게이는 아니야No homo"라고 덧붙임으로써 자신이 이성애자임을 밝힐 때, 그 속에는 게이가 바람직하지 않다는 숨은 메시지가 들어 있다.

의료 서비스에서도 이런 예를 볼 수 있다. 한 레즈비언은 정신 건강 상담을 받으면서 어쩔 수 없이 남성 이성애자 상담사에게 자신의 성적지향을 밝히게 되었다. 그녀는 자신이 "여성에게 매력을 느낀다"고 말했다. 그러자 상담사는 별로 놀랍지 않다면서 "개에게 매력을 느끼는" 고객도 있었다고 말했다. 이 미세공격은 '레즈비언은 비정상적이며 수간과 비슷하다'는 함의를 담고 있다.

미세공격에 대한 오해

미세공격에 대한 학문적 논의와 그것이 공격 대상에게 미치는 영향에 대한 연구가 급증함에 따라 비판도 등장했다. 우리는 미세공격 이론과 연구를 비판하는 사람들 사이에서 흔한 세 가지 오해를 확인했다. (a) 사소한 문제를 과장하고 있다. (b) 정치적 올바름political correctness 이라는 관점에서 보면 모든 것이 미세공격이다. (c) 분석에 오류가 있다. 우리는 아래에서 이 세 가지를 차례로 살펴볼 것이다. 덧붙여, 모니카 윌리엄스Monnica Williams의 예리한 반박(2019)도 참조하기 바란다.

침소봉대하지 말라!

비판론자들은 미세공격 연구자들이 그 피해를 과장한다고 주장한다. 이 책 전체에 걸쳐 설명하겠지만, 우리 사회의 소외집단에게 미세공격은 지속적으로 반복되는 경험이다. 평생 한두 번 겪는 일이라면 웃어넘기거나 어깨를 한번 으쓱하고 말 수도 있을 것이다. 그러나 에세드(1991) 등이 지적했듯이, 이러한 미묘한 공격은 매일같이 흔하게 일어난다. 이것이 축적되면 공격 대상의 자아존중감self-esteem에 타격을 주고, 분노와 좌절감을 일으키며, 정신적 에너지를 고갈시키고, 주관적 안녕감subjective well-being과 자신이 가치 있는 존재라는 느낌을 저하시키며, 수면 시간에 영향을 주고, 신체 건강에 문제를 유발하며, 기대수명을 단축하고, 자살 충동으로까지 이어진다(Hollingsworth et al., 2017; Nadal, Griffin, Wong, Hamit, & Rasmus, 2014; Nadal, Wong, Griffin, Davidoff, & Sriken, 2014; Ong, Cerrada, Lee, & Williams, 2017; Solórzano et al., 2000; D. W. Sue, Capodilupo, & Holder, 2008; Williams, Neighbors, & Jackson, 2003; Wong-Padoongpatt, Zane, Okazaki, & Saw, 2017; Yoo & Lee, 2008).

미세공격 이론 및 연구를 경시하고 폄하하는 바탕에는 지배집단으로서 자신이 누리는 특권에 변화를 주거나 그 특권을 타인과 공유하고 싶어 하지 않는 가해자들의 관념이 깔려 있을 때가 많다. 그러한 관념은 백인 동료들 사이에서 도덕적 우월성을 표출하는 다음과 같은 말을 들을 때 확인된다. "당신이 하는 말을 나에 대한 연령차별 미세공격으로 해석할 수도 있었지만 나는 그러지 않았어요. 당신은 왜 그렇게 과민하죠?"

정치적 올바름 운운하면 모든 것이 미세공격이다

그렇게 따지면 모든 것이 다 미세공격이라는 주장은 억압의 더 폭넓은 사회역사적 맥락을 인정하지 않기 때문에 할 수 있는 비판이다(Kraus & Park, 2017; Wong-Padoongpatt & Rider, 2018). 그들은 공격 대상이 눈송이처럼 약해서 아주 사소한 모욕에도 허물어지는 것이 아니냐고 묻고 있는 것이다. 공격 대상이 "미세공격적 불만microaggression complaint"을 피해자 문화culture of victimhood에서 사회적 통제의 한 형태로 사용한다고 주장하는 사람도 있다(Campbell & Manning, 2018).

그들은 스스로를 중심에 놓고, 이렇게 묻는다. "선을 어디에 그어야 하나요?" "왜 살얼음판을 걷는 느낌이 들까요?" 그들은 마음속 생각을 말할 수 없다는 데 대해 우려를 표명하며, 소외집단 사람들과 교류하는 것조차 꺼리게 된다고 말한다. 그러나 그들은 이렇게 질문하지 않는다. "내가 말하고 행동하는 것이 타인에게 상처가 된다면 그것은 무엇을 의미하는가?" 그들은 누군가의 정체성을 모욕하고 무시하는 개인 간의 상호작용이 피해자의 안녕에 강력한 (그리고 부정적인) 영향을 미치는 더 넓은 범위의 사회적 힘—지배와 억압의 오랜 위계—과 어떻게 연관되는지를 고려하지 않는다.

분석이 틀렸다

어떤 사람들은 미세공격에 관한 경험적 연구("이 연구는 유효하지 않다"), 또는 미세공격 경험에 대한 피해자 자신의 인식("그 진술은 정확하지 않다")에 결함이 있다고 지적한다. 의아하게도, 인종차별 연구에 전문성이 없는 학자들이 인종차별 미세공격 문헌에 발을 들여놓을 자격이 있다고 생각하며 미세공격과 그 구성요소를 새롭게 명명하고, 이 사회에서 인종차별의 영향력을 인정하지 않는 사람들이 미세공격 경험의 측정 항목에 관여하고 있다. 우리가 제대로 이해한 것이라면, 그들은 특징 소외집단의 모든 구성원에게서 미세공격을 확인하는 데 사용할 보편적인 원리를 찾고 있다(Lilienfeld, 2017가 그러한 예다). 우리는 동질적인 미세공격 경험이라는 발상에 동의하지 않으며, 미세공격에 대한 진술의 해석이 집단 안에서도 사람들마다 서로 다르다는 점을 인정한다. 우리는 맥락에 초점을 맞추어 미세공격과 그 부정적 영향 사이를 연결하는 요소(예컨대, 피해자의 해석)를 탐구할 것을 제안한다. 2010년에 이 책의 초판이 출간된 이래로, 미세공격에 관한 수백 건의 연구가 진행되었다. 우리는 이하의 장에서 이들을 검토하여 미세공격 분야의 연구 현황을 정리하고 향후의 연구 방향을 제시할 것이다.

비판론자들은 미세공격 연구에 과학적 결함이 있다고 지적한다(예를 들어, Lilienfeld, 2017; Nagai, 2017). 그들은 응답자에게 미묘한 형태의 차별을 겪은 경험에 관해 직접적으로 묻는 인터뷰 질문이 편향되어 있다고 주장한다(Nagai, 2017). 7장에서 설명하겠지만, 특정 경험이 있는 사람을 응답자로 선정하는 의도적 표집purposive sampling은 엄격한 질적 조사에서 일반적으로 쓰이는 표집 방법이다(Patton, 2015). 미세공격 연구의 작은 표본 크기(Nagai, 2017)나 주관적 보고의 타당성 부족(Lilienfeld, 2017) 등을 문제 삼는 사람들도 있는데, 이는 질적 조사에 대한 일반적인 후기실증주의의 비판이다. 우리는 7장에서 심리학 연구에서 다양한 방법론이 왜 중요한지, 즉 질적 방법과 양적 방법이 모두 활용되어야 하는 이유를 설명할 것이다.

비판론자들이 미세공격에 대한 소외집단 구성원들의 보고에 문제를 제기할 때, 우리는 그들의 주장이 미묘하고 어쩌면 무의식적인 방식으로 자신들의 지배력을 표현하여 현실을 규정하는 권력이 자신들에게 있다는 것을 재차 분명히 하고 있다고 본다. 그들은 미세공격을 의도하지 않은 한 미세공격이 아니라고 주장한다. 예를 들어, 우리는 "당신이 과민한 거예요"라든가 "게이트 안내 직원이 지금 일등석 탑승 중이라는 사실을 모든 탑승객에게 똑같이 주지시켰을지도 모르잖아요" 같은 말을 자주 듣는다. 미세공격이라고 이름을 붙이는 것이 상황을 더 악화시킨다고 말하는 사람들도 있다. 그런 사람들은 이렇게 말한다. "당신이 그 사건을 해석한 방식 때문에 우리 커뮤니티에 불화가 조장될 수 있습니다." 혹은 "미세공격에 관해 불만을 토로하는 사람들이 분노의 근원입니다."

지배집단 구성원들은 역사적으로 주변화되어 온, 즉 소외되어 온 사람들이 그들의 경험을 증언하는 것을 두려워하는 것 같다. 리 문 와Lee Mun Wah 감독의 다큐멘터리 영화 〈컬러 오브 피어The Color of Fear〉가 그 예를 통렬하게 보여준다. 이 영화에는 인종 배경이 서로 다른 남성들이 등장하며, 그들은 한자리에 모여 인종주의와 인종 간의 관계에 관해 토론한다. 유색인 참가자들이 인종차별의 경험을 거듭 증언했지만,

백인 참가자 중 한 명인 데이비드는 그러한 발언의 신빙성을 계속 의심한다. 데이비드는 그러한 발언에 "근거가 없다"며 그들이 스스로 제 발목을 붙잡고 있다는 식으로 말했다. 긴장이 높아지자, 감독이 결정적인 개입을 감행했다. 데이비드에게 "빅터(아프리카계 미국인 남성)에게 그런 일이 일어났다는 것을 왜 믿지 못하나요?"라고 물은 것이다. 데이비드는 이렇게 대답했다. "그건 너무 가혹한 삶이니까요. 난 그저 믿고 싶지 않은 겁니다. 빅터, 그게 사실이라면 당신의 삶은 정말 고되고 힘들고 불쾌할 것 같군요." 리 문 와는 질문을 이어갔다. "세상이 당신이 생각하는 것과 다르다면 … [미묘한 인종주의가] 지구상의 많은 사람들에게 실제로 일어나고 있다면 어떨까요? 그렇다면 그건 당신에게 어떤 의미일까요?" 데이비드는 눈물을 쏟아내며 슬픔에 잠긴 목소리로 인간이 그렇게 잔인할 수 있다는 것을 받아들이고 싶지 않다고 말했다.

미세공격, 주변성, 유해성

앞에서 말했듯이, 미세공격은 모든 소외집단을 겨냥하여 일어날 수 있다. 우리 사회에서 주변화된 집단들은 사회의 바람직함social desirability과 사회 의식social consciousness의 가장자리(최저점 혹은 최외곽)에 존재한다. 우리는 그들을 부정적으로, 즉 바람직하지 않은 존재로 바라보거나 그들의 존재와 삶의 경험을 망각할 수 있다. 장애 유무, 계급(빈곤), 종교(이슬람교, 유대교)에 따라 규정되는 미국의 여러 사회인구학적 집단은 문화적, 사회적, 정치적, 경제적 체계의 가장자리를 벗어나지 못하고 배제, 불평등, 사회적 불공정을 경험한다. 개인과 개인 사이에서 미세공격이 일어날 때, 거기에는 공격 대상의 주변성marginality,

그리고 포함/배제, 우월/열등, 바람직함/바람직하지 않음, 정상성/비정상성에 관한 세계관이 반영되어 있는 것이다(D. W. Sue, 2003).

인종, 젠더, 성적지향에 관련된 미세공격이 그렇듯이, 모든 주변화된 사회 정체성 집단 구성원은 그들을 향한 미세공격을 그들의 삶에서 흔하게, 지속적으로 경험한다. 숱하게 일어나는 미세공격을 다음의 사례들에서 볼 수 있다.

- 시각 장애를 가진 한 남자는 사람들이 그에게 이야기할 때 종종 목소리를 높인다고 말한다. 한 간호사는 실제로 약 복용에 관해 설명할 때 "소리를 지르"기까지 했다. 물론 불쾌하게 할 의도는 없었다. 그는 간호사에게 이렇게 대답했다. "목소리를 높이지 마세요. 아주 잘 들립니다." (숨은 메시지: 장애를 가진 사람은 모든 기능에 문제가 있을 것이다.)

- 학부모 · 교사 간담회에서 교사가 헤수스 페르난데스의 어머니에게 아들의 학습에 문제가 있다고 말했다. 16세인 헤수스는 수업에 집중하지 못했고, 의욕도 없었으며, 숙제를 늦게 내고, 수업 중에 자주 졸았다. 교사는 헤수스가 가계를 위해 방과후에 네다섯 시간씩 일을 한다는 사실을 알지 못했다. (숨은 메시지: 빈곤이 사람들의 에너지를 떨어뜨리는 요인이라고 생각하지 않는다.)

- 한 시청자가 TV에 출연한 한 여성의 복장을 "저급하고 하층민 같다"고 묘사했다. (숨은 메시지: 사회 계층이 낮다는 것은 열등하고 바람직하지 않다는 뜻이다.)

- 한 친절한 이웃이 유대인 여성에게 "메리 크리스마스"라고 인사했다. (숨은 메시지: 모든 미국인은 기독교인이다.)

- 한 손님이 물건 값을 깎으려고 하자 가게 주인이 "나를 유대인 취급하지 마세요"라고 했다. (숨은 메시지: 유대인은 구두쇠다.)

일상 속에는 이와 같이 가해자가 알지 못하는 사이에 일어나는 수많은 미세공격이 존재한다. 언뜻 무해하거나 순수해 보일지 몰라도 심리적 영향이나 이로부터 초래되는 격차를 생각하면 분명 상대방에게 해를 끼치는 행위들이다. 미세공격은 공격 대상의 정신적 에너지를 고갈시키고(Pierce, 1995), 자아존중감을 저하시키며(Franklin, 2004), 적응 기능과 문제 해결에 쓰여야 할 에너지를 소진시키거나 전용한다(Dovidio & Gaertner, 2000). 다음은 미세공격이 아프리카계 미국인 돈 로크Don Locke에게 어떤 영향을 주었는지를 보여준다.

피곤하다—

특출할 것 없는 백인들이 권위와 책임이 따르는 위치에 계속해서 오르는 것을 보기가,

내가 타자마자 엘리베이터에서 재빨리 내린 백인 여성이 정말 가려던 곳에 간 것일까 궁금해한다는 것이,

말투가 흑인 같지 않다는 말을 듣는 것이,

나와 대화하는 백인들이 "나는 피부색을 보지 않는다"라고 말하는 것을 듣기가,

대화가 싸움으로 전환될 때의 숨 막히는 침묵이, 내가 "아프리카계 미국인"이라고 불리기를 원하는 이유를 설명해야 한다는 것이, 앞으로는 상황이 나아질지 궁금해하는 것이 피곤하다.

택시기사가 나의 손짓을 정말 보지 못했는지 궁금해하는 것도 피곤하고,

어차피 저들과 어울리는 일을 즐길 것도 아니면서 인종적으로 분리된 컨트리클럽을 비난해서는 안 된다는 말을 듣는 것도 피곤하다.

백화점에 가면 보안요원이 따라붙고 나를 좀도둑으로 의심하는 판매원은 물건을 뒤적이지도 못하게 한다는 것,

한 번도 그 인종적 방어를 거둘 수 없었다는 것이,

권위 있는 위치에 유색인이 오르지 못한 데 대한 정당화를 위해

다른 유색인의 낙오에 관해 떠드는 저들의 이야기를 듣기가,

"단지 그 자리에 흑인을 받아들일 준비가 되어 있지 않은 것"이
라는 변명을 듣기가,

내가 백인 여성에 대한 성적 판타지를 갖고 있지 않다는 것을 구
구절절 설명해야 한다는 것,

백인 경찰관이 다가올 때 인종적 위협을 느끼는 것,

모든 아프리카계 미국인이 쿼터제 때문에 고용된 것은 아니라고
설명하는 것,

누군가에게 불쾌한 발언을 한 아프리카계 미국인과 거리를 두라
는 말을 듣는 것이 피곤하다.

나에게 해냈다고 칭찬하던 사람들이 말을 바꾸어 내가 원하는
걸 얻으려고 변절했다고 욕하는 것이,

내가 왜 피곤한지 설명하는 것이,

피곤해하는 것이,

나는 피곤하다.

(Locke, 1994, p. 30에서 재구성)

중요한 것은 미세공격의 영향이 개인의 심리에 국한되지 않는다는
점이다. 미세공격은 소외집단 구성원들의 삶의 질과 생활수준에 영향
을 미친다. 미세공격은 교육, 고용, 의료에서 동등한 접근권과 기회를
거부하는, 이차적이지만 치명적인 결과를 가져온다. 그 자체로는 사소
해 보이지만 그것이 초래하는 피해는 거시적인 시스템 수준에서 작동
한다.

앞의 사례에서 우리는 리처드슨 교수 수업을 듣는 유색인 학생들이

적대적이고 무시 받는 분위기에 처해 있음을 알 수 있다. 그들은 인종적/문화적 정체성과 통합성에 대한 공격을 방어하는 데 에너지를 소모한다(Solórzano et al., 2000; D. W. Sue, Lin, Torino, et al., 2009). 그들은 자신이 알고 있는 역사와 다른, 자민족중심주의ethnocentrism 관점으로 쓰인 역사를 배워야 하는 상황이다. 따라서 부분적 진실(때로는 거짓)이라고 느끼는 것을 따르고 수용하든가, 그렇지 않으면 교육과정에서 자신과 자신이 속한 집단이 제대로 재현되게 하기 위해 싸워야 한다. 싸우는 쪽을 택한다면, 문제 학생으로 낙인찍히기 십상이고 낮은 학점도 감수해야 한다. 또한 적절한 내용이 다루어질 때도 수업에 완전히 집중할 에너지가 부족해질 수 있다(Salvatore & Shelton, 2007; Steele, 1997). 그렇다고 해서 교수가 옹호하는 현실을 받아들이기로 하면 "변절자"가 된 느낌을 받을 수 있다. 유색인 학생들은 자신의 처신과 관계없이 교육에서 불리한 입장에 처하게 될 것이고, 그것은 낮은 평점, 낮은 진학 기회, 낮은 교육 수준, 그리고 궁극적으로 낮은 고용 수준으로 이어질 때가 많다.

캐슬린의 사례에서 볼 수 있듯이, 학업 성취가 뛰어나다고 하더라도 채용과 고용 상태 유지, 승진에서 미세공격이 개인의 능력에 심각한 제한 요소로 작용할 수 있다(Hinton, 2004; Pierce, 1988). 의식 차원에서만 보자면 증권회사 면접관이 가장 자격을 잘 갖춘 지원자를 뽑겠다고 생각했을지 모르지만, 그의 미세공격 행동은 무의식 차원에 존재하는 성차별 편향을 반영한다. 즉, 그는 그 자리에 남성을 채용하면서 동시에 자신의 결백과 편견 없이 채용자를 선정했다는 믿음을 유지할 수 있다. 대개 고용주들은 전혀 나쁜 의도를 갖지 않은 동료와 상관의 많은 미세공격이 여성과 유색인이 맞닥뜨리는 높은 실업률과 "유리 천장"에 영향을 끼친다는 사실을 알지 못한다(D. W. Sue, Lin, & Rivera, 2009). 고용과 교육에서 불평등은 공공연한 인종차별이나 성차별의 결과라기보다는 의도치 않게 미묘하고 보이지 않는 방식으로 소외집단 구성원들을 불리한 입장에 처하게 만드는 미세공격의 결과다. 그리고 미세공격은 증오범죄와 달리 범법이 아니다(D. W. Sue, 2008).

향후의 과제

"보이지 않는 것"을 보이게 하기

이 책의 초판이 나온 후, 백인이 흑인의 평범한 행동을 911에 신고한 수많은 사례가 공개되었다. 샌타모니카의 자기 집에 들어가려던 배우 빙 레임스Ving Rhames, 교외 주택단지에서 유권자 조사를 하던 오리건 주 주의원 자넬 바이넘Janelle Bynum, 기숙사 휴게실에서 잠을 자던 예일대학교 학생, 펜실베이니아 요크시의 그랜드뷰 골프클럽에서 라운딩을 하던 여성들, 필라델피아의 한 스타벅스 매장에서 친구들을 기다리던 두 청년에 이르기까지, 이 모든 사례들은 이 책의 주제, 즉 거대한 맥락의 사회적 억압에 내재한 일상적 경멸과 모욕, 그리고 그것의 비가시성(비가시화)invisibility을 잘 보여준다.

얼마 전까지만 해도 이런 종류의 사건은 널리 알려지지 않았다. 드물게 잘 알려진 예로 저명한 아프리카계 미국인 학자이며 하버드대학교 교수인 헨리 루이스 게이츠 주니어Henry Louis Gates Jr.의 사례가 있다. 그는 2009년 7월 16일, 경범죄 혐의로 보스턴의 백인 경찰관 제임스 M. 크라울리James M. Crowley 경사에 의해 체포되었다. 경찰에 의하면 게이츠의 "고성과 난폭한 행동" 때문이었다. 두 사람 사이에 무슨 말이 오고갔는지에 대해서는 논란의 여지가 있지만, 우리는 다음과 같은 사실을 알고 있다. 게이츠는 PBS 다큐멘터리 〈미국의 얼굴

Faces of America〉 촬영차 중국에 갔다가 귀국하여 케임브리지의 집에 막 돌아온 참이었다. 어떤 이유에서였는지 현관문이 열리지 않았고, 그는 피부색이 짙은 모로코인 운전기사에게 도움을 요청하여 둘이 함께 힘으로 문을 열었다. 그 장면을 본 한 사람이 두 남자가 어느 집 문을 무력으로 열고 있다며 911에 신고했다. 가장 먼저 도착한 크라울리 경사는 집 현관에 있는 게이츠를 보았다. 그는 게이츠에게 신원 확인을 요청했는데, 이것이 사건의 발단이었던 것 같다. 여기서부터는 두 사람의 이야기가 다르다. 게이츠는 자신이 크라울리에게 이름과 경찰 배지 번호를 여러 차례 물었다고 했고, 크라울리는 게이츠가 신분증을 보여주기까지 꽤 시간이 걸렸다고 했다. 얼마 안 있어 여섯 명의 다른 경찰관이 도착했다. 게이츠는 집에서 나오라는 요청에 곧바로 응하지 않은 것으로 알려졌다. 마침내 그가 집에서 나오자 경찰은 그를 체포했고, 수갑을 채워 유치장에 구금했다. 게이츠는 무혐의로 풀려났다.

이 사건은 경찰의 흑인 프로파일링 사례로 알려지며 전국의 매체 헤드라인을 장식했고, 뉴스와 토크쇼에서는 이 시건이 인종차별에 의한 것인지를 두고 논쟁을 벌였다. 오바마 대통령은 기자회견 중에 게이츠의 체포가 "어리석은" 일이었다고 말했고, 이 발언은 경찰을 옹호하는 시민―대부분이 백인인―의 큰 반발을 불러일으켰다. 그 격렬한 반응 때문에 대통령은 단어를 더 신중하게 선택하지 못했다는 점에 대해 유감을 표명했다. 오바마 대통령은 오해를 풀기 위해 게이츠와 크라울리를 백악관으로 초청하여 맥주 회동을 가졌다.

헨리 루이스 게이츠 주니어 사건은 이 책의 중심 주제인 미세공격의 대표적인 사례다.

1. 크라울리 경사는 세심하고 냉철한 백인 경찰로 후배들의 롤모델이었으며, 동료 경찰관들에 의하면 다양성과 인종 프로파일링을

하지 않기 위해 어떻게 해야 하는지에 대한 교육을 담당했다. 게이츠는 하버드뿐 아니라 전국적으로 인종 관계 개선을 위해 애써 온 사람으로 잘 알려져 있으며, 상대방이 편안하게 느끼게 하고, 공격을 받아도 냉정하고 침착하며, 사회정의에 헌신적이다. 다시 말해, 두 사람 다 선량하고 도덕적이며 예의 바르고 모든 인종이 평등하다고 믿는 사람이라고 할 수 있다. 그러나 선조들로부터 내려온 인종 편향의 유산으로부터 완전히 자유로운 사람은 없다. 크라울리가 그의 의식 바깥에서 일어난 일련의 미세공격에 가담했다고 단정할 수는 없겠지만, 게이츠의 체포는 (그가 침입한 것으로 의심받고 있는 집에 있는) 흑인 남성이 경찰관과 대면한다는 것이 어떻게 느껴질지에 대해 둔감했음을 보여준다. 게다가 게이츠가 자신이 그 집의 합법적 거주자임을 확인시켜 주는 신분증을 제시했음에도 불구하고 크라울리는 그에게 집 밖으로 나오라고 계속 요구했다.

2. 두 번째 요점은 두 사람이 경험해 온 인종 현실racial reality이 상이하다는 것이다. 게이츠가 살아온 삶은 아마도 수많은 인종차별 미세공격(범죄자, 신뢰하지 못할 사람, 위험한 사람으로 의심받는 등)으로 가득했을 것이다. 그가 자기 집에서 범죄자로 여겨진다는 것은 최대의 굴욕이자 모욕이었다. 게이츠가 크라울리의 요청에 따라 집 밖으로 나오기를 꺼린 것은 아마두 디알로Amadou Diallo 총격 사건처럼 경찰이 아프리카계 미국인을 부당하게 대우한 수많은 사례 때문이었을 수 있다. 이 사건에서 경찰관들은 디알로가 수상쩍게 행동한다고 생각하여 심문하기 위해 현관 앞으로 달려들었다. 디알로가 지갑을 꺼내려고 주머니에 손을 넣자 경찰관들은 그가 무기를 꺼내려는 것으로 생각해 총격을 가했고, 디알로는 사망했다. 경찰관들은 그렇게 말한 적이 없지만, 자신이 흑인이어

서 더 의심을 받고 있다는 게이츠의 믿음에는 근거가 없지 않으며, 오히려 일리가 있다. 그러나 크라울리는 자신이 법에 근거한 지침에 따라 행동했고, 인종 편견이 없었으며, 인종 프로파일링을 하지도 않았다고 여겼을 것이다. 그가 백인으로서 경험하는 인종 현실과 유색인의 현실에 대한 몰이해는 인종 간 화합을 가로막는 주된 장벽이 무엇인지 보여준다.

3. 헨리 루이스 게이츠 주니어 사건은 미국에서 벌어지는 인종 문제를 토론할 기회를 제공한다. 누군가가 말했듯이, 가르침의 최적 순간teachable moment인 것이다. 우리가 서로의 인종 현실을 이해하려면 어디서부터 시작해야 할까? 많은 백인 미국인들이 자신의 세계관을 유색인의 세계관과 연결 짓지 못한다는 점은 우리 사회가 해결해야 할 주된 과제 중 하나다. 이 사건의 함의는 인종에 관한 국민적 대화가 필요하다는 것이기도 하지만, 그것이 대통령조차 물러설 만큼 두려움과 방어, 적대감을 불러일으킨다는 것이다.

미세공격이 의도치 않게 일어난 미미한 피해라는 변명 아래 숨겨져 있고 보이지 않고 말해지지 않는다면 우리는 앞으로도 계속해서 소외 집단 구성원들을 모욕하고 비하하고 소외시키고 억압할 것이다. 예를 들어 여러 연구에 따르면 교실에서 인종차별 미세공격이 일어나면 인종 문제에 관한 민감한 토론이 촉발될 때가 많다(D. W. Sue, Lin, Torino, et al., 2009). 수업 중에 인종 문제가 대두되면 백인 학생과 교수는 불안과 혼란스러운 감정을 경험한다. 연구자들은 교육 현장에서 백인의 인종과 인종차별에 대해 탐구할 수 없게 만드는 흔한 이유 몇 가지를 다음과 같이 확인했다.

1. 백인 학생과 교수는 무슨 일이 일어나고 있는지 이해하지 못하고

혼란스러워한다(D. W. Sue, Torino, Capodilupo, Rivera, & Lin, 2009).

2. 백인 학생과 교수는 인종차별주의자로 보일 것이 두려워 인종 문제를 선명하게 부각하지 못하고 방어적이고 불안한 태도로 "전전긍긍"한다(Apfelbaum, Sommers, & Norton, 2008).

비판적 의식과 자각이 부족할 때, 갈등의 소지가 있는 상호작용의 의미를 명확히 하는 것을 두려워할 때, 이러한 역학 관계를 이해하는 일을 일부러 회피할 때, 미세공격은 보이지 않는 채로 남게 된다(Goodman, 1995; Henry et al., 2007). 바로 이러한 점 때문에 인종 문제의 회피는 "침묵의 공모conspiracy of silence"에 비유되어 왔다(D. W. Sue, 2005).

"보이지 않는 것"을 보이게 만드는 일은 무의식적이고 비의도적인 인종차별, 성차별, 이성애주의 등 모든 형태의 편협성과 싸우는 첫 번째 단계다. 따라서 이 책의 주된 목적은 다음과 같다.

- 미세공격을 기술하고 가시화한다.
- 가해자와 공격 대상 사이의 역동적인 심리적 상호작용을 설명한다.
- 미세공격과 거대공격이 개인과 사회에 미치는 영향을 살펴본다.
- 미세공격이 초래할 수 있는 중대한 위해를 폭로한다.
- 우리 사회의 소외집단 구성원을 겨냥한 미세공격의 위해를 개선할 수 있는 개인적, 제도적, 사회적 전략—미세개입—을 제안한다.

2장

미세공격
분류

사례 2.1

HBO 토크쇼 진행자 빌 마어Bill Maher는 네브래스카주 상원의원인
공화당원 벤 사스Ben Sasse와 대담하다가 "순간적인 농담으로" 흑
인을 비하하는 용어N-word를 사용했다. 사스 상원의원이 마어에게
네브래스카에 와서 "현장"의 네브래스카 사람들과 함께 일해보면
좋을 것이라고 말했는데, 마어가 "현장에서 일을 하라고요? 의원
님, 제가 검둥이 하인house nigger인 줄 아세요?"라고 대답한 것이
다. 이튿날 마어를 해고하라는 전화가 빗발쳤고, 마어와 방송국은
사과했으며, 이후 방송에서는 해당 발언이 삭제되었다.

사례 2.2

한 소셜미디어에서 코미디언 로잰 바Roseanne Barr가 오바마 대통령

의 전 보좌관 밸러리 재럿Valerie Jarrett을 겨냥하여 "무슬림형제단 muslim brotherhood(아랍권 이슬람 근본주의 단체)과 혹성탈출의 원숭이가 아이를 가지면＝vj"라는 글을 올렸다. ABC 방송국은 즉시 로잰 바가 출연하는 시트콤 방영을 취소했다. 그녀는 자신의 부주의한 발언을 앰비언이라는 진정제 탓으로 돌렸다. 몇 주 후, 바는 랍비 Rabbi 슈물리 보테악Shmuley Boteach과 나눈 인터뷰에서 자신의 인종차별적 트윗을 언급하며 이렇게 말했다. "물론 나는 인종차별주의자가 아니며, 바보 같았다고밖에 말할 수 없다. 편협하고 무지해 보였을 수 있고, 왜 그렇게 보이는지도 안다. 나는 모든 인간을 사랑하므로 용서를 구했다. 나는 정말 모든 사람을 사랑한다."

사례 2.3

전 세계 챔피언 복서이자 필리핀 상원의원인 매니 파키아오Manny Pacquiao는 선거 운동 중에 게이와 레즈비언을 가리켜 "동물보다 나쁘다. 그것이 상식이다. 동물이 동성과 짝짓기 하는 것을 본 적이 있는가?"라고 발언했다. 그는 자신의 기독교 신앙과 성경에 근거하여, 동성 간의 행동이 "혐오스럽다"고 말했으며, 그것이 자신이 실제로 느끼는 감정이라고 강조하기까지 했다. 나이키는 곧바로 파키아오와 모든 관계를 끊고 계약을 해지했다.

사례 2.4

2016년, 방송인 빌리 부시Billy Bush와 도널드 J. 트럼프가 2005년에 나눈 대화를 녹음한 파일 하나가 매체에 공개되었다. 거기에는 여성들에 관한 트럼프의 외설적인 발언이 들어 있었다. "키스할 수도 있으니까 민트 사탕을 좀 먹어야겠어. … 저런 여자들을 보면 저절로 키스를 하게 되더라고. 자석처럼 말이지. 기다릴 수가 없다니까.

스타라면 사족을 못 쓰니까, 무슨 짓이든 할 수 있어. … 거시기를 움켜쥐든, 뭘 하든." 대선 토론에서 앤더슨 쿠퍼Anderson Cooper(CNN 앵커-옮긴이)에게 관련 질문을 받은 트럼프는 사과와 함께 "라커룸에서의 잡담" 같은 것이었다고 말했다. 그 말은 모든 남성이 보이지 않는 곳에서는 그런 식으로 말한다는 뜻을 내포한다. 여기에 배우 스콧 바이오Scott Baio가 트럼프를 옹호하고 나섰다. "내가 트럼프를 좋아하는 건 그가 정치인 같지 않아서다. 그는 그냥 보통 남자처럼 말한다. 그리고, 숙녀 여러분께 말씀드린다. 이것이 여러분이 없을 때 남자들이 하는 이야기다. 기분이 상했다면, '좀 더 어른답게 굴기를!' … 이것이 세상이 돌아가는 방식이다."

사례 2.1~2.4가 말해주는 것은 마어와 바가 인종차별주의자이고, 파키아오는 이성애주의자(반동성애주의자)이며, 트럼프와 바이오는 성차별주의자라는 것인가? 사례에 등장하는 공인들은 그들이 뻔뻔스럽게 대중의 분노를 유발하는 표현을 사용했다는 것을 인정하는가? 그들의 말은 대중의 대대적인 비난을 받았고, 그 표현이 정말 개인적인 편견을 반영한 것이었는지, 아니면 그들의 변명처럼 "순간적인 농담"(사례 2.1), 진정제와 "바보 같았다"는 점(사례 2.2), 성경의 레위기에 대한 기계적 해석(사례 2.3), "라커룸에서의 잡담"일 뿐(사례 2.4)이었는지에 대한 논쟁이 이어졌다.

그들은 편향을 감추고 사는 데 능숙한 사람들일까, 아니면 대체로는 예의 바른 사람들인데 자신의 인종주의, 이성애주의, 여성혐오를 통제력을 잃은 후에야 비로소 알게 된 사람들일까(Conley, Calhoun, Evett, & Devine, 2001; D. W. Sue, Lin, Torino, Capodilupo, & Rivera, 2009)? 누구든 자기도 모르게 내뱉을 수 있는 말인 것일까? 나도 통제력을 잃고 인종차별 표현을 사용한 적이 있나? 인종차별적이거나 이성애주의적이거나 여성혐오적인 농담을 하거나 그런 농담을 듣고 웃은 적은 없는가? 그런 적이 있다면 나도 편협한 존재인 것일까?

학자들은 우리 중 누구도 이전 세대로부터 인종, 성별, 성적지향에 관한 편향을 전혀 물려받지 않기란 거의 불가능하다고 말한다(Baker & Fishbein, 1998; Banaji & Greenwald, 1995; Barret & Logan, 2002; Dovidio, Gaertner, Kawakami, & Hodson, 2002; Feagin, 2013; Fiske & Stevens, 1993; D. W. Sue, 2003). 다만 그러한 편견은 의식 수준에 존재할 수도 있고 의식과 무의식의 경계 또는 무의식 수준에 존재할 수도 있다(Nelson, 2006; Ponterotto, Utsey, & Pedersen, 2006; D. W. Sue, 2003). 말하자면, 마어, 바, 파키아오, 트럼프, 바이오는 (a) 자신의 편향을 알고 있지만 평소에는 그것을 잘 숨겼을 수도 있고, (b) 아주 어렴풋하게만 알고 있었을 수도 있으며, (c) 폭발하기 전까지 전혀 몰랐을 수도 있다. 인종차별주의를 이해하려면 우리의 편견, 고정관념, 편향이 이와 같이 의식에서 무의식으로 이어지는 인식의 연속체상에 존재한다는 것을 알아야 한다(Trepagnier, 2010). 예를 들어, 공공연한 인종주의자는 인종차별 용어를 마음껏 사용하고, 의식 차원에서 유색인종이 열등하다고 믿을 것이며, 의도적으로 차별 행위를 할 것이다. 그러나 인식의 정도가 낮은 경우에는 의식적 인식 수준 바깥에서, 즉 의도치 않게 유색인이나 여성, 성소수자에 대한 미묘한 차별 행위를 할 가능성이 높다.

의식적이고 의도적인 차별 대
무의식적이고 비의도적인 편향

자신에게 인종, 성별, 성적지향에 관한 편향이 있다는 사실을 알고, 특정 집단이 열등하다고 믿으며, 차별 행위를 실제로 하는 사람은 의식적-고의적 차별주의자conscious-deliberate bigot로 분류된다(D. W. Sue, 2003). 인종차별 영역을 예로 들자면, 속으로는 다른 인종에 대한 반감이 있지만 그것을 잘 숨기는 사람에서부터, 편향을 더 노골적으로 드러내는 사람, 백인우월주의자로 분류할 만한 사람까지가 모두 이 범주에 포함된다. 대개 의식적-고의적 차별주의자는 법적, 도덕적, 사회적 제약에 의해 억제된다. 이 유형은 소수지만 대중에게 영향력이 크다. 2017년 8월에 실시된 메리스트 여론조사Marist Poll에 따르면 대안우파alt-right의 신념에 "대체로 동의"하는 미국인의 비율은 6%에 불과했고, 백인민족주의자White nationalist(4%), 백인우월주의 운동White supremacy movement(4%), KKKKu Klux Klan(2%)에 대해 동의한다는 응답자는 더 적었다. 같은 달에 백인민족주의자들은 버지니아주 샬러츠빌에서 "우파여 결집하라Unite the Right"라는 가두시위를 조직했다. 다양한 백인우월주의 집단에 속한 수백 명이 횃불을 들고 행진하며 당국의 남부연합 지도자 동상 철거 계획에 항의했다. 이튿날 본 집회에는 훨씬 더 많은 수의 반대 시위내(2천~8천 명으로 추정)가 파시즘 및 백인우월주의에 대한 반대의 뜻을 표명하기 위해 나타났다. 물리적 충돌이 일어났고, 유감스럽게도 누군가가 살해당했다. 백인우월주의자 제임스 알렉스 필즈 주니어James Alex Fields Jr.는 차를 몰고 군중 속으로 돌진했으며, 이로 인해 인종차별 반대 시위를 하던 32세 청년 헤더 헤이어Heather Heyer가 사망했고, 보도에 따르면 35명이 다쳤다. 트럼프 대통령은 이 사건에 대해 "양편 모두의 증오, 편협성, 폭력"을 비난하는 논평을 내놓음으로써 소수의 미국 내 백인우월주의자를 더욱 대담하게 만들었다.

다문화를 연구하는 많은 학자들에 따르면 유색인, 성소수자, 여성이 공공연하고 의도적인 형태의 편견에 맞서는 것은 미묘하고 비의도적인 형태의 편견에 대처하는 것보다 쉽다. 전자에는 추측이 개입되지 않기 때문이다(Dovidio & Gaertner, 2000; Hebl, Foster, Mannix, & Dovidio, 2002; Salvatore & Shelton, 2007; D. W. Sue, 2003; Swim & Cohen, 1997). 미묘하고 비의도적인 형태의 차별은 명시적인 형태보다 더 자주 일어나고 만성적 스트레스 요인으로 작용하므로 그 대상에게 더 해로울 수 있다(Jones, Peddie, Gilrane, King, & Gray, 2016). 우리 사회에서 소외집단 구성원들에게 저항하기 힘든 문제를 일으키는 것은 무의식적이고 비의도적인 형태의 편향이다(D. W. Sue, 2003, 2005).

인종차별, 성차별, 이성애주의의 여러 얼굴

흑인민권운동 시대 이후 소외집단(유색인, 여성, 성소수자)의 평등에 관한 민주적 신념이 사회 억압의 긴 역사와 직접적으로 충돌하면서 북미에서 편향, 편견, 차별은 이전과 다른 모습을 띠게 되었다(Dovidio & Gaertner, 2000; Satcher & Leggett, 2007; Swim, Mallett, & Stangor, 2004). 인종차별 없는 인종차별이 흑인민권운동 이후 시대를 주도하는 인종 이데올로기라고 보는 학자들도 있다(Neville, Awad, Brooks, Flores, & Bluemel, 2013). "인종차별 없는 인종 이데올로기"라는 용어는 인종 및 인종차별이 사회에서 중요한 쟁점이 아니라는 신념을 가리킨다. 연구자들은 인종차별 없는 인종차별을 비롯한 미묘하고 무의식적인 형태의 편견을 차별 행동과 연결 짓는다. 구체적인 예로, 암묵적인 인종 편향은 배심원 평결(Lynch & Haney, 2011), 무장하지 않은 흑인 시민에게 가한 경찰의 총격(Nix, Campbell, Byers, & Alpert, 2015), 의사와 환자가 나누는 상호작용(Penner, Phelan, Earnshaw, Albrecht, & Dovidio, 2017)에 관련된다. 학자들은 성차별과 이성애주의 역시 감소했다기보다는 모호해졌으며, 그래서 식별하고 인지하기가 더 어려워졌다고 지적한다(Hylton, 2005; Morrison & Morrison, 2003; Swim & Cohen, 1997). 예를 들어 한 연구는 과학·기술·공학·수학(STEM science·technology·engineering·mathematics) 과목을 수강하는 남학생들 사이에서 적대적 성차별보다 온정적 성차별에 해당하는 태도가 더 흔하게 나타나며, 여학생들도 적대적 성차별보다 온정적 성차별을 더 빈번하게 경험함을 밝혔다(Kuchynka et al., 2018).

미국인들 사이에서 암묵적 인종주의는 2016년 대통령 선거 이후 더 명시적인 형태로 변화했다. 이러한 현상은 트럼프의 빈번하고 공개적인 인종주의 관점 표출(예를 들어, 멕시코인을 가리켜 마약상, 범죄자, 강간범이라고 하는 등의) 때문일 수 있다. 시카고대학교 경제학과 교수 리어나도 버스틴Leonardo Bursztyn과 그의 동료들은 외국인혐오를 둘러싼 사회적 규범을 연구하면서 이러한 변화를 뒷받침하는 증거를 확인했다(2017). 그들은 외국인혐오 관점을 가진 사람들에게서 트럼프 취임 후 자신의 관점을 더 공개적으로 표출하려는 경향을 발견했다. 외국인혐오 관점을 가진 사람이 늘어난 것은 아니었다. 즉, 지도자가 공개적으로 외국인을 혐오하는 관점을 드러내면 같은 관점을 가진 시민들이 그러한 시각을 더 공개석으로 드러내도 되는 깃으로 여기게 된다는 것이다.

노골적인 인종차별주의자, 성차별주의자, 이성애주의자에 의한 증오범죄와 괴롭힘도 계속되고 있지만, 유색인과 여성, 성소수자에게 가장 큰 피해는 의식적 가해자에 의한 것이 아닐 터이다. 유색인에게 가장 큰 위협이 되는 존재는 백인우월주의자, KKK, 스킨헤드가 아니라 평등의 가치에 의해 움직이며 자신의 도덕성을 믿고 자신이 공정하고 예의 바른, 결코 의식적으로 차별하는 일이 없다고 생각하는 선량한 시민들이다(D. W. Sue, 2005). 사회적 편향의 유산으로부터 자유로울 수 있는 사람은 없으므로, 모든 시민은 의식 수준 너머에 편견, 고정관념, 신념을 주입하는 사회적 조건화social conditioning 과정에 노출된다. 그렇게 되면 의식 수준에서는 평등주의 가치를 지지하면서도 무의식 수준에서는 다수집단에 대한 공감(Dovidio et al., 2002) 또는 소수집단에 대한 반감(D. W. Sue, 2003)을 품게 될 수 있다.

현대적 차별 형태에 관해 많은 연구가 수행되었지만, 의료, 교육, 법, 고용, 정신건강, (소셜미디어를 포함한) 사회적 교류를 둘러싼 환경 등에 관한 여러 연구는 인종, 성별, 성적지향에 관한 암묵적 편향을 설명하고 규정하기가 어렵다는 점을 알려준다. 그러한 편향은 미묘하고 모호하며 딱히 그러한 현상을 지칭하는 용어도 없는 까닭에 식별하거나 계량화하거나 교정하기 어렵다(Johnson, 1988; Nadal, Rivera, & Corpus, 2010; Rowe, 1990; Selmi, 2017; D. W. Sue, Nadal, et al., 2008). 미묘한 인종차별, 성차별, 이성애주의는 상대적으로 눈에 띄지 않게 작동하면서 사회의 여러 소외집단 구성원들의 안녕, 자아존중감, 생활수준에 잠재적으로 유해하다. "일상적"(Essed, 1991)으로 흔히 경험하는 주변화, 적대감, 무시는 만성적인 경향이 있으므로, 공공연한 형태의 인종차별, 성차별, 이성애주의보다 분노와 좌절, 자아존중감에 더 중대한 영향을 끼칠 수 있다(D. W. Sue, Capodilupo, et al., 2007). 더구나 그 보이지 않는 속성으로 인해 가해자는 유색인·여성·성소수자가 심리적 딜레마를 느끼게 만드는 데 자신이 공모했으며, 고용··의료·교육에 만연된 차별에 자신이 일정한 역할을 하고 있다는 사실을 깨닫거나 직시하지 못한다(Coleman, 2004; Dovidio et al., 2002; Lane, Kang, & Banaji, 2007; Rowe, 1990).

미세공격

미묘한 형태로 작동하는 오늘날의 편향을 다룬 연구들을 검토해 볼 때, 일상적으로 일어나는 이 현상을 가장 잘 설명해 주는 용어가 바로 "미세공격"이다. 간단히 말하자면, 미세공격이란 특정 집단(유색인, 여성, 성소수자) 구성원이라는 이유로 개인들을 향해 모욕적인 메시지를 전달하는 일상적이고 단편적인 발언 또는 행동을 말한다. "미세공격"이라는 용어의 기원과 더 포괄적인 정의는 1장에서 다룬 바 있다.

경영학에서는 인종이나 성별 때문에 무시받거나 존중받지 못하거나 평가절하되는 패턴을 기술하기 위해 "미세불평등microinequity"이라는 용어를 사용한다(Hinton, 2004). 미세공격과 유사하게, 미세불평등 역시 미묘한 발언이나 경멸하는 표정, 몸짓, 어조 등의 형태로 무의식 수준에서 작동할 때가 많다(Rowe, 1990). 미세공격은 일상적인 대화와 상호작용에서 너무 흔하고 자연스럽게 일어나는 일이어서 악의 없고 해로울 것도 없는 실수 정도로 생각하여 무시하거나 대충 넘어갈 때가 많다. 그러나 앞에서 언급했듯이, 미세공격은 심리적·정신적 에너지를 고갈시키고 불평등을 초래함으로써 여러 환경에서 유색인이나 그 밖의 소외집단 구성원의 활동을 방해한다는 점에서 분명 유해하다 (D. W. Sue, Capodilupo, et al., 2007).

환경적 거대공격

미세공격은 언어적, 비언어적 메커니즘뿐 아니라 환경적 메커니즘을 통해서도 전달될 수 있다. 미세공격은 개인―그 개인이 권력과 억압의 거시적 맥락 안에서 살아가기는 하지만―의 편향된 세계관에 의해 작동하는 반면, 거대공격은 제도와 사회의 정책과 관행에 의해 작동한다. 이제 우리는 개인과 제도와 사회가 대인관계와 교육, 정치, 경제 상황에서 소외집단에게 전달하는 수많은 모욕적이고 위협적인 단서를 지칭하기 위해 "환경적 거대공격"이라는 용어를 도입함으로써 우리의 논의를 확장하고자 한다. 환경적 거대공격은 말이나 행동 외에 시각적으로 전달될 수도 있으며(Pierce, Carew, Pierce-Gonzalez, & Willis, 1978), 인종차별 없는 인종차별 같은 형태를 띨 수도 있다(Purdie-

Vaughns, Steele, Davies, Ditlmann, & Crosby, 2008; Stevens, Plaut, & Sanches-Burks, 2008). 대학생들이 적대적이고 비수용적인 "캠퍼스 환경"을 지적하거나 유색인 직원이 위협적인 노동 환경에 관해 말할 때 시사하는 바가 바로 환경적 거대공격이 존재한다는 것이다(Solórzano, Ceja, & Yasso, 2000). 여기서 중요한 것은 이러한 단서들이 개인 간 상호작용에만 관련되지 않으며, 개인과 개인 사이에서 일어나는 미세공격만큼 불안감을 조성하고 더 해로울 수도 있다는 점이다.

몇 년 전, 데럴드 윙 수는 아이비리그에 속한 한 대학교로부터 대학을 유색인 학생, 직원, 교수에게 더 호의적인 장소로 만드는 데 관련된 다양성 교육을 맡아달라는 요청을 받았다. 실제로 많은 유색인 학생들이 오래전부터 캠퍼스 분위기가 배타적, 적대적, 비수용적이라는 불만을 토로해 왔다. 학교 측에서는 이 문제를 해결하기 위해 다양성 주간을 마련했고, 각 단과대학 학장들을 대상으로 하는 반나절짜리 교육 세션을 수 교수에게 맡긴 것이다.

담당자의 소개를 받고 강의실에 들어선 수 교수는 청중을 둘러보고 학장과 부서장 가운데 유색인이 단 한 명도 없어서 깜짝 놀랐다. 여성이 거의 없다는 점도 눈에 띄었다. 그는 단상에 서서 이렇게 말했다. "이렇게 많은 분들이 계신데 인종적 소수집단에 속하는 것 같아 보이는 사람이 하나도 없어서 놀랐습니다. 여러분이 저, 그리고 이 캠퍼스의 유색인들에게 어떤 메시지를 전달하고 있는지 아십니까?" 몇몇 사람이 엉덩이를 들썩이고 서로의 얼굴을 바라보았지만 답하는 사람은 없었다.

거대공격은 숨어 있는 무시, 비하, 모욕의 메시지를 통해 그 힘을 유지할 때가 많다. 유색인 학생 및 교수에게 관리자급에 유색인이 없다는 것은 다음과 같은 일련의 메시지를 강력하고 선명하게 전달한다.

- "당신이나 당신과 같은 부류의 사람들은 여기서 환영받지 못한다."
- "당신이 우리 캠퍼스에 오면 편안함을 느끼지 못할 것이다."
- "당신이 이곳에 다니기로 했다면, 거기까지일 것이다. 유색인 학생이라면 졸업하기 힘들 것이고, 유색인 교수라면 종신직을 얻거나 승진하기 힘들 것이다."
- "성공을 원한다면 우리의 방식에 순응하고 동화되어야 한다."

유색인이나 여성이 어떤 조직이 주로 백인 남성으로 구성되어 있는 것을 볼 때, 또는 고위 관리직이나 경영진이 주로 백인 남성이라는 것을 알게 되었을 때, 그들은 매우 확실하고 뿌리 깊은 메시지를 전달받게 된다. 그것은 자신이 그 조직에서 불리한 입장이라는 것이다(Ahmed, 2012; Bonilla-Silva, 2006; Inzlicht & Good, 2006). 고메즈(Gómez, 2015)는 흑인 미국인이 겪는 건강 불평등을 미세공격과 연관 지으며 이렇게 설명했다. "정신 건강 관리에서 미세공격은 흑인 치료사를 고용하지 않는 의료기관, 문화감응culturally-responsive 치료법의 부재 등 조직 배반institutional betrayal의 형태로 나타날 수 있다."(p. 130) 이와 유사하게, 성차별적 거대공격 역시 시스템에 의해서 이루어질 수도 있고 환경에 스며들어 있을 수도 있다. 직장의 회의실에 걸린 사진 속의 전임 CEO나 이사들이 모두 남성이라면 그곳에 들어가는 여성들은 여성이 경영진으로 성공할 수 없으며 견고한 "유리 천장"이 있다는 거대공격적 메시지를 전달받는다. 남성 동료들의 사무실 벽에 선정적인 여성 사진이 붙어 있거나 책상에 《플레이보이Playboy》 잡지가 놓여 있다면 여성 직원은 대상화되고 비하되며 환영받지 못한다는 느낌을 받을 수 있다.

환경적 거대공격은 상징물로 포장될 때가 많다. 1926년부터 2007

년까지 일리노이대학교 어배너샘페인의 스포츠 팀 공식 상징은 일라이니웩 추장Chief Illiniwek이었다. 스포츠 경기가 있을 때면 경기 중이나 하프타임, 승리 후 으레 일라이니웩 추장이 관중 앞에서 춤을 추는 모습을 볼 수 있었다. 아메리카 원주민 학생들, 직원들, 교수들은 20년 내내 이 마스코트가 자신들의 존재와 문화, 생활양식에 대한 비하, 적대, 폭력이라고 개탄했다. 그들은 일라이니웩 추장이라는 마스코트가 아메리카 원주민을 도용하고 무시하고 탈인격화dehumanization함으로써 인종과 민족에 관한 유해한 고정관념을 영속화한다고 주장했다 (Garippo, 2000).

한 백인 학생에 의해 창조된 일라이니웩 추장 마스코트는 대개 수족(북아메리카 평원 원주민 부족 중 하나-옮긴이) 복장을 하고 있는데, 사실 수족도 아니다. 이 이미지는 다양성에 대한 적대적 환경을 조성하고 긍정적인 학습 공동체 발전을 방해하며, 아메리카 원주민에 대한 부정확한 이미지를 조장하고, 원주민의 통합감을 공격한다는 비판을 받아왔다. 전미유색인지위향상협회, 전미교육협회National Education Association, 국제앰네스티Amnesty International, 아메리칸인디언전국회의National Congress of American Indians 등 수많은 단체가 일라이니웩 추장 마스코트 폐지를 촉구했다(Guiliano, 2015; Spindel, 2000).

대학 당국과 교내 학생회 다수, 심지어 일리노이주 입법부도 아메리카 원주민에 대한 경의로 의도된 것이며 훌륭한 대학 정신의 상징으로 사랑받고 있다는 이유로 이 마스코트를 옹호했다. 그러나 아메리카 원주민은 이렇게 묻곤 했다. "왜 우리는 경의가 느껴지지 않을까요?" 수십 년간 계속된 논란 끝에 2007년 2월, 일라이니웩 추장이 은퇴했다. 클라크 등(Clark, Spanierman, Reed, Soble, and Cabana, 2011)은 마스코트 폐지에 관한 웹로그를 분석한 연구에서 아메리카 원주민을 겨냥한 미세공격의 일곱 가지 주제를 밝혔다. 예를 들어 어떤 사람들은 캐리커처를 통해 아메리카 원주민들에 대한 "동경"과 "경의"를 표현했다. 아메리카 원주민을 "멸종" 혹은 "사라져 가는" 존재로 표현하면서 일라이니웩 추장이 없어진다면 사람들이 아메리카 원주민에 관해 곧 잊게 될 것이라고 주장하는 사람들도 있었다. 이와 같은 정서는 실제 아메리카 원주민 학생, 교수, 직원에게 비호의적이고 심지어 적대적인 환경을 조성하게 된다. 우리는 이 사례를 통해 거대공격이 환경을 통해 전달되는 방식, 그리고 미세공격("추장"이 그려진 티셔츠를 입는 일)과 거대공격(인종차별적 마스코트를 기관의 상징물로 삼는 것) 간의 상호작용을 볼 수 있다. 후일담을 덧붙이자면, 일라이니웩 추장은 폐지 1년 후 "표현의 자유"라는 기치 아래 공식 마스코트로서는 아니지만 일리노이대학교 캠퍼스에 다시 등장했으며 2019년에도 여전히 존재한다.

환경적 거대공격은 수의 불균형(Purdie-Vaughns et al., 2008), 마스코트나 상징물, 혹은 영화·텔레비전·라디오·인쇄매체·교육과정(교재용 도서 및 영상자료 등)에서 묘사하는 소외집단에 대한 부정확한 이미지를 통해 전달되어 강력한 영향력을 발휘할 수 있다. 지식, 문학, 음악, 미술, 언어, 음식 등 미학적·문학적 형태의 배제도 다양한 인종, 성별, 성정체성 집단에 공격이 될 수 있다.

환경적 거대공격에 관한 경험적 연구도 나오고 있다. 연구자들은 미국 기업의 "다양성 단서diversity cue"(직장에서 소수집단 구성원이 차지하는 비율, 회사 브로셔에 나타나 있는 다양성 철학 등)가 흑인 미국인 구직자가 경험하는 위협이나 안전성에 대한 지각에 직접적인 영향을 미친다는 사실을 밝혔다(Purdie-Vaughns et al., 2008). 이 연구는 아프리카계 미국인이 느끼는 안전성이나 위협이 개인 간의 단서보다 제도적 단서에 의해 만들어지는 측면에 주목했다. 환경적 조건은 소외집단이 주류 환경에서 어떻게 가치를 인정받거나 폄하될지를 지각하는 데 직접적으로 영향을 끼쳤다. "사회 정체성 비상사태social identity contingency"는 낙인찍힌

집단 구성원이 자신의 집단 정체성이 위협을 받을지(평가절하되거나 부정적으로 인식되는 등의 방식으로) 혹은 높이 평가받을지를 예상하는 방식을 설명하기 위한 용어다. 단서가 위협을 가리키면 신뢰가 저하되고 안전감이 떨어지며 취약성이 증가한다. 이것은 직원의 집단 정체성에 중대한 위해를 초래하고, 생산성 저하로 이어질 수도 있다.

대학생을 대상으로 한 연구에서도 환경적 거대공격의 증거가 나타났다. 예를 들어 퀘벡의 원주민(모호크족, 크리족 등) 대학생들은 원주민 구성원이 거의 없는 대학 캠퍼스에서 일상적인 사회문화적 소외감과 백인인 유럽계 캐나다인의 규범과 관행에 맞추어야 한다는 압박감을 경험하는 것으로 나타났다(Clark, Kleiman, Spanierman, Isaac, & Poolokasingham, 2014). 같은 대학교의 이슬람 및 아랍 학생들이 무방비 상태로 문화 감수성이 결여된 캠퍼스 환경에 노출된 느낌을 받는다는 연구도 있었다(술을 판매하는 소란스러운 펍 바로 옆에 기도실이 있는 것 등)(Najih, Spanierman, & Clark, 2019). 또 다른 캐나다 대학교에서 수행된 한 연구는 아시아에서 온 유학생들이 캠퍼스에서 구조적 장벽 및 그 밖의 환경적 스트레스 요인을 경험한다고 밝혔다. 이러한 학생들이 기댈 수 있는 곳은 학교 바깥의 민족 공동체였다(Houshmand et al., 2014). 요소 등(Yosso, Smith, Ceja, and Solórzano, 2009)은 미국 대학생들이 경험하는 제도적 미세공격(이 책에서 말하는 환경적 거대공격에 해당)이 인종 문제에 부정적인 캠퍼스 분위기를 반영한다고 밝혔다.

성소수자(퀴어 및 트랜스)에 관한 최근의 연구에서도 환경적 거대공격을 확인할 수 있다. 예를 들어, 한 연구에 따르면 여성 동성애자는 이성애규범적 가정heteronormative assumption이 팽배한 캠퍼스 환경에서 일상 활동 중에도 감시를 받는 느낌을 받으며 일반적으로 안전하지 못하고 취약하다고 느낀다(Dimberg, Clark, Spanierman, & VanDaalan, 2019). 또 다른 연구에서 트랜스젠더인 연구 참여자들은 대학 전체를 지배하는 시스젠더Cisgender(생물학적 성별과 젠더 정체성이 동일하다고 느끼는 사람으로 트랜스젠더에 반대되는 개념-옮긴이)중심적이고 분리주의적이며 젠더이분법적인 시스템과 구조에 의해 억압받고 있다고 말한다(Moody, Spanierman, Houshmand, Smith, & Jarrett, 2019). 요컨대, 환경적 거대공격은 각종 기관의 규범, 정책, 관행에 스며들어 있다. 그 결과 이 기관들은 소외집단에게 비호의적이고 배타적이며 적대적이고 안전하지 않은 곳으로 느껴지게 되고, 미세공격이 만연할 수 있는 조건이 조성된다.

미세공격의 형태

D. W. 수와 동료들(D. W. Sue, Capodilupo, et al., 2007; D. W. Sue & Capodilupo, 2008)은 인종, 성별, 성적지향 미세공격을 미세폭력microassault, 미세모욕microinsult, 미세부정microinvalidation이라는 세 범주로 구분했다. 세 형태 모두 공격적인 메시지나 의미를 공공연히, 또는 은밀하게, 또는 숨겨진 형태로 전달하며, 가해자의 인식과 의도의 수준은 다양할 수 있다. 미묘한 형태의 차별이 갖는 은밀한 특성으로 인해 미세공격에 관한 많은 경험적 연구는 미세모욕과 미세부정에 주목한다(Wong, Derthick, David, Saw, & Okazaki, 2014). 그림 2.1은 인종차별 미세공격의 세 범주와 그 상호관계를 보여준다. 인종차별 미세공격을 예로 들기는 했지만 이 틀은 성차별, 성적지향 차별 등 다른 종류의 미세공격에도 적용된다.

미세폭력

미세폭력은 의식적, 고의적으로 인종, 성별, 성적지향에 따른 편향된

그림 2.1 미세공격의 범주와 상호관계

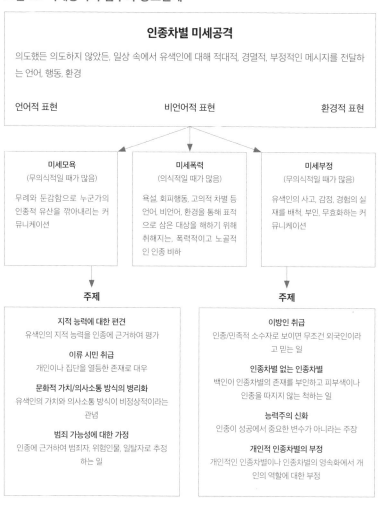

인종차별 미세공격

의도했든 의도하지 않았든, 일상 속에서 유색인에 대해 적대적, 경멸적, 부정적인 메시지를 전달하는 언어, 행동, 환경

| 언어적 표현 | 비언어적 표현 | 환경적 표현 |

미세모욕
(무의식적일 때가 많음)

무례와 둔감함으로 누군가의 인종적 유산을 깎아내리는 커뮤니케이션

미세폭력
(의식적일 때가 많음)

욕설, 회피행동, 고의적 차별 등 언어, 비언어, 환경을 통해 표적으로 삼은 대상을 해하기 위해 취해지는, 폭력적이고 노골적인 인종 비하

미세부정
(무의식적일 때가 많음)

유색인의 사고, 감정, 경험의 실재를 배척, 부인, 무효화하는 커뮤니케이션

주제

지적 능력에 대한 편견
유색인의 지적 능력을 인종에 근거하여 평가

이류 시민 취급
개인이나 집단을 열등한 존재로 대우

문화적 가치/의사소통 방식의 병리화
유색인의 가치와 의사소통 방식이 비정상적이라는 관념

범죄 가능성에 대한 가정
인종에 근거하여 범죄자, 위험인물, 일탈자로 추정하는 일

주제

이방인 취급
인종/민족적 소수자로 보이면 무조건 외국인이라고 믿는 일

인종차별 없는 인종차별
백인이 인종차별의 존재를 부인하고 피부색이나 인종을 따지지 않는 척하는 일

능력주의 신화
인종이 성공에서 중요한 변수가 아니라는 주장

개인적 인종차별의 부정
개인적인 인종차별이나 인종차별의 영속화에서 개인의 역할에 대한 부정

출처 Sue, D. W. et al. (2007)에서 재구성

태도, 신념, 행동을 환경 단서, 언어, 행동을 통해 소외집단에게 전달하는 것을 말하며, 미묘할 수도 있고 명시적일 수도 있다. 미세폭력의 목적은 욕설, 회피행동, 고의적 차별 행위를 통해 상대방의 집단 정체성을 공격하거나 상대방에게 위해를 가하는 것이다(Miller & Garran,

2008; Nelson, 2006). KKK 복면, 나치의 상징 문양인 스와스티카, 인종차별을 상징하는 올가미, 남부연합기 등을 내세우는 일, 십자가를 불태우는 행위, 관리직급 남성의 사무실 벽에《플레이보이》화보를 걸어놓는 것은 모두 환경적 거대공격의 개별적 표출이자 미세폭력에 해당한다. 이러한 행위들은 위협과 겁박의 메시지를 의도한 것일 때가 많다. 이러한 메시지는 그것이 겨냥하는 사람들에게 자신이 이 사회의 다른 구성원들과 동일한 수준에 속하지 않는 열등한 존재이므로 환영받을 수 없고 안전하지 않다는 느낌을 준다.

언어적 미세폭력의 예로, 아프리카계 미국인을 "검둥이nigger", 중국계 미국인을 "칭크chink", 일본계 미국인을 "잽Jap", 아메리카 원주민을 "야만인savage", 여성을 "암캐bitch"나 "컨트cunt", 게이를 "패그fag"로 부르는 등 차별주의 표현을 들 수 있다. 앞에서도 언급했듯이, 이러한 표현을 쓰는 의도는 사람들의 인종적, 사회적 집단 정체성을 공격하고 그들이 열등한 인간이라는 뜻을 전달하는 데 있다. 해당 집단에 속한 대상에게 민족, 인종, 성별, 성적지향에 관한 농담을 하고 비웃는 것도 이 범주에 속할 수 있다. 자녀가 다른 인종과 결혼하지 못하게 하는 일, 음식점에서 여성 손님 거부, 능력이 더 좋은 직원을 동성애자라는 이유로 승진에서 제외하는 것도 의도적인 위해 및 배제의 사례다. 이러한 행위들도 그들이 대접받을 만한 가치가 없다거나 그 사회에 속한 적절한 사람이 아니라는 뜻을 전달한다.

미세폭력은 개인 수준의 전통적 인종차별, 성차별, 이성애주의와 매우 유사하다. 또한 의식적이고 고의적일 가능성이 높다. 그러나 그런 행동은 거센 대중의 비난에 부딪힐 수 있으므로, 가해자에게 일종의 보호막이 제공되는 다음 세 조건에서 표출되기 쉽다(D. W. Sue & Capodilupo, 2008).

첫째, 가해자가 어느 정도 익명적이라고 느끼며 자신의 역할이나 행위가 은폐될 수 있다고 확신할 때 미세폭력을 저지르기 쉽다. (공중화장실에 반유대주의 낙서하기, 웹에 무슬림에 대한 욕설 쓰기, 흑인 동료의 방문에 몰래 올가미 걸어놓기 등이 그러한 예다.)

둘째, 버스틴 등의 연구(Bursztyn et al., 2017)에서도 볼 수 있었듯이, 가해자들은 자신과 신념 및 태도를 공유하는 사람들과 함께 있거나 공격적인 언동을 하고도 제지받지 않을 수 있는 등 비교적 안전하다고 느낄 때 미세폭력을 저지를 수 있다. 이러한 안전한 환경은 편향된 행위를 보고도 아무런 행동을 하지 않는 사람들에 의해 조성될 때가 많다. 연구에 따르면, 사람들은 편향된 행위(타인의 인종차별적 발언)를 접하면 뭔가 조치를 취하겠느냐는 질문에 실제보다 긍정적으로 응답하는 경향이 있어서, 그런 행위를 비난하고 그런 일이 일어나면 적절한 조치를 취하겠다고 말하지만 실제 그런 상황이 벌어지면 침묵하고 아무런 행동도 하지 않는다(Kawakami, Dunn, Karmali, & Dovidio, 2009). 사례 2.5는 이러한 상황을 보여준다.

사례 2.5

어느 일요일 늦은 오후, 백인 남학생 사교 클럽 회원들이 모여 앉아 맥주를 마시고 있었다. 보고 있던 풋볼 경기의 두 번째 쿼터가 막 끝난 참이었고, 모두 상당히 취해 있었다. 한 학생이 흥분한 목소리로 마지막 순간에 있었던 패스 실수에 관해 이야기하다가 이렇게 소리쳤다. "검둥이들은 쿼터백을 시키면 안 된다니까!" 이 말은 폭소를 자아냈고, 또 다른 학생이 이렇게 말했다. "걔네들은 정글버니(흑인을 뜻하는 비속어-옮긴이)니까!" 웃음소리가 더 커지면서 너나 할 것 없이 "원숭이", "쿤coon", "버헤드burr head", "오레오oreo", "엉클 톰" 등 인종차별적 비속어을 쏟아냈다. 누군가 한마디를 뱉을 때마다 웃음소리는 더 커졌고, 게임을 하듯 서로 더 심하게 흑인을 비하하는 말을 찾아내 외쳤다. 아는 욕설을 다 토해내고 나자 이번에는 흑인과 관련된 다른 비속어들로 이어졌다. 개중에는 분명 이 게임을 불편해하는 사람도 있었지만 아무 말도 하지 않거나 함께 키득거렸다. (D. W. Sue, 2003, p. 88)

셋째, 개인적으로 소수자가 열등하다는 생각을 갖고 있지만 통제력을 잃었을 때만 편향된 태도를 보이는 사람도 많다. 이 장 맨 처음에 제시한 로잰 바의 사례가 이 경우에 해당한다. 그녀는 진정제인 앰비언을 복용해 "바보 같은" 상태가 되었다고 진술했다. 진정제가 통제력을 떨어뜨리면서 자신의 인종주의 관점에 대한 자기검열이 불가능해졌을 수 있다.

미세폭력은 전통적 인종주의와 매우 비슷하다. 즉, 대중이 일반적으로 "진짜 인종차별"이라고 생각하는, 직접적이고 고의적이고 명백하며 노골적인 인종차별이 이에 해당한다. 미세폭력을 이해하는 핵심은 유색인, 여성, 성소수자에게 해를 끼치거나 굴욕감을 주거나 비하하려는 의도가 명명백백하다는 것이다.

소외집단 구성원들이 미세폭력 또는 노골적인 인종차별에 대처하기가 더 쉽다고 여기는 것은 그 의도가 분명하면 모호성에 심리적 에너지를 쏟을 필요가 없기 때문이다. 실제로 유색인이 가해자의 의식 수준 바깥에 있는 비의도적 편향 행동—미세모욕과 미세부정—보다 공공연한 미세폭력에 더 잘 대처한다는 연구 결과도 있다(Salvatore & Shelton, 2007). 흑인 및 라틴계 미국인 피실험자가 공공연한 인종차별보다 모호한 인종차별에서 더 큰 인지적 고갈cognitive depletion(대상을 인지하는 데 필요한 자원 및 에너지가 특정 문제에 다 소진되어 다른 문제를 다루는 데 어려움을 겪는 현상-옮긴이)을 겪는다는 것을 밝힌 한 실험 연구(Murphy, Richeson, Shelton, Rheinschmidt, & Bergsieker, 2012)도 이를 뒷받침한다. 이 책에서 미묘하고 비가시적이며 비의도적인 형태의 미세공격을 주된 주제로 삼고자 하는 것이 바로 이러한 연유에서다. 표 2.1은 유색인, 여성, 성소수자를 겨냥해 흔하게 일어나는 미세공격의 주제별 사례와 숨은 메시지에 대한 정리다.

표 2.1 인종, 성별, 성적지향에 관한 미세공격의 예

주제	미세공격	메시지
이방인 취급 아시아계 미국인과 라틴계 미국인을 보면 외국 태생일 것이라고 생각한다.	"어느 나라 사람이에요?" "어느 나라에서 태어나셨어요?" "영어를 참 잘하시네요" 아시아계 미국인에게 ○○○를 모국어로 어떻게 말하는지 알려달라고 한다.	당신은 미국인이 아니다. 당신은 외국인이다.
지적 능력에 대한 편견 유색인이나 여성의 지적 능력을 그들의 사회적 집단 정체성에 근거하여 판단한다.	"너는 인종의 자랑거리로구나." "왜! 어떻게 그렇게 수학을 잘하게 됐지?" 아시아인에게 수학이나 과학 문제 푸는 것을 도와달라고 한다.	유색인은 대개 백인만큼 똑똑하지 못하다. 여성이 수학을 잘하는 일은 드물다. 모든 아시아인은 수학과 과학을 잘한다.
인종차별 없는 인종차별 백인은 상대방의 인종에 관심을 갖지 않는다는 식으로 말한다.	"나는 당신의 피부색을 보지 않아요." "미국은 인종의 용광로입니다." "인종은 오직 하나, 인간이라는 종뿐입니다."	유색인의 인종/민족적 경험을 부정한다. 모두가 지배 문화에 동화, 적응해야 한다. 모든 개인은 인종/문화적 존재라는 사실을 부정한다.
범죄 및 범죄 가능성에 대한 가정 인종에 근거하여 유색인을 범죄자, 위험인물, 일탈자로 가정한다.	흑인이나 라틴계 미국인이 다가오거나 지나갈 때 백인이 지갑을 움켜쥐거나 확인한다. 유색인 손님이 물건을 살펴볼 때 가게 주인이 따라다닌다. 유색인이 엘리베이터에 타고 있는 것을 본 백인이 다음 엘리베이터를 타려고 기다린다.	당신은 범죄자다. 당신은 도둑질을 할 것이다/당신은 가난하다/당신은 여기 올 만한 사람이 아니다. 당신은 위험인물이다.

주제	미세공격	메시지
성차별/이성애중심주의 언어 사용 여성이나 성소수자를 배제 또는 비하하는 용어를 사용한다.	모든 사람을 지칭할 때 남성형 대명사("he")를 쓴다. 각종 신청서 등에서 남성 또는 여성을 선택하는 체크박스를 사용한다. 자기주장이 확실한 여성을 "암캐" 같다고 말한다. 여성인 친구들과 자주 어울리는 이성애자 남성을 "게이"로 낙인찍는다.	남성의 경험이 보편적이고 여성의 경험은 중요하지 않다. 성별은 둘뿐이므로, 당신은 남성이거나 여성이라야 한다. 여성은 수동적이어야 한다. 여성처럼 행동하는 남성은 열등하다(여성은 열등하다)/남성 동성애자는 열등하다.
개인적 인종차별/성차별/젠더리즘/이성애중심주의 부정 개인적 편향을 부인한다.	"나는 인종차별주의자가 아닙니다. 흑인 친구도 몇 명 있는걸요." "고용주로서 나는 언제나 남성과 여성을 동등하게 대합니다."	나는 유색인 친구가 있으므로 인종차별주의자가 아니다. 내가 성차별을 할 리 없다.
능력주의 신화 인생의 성공에서 인종이나 성별은 중요한 변수가 아니라고 주장한다.	"나는 가장 자격을 잘 갖춘 사람이 이 자리에 채용되어야 한다고 생각합니다." "남성과 여성은 동등한 성취 기회를 갖습니다."	유색인은 인종 때문에 특혜를 보고 있다. 운동장은 평평하므로 여성이 어떤 일을 해낼 수 없다면 문제는 그들 자신에게 있다.
문화적 가치/의사소통 방식의 병리화 지배문화, 즉 백인의 가치와 의사소통 방식이 이상적이라고 본다.	(흑인에게) "왜 그렇게 격앙되어 있지요?" "진정하세요." (아시아계나 라틴계 사람에게) "왜 아무 말도 하지 않나요? 우리는 당신의 생각을 알고 싶어요. 말해보세요." "기탄없이 이야기하세요." 직장/학교에서 인종과 문화에 관한 문제 제기를 묵살한다.	모두가 지배문화에 동화되어야 한다. 당신에게 문제가 있다. 문화적 짐cultural baggage을 떨쳐내라.
이류 시민 취급 특정 집단 구성원이 권력 집단으로부터 차등 대우를 받는다.	유색인이라는 이유만으로 서비스직 종사자일 것이라고 짐작한다. 여성 의사를 간호사로 오해한다. 택시가 유색인을 지나쳐 백인 승객을 태운다. 상점 점원이 앞에 있는 유색인 손님은 무	유색인은 백인을 위해 서비스를 제공하는 사람이다. 돌봄노동이 여성의 일이며 여성은 의사가 되기 힘들다. 당신은 문제를 일으킬 소지가 다분하며 위험한 동네로 갈 것이다. 유색인보다 백인이 더 귀중한 고객이다.

주제	미세공격	메시지
	시하고 뒤에 있는 백인 손님에게 관심을 기울인다.	
	레즈비언은 남성과의 대화를 지루해할 것이라고 생각해 모임에 부르지 않는다.	당신이 낄 자리가 아니다.
전통적 성역할 편견 및 고정관념 전통적인 역할 기대나 고정관념을 내비친다.	한 여학생이 남성 교수에게 화학 과제에 관해 도움을 요청하자 교수가 이렇게 물었다. "대체 왜 이걸 하려고 하는 거죠?"	여성은 수학과 과학을 잘할 수 없다.
	한 여성이 나이를 묻는 사람에게 31세라고 하자 질문했던 사람이 그녀가 결혼반지를 끼었는지 살폈다.	아이를 낳는 것이 여성의 가장 중요한 역할이므로 가임기 여성은 결혼을 해야 한다.
	외모에 별로 신경을 쓰지 않는 여성을 보고 레즈비언일 것이라고 생각한다.	레즈비언은 타인에게 매력적으로 보이는 데 신경 쓰지 않는다.
성적 대상화 여성을 남성의 처분 대상인 것처럼 대한다.	낯선 남성이 여성의 옆을 지나치면서 엉덩이이나 허리에 손을 얹는다.	당신의 몸은 당신의 것이 아니다.
	거리를 지나는 여성을 향해 휘파람을 불거나 말로 희롱한다.	당신의 몸/외모는 남성의 쾌락을 위한 것이다.
정상이 아닐 것이라는 가정 성소수자에게는 뭔가 문제가 있다는 식으로 말한다.	두 남성이 공공장소에서 손을 잡고 지나가자 행인들이 흘끔거린다.	동성 간의 애정 표현은 불쾌하므로 공공장소에서 하면 안 된다.
	따돌림을 당하는 급우에게 다른 학생들이 "게이 같다"고 놀린다.	게이는 이상하고 남과 다르다.
	기숙사 엘리베이터에서 만난 트랜스젠더 여성에게 "남자야, 여자야?"라고 묻는다.	모든 인간은 남성 아니면 여성이라야 한다.

출처 D. W. Sue and Capodilupo (2008, pp. 114-117)에서 재구성

대개의 미세공격은 여러 소외집단에 공통적으로 해당되지만 유형과 숨은 메시지, 영향에서 차이가 있다. 미세공격의 표출 형태는 맥락에 따라, 그리고 그 맥락 안에서 관습적으로 나타나는 고정관념에 따라 달라진다. 예를 들어, 여성은 인종과 관계없이 "성적 대상화"와 같은 독특한 미세공격을 경험할 수 있으며, 이는 남성 이성애자에게는 해당되지 않는다. 같은 범주 안에서도 차이가 있어서, 예컨대, 인종 집단에

따라 경험하는 인종차별 미세공격이 상이하다. 미국을 예로 들면, 아시아계 미국인과 라틴계 미국인은 아프리카계 미국인보다 "이방인 취급"의 메시지를 경험할 확률이 높으며, 아프리카계 미국인은 다른 인종 집단보다 "범죄자"로 간주될 확률이 더 높다. 집단과 맥락에 따른 미세공격 표출 형태의 유사성과 차이에 관해서는 7장에서 더 자세히 다룰 것이며, 그때 집단 내 차이에 관한 최신 연구도 다룰 것이다.

미세모욕과 미세부정의 주요 주제

D. W. 수 등(D. W. Sue, Capodilupo, et al., 2007)이 처음에 제안했던 인종차별 미세공격 분류는 이후에 성별, 성적지향에 관한 내용을 포함하여 다듬어졌다. 여기서 제시한 분류는 개선된 버전이며, 그중 특히 빈번하게 일어나는 미세공격 주제와 숨은 메시지를 아래에서 다룰 것이다.

미세모욕

미세모욕은 개인과 개인 사이에서 언어적·비언어적으로 고정관념, 무례, 감수성 결여를 전달하여 상대방의 인종, 성별, 성적지향, 문화유산, 정체성을 비하하는 것을 말한다. 미세모욕은 미묘하고 가해자가 의식하지 못하는 사이에 일어나는 일이 빈번하지만 그 수신자에게는 모욕적인 숨은 메시지를 전달한다. 미세모욕의 일반적인 주제는 다음과 같다.

- **지적 능력에 대한 편견.** 이것은 지능, 능력, 역량에 대한 인식에 관련된 미세모욕으로 그 대상이 어느 인종 또는 민족 구성원인

지에 따라 다르게 나타난다. 아프리카계 미국인 학생에게 "너는 인종의 자랑거리로구나"라고 칭찬할 때 거기에는 "아프리카계 미국인은 대개 백인만큼 똑똑하지 못하다"라는 모욕적인 뜻이 담겨 있다. 스포큰워드('말로 쓰는 글'이라는 뜻으로 음악이나 비트 없이 랩처럼 시를 낭송하는 공연 예술을 말한다–옮긴이) 예술가이자 사회정의 교육자인 자밀라 리스콧Jamila Lyiscott은 2014년 테드 강연에서 "언어 구사를 잘한다"는 말이 왜 단순한 칭찬이 아니라 인종차별의 역사적 맥락을 무시하는 모욕인지 설명했다. 아프리카계 미국인이 지적으로 열등하다는 생각은 흔하게 미세공격으로 표출된다(Jones, 1997; Mercer, Zeigler-Hill, Wallace, & Hayes, 2011; Smedley & Smedley, 2005; Torres, Driscoll, & Burrow, 2010). 이와 반대로 아시아계 미국인에게는 지능이 높고 특히 수학과 과학을 잘한다는 편견이 미세공격으로 작동한다. 호우쉬만드 등(Houshmand, Spanierman, & Tafarodi, 2014)은 캐나다의 아시아계 유학생에 관한 연구에서 이러한 관념을 확인했다. 한 중국인 여학생은 "다들 중국인은 수학을 잘한다고 생각한다"고 말했고, 어느 중국인 남학생은 중국인의 관심과 재능이 수학과 과학에 집중되어 있다고 생각하는 타인들의 선입견 때문에 역사학을 전공하는 자신이 별종같이 느껴진다고 보고했다. 성차별 미세공격 측면에서는, 남성 교사가 여학생의 수학 실력에 놀라움을 표할 때("와, 어떻게 수학 점수를 그렇게 잘 받았지?") 지적 능력에 관한 편견을 볼 수 있다.

- 정상이 아닐 것이라는 가정. 이 주제는 누군가의 인종, 성별, 성적지향이 비정상적, 일탈적, 병리적이라는 인식과 관련된다. 성소수자 집단은 자주, 특히 비정상이라 여겨지는 성적 행동과 관련하여 이러한 미세모욕을 경험한다(Herek, 1998; Satcher & Leggett, 2007). 게이인 남성이 건강검진을 받으러 갔는데 의사가 처음부터

HIV/AIDS 감염을 의심할 때, 아이들이 급우의 이상하거나 튀는 행동을 "게이 같다"고 말할 때, 누군가가 레즈비언끼리 일부일처제적 결혼생활을 하는 것을 보고 놀라움을 표출할 때, 바로 정상이 아닐 것이라는 가정이 작동한다. 그들은 "성소수자는 문란하며, 일탈적인 성행위를 한다"라거나 "게이는 이상하고 남과 다르다"고 가정하는 것이다.

- 범죄 및 범죄 가능성에 대한 가정. 이 주제의 미세공격은 특정 인종에게 표출되며, 유색인은 위험인물이나 잠재적 범죄자, 또는 반사회적 인물일 것이라는 관념에 관련된다. 아프리카계나 라틴계 미국인을 대상으로 하는 수많은 사례가 있다. 라틴계인 사람이 보이자 지갑을 꽉 움켜쥐는 백인 여성, 길을 걷다가 아프리카계 미국인 무리가 지나갈 때 자기 지갑을 확인하는 백인 남성, 고객이 흑인이면 백인일 때보다 수표 결제 시 신분증을 두 가지 이상 요구하는 상점 점원 등이 이 범주에 속하는 예다. 토레스 등 (Torres et al., 2010)은 정성적·정량적 방법을 결합한 접근으로 고등교육을 받은 아프리카계 미국인들이 경험하는 미세모욕을 확인했다. 이 연구의 참여자들은 박사과정 이상의 높은 교육 수준에도 불구하고 외모에 관한 언급("범죄자처럼 생겼다")에서부터 경찰의 괴롭힘에 이르기까지 다양한 미세공격에 시달린다고 보고했다. 흥미롭게도, 범죄와 관련된 가정이 아시아계 미국인을 대상으로 하는 경우는 드물다. 아시아계 미국인은 법을 잘 지키고 순응적이며 말썽을 일으키지 않고 폭력적인 성향이 적다고 간주될 때가 많다(D. W. Sue, Bucceri, Lin, Nadal, & Torino, 2007; D. W. Sue, Capodilupo, & Holder, 2008). 유색인 여성은 유색인 남성보다 이 유형의 미세모욕을 경험하는 일이 적다(Hall & Fields, 2015).
- 문화적 가치/의사소통 방식의 병리화. 백인, 남성, 이성애자 집단

의 문화적 가치와 의사소통 방식이 규범적이라는 믿음, 그리고 유색인, 여성, 성소수자의 문화적 가치와 의사소통 방식이 비정상적이라는 관념, 이 두 요소가 이 주제의 미세모욕을 구성한다. 라틴계 학생들에게 "교실에서는 문화적 짐에서 벗어나세요"라고 하거나, 흑인에게 "왜 그렇게 언성을 높이고 감정적이며 흥분해 있나요?"라고 묻는 것이 이 범주의 예다. 첫 번째 경우에 라틴계 학생들은 자신들의 문화적 가치가 역기능적이고 학습에 방해가 되므로 포기하고 지배 문화에 동화되어야 한다는 메시지를 전달받는다. 두 번째 사례의 메시지는 적절한 의사소통이란 냉정하고 객관적이어야 하므로 흑인의 의사소통 방식은 병리적이라는 것이다(Kochman, 1981). 그러나 더 큰 문제는 흑인은 통제력을 잃고 폭력적이 될 수 있다는 공포를 암암리에 조장한다는 점이다. 이것은 바로 앞에서 설명한 범죄성에 대한 가정과 관련된다. 이와 관련하여, 호우쉬만드와 그의 동료들(2014)의 연구에서 캐나다의 아시아계 유학생들은 억양, 발음, 영어 능력 때문에 조롱받은 적이 있다고 보고했다. 또한 복합인종을 대상으로 한 나달 등(Nadal, Wong et al., 2011)의 연구에서는 그들이 비정상적이고 불분명한 존재로 인식되게 하는, 정체성 및 경험의 병리화 현상이 확인되었다.

• 이류 시민 취급. 이 주제의 미세모욕에는 특정 집단이 덜 가치 있고, 덜 중요하며, 열등한 존재이므로 차별 대우를 받아도 마땅하다는 무의식적 메시지가 담겨 있다. 토레스 등(Torres et al., 2010)의 연구에 참여한 아프리카계 미국인들의 보고는 이 범주의 미세모욕이 범죄 가능성에 대한 가정과 연관된다는 것을 보여주었다. 이 미세모욕은 의식적으로 이루어질 수도 있지만 대개는 차별할 의도가 없는 선의의 발언에서 비롯된다(Bonilla-Silva, 2006). 결과적으로 유색인, 여성, 성소수자는 백인, 남성, 이성애자보다 낮은 대

우를 받게 된다. 레즈비언 여성은 "우리와 다르다"는 이유로 여성 동료들로부터 무시와 배척의 대상이 된다. 음식점에서 흑인 손님은 종업원이 쉴 새 없이 들락날락하는 주방 문 옆 작은 테이블로 안내된다. 응급실에서 여성 의사는 남성 환자들로부터 간호사라는 오해를 받곤 한다.

- 성적 대상화. 성적 대상화는 여성이 남성의 성적 만족을 위해 전유하는 "대상" 또는 소유물이 되는 과정을 뜻한다. 이 과정에서 여성은 인간성과 인간의 본질(개인적 자질, 지능, 감정, 욕구 등) 전체를 박탈당한다는 점에서 비인격화된다. 《플레이보이》나 《허슬러 Hustler》 같은 잡지에 실린 여성의 누드 사진, 반나체의 여성이 나오는 유흥 클럽, 여성 모델이 옷을 다 벗다시피 하고 나오는 광고 등 수많은 예가 여성의 몸은 자신의 것이 아니며 남성의 성적 판타지와 욕망을 위해 존재한다는 메시지를 전달한다(Fredrickson & Roberts, 1997). 인종 및 성별이 상호작용하면 성적 대상화는 더 복잡해질 수 있다(Lott, Aquith, & Doyon, 2001). 한 연구에 따르면 아시아계 미국인 여성들은 이국화exoticization와 관련된 미세모욕을 자주 겪는다(D. W. Sue, Bucceri, et al., 2007). 참가자들은 사람들이 자신을 성적 대상으로만 생각한다거나 당연히 가사노동자일 것이라고 본다거나 게이샤 같은 이국적 이미지가 끊임없이 따라다닌다는 등의 불만을 토로했다. 그들은 자신들의 정체성이 백인 남성의 보조적인 존재가 된 느낌을 받았다. 흥미롭게도 일부 참가자들은 백인 남성들이 일반적으로 여성성이 강하고 순종적이라고 여겨지는 아시아계 미국인 여성에게 끌리는 이유가 페미니즘 운동과 그 가치에 대한 반발에 있다고 추측하기도 했다. 흑인 여성이 겪는 성별·인종 복합 미세공격gendered racial microaggression에 주목한 루이스 등(Lewis, Mendenhall, Harwood, and Hunt, 2016)의 연구

에서 참가자들은 흑인 여성은 성적으로 문란하고 성욕을 제어할 수 없을 것이라는, 이른바 제저벨 고정관념Jezebel stereotype의 피해 경험을 토로했다. 여성 엘리트 운동선수들도 성적 대상화와 관련된 미세공격의 표적이 된다. 카스칸과 호(Kaskan and Ho, 2016)는 매체 및 학술 문헌 분석을 통해 여성 운동선수의 외모에 대한 주목과 전통적으로 여성에게 부과되는 성역할 강요를 확인했다.

미세부정

미세부정은 유색인, 여성, 성소수자 등 특정 집단의 사고, 감정, 경험적 실재를 배척하거나 부인하거나 없는 것으로 치는 개인 간의 언어적 및 비언어적 의사소통을 말한다. 미세부정은 상대방의 인종, 성별, 성적지향 자체를 직접적이면서도 은밀하게 부정하므로, 세 가지 미세공격 중 가장 큰 피해를 입힐 수 있다. 3장에서 살펴보겠지만, 소외집단에게 지배집단의 실재를 강요하는 권력은 억압의 궁극적 형태를 보여준다. 다음은 미세부정의 몇 가지 예다.

- 이방인 취급. 이 미세부정은 자기 나라에서 빈번하게 외국인 취급을 받는 것을 말한다. 이러한 미세부정은 모든 인종 집단에 해당되지만, 미국에서는 특히 아시아계와 라틴계 미국인이 가장 많이 경험한다. 아시아계 미국인이 "영어를 잘한다"는 칭찬을 받거나 늘 어디에서 태어났느냐는 질문을 받을 때, 거기에는 "당신은 미국인이 아니다" 혹은 "당신은 외국인이다"라는 속뜻이 담겨 있다. 라틴계 미국인에게 "여기가 마음에 들지 않으면 멕시코로 돌아가라"라고 말할 때 속뜻은 "당신이 조국으로 삼는 나라는 미국이 아니다"라는 것이다. 흥미롭게도 아프리카계 미국인은 아시아

계나 라틴계 미국인보다 다른 사람들에게 "더 미국인처럼" 인식
된다(Devos & Banaji, 2005). 페레즈 휴버(Pérez Huber, 2001)는 이 주제
를 확장하여 인종배척주의 미세공격racist nativist microaggression(미
국에 거주하는 외국인에 대한 외국인혐오)까지 포함시켰다. 그녀는 인
종배척주의 미세공격이 초·중·고등학교에 제도화되어 있으며
미국 출생이든 미등록 체류자이든 관계없이 멕시코계 학생 모
두가 이에 해당함을 밝혔다. 캐나다의 연구자들도 이와 비슷하
게, 남아시아계 캐나디언 학생들이 "갓 입국한" 사람으로 취급
받는 현상을 확인한 바 있다(Poolokasingham, Spanierman, Kleiman, &
Houshmand, 2014).

- 인종차별, 성차별, 성적지향에 따른 차별을 전면 부인. 간단히 말
해서, 피부색이나 성별, 성적지향의 차이를 보지 않는다고 말하
는 것은 인종, 성별, 성적지향에 따른 집단 정체성에 기반하여 억
압이 일어나고 있다는 사실을 인정하지 않는 것이다. "나는 당신
의 피부색을 보지 않아요", "인종은 오직 하나, 인간이라는 종뿐
입니다", "우리는 모두 미국인입니다", "미국은 인종의 용광로입
니다"라는 말 속에는 다중적이고 복잡한 메시지가 숨어 있다. 우
선 그것은 상대방에게 인종이라는 쟁점을 논의나 대화에 가져오
지 말라는 메시지다. 또한 유색인이 백인 중심의 사회에 동화되
고 적응해야 한다는 메시지이기도 하다. 한편으로는 자신이 인종
차별주의자로 보이지 않기 위한 방어 태세를 취하면서(Apfelbaum
et al., 2008) 다른 한편으로는 유색인들이 겪는 차별의 경험을 부
정하려는 것이다(Bonilla-Silva, 2006). D. W. 수(D. W. Sue, 2005)는 인
종의 부정이란 사실상 차이의 부정이라고 본다. 차이의 부정은
곧 권력 및 특권의 존재에 대한 부정이다. 권력과 특권의 부정
이란 불평등 덕분에 특권을 지닌 특정 집단에게 주어지는 개인

적 이득의 부정이다. 인종차별로 인한 이득을 부정한다는 것은 곧 인종차별에 대한 책임을 부정하는 것이다. 결국 인종차별의 부정은 인종차별에 대한 조치의 필요성을 부정하는 것이다. 여러 연구에서 인종차별의 부정에 대한 유색인의 경험을 기록했으며(Neville et al., 2013을 참고하라), 이러한 경험은 심리치료 관행에서도 나타났다(Mazzula & Nadal, 2015). 최근에는 "퀴어 블라인드니스queer blindness"에 대한 연구도 시작되었다(Smith & Shin, 2014을 참고하라). 예를 들어, 스펭글러 등(Spengler, Miller, and Spengler, 2016)은 심리치료사가 성소수자 문제를 회피하는 것이 의도치 않게 내담자의 경험을 부정하는 결과를 가져올 수 있다고 설명했다.

- 개인적 인종차별/성차별/젠더리즘/이성애중심주의 부정. 앞의 주제처럼 각종 차별의 존재를 부인하되, 사회 전체가 아니라 개인적으로 자신은 인종차별주의자나 성차별주의자, 이성애주의자가 아니라고 부정하는 형태도 있다. "나는 동성애혐오주의자가 아니다. 게이인 친구도 있다", "타 인종 간 결혼에 반감은 없다. 다만 아이가 걱정될 뿐이다", "고용주로서 나는 언제나 남성과 여성을 동등하게 대한다" 같은 말에 들어 있는 숨은 메시지는 다음과 같다. "내가 이성애주의자일 리 없다", "내가 타 인종과의 교제를 꺼리는 것은 오직 자녀에 관한 걱정 때문이지, 개인적인 편견은 전혀 없다", "나는 절대로 여성을 차별하지 않는다." 예를 들어, 유색인에게 그런 말을 한다면 그것은 상대방이 살아온 경험을 부정하는 것일 수 있다. 클라크와 동료 연구자들(2011)은 일리노이대학교의 인종차별적 마스코트 폐지에 관한 웹로그 데이터 분석을 통해 개인적·제도적 인종차별, 아메리카 원주민의 사고·감정·경험을 부정하는 여러 증거를 발견했다.
- 능력주의 신화. 능력주의 신화는 인종, 성별, 성적지향이 성공적

인 삶에 영향을 끼치지 않는다는 주장으로, 인종적 색맹 이데올로기(Neville et al., 2013을 참조하라)와 밀접하게 연관된다. 이 신화는 모든 집단에게 동등한 성공 기회가 주어지며 우리가 평평한 운동장에서 경쟁한다고 가정한다. 성공과 실패가 지능, 노력, 동기, 가족의 가치관 같은 개인적인 특성에 달려 있다고 보는 것이다. 성공은 개인의 노력에 의해 달성될 수 있는 것으로 간주된다. 반대로, 성공하지 못한 사람은 결점(게으름, 낮은 지능 등)이 있는 사람으로 간주된다(Jones, 1997). 유색인의 높은 실업률이나 낮은 학업 성취도, 빈곤은 개인이나 제도, 혹은 사회 전체의 인종차별이 낳은 체계적 산물이라고 인식되지 않는다. 능력주의 신화 때문에 오히려 피해자에게 비난이 돌아가고, 소외집단은 "우리 사회에서는 누구에게나 똑같은 기회가 있다", "가장 뛰어난 사람이 정상에 오르게 되어 있다", "누구나 열심히 하면 성공할 수 있다", "적극적 우대조치affirmative action는 역차별이다" 같은 말을 듣게 된다. 이런 말들에는 인종차별, 성차별, 이성애주의가 집단이나 개인의 성공에 별다른 영향을 미치지 않는다는 함의가 들어 있다.

호우쉬만드 등(Houshmand, Spanierman, and DeStefano, 2017)은 100건에 육박하는 경험적 연구를 검토하여 인종 및 민족에 관련된 미세공격 주제를 다음과 같은 세 범주로 분류했다. (a) 차이를 병리화하는 것, (b) 유색인을 배제하고 유령 취급하는 것, (c) 인종차별의 존재를 부정하는 인종차별 태도를 영속화하는 것. 우리는 여기에 수많은 질적 연구를 바탕으로 네 번째 범주를 추가하고자 한다. 그것은 (d) 폄하와 묵살을 위해 고정관념을 활용하는 것이다. 차이를 병리화하는 것과 고정관념을 활용하는 것은 미세모욕에, 다른 두 범주는 미세부정에 해당한다.

미세폭력, 미세모욕, 미세부정 중 어느 범주에 들든, 모든 미세공격은 우리 사회 소외집단 구성원들의 안녕과 생활수준에 유해하다. 그리고 앞에서 보았듯이, 가장 미묘한 형태의 미세공격이 그 모호성과 잦은 빈도에 의해 가장 큰 해를 끼칠 수 있다. 3장에서 우리는 미세공격이 야기하는 심리적 딜레마에 관해 논의·분석하고, 피해자와 비의도적 가해자에게서 일어나는 심리적·내면적 과정을 설명해 보고자한다.

향후의 과제

미세공격을 정의하고 인식하고 그 숨은 메시지를 파헤치기

미세공격은 우리 사회의 유색인, 여성, 성소수자가 언제 어디서나 지속적으로 부딪히는 현실이다. 미세공격은 그 일상성과 비가시성으로 가해자와 피해자를 지배한다. 어떻게 보면 우리 모두가 가해자이자 피해자다. 우리는 인종, 성별, 성적지향, 능력, 종교, 사회계층에 근거한 미세공격을 저질러왔다. 미세공격은 심리적 고통을 야기하고 의료, 고용, 교육에서의 격차를 강화, 재생산함으로써 소외집단 구성원들에게 해를 끼친다. 다양한 형태의 미세공격을 극복하는 첫 번째 단계는 다음과 같다.

1. 미세공격을 정의하기. 명시적인 미세공격도 있고 은밀한 미세공격도 있지만, 의식 바깥에서 악의 없이 저질러질 때 가장 피해가 크다. 우리 대부분은 명시적인 편향과 차별을 쉽게 인식하고 식별할 수 있고, 그런 행위를 보면 적극적으로 질타할 것이다. 반면

에 "보이지 않는" 미세공격은 의식과 통제 바깥에 있으므로 개인적, 사회적, 업무적 상호작용에서 아무런 견제와 균형 장치 없이 자연스럽게 일어난다. 그러한 미세공격은 가족이나 이웃, 직장동료 사이에서, 교사와 학생, 의료서비스 제공자와 환자, 치료사와 고객, 고용주와 피고용자 간 관계에서 일어날 수 있다. 미세공격은 빈번히 지속적으로 일어나며 상대방에게 해로운 영향을 끼친다. 미세공격을 정의하고 그 다양한 형태를 알기 위해서는 그것이 어떻게 표출되고 어떠한 영향을 미치는지에 대한 인지적이고 지성적인 이해로부터 시작해야 한다. 이 장에서 설명한 분류법이 독자들에게 미세공격의 구체적 특징과 속성에 관한 이해를 용이하게 하는 틀을 제공했기 바란다.

2. 미세공격을 인식하기. 인종, 성별, 성적지향 등에 따른 미세공격을 정의할 줄 아는 것만으로는 충분하지 않다. 미세공격이 나타났을 때 그것을 알아보려면 앎 이상의 훈련이 필요하다. 상호작용에서, 또는 환경에서 변화무쌍한 미세공격의 발현을 알아볼 수 있어야만 그것이 개인에게 초래하는 실질적인 결과를 개선할 수 있다. 미세공격이 일어났을 때 즉각적으로 현장에서 인식되어야 적절한 개입이 일어날 수 있다. 미세공격은 다음 두 가지 상황에서 인식될 수 있다. (a) 다른 사람들 사이에서 미세공격이 일어난 경우, (b) 내가 미세공격의 당사자(가해자 또는 피해자)인 경우. 누군가에 의해 미세공격이 일어난 것을 보게 되었을 때 우리는 개입할지를 두고 개인적인 또는 직업적인 딜레마에 빠질 수 있다. "개입해야 하나? 하지 말아야 하나? 개입한다면 어떻게 개입하는 것이 가장 적절한 방법일까? 내가 뭔가 조치를 취한다면 어떻게 될까?" 두 번째 상황은 피해자나 가해자가 되는 상황이다. 우리는 이하의 장들에서 피해자가 받는 영향과 대응, 미세공격에 대처하

고 저항하는 전략을 분석하는 데 상당한 지면을 할애할 것이다. 또한 피해자, 협력자, 방관자에게 적용할 수 있는 미세개입이라는 새로운 개념을 제시할 것이다. 그러나 더 중요한 것은 우리 자신이 미세공격에 가담했거나 지금도 가담하고 있을 수 있다는 인식이다. 자신의 말과 행동을 스스로 되돌아보고, 편향된 방식으로 행동했을 가능성을 열린 마음으로 살피고, 방어적 태도에서 벗어나는 것이 자신의 미세공격을 인식하는 핵심이다.

3. 미세공격의 숨은 메시지를 파헤치기. 미세공격은 세계관의 반영물이다. 인종차별 미세공격을 예로 들자면, 그 세계관은 자민족중심주의적 가치, 편향, 가정, 고정관념으로 가득 차 있으며, 우리의 신념, 태도, 행동에 문화적으로 강력하게 주입되어 있다. 미세공격은 대개 서로 충돌하는 두 개의 메시지를 전달한다. "그 자리에 걸맞은 자격을 가장 잘 갖춘 사람이 뽑혀야 한다고 생각한다"라는 말에서 유색인과 여성을 향한 흔한 미세공격을 볼 수 있다. "그 자리에 걸맞은 자격을 가장 잘 갖춘 사람이 뽑혀야 한다"는 생각에 동의하지 않을 사람은 거의 없겠지만, 주류에 속하는 사람으로부터 평가절하당하는 집단의 구성원이 이 말을 듣는 특정 상황에서라면 다음과 같은 숨은 메시지가 들어 있다고 보아야 할 것이다. "인종적 소수자와 여성은 대개 자격이 부족하다. 그러니까 백인 남성을 채용한다고 해서 내가 편향적이라고 비난하지 마라."

미세공격을 정의하고 인식하며, 그 속뜻을 파헤치는 것은 힘든 과제다. 그러나 그것들은 개인적인 상황에서든 업무 환경에서든 효과적인 개입을 하기 위한 전제조건이다. 인종, 성별, 성적지향 등에 따른 미세공격의 존재를 인지해야만 그것을 극복하기 위한 교육, 훈련, 교정 등의 조치를 취하는 일이 가능해진다.

3장

미세공격이 일으킨
심리적 딜레마와 작동 원리

　앞에서 제시한 미세공격 분류 체계는 우리에게 미세공격 전달 매체(언어적/비언어적), 형태(미세폭력/미세모욕/미세부정), 드러나 있거나 숨어 있는 메시지(폄하/배척), 구체적인 발현의 예를 명확하게 이해할 수 있게 해준다. 그러나 유색인, 여성, 성소수자에게 어떻게 영향을 미치는지, 가해자와 피해자에게서 어떠한 심리적 딜레마가 나타나는지, 개인의 내면과 개인과 개인 사이에 어떠한 역학 관계가 존재하는지에 대해서는 이제 막 연구자들의 주목을 받기 시작했다(DeCuir-Gunby & Gunby, 2016; Estacio & Saidy-Kahn, 2014; Galupo, Henise, & Davis, 2014; Hall & Fields, 2015; Hollingsworth et al., 2017; Hughey, Rees, Goss, Rosino, & Lesser, 2017; Inzlicht & Good, 2006; Kaufman, Baams, & Dubas, 2017; Keels, Durkee, & Hope, 2017; Kim, 2017; Kim, Kendall, & Cheon, 2017; Liao, Weng, & West, 2016; Nadal, Davidoff, Davis, & Wong, 2014; Nadal, Griffin, Wong, Hamit,

& Rasmus, 2014; Nadal, Wong, Griffin, Davidoff, & Sriken, 2014; Nadal, Issa et al., 2011; O'Keefe, Wingate, Cole, Hollingsworth, & Tucker, 2015; Ong, Cerrada, Lee, & Williams, 2017; Sanchez, Adams, Arango, & Flannigan, 2018; Seelman, 2016; Sittner, Greenfield, & Walls, 2017; Solórzano, Ceja, & Yosso, 2000; D. W. Sue, Capodilupo, et al., 2007; Thai, Lyons, Lee, & Iwasaki, 2017; Torres & Taknint, 2015; Tran & Lee, 2014; WongPadoongpatt, Zane, Okazaki, & Saw, 2017). 사례 3.1은 인종차별 미세공격이 야기한 딜레마와 역학 관계를 보여주지만, 그 원리와 프로세스는 성별이나 성적지향 미세공격에서도 유사하다.

사례 3.1

나[아시아계 미국인인 데럴드 윙 수]는 아프리카계 미국인 동료 한 명과 함께 뉴욕에서 보스턴으로 가는 비행기를 탔다. 한쪽에 한 좌석, 다른 쪽에 두 좌석씩 있는 작은 비행기였다. 승무원(백인 여성)이 승객이 얼마 없으니 아무 데나 앉아도 된다고 해서 우리는 앞쪽에 복도를 사이에 두고 앉았다. 덕분에 널찍하고 편안하게 앉아 대화를 편히 나눌 수 있었다. 승강구가 닫히기 직전에 백인 세 명이 탑승했고, 승무원에게 아무 데나 앉아도 좋다는 말을 듣고 우리 바로 앞줄에 앉았다. 이륙할 때가 되자 승무원이 머리 위 짐칸을 닫기 시작했는데, 그러면서 기내를 훑어보는 것 같았다. 우리가 앉은 좌석 근처까지 온 그녀는 몸을 기울여 우리의 대화를 끊더니 뒤쪽 자리로 옮겨줄 수 있는지 물었다. 비행기의 무게를 균일하게 분산해야 하기 때문이라고 했다.

우리 둘(두 유색인 승객)은 비슷하게 부정적인 반응을 보였다. 무게 균형을 맞춰야 한다는 것은 납득할 수 있었지만, 왜 하필 우리였을까? 무엇보다, 우리가 가장 먼저 탑승했고 백인 남자 세 명이 마지막으로 탔다. 왜 그들에게 자리 이동을 요청하지 않았을까? 인종 때문에 선택된 것은 아닐까? 인종과는 전혀 상관없는 우연한 사건이었을까? 우리가 속 좁고 과민했던 것일까?

승무원이 말한 대로 뒷자리로 이동하기는 했지만 억울하고 짜증나고 화가 났다. 우리의 평소 경험에 비추어 볼 때 승무원이 인종을 근거로 우리를 이류 시민second-class citizen으로 취급했다는 것이 우리 둘의 공통된 결론이었다. 사건은 여기서 끝나지 않았다. 나는 이 문제를 더 이상 생각하지 말자고 되뇌었지만 혈압이 오르고 심장 박동이 빨라지고 얼굴이 붉어지는 것을 느꼈다. 승무원이 좌석벨트를 확인하러 돌아왔을 때 나는 화를 더 참을 수 없는 상태였다. 나는 최대한 자제하고 침착한 목소리를 내려고 애쓰며 이렇게 말했다. "당신이 한 말이 유색인 두 사람에게 버스 뒤 칸으로 가라고 한 것과 같은 얘기였다는 걸 아십니까?" 승무원은 몇 초 동안 아무 말 없이, 그러나 겁에 질린 표정으로 나를 바라보더니 당당하고 화가 난 말투로 이렇게 말했다. "이런 항의는 받아본 적이 없어요! 어떻게 그런 말을 하죠? 나는 피부색을 보지 않습니다! 단지 비행기의 균형을 위해 옮겨달라고 부탁드린 것뿐이에요. 자리도 더 넓고 프라이버시도 더 잘 보장되는 자리로요."

내가 어떻게 인식하고 느꼈는지를 설명하려고 한 것이 오히려 그녀를 훨씬 더 방어적으로 만들었다. 그녀는 자기 행동에 합당한 이유가 있었다고 주장했다. 결국 그녀는 대화를 멈추고, 그 사건에 관해 더 이야기하기를 거부했다. 나의 경험적 실재를 입증해 준 동료가 아니었다면 나는 내가 상황을 잘못 인식한 것인지 의구심을 품고 비행기에서 내렸을 것이다. 그러나 비행 시간 내내 그 사건은 머릿속을 떠나지 않았고, 씁쓸한 기억으로 남았다. (D. W. Sue, Capodilupo, et al., 2007, p. 275)

이 사례는 유색인 승객과 백인 승무원 모두가 안게 된 몇 가지 심리적 딜레마를 보여준다. 상호작용의 양 당사자는 상황을 다르게 경험하고 해석했다. 둘 다 자신이 특정 인종으로서 살아온 경험과 현실에 따라 그 사건을 이해한 것이다. 백인 승무원에게는 인종차별이 일상적인 경험에 지속적으로 영향을 미치는 요소가 아니었다. 그러나 아시아계 미국인 승객에게 그 사건은 자신이 겪어온 많은 유사한 상황 중 하나였다. 세계관의 충돌은 인식의 정확성과 관련된 심리적 딜레마를 일으키고, "누구의 현실이 진짜 현실인가?"라는 질문을 제기한다.

더 나아가 미세공격이 일어났는데 가해자가 숨은 동기를 인지하지 못하고 있다면 어떻게 미세공격이 일어났다는 사실을 입증할 수 있을까? 인종차별적 상호작용에 들어 있는 함의가 가해자의 의식 바깥에 존재할—즉 가해자에게는 악의가 없을—때가 많다는 사실은 여러 연구에서 밝혀진 바 있다(Banaji & Greenwald, 1995; Bonilla-Silva, 2006; Dovidio, Gaertner, & Pearson, 2017). 위의 사례에서는 충돌하는 인종 현실, 보이지 않는 비의도적 편향, 미미하게 인식되는 피해, 진퇴양란에 처한 대응 상황이라는 네 가지 주요 심리적 딜레마가 작동한 것으로 보인다(D. W. Sue, Capodilupo, et al., 2007).

충돌하는 인종 현실: "당신이 과민하고 상황을 오해하고 있는 것이다!"

미국에서 백인과 유색인이 경험하는 인종 현실이 다르다는 것은 여러 연구에서 밝혀졌다. 예를 들어, 흑인 미국인은 자신의 삶에서 인종차별이 언제 어디서나 지속적으로 존재하는 현실이라고 여기는 반면, 대부분의 백인은 인종차별의 존재를 미미하게 본다(Pew Research

Center, 2016; Quinnipiac University, 2017). 이러한 인식 차이는 도널드 트럼프 정권의 인종차별 발언과 분열 조장 때문에 더욱 심해졌다(《뉴욕타임스》 기사 "도널드 트럼프의 인종차별: 확정 목록"을 참조하라. Leonhardt & Philbrick, 2018). 최근의 몇몇 여론조사에서도 집단 간의 인식 차이가 다음과 같이 극명하게 드러난다.

- 오늘날 미국에서 소수집단에 대한 편견이 얼마나 심각하다고 생각하느냐는 질문에 유색인의 66%가 심각하다고 응답한 반면 백인 중 심각하다고 응답한 사람은 39%에 불과했다(Quinnipiac University, 2017).
- 도널드 트럼프가 인종 관계를 다루는 방식에 대한 찬성 여부 질문에 대해서는 흑인 응답자의 89%, 히스패닉 응답자의 79%가 반대한다고 응답한 데 비해 백인 응답자 중에서는 56%가 반대한다고 응답했다. 흑인의 7%, 히스패닉의 20%만이 찬성한다고 응답한 반면에 백인 중에서는 찬성한다는 응답사 비율이 38%에 달했다(Quinnipiac University, 2017).
- 흑인의 64%는 직장에서 흑인이 백인만큼 공정하게 대우받지 못한다고 생각하는 반면, 백인 중 그렇게 생각하는 사람의 비율은 22%에 불과하다(Pew Research Center, 2016).
- 미국 사법 체계에서 흑인이 어떻게 다루어지는지에 대한 인식에서도 극명한 차이가 나타난다. 흑인 중 80%는 경찰이 백인보다 흑인을 불공정하게 대한다고 응답했지만, 백인 응답자 중에서는 50%만이 경찰이 흑인에게 불공정하다고 답했다. 법원에서 흑인이 불공정하게 다루어진다고 생각하는 사람의 비율은 흑인 응답자의 75%, 백인 응답자의 43%였다(Pew Research Center, 2016).
- 이 책에서 논의하고 있는 인종차별 미세공격과 관련하여, 흑인의

47%는 자신이 수상한 사람 취급을 받은 적이 있다고 응답한 반면 백인 중 그러한 경험이 있다고 응답한 사람의 비율은 단 10%였다. 또한 흑인 응답자의 45%는 남들로부터 똑똑하지 않은 사람 취급을 받은 적이 있다고 응답했는데, 백인 중 그러한 경험이 있는 사람의 비율은 9%에 불과했다(Pew Research Center, 2016).

특히 인종 관계와 인종 간 상호작용에서 세상을 바라보는 저마다의 관점은 데이터와 정보가 걸러지는 프리즘 역할을 한다. 사회학자 조지프 피긴Joseph Feagin(2013)은 백인의 사회화된 관점을 백인 프레임white racial frame이라는 개념으로 설명했다. 백인 프레임이란 백인이 자신과, 이 세계에서 자신의 존재 방식을 정상적이고 자연스럽고 우월하다고 보는 패권적 렌즈hegemonic lens를 말한다.

인종 프레임이나 세계관이 야기하는 결과는 가벼운 위반 행위부터 살인에 이르기까지 다양하다. 예를 들어, 뉴욕에서 택시를 잡으려는 흑인은 택시들이 멈추지 않고 지나가는 것이 자신이 흑인이기 때문이 아닐까 하는 의문을 끊임없이 품게 된다. 실제로 맨해튼에서 흑인이 택시를 잡을 확률이 백인에 비해 25% 낮다는 연구 결과도 있다(D. W. Sue, 2003). 반면에 백인은 자신의 피부색 때문에 택시를 잡지 못할 가능성을 염두에 둘 일이 없다. 백인은 길가에서 팔을 뻗으며 택시를 기다릴 때 인종 때문에 차를 잡는 데 어려움이 있으리라는 생각을 결코 하지 않는다. 그러나 비슷한 상황에서 흑인은 그런 일이 일어날 수도 있다는 것을 매우 잘 안다. 이것은 백인과 흑인의 의식과 그들이 지각하는 현실에 차이가 있음을 나타낸다.

다음 사건도 인종 현실이 어떻게 형성되는지 보여주는 예다. 2015년, 비무장 흑인 월터 스콧Walter Scott이 사우스캐롤라이나주 노스찰스턴시에서 경찰 마이클 슬레이거Michael Slager의 총격으로 살해당했다. 슬레이거는 스코트가 탄 오토바이 브레이크 등이 고장 나 법규 위반으로 단속하려던 것이라고 주장했다. 스코트는 오토바이에서 내려서 도망쳤다. 슬레이거는 전기충격기로 진압하려고 했지만 실패하여 권총을 뽑아 들었고, 도망가는 스코트의 등을 향해 여덟 발을 쐈다. 미주리주 퍼거슨시에서 무기를 소지하지 않았던 마이클 브라운Michael Brown이 경찰에 의해 살해되는 사건이 일어난 지 얼마 안 되는 시점이었으므로 지역 흑인 커뮤니티는 더욱 분개했다. 다른 유사 사건들과 달리 슬레이거는 살인 혐의로 기소되었고 20년형을 선고받았다. 우리의 의도는 이 사건의 논쟁과 결과를 되짚으려는 것이 아니라 우리 사회에서 지배집단과 권리를 박탈당한 집단이 이런 종류의 사건으로부터 받는 영향이 어떻게 다른지를 설명하려는 데 있다. 사례 3.2는 케빈 코클리Kevin Cokley 교수가 미국심리학회American Psychological Association 연례 학술대회에서 발표한 "흑인의 생명도 소중하다Black Lives Matter" 운동 지지 연설 중 한 대목이다. 미국 사회에서 인종 현실이 흑인과 백인에게 어떻게 나르고 심리적으로 어떤 영향을 주는지를 그리고 있다.

사례 3.2

지난 몇 년 사이에 경찰에게 살해당한 흑인의 이름을 나열하는 일은 충격 이상의 고통입니다. 타미르 라이스Tamir Rice. 레키아 보이드Rekia Boyd. 라쿠안 맥도널드Laquan McDonald. 제시카 윌리엄스Jessica Williams. 알턴 스털링Alton Sterling. 필란도 캐스틸Philando Castile. 그 외에도 너무나 많습니다. 그들의 이름을 말하십시오. 이 나라의 모든 흑인 커뮤니티, 흑인 가족들은 심원한 고통, 환멸, 불신, 분노, 무력감, 절망에 휩싸여 있습니다. 또 언제 비무장 흑인이 총에 맞아 죽을까요? 그런 일이 일어나는 것은 기정사실이고 단지

시간문제가 되었습니다. 저는 상담심리학 박사이고 미국 최고의 공립대학 교수이며, 많은 학술 논문과 기고문을 내왔고, 책도 썼으며 상도 많이 받았습니다. 아마 사람들이 어느 정도 성공했다고 할 만한 성취를 이루었지요. 아름다운 두 흑인 자녀의 아버지이기도 합니다. 그러나 매일같이 저는 누군가의 한 번의 잘못된 행동, 잘못된 표현, 잘못된 발언으로 이 모든 것이 한순간에 사라질까 봐 걱정합니다. 젠장, 필란도 캐스틸의 행동에는 잘못이 없었습니다. 그저 경찰의 지시에 따르려고 한 것뿐이에요. 그런데도 여자친구와 자녀 앞에서 총에 맞아 사망했습니다. 우리의 두려움은 현실입니다. 우리의 감정은 날것 그대로입니다. (Cokley, 2016)

사례 3.1과 3.2에서 공통적으로 알 수 있는 점은 백인과 흑인의 경험 차이와 흑인 미국인의 차별 경험이 백인에게는 보이지 않는다는 사실이다. 사례 3.1로 돌아가 보자면, 인종이 승무원과 승객 사이의 상호작용에 영향을 미쳤을 가능성은 승무원의 의식 수준에서는 전혀 고려되지 않았다. 그러나 두 유색인 승객에게는 인종이라는 요인이 삶에 늘 존재하는 상수와 같아서 거의 모든 삶의 면면에 영향을 끼친다. 따라서 문제는 승무원이 고의로 차별을 했는지가 아니라 그녀가 인종 문제를 망각하거나 의식하지 않기 때문에 소외집단 구성원들의 경험적 실재를 부정하고 그들에게 자신의 세계관을 강요하게 될 수 있다는 점이다. 관점이 다른 타 집단에게 자신의 세계관을 강요할 수 있는 것은 권력이 있기 때문이다.

권력이라고 하면 흔히 떠올리는 것은 경제 권력, 군사 권력 등이지만, "진정한" 권력은 현실을 규정하는 권한에 있다(Guthrie, 1998; Hanna, Talley, & Guindon, 2000; Keltner & Robinson, 1996). 인종에 의해 각자가 경험하는 현실 사이에서 충돌이 일어날 때, 현실을 규정할 도구(교육, 매체, 또래집단, 사회 집단, 각종 기관)를 소유하고 타인에게 그 현실을 강요하는 쪽은 주류집단일 가능성이 높다(D. W. Sue, 2004). 다수 문화에 속한 사람들이 인종차별은 더 이상 문제가 안 되며 인종 관계에서 발생하는 어려움이 대체로 유색인에게서 비롯된다고 생각하는(피해자 비난 victim blaming), 사람들이 모든 집단이 평평한 운동장에서 경쟁한다고, 즉 누구에게나 동등한 성공 기회가 있다고 생각하는, 따라서 유색인들이 사소한 문제에 과민 반응을 보이는 것이라고 여겨지는 세상에서, 선의의 승무원은 자신이 편향된 행동을 할 수 있다거나 그럼으로써 유색인 승객에게 해를 끼칠 수 있다는 사실을 깨닫지 못할 수 있다.

이 사례에서 누가 인식한 현실이 더 정확한 실재일까? 진심으로 자신의 결백을 믿으며 탑승객들의 안전을 위한 노력이 배신당했다고 느끼는 승무원의 현실? 아니면, 승무원의 행위에 인종차별의 함의가 있었다고 믿는 두 유색인 승객의 현실? 이것은 답하기 쉬운 문제가 아니며, 심리적 딜레마를 드러내는 질문이다. 그러나 답을 구하는 데 도움이 될 만한 몇 가지 연구와 사례들이 있다. 예를 들어, 연구자들은 다음과 같은 사실을 밝힌 바 있다.

(a) 지배집단 구성원들에게는 인종, 성별, 성적지향에 관한 무의식적 편향이 존재한다(Bonilla-Silva, 2006; Burn, Kadlec, & Rexer, 2005; Dovidio, Gaertner, Kawakami, & Hodson, 2002; Fukuyama, Miville, & Funderburk, 2005; Swim, Hyers, Cohen, & Ferguson, 2001). (b) 이러한 편향은 비의도적 차별의 형태로 드러날 때가 많다(Dovidio & Gaertner, 2000; Rowe, 1990; D. W. Sue, Lin, Torino, Capodilupo, & Rivera, 2009). (c) 무력한 집단disempowered group이 지배집단보다 현실을 더 정확히 판단하며, 차별적 행동이 편향에서 비롯된 것인지와 관련되었을 때는 더욱 그렇다(Hanna et al., 2000; Keltner & Robinson, 1996).

(c)는 소외집단 구성원들이 삶 속에서 실제로 경험한 바와 일치한다

는 점에서 더욱 타당해 보인다. 예를 들어, 직원 대부분이 남성인 회사에서 일하는 여성은 직장 생활을 잘해 나가려면(고용 유지와 승진) 남성 동료들의 생각과 사고방식을 이해해야 한다는 말을 자주 한다. 그들은 종종 이것이 불공정하다고 불평한다. 남자 직원들은 성공적인 직장 생활을 위해 여성 동료의 세계관을 이해할 필요가 없기 때문이다. 유색인과 성소수자 중에도 자신의 개인적, 집단적 생존이 타 집단 사람들의 생각을 읽는 능력에 달려 있다고 말하는 사람이 많다. 인종에 따른 차별이 존재하고 동성애를 혐오하는 사회에서 유색인과 성소수자가 살아남으려면 지배집단의 생각을 이해해야 한다. 백인, 남성, 이성애자, 시스젠더 중심의 사회를 살아가도록 강요받을 때, 유색인, 여성, 성소수자의 생존은 "진실", 즉 그들이 마주하게 될 수 있는 잠재적 편향과 그들에게 권력을 행사하는 사람들의 생각 및 행동을 정확히 포착하는 능력에 달려 있다(hooks, 1995). 유색인이 어려움을 겪으면서 지각에 의한 인식 능력을 더 발달시키게 된다는 연구 결과도 있다(Hanna et al., 2000; D. W. Sue, 2003). 따라서 소외집단 구성원들에게 백인의 동기와 태도 그리고 의도 없이 편향된 언동을 포착할 때 일어나는 과잉각성hypervigilance은 피해망상이 아니라 생존 기술인 것이다(Carter, 2007; Grier & Cobbs, 2000).

이제 우리는 다음 질문들에 답할 수 있을 것이다. 성차별을 이해하고 싶다면 남성과 여성 중 누구에게 물어야 할까? 이성애주의를 이해하려면 이성애자와 게이 중 누구에게 물을 것인가? 트랜스포비아transphobia를 이해하고 싶을 때는 시스젠더와 트랜스젠더 중 누구에게 질문해야 할까? 인종차별에 관해서는 백인과 유색인 중 누구에게 물어야 제대로 이해할 수 있을까? 좀 더 포괄적으로, 억압을 이해하고 싶다면, 억압하는 자에게 물어야 할까 아니면 억압을 당하는 자에게 물어야 할까? 그 답은 분명해 보인다. 다음 아프리카 속담도 같은 이야기를 담고 있다.

사냥꾼이 들려주는 사자 사냥 이야기에서는 사자 사냥의 진실을
알 수 없다.

이 절에서 우리는 서로 다른 인종 현실 간 충돌을 다루었다. 끝으로
또 다른 사례 하나를 읽어보자.

사례 3.3

내[데럴드 윙 수]가 박사과정을 막 마치고 심리학의 이론과 실천
에 관한 강한 신념으로 가득했을 때였다. 그 무렵에 만난 한 나이지
리아 학자는 경험론에 대한 나의 확고한 믿음을 재미있어했다. 그
는 나이지리아에서 유명한 이야기라면서 다음과 같은 수학 문제를
낸 한 초등학교 여교사 이야기를 들려주었다. "나뭇가지에 찌르레
기 네 마리가 앉아 있다고 생각해 보세요. 여러분이 새총으로 그중
한 마리를 쏘았어요. 그러면 몇 마리가 남아 있지요?" 한 백인 학
생이 바로 대답했다. "쉬운데요, 선생님. 4 빼기 1이니까 3. 세 마리
예요." 못지않게 수업을 열심히 듣던 나이지리아 출신 이주민 소년
도 확신에 찬 목소리로 한 마리도 남지 않았다고 대답했다. 교사는
나이지리아 소년을 보고 싱긋 웃더니 그 답은 틀렸다고, 수학을 더
공부하라고 말했다. 그날 이후, 소년은 수업에 마음을 붙이지 못하
는 것 같았고, 반 친구들이나 선생님과도 거의 이야기를 나누지 않
았다.

이 이야기는 심리학의 암묵적 가정, 그것이 불러일으키는 인식론
적 쟁점, 권력과 특권이 현실의 본질을 결정하는 방식을 꿰뚫고 있

다. 만일 교사가 나이지리아인 학생에게 왜 그렇게 답했는지 물어보았다면, 이런 설명을 들을 수 있었을 것이다. "한 마리를 쏘면 나머지 새들은 날아가 버릴 테니까요." 여기서 교사와 아프리카 소년 사이의 세계관 차이가 나타난다. 서양 과학의 관점에서 이 수학 문제는 문자 그대로의 답을 요구하는 가설적(추상적) 상황을 제시한 것이다. 그러나 나이지리아인 학생의 답은 실제 경험, 자신이 알고 있는 새들의 행태, 현실(가설이 아닌) 세계가 작동하는 방식에 근거한 것이었다. 사냥꾼과 사자의 관점에 빗대어 보자면, 두 답 모두 옳을 수 있지만 불행히도 "진실"을 결정하는 것은 사냥꾼의 이야기이며, 그로 인한 문화적 억압(하나의 현실을 강요하는 것)이 파괴적 결과로 이어질 수 있는 것이다. 나이지리아 소년은 자신이 부적절하고 부정당했으며 수업과 교사로부터 소외되었다는 느낌을 받게 된다. 학업에도 어려움을 겪을 것이다. 이것이 바로 보이지 않는, 다시 말해 사냥꾼이 볼 수 없는 경험적 미세공격의 세계다. (D. W. Sue, 2017b에서 재구성)

보이지 않는 비의도적 편향: "나는 인종차별주의자가 아니다!"

유색인 승객들도 승무원의 행동이 고의가 아니며, 승무원은 자신의 행동이 선의에서 한 일이라고 진심으로 믿었다는 것을 의심할 수 없었다. 그녀에게는 자신의 행동과 그 의미가 보이지 않았으며, 누군가 자신의 행동을 인종차별적인 것으로 여길 수 있다는 사실에 진심으로 놀라고 당황했다. 미묘한 형태의 인종차별에 관해 알지 못하는 백인들의 인종 현실에서 보자면, 그 승무원의 행동은 인종과 아무런 관련이 없었다. 모든 탑승객의 안전을 위해 중량을 분배하는 것이 그녀의 역할이었을 뿐이다. 그녀는 아마도 누군가가 자신이 선한 의도로 한 행위에 그렇게 끔찍한 동기가 있었다고 의심할 수 있다는 데 대해 배신감을 느꼈을 것이다.

그러나 회피적 인종차별(Dovidio et al., 2002; Gaertner & Dovidio, 2005; Pearson, Dovidio, & Gaertner, 2009; Ridley, 2005), 미묘하고 온정적인 성차별(Glick & Fiske, 1996; Swim et al., 2001), 미묘한 이성애주의(Herek, 1998; Morrison & Morrison, 2003) 등에 관한 여러 연구들은 사회화와 문화적 조건화cultural conditioning가 사람들에게 특정 집단을 향해 무의식적으로 편향된 태도와 신념을 심어준다는 것을 강력하게 시사한다. 그렇게 형성된 태도는 의도하지 않은 편향된 행동으로 드러난다. 문화적 조건화 등을 통한 인종차별 미세공격이 편견에 대한 감정 처리와 신경학적으로 연관된다는 흥미로운 연구 결과도 있다(Abelson, Dasgupta, Park, & Banaji, 1998).

월터 스콧의 사례로 돌아가 경찰관의 반응에 영향을 미친 강력한 문화적 조건화를 살펴보자. 스콧을 죽음에 이르게 한 경찰관은 스콧이 전기충격기를 빼앗아 생명에 위협을 느꼈다고 진술했다. 그러나 많은 아프리카계 미국인은 이렇게 물었다. "용의자가 백인이었어도 슬레이거가 그렇게 곧바로 행동을 취했을까?" 물론 슬레이거는 자신에게 인종적 적대감이 있음을 시인하지 않았고, 변호인은 "그가 태어나서 지금까지 살아오면서 인종 편향의 조짐을 보인 적이 전혀 없다"라고 주장했다. 그러나 미국 사회에 흑인 남성은 적대적이고 화를 잘 내며 폭력을 일으키거나 통제력을 잃기 쉽고 범죄 가능성이 높고 극도로 위험한 존재라는 고정관념이 존재한다는 사실은 부정할 수 없다(Goff et al., 2014; Jones, 1997; Plant & Peruche, 2005). 흑인 남성에 대한 공포는 백인 미국인의 마음속 깊이 자리 잡고 있을 가능성이 높으며, 그 공포가 특정 상황에 의해 촉발되어 자기도 모르게 드러날 수 있다(Ridley, 2005; D. W. Sue, 2003; Trinkner, Tyler, & Goff, 2016). 이러한 결론을 뒷받침하는 중요한 두 연구가 있다.

그중 하나는 플로리다주의 경찰관 50명을 대상으로 컴퓨터 시뮬레이션에서 흑인과 백인 범죄 용의자를 쏠 것인지 쏘지 않을 것인지를 결정하게 하는 연구였다(Plant & Peruche, 2005). 참가자들에게는 용의자가 총 또는 지갑, 휴대전화 같은 평범한 물건을 쥐고 있는 화면을 보게 될 것이라는 정보가 사전에 주어졌다. 결론만 말하자면, 똑같이 비무장 상태일 때 백인보다 흑인 용의자를 쏘는 비율이 높게 나타났다.

스트라우드(Stroud, 2012)는 텍사스주의 대부분 백인 남성으로 이루어진 한 표본 집단을 대상으로 질적 인터뷰를 실시하여 총기 은닉 휴대 허가증 소지자의 경험을 연구했다. 스트라우드의 주된 관심사는 그들이 공공장소에서 총기를 소지하고 싶어 하는 이유였다. 인터뷰에서 드러난 이유는 가족의 보호 등 남성성과 밀접한 관련이 있었다. "보호"는 "위험한 동네"에 사는 흑인이나 히스패닉 남성에 대한 공포 개념과 연관되었다. 흥미롭게도, 스트라우드는 그들의 내러티브가 "인종차별 없는 인종차별의 담론에 묻혀 있다"는 사실을 발견했다.

선의의 백인 연구 참여자들의 관점에 보이지 않거나 숨겨진 편향이 있다는 것은 위급한 상황에서 도움이 있었는지를 조사한 연구에서도 입증되었다(Dovidio et al., 2002). 연구자들은 (인종차별적이지 않은) 적절한 행동이 무엇인지가 명확히 정의되어 있을 때는 유색인에 대한 비의도적 차별이 일어날 가능성이 낮고, 상황이 모호하고 차별 행위를 정당화할 다른 이유가 있으면 숨어 있던 편향이 밖으로 드러날 가능성이 높을 것이라고 추론했다. 그들은 회피적 인종차별에 관한 이 이론을 검증하기 위해 두 실험 조건을 만들었다. 그것은 (a) 피실험자가 자신이 어떤 위급 상황의 유일한 목격자라고 생각하게 만드는 조건, 그리고 (b) 피실험자가 다른 사람들도 그 상황을 목격했으리라고 생각하게 만드는 조건이었다. 피실험자는 행인의 입장에서 자동차 사고로 망가진 차 안에 부상당한 운전자가 있는 것을 목격하게 되며, 운전자의 인종은 다양했다. 실험 결과, 백인인 행인은 자신이 사고의 유일한 목격자라고 생각될 때 운전자가 백인이든 흑인이든 똑같이(80% 이상) 도움을 제공했다. 그러나 다른 사람들도 사고를 보았으리라고 생각되는 두 번째 조건에서는 흑인 운전자가 도움을 받을 확률이 백인 운전자에 비해 절반밖에 안 되었다(38% 대 75%).

이 결과를 어떻게 이해해야 할까? 연구자들은 무의식적 편향을 지닌 사람이라고 하더라도 옳고 그름, 혹은 적절한 행동과 부적절한 행동이 모호함 없이 명확한 상황에서는 상대방을 차별하는 반응을 보일 확률이 낮은 것으로 해석했다. 곤경을 목격한 사람이 나뿐인데 특정 인종에게만 도움을 주지 않는다면 그것은 곧 인종 편향을 뜻하게 되고, 그러면 인종차별주의자가 아니라고 생각하는 나의 자아상에 문제가 생길 것이다. 이것은 명시적이고 의식적인 인종차별주의자가 익명성이 보장될 때 차별 행위를 할 가능성이 높다는 우리의 연구 결과와 배치된다(D. W. Sue & Capodilupo, 2008). 그런데 다른 목격자들이 있는 상황에서는 관여하지 않을 다른 이유(핑계)가 있을 수 있으므로 적절한 행동이 무엇인지가 덜 분명하다. 백인 피실험자에게 왜 돕지 않았느냐고 묻자, 그들은 "다른 사람이 이미 신고했다고 생각했다"라거나 "사무실에 가서 전화를 하려고 했다"와 같은 이유를 댔다. 그 말만 들으면 그럴듯하다. 하지만 그런 이유들이 타당하다면 다른 목격자들이 있을 때도 운전자가 백인인 경우에는 도움을 제공한 비율이 별로 낮아지지 않은 것(75%)은 왜일까? 도비디오와 그의 동료들(Dovidio & Gaertner, 1996, 2000; Dovidio et al., 2002; Gaertner & Dovidio, 2005; Kawakami, Dunn, Karmali, & Dovidio, 2009)이 내린 결론은 다음과 같다.

- 현대적 형태의 편향, 특히 무의식적 편향은 위해를 가하기보다는 도움을 주지 않는 방식으로 나타날 가능성이 크다. 이러한 경향은 편향의 표출에서 특히 "비행동inaction"이 문제가 될 때 두드러진다. 뉴욕 주지사 앤드루 쿠오모Andrew Cuomo를 비롯한 많은 사람들은 미국이 푸에르토리코에서 일어난 허리케인 '마리아' 피해자 돕기에 보인 무대응 또는 느린 대응이 인종주의 때문이라고 여긴다.

- 현대적 형태의 편향은 행동의 옳고 그름이 명확하지 않은 모호한 상황이거나 편향된 행위를 할 다른 이유가 있을 수 있을 때 나타나기 쉽다. 행위의 그럴듯한 이유를 제시할 수 있다는 것은 행위 당사자가 자신의 비의도적 차별을 깨닫지 못하게 하며, 이는 자신이 편향 없이 적절하게 행동했다는 환상을 유지할 수 있게 해준다.

- 상기한 모든 사례는 비의도적, 무의식적 편향이 겉보기에는 사소해 보여도 상대방에게 중대하고 심각한 위해를 야기할 수 있음을 보여준다. 실제로 운전자가 생명을 위협할 만한 부상을 입었다면 흑인 운전자는 백인 운전자보다 사망할 확률이 두 배가 된다고 할 수 있다. 우리는 도비디오와 동료들의 연구에서처럼 사소해 보이는 비의도적 편향일지라도 엄청난 결과를 초래할 수 있다는 사실에 대해 아래에서 다시 논의할 것이다.

승무원의 행위를 다시 생각해 보자. 백인 방관자가 곤경에 처한 흑인 운전자를 돕지 않은 이유를 댈 수 있었듯이, 승무원도 자신이 한 행위에 대해 여러 이유를 댈 수 있다. 안전을 위해 중량 균형을 맞추어야 했다거나 유색인 승객에게 프라이버시와 더 넓은 공간을 제공하고자 했다고 말할 수도 있고, 단순히 아무 의도 없이 한 행동이라고 말할 수도 있을 것이다. 승무원이 자신의 행동이 인종차별적이었을 수 있다는 생각을 갖기란 매우 어렵다. 그녀의 편향은 비가시적이고 자신의 의식 수준 너머에 있을 수 있으므로, 유색인 승객이 아무리 설득력 있게 설명해도 맥락에 비추어 자신의 행위를 바라볼 수 없을 것이다. 이러한 심리적 딜레마를 고려할 때, 어떻게 해야 이 보이지 않는 미세공격을 무의식 수준에서 인종차별적, 성차별적, 이성애주의적 태도와 신념을 가진 선의의 가해자 눈에 보이게 만들 수 있을까? 백인과 유색인에게서 나타나는 심리적 딜레마는 앞으로 여러 장에 걸쳐 다시 제기할 쟁점이다.

미미하게 인식되는 피해: "호들갑 떨지 마라!"

백인 동료들에게 사례 3.1의 일화를 이야기했을 때, 그들 중 일부는 "시간과 노력을 들여 곱씹어 생각할 만한 일이 아니다", "고의가 아니었지 않나", "왜 그런 사소한 일에 그렇게 신경을 쓰냐"라는 반응을 보였다. "그냥 잊어버려라", "승무원을 용서해라", "별것 아닌 일을 크게 생각하지 마라"라는 뜻이었다. 그들은 승무원이 인종차별 미세공격을 저질렀을 수도 있지만 "무해하고 악의 없는" 행위였다고 주장했다. 유색인 중에도 그만 잊으라는 사람이 있었다. 하지만 나는 비행기에 있는 내내 깊은 혼란과 고통 속에서 내 행동, 내가 어떻게 했어야 혹은 하지 말았어야 했는지를 되짚어 보며 혈압이 오르는 느낌까지 받았던 것을 기억한다. 그 사건 자체는 무해하고 사소한, "별것 아닌 일"처럼 보일지 모르지만 나에게 미친 심리적 영향은 컸다. 왜 이 하나의 사건이 나의 감정 상태에 그렇게 강력한 영향을 끼친 것일까? 유색인, 여성, 성소수자가 사소한 일에 과민한 것일까? 나는 그 승무원이 그렇게 결론을 내렸을 것이라고 확신한다.

공공연한 인종차별이나 증오범죄가 유색인에게 심리적, 신체적으로 해로운 영향을 끼친다는 점에 대해서는 우리 대부분이 기꺼이 인정하지만(Jones, 1997), 인종차별 미세공격은 대개 하찮고 사소한 일로 여겨진다(Pierce, 1974, 1988). 일부 지배집단 구성원이 미세공격을 사소하게 치부하고 축소하는 것은 비난과 죄책감에 대한 방어 반응일 때가 많다(D. W. Sue, Capodilupo, Nadal, & Torino, 2008). 사소해 보이는 미세공격이 유색인과 여성에게 중대한 결과를 초래할 수 있다는 것은 여러 연구에서 드러났다. 미세공격은 (a) 분노, 좌절, 우울감, 불안, 낮은 자아존중감을 야기하는 등 상대방의 정신 건강을 해치며(Kaufman et al., 2017; Liao, Weng, & West, 2016; Nadal, Griffin, et al., 2014; Nadal, Wong, et al., 2014; Nadal et al., 2015; D. W. Sue, Capodilupo, & Holder, 2008; Thai et al., 2017; Torres & Taknint, 2015; Wang, Leu, & Shoda, 2011), (b) 적대적이고 특정 집단을 부정하는 학교나 직장 분위기를 조성하며(Basford, Offermann, & Behrend, 2014; Kang & Garran, 2018; Muñoz & Vigil, 2018; Rowe, 1990; Solórzano et al., 2000; Woodford, Joslin, Pitcher, & Renn, 2017), (c) 고정관념의 위협을 영속화한다(Cadinu, Maass, Rosabianca, & Kiesner, 2005; ShenoyPacker, 2015; Steele, Spencer, & Aronson, 2002). 또한 (d) 신체 건강에 문제를 일으키고 (Clark, Anderson, Clark, & Williams, 1999; Gee, Spencer, Chen, Yip, & Takeuchi, 2007; Huynh, 2012; Ong, Burrow, Fuller-Rowell, Ja, & Sue, 2013), (e) 사회 전체가 특정 집단의 정체성이 평가절하되어 있다는 단서들로 가득하게 만들며(Purdie-Vaughns, Steele, Davies, Ditlmann, & Crosby, 2008), (f) 생산성과 문제 해결 능력을 저하시키는(Cadinu et al., 2005; Dovidio, 2001; Salvatore & Shelton, 2007) 것으로 밝혀졌다.

미세공격의 영향은 결코 미세하지 않으며 소외집단 구성원들의 심리에 중대한 피해를 입힌다. 그러나 일부 전문가들은 강력한 증거가 제시되었을 때조차도 미세공격 연구자들이 소수자를 약하고 과민한 존재로 보면서 호들갑을 떤다거나(Thomas, 2008), 상호작용을 분석할 때는 쌍방의 책임, 즉 "대인관계 상보성interpersonal complementarity"을 고려해야 함에도 불구하고 일방적으로 "가해자"에게만 책임을 돌린다(Schacht, 2008)고 주장해 왔다. 따라서 우리는 미세공격의 영향을 사소한 것으로 치부하고 축소하는 이러한 주장들을 체계적으로 살펴보고, 그 결함을 제시할 것이다.

우리가 호들갑을 떨고 있는 것일까? 토머스(Thomas, 2008)는 "인종과 상관없이 누구나 때때로 언어, 행동, 환경에 의한 모욕을 경험한다"라고 주장함으로써 인종차별 미세공격의 영향을 희석하며, 예를 들어 선거철이 지나도 떼지 않은 민주당 후보 지지 범퍼 스티커가 정치적 보수주의자들에게는 공격으로 느껴질 수 있다고 말한다. 모든 집단, 거의 모든 사람들이 모욕과 경멸을 경험한다는 것은 틀린 말이 아니다. 그러나 인종차별의 경험과 정치적 보수주의자의 경험을 대등하게 취급할 때(거짓 등가성false equivalency) 토머스는 중요한 점을 놓치고 있다. 두 경험은 양적으로 다를 뿐 아니라 질적으로도 다르다.

첫째, 백인 중에는 유럽계 백인 미국인들이 권력을 장악하여 현실을 규정하고 그 현실을 권력을 적게 가진 사람들에게 강요해 온 역사를 이해하지 못하는 사람이 많다. 유색인은 미국의 역사에 만연해 있고 오늘날까지 이어지는 모욕과 억압을 견디며 살아야 한다. 인종적 억압은 정부 지도층, 교육 시스템, 직장, 의료 환경, 매체에 반영되어 있다. 유색인은 미세공격을 "때때로" 경험하지 않는다. 그들에게 미세공격은 언제 어디서나 겪는, 지속적이고 누적적인 경험이다. 따라서 인종차별 미세공격은 유색인에게 자신이 살고 있는 나라가《포천Fortune》500대 기업은 백인 일색이고, 자신들은 계속 저급한 고용 상태에 머무를 수밖에 없으며, 삶의 여러 측면에서 차별이 지속되고, 받을 수 있는 교육과 의료 수준이 여전히 열악하고, 실업자의 다수가 유색인으로 채워지는 곳이라는 사실을 지속적으로 상기시킨다. 수시로 엄습하는 미세공격은 이 나라의 역사책이 자신이 속한 인종 집단의 기여에 관해 다루지 않고, 유색인종이 역사책에 등장할 때는 역기능적이거나 병리적인 집단으로 그려진다는 사실도 상기하게 만든다. 어쩌면 그러한 미세공격 때문에 텔레비전이나 매체에서 긍정적인 이미지의 유색인을 찾아보기 힘들다는 사실과 그들이 한때 노예였거나 수용소에 배치되거나 땅을 빼앗겼던 과거를 상기하게 될 수도 있다. 다시 말해, 정치적인 문구가 담긴 범퍼 스티커의 "공격"은 이러한 유색인의 경험에 비교할 것이 못 된다.

둘째, 샤트(Schacht, 2008)는 우리의 분석이 백인을 가해자로 상정한다는 점에서 일방적이라고 주장했다. 그는 미세공격을 "대인관계에서 일어나는 정신역학적 춤"에 비유하면서 두 사람 사이에서 그러한 무의식적 상호작용이 일어날 때는 "어느 한쪽만 가해자일 수 없으며 여러 의미에서 둘 다 희생자"라고 말한다(p. 273). 토머스(2008)도 인종차별에 관한 우리의 관점을 "피해자 철학victim philosophy"이라고 비판하며 인간의 긍정적인 본성과 그들이 지닌 자산, 가능한 해법에 초점을 맞추어야 한다고 주장한다는 점에서 샤트의 논리와 일맥상통한다. 이는 인종차별을 비롯한 여러 형태의 억압의 책임을 희석시키고 다른 데로 전가한다는 점에서 터무니없는 주장이다. 미세공격 상황을 대인관계에서의 "춤"이라고 본 샤트의 분석은 두 사람이 춤을 출 때 어느 한 사람이 리드하는, 즉 춤을 추는 두 사람의 지위가 불평등한 경우가 많다는 점을 간과하고 있다. 토머스의 관점에서 보면 유색인의 억압에 유색인 자신도 똑같이 기여한다고 해야 할 것이다. 그들의 논리에 따르자면 아버지에게 성희롱을 당한 일곱 살짜리 여자아이도 자신의 피해에 일정 부분 책임이 있다는 뜻이 된다. 이러한 해석은 가해자에게 "피해자를 비난"하게 할 뿐만 아니라 가해자가 "피해자인 척"하게 만든다.

미세공격의 피해가 미미하다는 인식은 유색인, 여성, 성소수자가 미세공격의 피해에 관해 말하려고 할 때 자주 부딪히는 심리적 딜레마다. 단일 미세공격 사건은 표면적으로 무해하고 악의 없는 행동으로 보일 때도 많지만, 상대방에게 끼치는 피해는 크다.

진퇴양란에 처한 대응 상황: "대응해도 나락에 빠지고, 안 해도 나락에 빠진다!"

미세공격이 의심되는 상황, 즉 잠재적 미세공격이 일어날 때 공격의 표적이 된 사람은 매우 골치 아픈 진퇴양란(최선의 대응책에 관련된 딜레마)의 상황에 놓이게 된다. 사례 3.1에서 승무원이 자리를 뒤쪽으로 옮겨달라고 요청했을 때 그 말을 들은 승객은 수많은 자문을 하게 된다.

우려했던 일이 실제로 일어난 것일까? 고의로 우리를 무시하는 것일까, 아니면 아무 의도 없이 한 말일까? 나는 어떻게 대응해야 할까? 시키는 대로 하고 마음을 끓일 것인가, 아니면 반론을 제기해야 할까? 문제를 삼는다면 어떻게 승무원의 잘못을 입증할 수 있을까? 실랑이를 할 만한 가치가 있는 일인가? 그냥 넘어가야 할까? (D. W. Sue, Capodilupo, et al., 2007, p. 279)

첫째, 잠재적 미세공격은 귀인 모호성attributional ambiguity 문제를 일으킨다. "승무원의 요청 이면의 의미는 무엇인가?"라고 질문하게 되는 것이다. 이 모호성은 해당 행위의 동기와 의미를 해석하기 위해 주변

환경으로부터 주의를 돌리게 함으로써 심리적 에너지를 고갈시킨다 (Crocker & Major, 1989). 남성 동료들로부터 점심 식사에 초대된 적이 한 번도 없는 여성 중간관리자는 그들이 왜 그러는지 궁금할 것이다. 승진에서 밀려난 게이 남성이 회사로부터 "가장 자격을 잘 갖춘" 후보자가 승진하게 되었다는 말을 들으면 그러한 승진 심사 결과가 편향에 의한 것이 아니었는지 판별하는 데 상당한 시간과 에너지를 소모할 수 있다. 교재에 자신이 속한 집단이 고정관념에 따라 묘사되어 있을 때 유색인 학생은 비하와 소외의 대상이 되었다고 느낄 수 있다. 세 경우 모두 당사자는 (a) 진실을 밝히기 위해, (b) 모욕과 무시로부터 자신을 보호하기 위해, 혹은 (c) 어떤 조치를 취해야 할지 알아내기 위해 심리적 에너지를 소진하게 된다. 결과적으로 이들은 업무나 학업에 온전히 집중할 수 없을 것이며, 생산성, 문제해결 능력, 학습 역량이 심대하게 저하될 수 있다(Cadinu et al., 2005; Salvatore & Shelton, 2007; Steele et al., 2002).

귀인 모호성이 특히 심각하게 소외집단의 에너지를 고갈시키는 것은 이중의 메시지가 전달될 때다. 메시지 발신자 관점에서 보면 합리적이고 편견 없는 행위인데 그 행위가 유독 유색인, 여성, 성소수자에게 반복적으로 일어난다면 당하는 입장에서는 그 순수성을 의심할 수밖에 없다. 승무원의 예로 돌아가서, 자리를 옮겨달라는 요청을 받은 것은 두 승객 모두에게 처음 있는 일이 아니었다. 소외집단 구성원들은 대인관계에서 일어난 특정 상황을 맥락에 비추어, 즉 그들이 과거에 어디선가 마주쳤던 유사한 경험을 고려하여 해석할 때가 많다 (Dovidio & Gaertner, 2000). 그러한 해석의 결과, 유사한 상황에서 여러 차례 일어난 경험을 하나로 묶는 유일한 요소가 피부색이나 성별, 젠더 정체성 표현, 성적 취향 같은 속성이라고 판단하게 될 수 있다. 그러나 승무원(백인이나 남성, 이성애자)은 그러한 경험을 공유하고 있지 않다. 따라서 그 상황을 단일 사건으로만 평가할 것이고, 편향이 표출되는 일련의 패턴을 파악하지 못한 채 단지 자신의 도덕성에 대한 믿음으로 자신을 보호할 것이다.

둘째, 잠재적 미세공격이 발생했을 때 그에 대응할 것인지를 결정하는 과정은 당사자에게 복잡한 영향을 미칠 수 있다(D. W. Sue, Capodilupo, Nadal, et al., 2008; D. W. Sue, Lin, Torino, et al., 2009). 가해자의 어떤 행위나 발언에 맞섰을 때 어떤 결과를 초래할 것인지는 유색인, 여성, 성소수자의 가장 큰 고민거리 중 하나다. 여성 직원에게 늘 "세련되고 섹시한 옷차림"에 대해서는 칭찬하면서 업무상의 공로에 관해서는 한 번도 인정해 주지 않는 직장 상사에게 대응해야 할까? 수업 시간에 교수로부터 미세공격을 받은 라틴계 학생은 문제제기를 해야 할까? 같은 반 친구가 누군가의 행동을 "게이 같다"고 놀릴 때 이를 들은 게이 청소년은 어떻게 해야 할까? 더구나 커밍아웃하지 않은 경우라면?(D. W. Sue & Capodilupo, 2008). 인종차별 미세공격에 관한 여러 연구 결과에서 이런 경우에 나타나는 몇 가지 반응을 살펴볼 수 있으며, 이에 관해서는 이후에 설명할 것이다(Houshmand, Spanierman, & DeStefano, 2019; Houshmand, Spanierman, & Taforadi, 2014; Lewis, Mendenhall, Harwood, & Huntt, 2016; D. W. Sue, Capodilupo, et al., 2007; D. W. Sue, Capodilupo, Nadal, et al., 2008; D. W. Sue, Nadal, et al., 2008). 그러나 미세공격에 대한 가장 흔한 반응은 무대응이다. 피해 당사자가 미세공격에 맞서 아무것도 하지 않는 몇 가지 이유는 다음과 같다.

1. 귀인 모호성—미세공격이 일어났는지 판단하기 어렵다. 인종, 성별, 성소수자에 대한 잠재적 공격이 발생할 때 공격을 받는 당사자는 경계를 강화하고 지금 일어난 일을 이해해 보려고 할 가능성이 높다. 귀인 모호성은 미세공격이 저질러졌다고 판단하기 어

렵게 만든다. 성차별 미세공격이 의심되는 상황에서 그 당사자 여성이 의심만 할 뿐 확신하지 못할 수 있다. 그런 경우 그 당사자는 아무 대응도 하지 않고 그냥 넘어가는 편을 택할 수도 있을 것이다. 승무원 사례에서 두 탑승객은 승무원이 제시한 이유가 적어도 표면적으로는 합리적이고 논리적이라고 보았기 때문에 아무 대응도 하지 않기로 한 것일 수 있다.

2. 대응에 대한 우유부단함—최선의 대응 방법을 알지 못한다. 미세 공격이 명백할 때조차도 어떻게 해야 가장 좋은 대응 방법이 될 것인지에 대해서는 혼란과 불확실성을 경험할 수 있다. 예를 들어, 승무원의 자리 이동 요청을 받은 유색인 승객은 어떻게 대응해야 할까? 자리 이동을 거부하는 것이 답일까? 소란을 피우며 왜 백인 남자 세 명에게 자리를 옮겨달라고 하지 않는지 따져야 할까? 그저 승객이니까 승무원 말을 따르고 탈을 일으키지 말아야 하는 것일까? 대응을 하기로 한다면, 분노를 표출해야 할까 아니면 교육적이고 객관적인 방식으로 접근해야 할까? 이 문제가 특히 두드러지는 것은 가해자가 권력을 쥔 쪽일 때다.

3. 대응 시간 부족—대응을 하기 전에 사건이 종료된다. 대부분의 미세공격 메시지는 만남을 갖거나 상호작용을 하면서 여러 메시지와 의미를 전달하는, 더 넓은 범위의 커뮤니케이션 안에 들어 있다. 또한 순식간에 일어나고 금방(대개 몇 초 안에) 끝나버릴 때가 많다. 별 뜻 없이 지나가는 말처럼 한 비꼬는 칭찬, 유색인 동료에 대한 무시(당신은 내가 관심을 둘 가치가 없다), 여성 피고용인을 성적인 표현으로 비하하는 발언, (AIDS에 감염될까 봐) 게이 남성과의 악수를 거부하는 일 등은 순식간에 지나가므로 개입할 수 있는 시간이 너무 짧다.

4. 경험적 실재 부정—그런 일이 일어나지 않았다고 믿는 자기기만에

빠진다. 미세공격에 직면한 피해자가 숨은 의도와 의미, 그로 인해 받은 영향을 부정할 때도 많다. "무슨 뜻이 있어서 한 행동은 아니었을 거야", "그가 한 말에 악의는 없었어요", "조를 안 지 오래되었는데 그에게는 인종차별 성향이 손톱만큼도 없습니다" 같은 말로 가해자를 두둔하고 가해를 축소하며 편향이 없었던 것으로 상황을 해석하는 것이다. 이렇게 경험적 실재를 부정하는 데에는 대개 두 가지 요인, 즉 (a) 가깝고 상호의존적인 가해자와의 관계, 또는 (b) 미세공격이 그 대상에 관해 드러내는 사실을 인정하는 데 대한 두려움이 작용한다. 전자의 경우, 친한 삼촌이나 가까이 지내는 이웃, 동료, 급우, 친구가 무의식적으로라도 자신이나 자신이 속한 집단에게 편향된 행동을 했다고 생각하면 소중한 인간관계가 무너지는 것일 수 있기 때문이다. 한편, 후자의 경우는 소외집단 구성원일수록 자신이 부정적으로 인식되고 있다는 것을 받아들이기 힘들 수 있다는 데 기인한다. 또래집단에게 받아들여지는 것이 매우 중요한 청소년기에 자신이 유색인종이라 부정적으로 인식될 가능성을 인정한다는 것은 충격적인 일일 수 있다. 자기기만self-deception은 이러한 두 요인에 의해 초래될 수 있다.

5. 무력감—"어차피 소용없는 일"이라고 생각한다. 무대응의 또 다른 이유는 대응하는 것이 상황에 미치는 긍정적인 영향이 미미하리라는 생각이다. 유색인, 여성, 성소수자는 미세공격에 대해 이의를 제기하고 다른 이들에게 왜 그러한 행동이나 발언이 문제인지를 알려주려는 노력이 미미한 효과밖에 거두지 못하는 상황을 자주 겪는다. 때로는 유색인 학생이 수업 시간에 다문화와 다양성에 관해 계속 문제제기하다가 불평분자나 수업을 방해하는 학생으로 낙인찍힐 때처럼 상황이 더 악화되기도 한다. 이러한 경험이

쌓이면 대응해도 소용이 없다는 무력감과 절망감, 자포자기하는 마음이 커진다. 혹은 성공 가능성이 미미한 상황에 에너지를 소모하지 않으려고 의식적으로 무대응을 택하는 것일 수도 있다.

6. 결과에 대한 두려움—상대방의 권력 때문에 위협을 느낀다. 대응의 부족은 대응의 이득과 위험(당사자에게 오는 부정적인 결과)을 비교한 결과일 때도 많다. 유색인, 여성, 성소수자가 더 큰 권력을 얻어 주류 사회 구성원들과 비등한 지위를 갖게 되면 미세공격에 곧바로 대응하는 경우가 많아질 것이다. 또한 소외집단 구성원이 수적으로 임계점—일반적으로 20~25%로 본다—에 도달하면 조직 또는 동료들을 상대로 문제제기를 할 가능성이 커진다. 그러나 인구 비율이 임계점에 도달하더라도 권력은 여전히 지배집단에게 있다. 따라서 소외집단 구성원 대부분은 개인과 개인의 관계에서든 제도적, 사회적으로든 더 큰 영향력과 권력을 갖지 못한다. 남성과 여성, 성소수자와 이성애자, 트랜스젠더와 시스젠더, 백인과 유색인 등 대부분의 집단 간 관계에서 권력의 역학은 본질적으로 불평등하다. 예를 들어 남성 중심의 직장에서 미세불평등이 일어날 때 여성 직원은 남성 동료들에게 어떻게 맞설 수 있으며, 그렇게 하면 무슨 일이 일어날까? 백인 교수의 인종차별 미세공격에 흑인 학생은 어떻게 대응할 수 있을까? 그렇게 했을 때 흑인 학생들에게 무슨 일이 일어날까? 사회 시스템에 의해 권력을 박탈당한 사람들의 머릿속에는 늘 다양한 형태의 보복에 대한 우려가 있다. 사회적 고립social isolation, 말썽꾼이라는 낙인stigma, 해고나 승진에서의 탈락, 낮은 평점을 감수해야 하는 환경에서 유색인, 여성, 성소수자는 행동에 앞서 주춤할 가능성이 높다.

소외집단의 구성원으로서는 이 모두가 아무런 대응도 하지 않을 타당한 이유가 되지만, 무대응은 중대한 심리적, 신체적 피해를 남길 수 있다. 자아 통합감 상실integrity loss, 자아존중감 저하, 억눌린 분노와 좌절, 신체화 증상 등이 그러한 예다. 하지만 미세공격에 맞서는 행동은 진퇴양난의 입장에 처할 위험을 수반한다.

사례 3.1로 돌아가 승무원 사건의 정황을 좀 더 자세히 살펴보자. 나[데럴드 윙 수]는 승무원과 언쟁을 벌이는 동안 아프리카계 미국인인 동료가 도와주러 오거나 적어도 내 편이 되어주기를 기대했다. 그러나 그녀는 내내 아무 말도 하지 않고 미소를 띠고 있거나 심지어 다른 승객들이 돌아볼 정도로 큰 소리로 웃기까지 했다. 승무원이 떠난 후 나는 그녀에게 화를 내며 물었다. "왜 아무 말도 안 합니까?" 그녀는 이렇게 대답했다. "데럴드, 나는 늘 화가 나 있는 흑인 여성처럼 굴지 않았다는 데 아주 만족해요."

동료의 대답은 많은 흑인 여성의 입장을 대변한다. 흑인 여성의 미세공격에 대한 대응은 그들에 대한 고정관념, 즉 과민하고 피해망상에 빠진 듯한 "화난 흑인 여성" 이미지를 불러일으킬 위험이 있다. 따라서 자칫 감정적으로 대응했다가는 병적으로 반응한다는 비난을 받을 수 있다. 존스(Jones, 1997)는 흑인이 불공정하거나 차별적인 대우에 항의할 때 고정관념을 불러일으키는 경우가 많다는 사실을 밝혔다. 존스에 따르면 감정적 폭발은 아프리카계 미국인이 적대적이고 분노에 차 있으며 충동적이고 폭력적인 성향을 띤다는 믿음을 강화할 때가 많다. 우리는 사회정의에 대해 거침없이 발언해 온 캘리포니아주 민주당 하원의원 맥신 워터스Maxine Waters에 대한 반응에서 흑인 여성이 병리화되는 방식을 볼 수 있다. 워터스가 2018년 공개 집회에서 자녀와 부모를 분리시키는 이민 정책에 대한 시민 불복종을 독려하자, 트럼프뿐 아니라 민주당 지도부도 그녀가 폭력을 선동한다고 비난했다.

실존주의 정신의학자 R. D. 랭R. D. Laing은 조현병과 관련하여 다음과 같이 질문했다. 조현병은 건강한 사회에 대한 병든 반응인가, 아니면 병든 사회에 대한 건강한 반응인가? 그가 말하고자 한 것은 개인의 증상이나 반응이 특정 기준과 맥락에서 평가, 판단될 수밖에 없다는 사실이다. 미세공격이 병리적인 현상으로 인정되고 문제로 규정되면, 상대적으로 그에 대한 분노나 반격에의 욕구는 납득할 수 있고 정상적인 반응으로 인식될 것이다. 그러니 미세공격을 둘러싼 맥락이 보이지 않고 그 행위가 정상적인 것으로 여겨질 때는 소외집단 구성원이 병적인 반응을 보이는 것으로 치부될 것이다. 미세공격이 지배집단 구성원들에게 보이지 않는 한, 소외집단 구성원의 대응은 그들을 난처한 입장에 놓이게 할 뿐이다. 그들은 행동하지 않아도 나락에 빠지고 행동해도 나락에 빠진다. 이것이 바로 미세공격이 초래하는 진퇴양란의 상황이다.

향후의 과제

심리적 딜레마를 다루는 방법

어떤 유형의 대응이 피해자 입장에서 실천 가능하고 유용하며, 가해자에게 가장 도움이 되고 교육적인지에 대해서는 이후에 더 깊이 다루겠지만, 우선 다음 몇 가지 점을 알아두면 인식과 지식의 측면 모두에서 도움이 될 것이다.

1. 2장에서 살펴보았듯이, 우리 대부분은 인종, 성별, 성적지향 등에서 지배집단에 속해 있는지 소외집단에 속해 있는지에 따라 때로는 미세공격의 가해자가 되고 또 때로는 피해자가 된다. 우리가

이렇게 미세공격의 가해자인 동시에 피해자라면 우리 사회에서 소외집단이 미세공격으로 입는 피해를 쉽게 이해할 수 있어야 마땅하다. 흑인 남성이 다른 사람들 혹은 나에게 당한 인종차별 미세공격에 관해 말할 때 중요한 것은 이해하려는 시도다. 이때 내가 백인 레즈비언 여성이라면 이성애주의적 미세공격을 받았던 경험에 비추어 아프리카계 미국인을 향한 자신의 태도와 행동을 더 공정하게 평가할 수 있을 것이다. 이와 같이 억압을 받았던 경험이 있으면 다른 평가절하된 집단에 공감하기 쉬워질 것이라고 생각할 것이다. 그런데 우리는 차별을 당했던 비슷한 경험이 있다고 해서 반드시 다른 피억압 집단에 공감하기가 쉬워지는 것이 아니라는 점에 놀랄 때가 많다. 우리 중 어느 누구도 이전 세대와 이 사회로부터 물려받은 인종, 성별, 성적지향에 관한 편견에서 자유롭지 않다. 우리 모두가 어떤 식으로든 우리 안에 타인에 대한 편향, 공포, 고정관념을 주입하는 사회적 조건화 과정의 희생자다. 우리는 우리 자신에게 솔직해지고 자신에게 흠이 있음을 기꺼이 인정해야 한다. 방어적인 태도를 보이거나 자신이 받은 억압을 사회적으로 평가절하된 타 집단을 더 깎아내리는 평계로 삼는 것(예를 들어 "당신은 나보다는 나아")도 일종의 미세공격이다.

2. 많은 선량한 사람들의 믿음과 달리 미세공격이 큰 피해를 입힐 수 있다는 사실을 깨닫는 것이 중요하다. 특히 고용, 의료, 교육 분야에 있는 사람들이 깨달아야 한다. 미세공격에 관한 연구에 공감하지 않는 교육자, 회사의 관리자, 의료계 종사자들은 우리에게 호들갑을 떤다고, 미세공격의 영향을 과장하고 피해자를 약하고 사소한 일에도 대처할 수 없는 존재로 묘사한다고 주장할 것이다. 그런 이들은 일상적인 경멸과 모욕의 경험을 이야기하는 유색인, 여성, 성소수자의 곤경에 최소한의 유감을 표시할 뿐이

다. "미세"는 미세한 층위, 즉 대인관계에서 일어남을 뜻하는 것이지 그 공격의 강도를 뜻하는 것이 아니라는 점을 상기하자. 사람들이 미세공격을 선량하고 도덕적이며 예의 바른 사람들이 일으킨 작고 무해한 상처쯤으로 여기는 한, 개인적 또는 정책적 무대응은 불의와 불공정이 부지불식간에 번성하게 만들 것이다. 여러 연구에서 밝혀진 것처럼 미세공격이 소외집단에 대한 우리 사회의 차별을 영속화, 강화, 재생산하며 소외집단 구성원들에게 정신적 스트레스와 고통을 준다는 사실이 널리 인식되어야 한다.

3. 우리 사회의 다양한 집단이 갖고 있는 저마다의 경험적 실재를 부정하지 마라. 특권과 권력이 매일같이 차별과 편견을 경험하는 사람들을 이해하기 어렵게 만든다는 점을 잊지 말아야 한다. 권력을 빼앗긴 집단 구성원이 그들의 인종, 성별, 성적지향 등의 집단 정체성 때문에 경험하는 일상적인 모욕과 무시에 대처하기 위해 현실을 더 정확하게 인식할 때가 많다는 점을 기억하라. 미세공격이 포함-배제, 정상성-비정상성, 우월함-열등함으로 이루어지는 세계관의 한 단면이라고 할 때, 나의 세계관 역시 문화에 종속되어 있을 수 있으며, 그 때문에 타 집단의 눈으로 세계를 바라볼 수 없게 된다는 점을 늘 염두에 두어야 한다. 타 집단의 현실을 부정할 것이 아니라, 그들이 어떤 틀에 의거하여 사고하는지 이해해 보려고 해야 한다. 방어적인 태도를 버리고 상황이나 행위에 대한 자신의 해석을 타인에게 강요하지 마라. 이는 누군가가 당신의 행동에 문제제기할 때 (a) 당신의 가치와 편향, 인간 행동에 대한 가정, 즉 당신의 세계관과 (b) 타 집단의 경험적 실재, 그들의 세계관이 있음을 인지해야 한다는 뜻이다.

4. 이제까지 우리는 유색인, 여성, 성소수자가 내 발언이나 행동을 미세공격으로 여길 때 방어적인 태도를 갖지 않는 것의 중요성을

계속 강조해 왔다. 열린 태도로 사안을 토론하고 탐구하고 명확히 밝히는 것은 신뢰를 낳고 관계를 강화하는 데 큰 도움이 될 것이다. 나에게는 경험을 통해 성장할 수 있는 기회가 되고, 소외집단 구성원에게는 오랜 시간 견뎌야 했던 고통과 굴욕으로부터 치유와 해방 효과가 있을 것이다. 우리 모두는 미세공격을 저질렀을 수 있다. 관건은 은폐가 아니라 회복 방법이다. 미세공격을 성공적으로 극복하면 관계는 이전보다 더 강화될 수 있다(Owen et al., 2011). "미안하다"라는 한마디 말만으로 충분할 때도 많다.

5. 끝으로, 미세공격에 대한 반응을 소외집단 구성원을 모욕, 비하, 무시하는 적대적인 환경에 부당하게 노출시킨 데 대한 반응으로 보는 것이 중요하다. 가해자에게 전해진 분노, 흥분, 좌절의 반응을 병리적으로 볼 것이 아니라 공감할 줄 알아야 한다. "너는 너무 예민해!"라는 식으로 반응을 병리화하는 것은 그러한 반응을 낳은 건강하지 못한 환경이 아니라 반응 자체에만 주목함으로써 피해자를 비난하는 것이다. 피해자가 더 생산적으로 대응할 다른 방법이 있다는 말이 아니다. 우리가 강조하고자 하는 것은 그 원인이 불공정한 거시 시스템과 선량한 사람들의 무의식적 행동에 존재한다는 것을 이해해야만 문제의 진정한 핵심에 도달할 수 있다는 점이다.

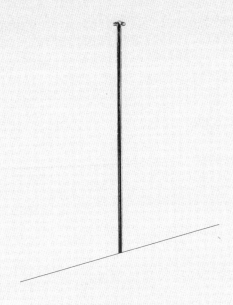

2부
피해자와 가해자에게 미세공격이 끼치는 영향

4장

미세공격 프로세스 모형:
피해자의 내적 투쟁

사례 4.1

저는 여러모로 순진했었죠. 이젠 바뀌었어요. … 과학 과목을 수강할 때면 매일 인종차별에 맞서 싸워야 했거든요. … 새로운 수업에 들어갈 때마다 똑같은 일이 벌어졌습니다. 그 다음번에도, 또 다음번에도요. 제가 수강생 중 유일한 아프리카계 미국인일 때가 많았어요. 백인 학생들이나 교수는 이런 식이었습니다. "쟤는 자기가 무슨 말을 하는지 모르는 것 같아요", "자네는 학점이나 특기 때문이 아니라 적극적 우대조치 덕분에 여기에 온 걸세." 누군가에게 뭔가를 이야기해도 들으려고 하지 않았어요. 듣는 척도 안 했죠! 그리고 이렇게 말하더군요. "왜 혼자만 튀는 행동을 하지?" 나는 화가 났고, 지쳤어요. 그래서 영문학으로 전공을 바꾼 겁니다.

(Solórzano, Ceja, & Yosso, 2000, p. 64)

4장 미세공격 프로세스 모형: 피해자의 내적 투쟁　　　**129**

사례 4.2

나[백인 여성]는 내 자리에 앉아서 상사[남성]가 돌아다니면서 신입 남자 직원을 팀원들에게 소개하는 것을 보고 있었다. 한 사람에게 소개할 때마다 몇 분씩 걸렸고, 곧 내 자리에 왔다. 상사는 나를 "제니"라고 소개했다. 내 이름은 "제니"가 아니라 "지니"다. 게다가 그는 내가 이 회사에 온 지 1년 정도 되었다고 했다. 나는 이 회사에서 3년 가까이 일했다! 자, 진정하고, 나를 제대로 알리려면 어떻게 해야 할까? 악수부터 하자. 그러나 악수를 하는 신입사원의 시선은 내 얼굴이 아니라 가슴을 향했다. "제길. 이 사람도 똑같군. 저들에게 나는 눈요깃거리일 뿐인 거야." (익명의 워크숍 참가자)

사례 4.3

나를 숨기고 산다는 건 너무 지치는 일이었다. 나는 항상 나 자신을 관찰해야 했다. 너무 남자처럼 행동하지 않는지, 레즈비언 티가 나게 옷을 입지 않았는지 늘 확인해야 했다. 나는 내가 언제나 내가 아닌 다른 사람이 되려고, 내가 어울리지 않는 곳에 나를 맞추려 한다고 느꼈다. 정말 힘들었다. 나는 완전히 혼자라고 느꼈으며, 이 세상에서 이런 느낌을 아는 사람은 나뿐이라고 생각했다. … 숨기는 데 지쳤고, 결국 누가 알든 말든 상관하지 않는 단계에 이르렀다. (Mallon, 1998, p. 119)

3장에서 우리는 미세공격이 유색인, 여성, 성소수자가 언제 어디서나 지속적으로 부딪히는 현실이라는 점을 확인했다. 하나의 미세공격을 따로 생각하면 상대방에게 미미한 피해밖에 끼치지 않는 사소한 무시로 보일 때가 많다. 그러나 아무런 치유 없이 일상적인 폭력과 모욕, 무시, 무례에 평생 노출된다는 것은 극도로 유해하다. 미세공격의 영향은 반복적인 "천 번의 베임에 의한 느린 죽음"에 비유될 수 있다 (Nadal, 2011).

마야 안젤루는 편향된 행위의 해악이 명백한 노골적 억압 형태가 "대형 살상"이라면 사소한 굴욕, 즉 인종차별 미세공격은 "작은 살인"이라고 비유했다(Greene, 2000). 미세공격은 평생에 걸쳐 서서히 억압받은 사람들의 정체성과 목소리를 침묵시키고 무효화하고 욕되게 한다. 미세공격의 해악은 눈에 잘 띄지 않지만 계속해서 피해자를 괴롭히고 지치게 만든다.

소외집단이 평생 동안 미세공격에 노출됨에 따라 심리적 기능에 큰 손상을 입는다는 사실은 여러 연구에서 입증되었다(Constantine & Sue, 2007; Crocker & Major, 1989; Herek, Gillis, & Cogan, 2009; Lyness & Thompson, 2000; Nadal, Griffin, Wong, Hamit, & Rasmus, 2014; Nadal, Wong, Griffin, Davidoff, & Sriken, 2014; National Academies, 2006; Ong, Burrow, Fuller-Rowell, Ja, & D. W. Sue, 2013; Pierce, 1974, 1988, 1995; Salvatore & Shelton, 2007; Solórzano et al., 2000; Steele, Spencer, & Aronson, 2002; Szymanski, 2009). 예를 들어, 흑인 미국인에 관한 한 연구는 미세공격을 "흑인에 대한 공격 메커니즘"으로 설명하며 그 자체로는 "무해할 때가 많"지만 "끝없이 가중되는 누적"으로 인해 "수명 단축, 질병률 증가, 자신감 약화"를 초래할 수 있음을 밝혔다(Pierce, Carew, Pierce-Gonzalez, & Willis, 1978).

이 장 처음에 제시한 세 사례에서 인종, 성별, 성적지향에 따른 미세공격은 그 대상에게 중대하고 끔찍한 심리적 피해를 입혔으며 인생의 경로를 바꿀 만한 영향을 주었다. 사례 4.1의 아프리카계 미국인 학생의 경우, 인종차별 미세공격(환경적 고립, 지능이 낮을 것이라는 편견, 인종적 현실의 부정)은 피로감fatigue, 냉소주의, 분노를 일으켰을 뿐 아니라 당사자가 전공을 과학에서 영문학으로 바꾸게 만들었다. 미세공격이 젊은 아프리카계 미국인 여성의 진로를 돌이킬 수 없게 바꾸어놓고, 어쩌면 그녀의 삶의 질에도 영향을 주었을지 모른다는 사실은 매우 유감스러운 일이다.

사례 4.2의 여성도 자신의 직장에서 성적 대상화, 비하, 무례를 견딜 것을 종용받는다. 여성 직원의 존재를 인지하지 못하는 상사와 단지 신체에만 주목하는 신입사원은 그녀의 업무상의 기여와 성취를 깎아내리고 무시하고 있다. 심지어 상사는 그녀의 이름조차 기억하지 못한다. 이처럼 아무런 잘못 없이 인정받지 못한다는 것은 승진 기회의 박탈로 이어질 수 있다(Basford, Offermann, & Behrend, 2014; D. W. Sue, Lin, & Rivera, 2009).

마지막 사례는 지배적인 이성애규범성heteronormativity의 메시지를 전달하고 게이, 레즈비언, 트랜스젠더의 커밍아웃을 직간접적으로 응징하는 환경에서 성소수자가 택할 수 있는 삶의 방식은 비가시화, 고립, 침묵임을 보여준다(Hunter & Mallon, 2000; Pitcher, 2017; Turner, Pelts, & Thompson, 2018). 예를 들어, 게이인 남성은 다른 사람들, 심지어 부모, 형제, 친척 같은 가까운 사람들과 어울리기 위해 금기시되는 자신의 성적지향에 대해 침묵해야 한다고 느낄 수 있다. 이러한 환경에서 성소수자의 성적지향은 침묵해야 하는 것, 수치스러운 것으로 간주된다 (Li, Thing, Galvan, Gonzalez, & Bluthenthal, 2017; O'Brien, 2005).

미세공격의 영향 추적

미세공격의 영향을 실제로 처음부터 끝까지 추적한 연구는 드물다. 미세공격이 발생한 순간에는 어떠한 심리적 메커니즘이 활성화될까? 예를 들어, 여성은 미묘한 성차별이 일어났을 때 인지, 감정, 행동의 측면에서 그 사건을 어떻게 처리할까? 미세공격에 직면했을 때 어떻게 대응해야 할지를 결정할 때는 어떠한 요인이 관여할까? 미세공격이 그 대상에게 초래하는 단기적, 장기적 결과는 무엇일까? 소외집단 구성원들은 미세공격이 일어났을 때 어떻게 대처하며, 왜 어떤 대처 방법은 다른 방법보다 더 효과적일까? 이 주제에 관한 연구는 D. W. 수 등의 논문(Sue, Capodilupo, Torino, et al., 2007)이 《아메리칸 사이콜로지스트American Psychologist》에 발표된 2007년 이후 폭발적으로 늘어났다. 이하의 목록과 표 4.1에서 우리는 미세공격 프로세스 모형microaggression process model의 다섯 단계를 사건 발생, 최초의 판단, 반응, 해석, 결과로 구분하고 대표적인 사례를 제시할 것이다.

표 4.1 미세공격 프로세스 모형

단계	사례
1단계—사건 발생: 당사자가 사건 또는 상황을 경험	"저는 학교 도서관에 있었고, 화장실에 가야 했어요. 저는 퀴어 여성이고 그날은 매우 중성적인 옷차림을 하고 있었죠. 제가 여자화장실에 들어가려는데 경비원이 쫓아와서 저보고 나가달라더군요." "시시때때로 사람들이 따라붙는다고 생각해 보세요. 백화점 같은 데 저 같은 흑인이 가면 늘 누군가가 지켜보고 뒤따라오고 감시합니다. 제가 나갈 때까지 자기들 시야를 벗어나지 않기를 바라는 게 느껴져요."
2단계—최초의 판단: 그 사건이 편향에 의해 일어났는지에 대한 잠재적 피해 당사자의 판단(여부가 불확실하거나 의문인 채로 남을 수도 있음)	"편집증에 가까운 수준이라는 걸 인정합니다. 끊임없이 저 자신에게 이렇게 질문하거든요. '방금 인종차별적이지 않았나? 내가 틀린 걸까?' 늘 경계태세를 취하게 됩니다. 그러니 제 정신 건강을 돌아볼 수밖에요." "'야망이 대단해'라는 말에서 저는 깔아뭉개지는 느낌을 받았습니다. 전임자였던 남자 직원에게도 그렇게 말했는지 궁금했죠. 제가 너무 예민한 건가요?"
3단계—반응: 잠재적 피해 당사자의 즉각적인 반응 1. 인지: 사고 프로세스와 관련된 반응(발화될 수도 있고 머릿속에서만	"그럼 저는 이렇게 생각하게 되죠. '나에게 왜 그렇게 열심히 일하냐고 묻는 건 무슨 뜻이지? 나는 열심히 일하면 안 되는 건가?' 열심

단계	사례
진행될 수도 있음)	히 일한다고 나쁘게 보는 사람이 있었다는 건 아닙니다. '고맙다'는 얘긴 많이 들어요. 하지만 일을 잘한다고 칭찬하는 법은 없죠."
2. 행동: 행위와 관련된 반응	"정말 괴로울 땐 털어놓아야 해요. 언니나 가장 친한 친구한테 얘기하죠. 그들도 저와 같은 상황이니까요. 그들은 늘 제 추정에 확신을 줍니다."
3. 감정: 감정과 관련된 반응	"동료가 그녀를 가리켜 '가슴 있는 사람'이라고 불렀을 때 나는 너무 화가 났어요. 이게 무슨 돼지 같은 소리람! '뭐라고 한마디 할까? 다른 누군가가 말하려나? 아, 지긋지긋해!'" "제 데이트 상대가 제가 택시를 잡는 걸 보고 있어요. 그런데 다들 그냥 지나가죠. 굴욕적이에요. 정말 창피합니다."
4단계—해석: 왜 그 사건이 일어났으며 그 사람의 의도가 무엇인지에 대한 답을 찾으며 사건을 파악함	"엘리베이터에 탔는데 축구선수 세 명이 있었어요. 그중 한 명이 저에게 이렇게 물었습니다. '너 남자야, 여자야?' 저는 너무 무서워서 문제를 일으키지 않으려고 얼른 대답했죠. '여자야'라고요. 그 애는 제 성별을 확인하자마자 달려들어 제 뺨에 키스를 했어요. 정말 섬뜩했습니다." "그들은 저를 대할 때 '화난 흑인 여성'을 보듯 했고, 제가 어떻게 나올지 두려워하는 것 같았습니다."
5단계—개인에게 미치는 결과: 사건으로 인해 시간이 지남에 따라 진전되는 감정이나 사고	"세계 종교 세미나에 가도 히잡을 쓴 사람은 저뿐이었으니까요. 교수가 저에게 기회를 주지 않아도 스트레스 받지 않았어요. 마음속으로 '문제가 있는 건 내가 아니라 교수'라고 생각하고, 그만두기로 했어요. 수업을 듣기는 하겠지만 손은 안 들겠다고 마음먹었습니다. 그때 이런 종류의 상처로부터 저를 보호하는 법을 배웠다고 생각해요. 저 자신을 탓하거나 '나에게 무슨 문제가 있나?'라고 생각하지 않고 '저 백인들의 무의식이 그렇게 길들여진 거야'라고 생각하는 거죠."

1단계—잠재적 미세공격 사건 발생

잠재적 미세공격 사건이 상대방에게 일련의 심리 반응을 일으키기 시작하며, 이는 대인 상호작용에 직간접적으로 영향을 미칠 수 있다. 사건은 다음 몇 가지 상황에서 일어날 수 있다. (a) 가해자와 피해자 사이에 지속적인 상호작용이 있는 경우(예: 개인 대 개인, 또는 집단 대 집단으로 관련 주제에 대해 토론할 때), (b) 더 멀고 수동적인 관계(예: 지하철에서 모르는 사람이 하는 말을 우연히 듣게 될 때), (c) 환경적 단서가 집단 정체성이 평가절하되고 있음을 나타내는 경우(예: 중역회의실에 걸린 남성 일색의 전임 CEO 사진들). D. W. 수 등의 논문(D. W. Sue, Capodilupo, et al., 2007)이 발표된 이후 미세공격에 관한 많은 경험적 연구가 이루어졌다. 집단 안에서도 차이는 있었지만(예를 들어, Nadal, Wong, et al., 2015) 여러 연구에서 주로 다루어진 주제를 집단별로 살펴보면 다음과 같다.

흑인 미국인에 관한 연구에서는 다음 주제가 가장 많이 다루어졌다.

- 과민하다는 주장(Constantine, 2007)
- 지적 능력이 열등하다는 고정관념(Hall & Fields, 2015; Holder, Jackson, & Ponterotto, 2015; Nadal, Griffin, et al., 2014; Smith, Mustaffa, Jones, Curry, & Allen, 2016; D. W. Sue, Nadal, et al., 2008; Torres, Driscoll, & Burrow, 2010)
- 범죄 가능성에 대한 가정(Hall & Fields, 2015; McCabe, 2009; Nadal, Griffin, et al., 2014; Smith, Mustaffa, et al., 2016; D. W. Sue, Nadal, et al., 2008; Torres et al., 2010)
- 열등한 지위에 대한 가정(Hall & Fields, 2015; Nadal, Griffin, et al., 2014; D. W. Sue, Nadal, et al., 2008)
- 흑인이면 모두 같은 경험을 했으리라는 가정(Hall & Fields, 2015; Henfield, 2011; Holder et al., 2015; D. W. Sue, Nadal, et al., 2008)
- 백인 문화의 가치/의사소통 방식의 우월성 가정(Henfield, 2011; Lewis, Mendenhall, Harwood, & Huntt, 2016; D. W. Sue, Nadal, et al., 2008)
- 인종차별의 존재 부정(Constantine, 2007; Hall & Fields, 2015)

- 이국화(Hall & Fields, 2015; Lewis et al., 2016; Nadal, Griffin, et al., 2014)
- 보이지 않는 존재 취급(Allen, 2010; Constantine, Smith, Redington, & Owens, 2008; Hall & Fields, 2015; Holder et al., 2015; Lewis et al., 2016)
- 이류 시민 취급/배제(Holder et al., 2015; Nadal, Griffin, et al., 2014; D. W. Sue, Nadal, et al., 2008; Torres et al., 2010)

흑인 미국인에 대한 미세공격 연구와 겹치거나 공통된 주제도 많지만, 아시아계 미국인 및 남아시아계 캐나다인에 대한 미세공격 연구에서 특히 많이 다루어지는 주제는 다음과 같다.

- 이방인 취급(Huynh, 2012; Kohli & Solórzano, 2012; Ong et al., 2013; D. W. Sue, Bucceri, Lin, Nadal, & Torino, 2007; D. W. Sue, Lin, Torino, Capodilupo, & Rivera, 2009), 또는 갓 이주해 온 사람 취급(Poolokasingham, Spanierman, Kleiman, & Houshmand, 2014)
- 지적 능력에 대한 고정관념(Ong et al., 2013; Palmer & Maramba, 2015; Poolokasingham et al., 2014; D. W. Sue, Bucceri, et al., 2007; D. W. Sue, Lin, Torino, et al., 2009)
- 테러에 연루되었을 것이라는 가정(Poolokasingham et al., 2014(남아시아계 캐나다인); Burdsey, 2011(영국의 아시아계 남자 크리켓 선수))
- 인종 현실 부정(Huynh, 2012; Ong et al., 2013; D. W. Sue, Bucceri, et al., 2007)
- 이국화(Forrest-Bank & Jenson, 2015; Nadal et al., 2015; Nadal, Griffin, et al., 2014; Ong et al., 2013; D. W. Sue, Bucceri, et al., 2007)
- 인종 간 차이 부정(Forrest-Bank & Jenson, 2015; Nadal, Griffin, et al., 2014; Ong et al., 2013; Poolokasingham et al., 2014; D. W. Sue, Bucceri, et al., 2007)

- 보이지 않는 존재 취급(Nadal et al., 2015; Ong et al., 2013; Poolokasingham et al., 2014; D. W. Sue, Bucceri, et al., 2007)
- 문화적 가치/의사소통 방식의 병리화(Ong et al., 2013; D. W. Sue, Bucceri, et al., 2007)
- 이류 시민 취급(Ong et al., 2013; D. W. Sue, Bucceri, et al., 2007)

라틴계에 대한 연구에서 일반적인 개념과 주제는 다음과 같다.

- 이방인 취급(Huynh, 2012; McCabe, 2009; Minikel-Lacocque, 2013; Rivera, Forquer, & Rangel, 2010)
- 지적 능력이 열등하다는 고정관념(Forrest-Bank & Jenson, 2015; Yosso, Smith, Ceja, & Solórzano, 2009; Rivera et al., 2010)
- 범죄 가능성에 대한 가정(Minikel-Lacocque, 2013; Nadal, Mazzula, Rivera, & Fujii-Doe, 2014; Rivera et al., 2010)
- 인종 현실 부정(Huynh, 2012; Yosso et al., 2009)
- 이국화(Forrest-Bank & Jenson, 2015; McCabe, 2009; Nadal, Mazzula, et al., 2014)
- 라틴계 미국인의 경험 부정(Rivera et al., 2010)
- 문화적 가치/의사소통 방식의 병리화(Rivera et al., 2010)
- 인종에 관한 농담(Yosso et al., 2009)
- 인종에 따른 배척주의(이방인 취급과 관련됨)(Muñoz & Vigil, 2018; Pérez Huber, 2011).
- 이류 시민 취급(Minikel-Lacocque, 2013; Nadal, Mazzula, et al., 2014; Rivera et al., 2010)

아메리카 원주민의 인종차별 미세공격 경험을 다룬 연구에서는 다음 주제가 다루어졌다.

- 백인 가치의 우월성 가정(Clark, Spanierman, Reed, Soble, & Cabana, 2011; Jones & Galliher, 2015)
- 지적 능력이 열등하다는 고정관념(Canel-Çınarbaş & Yohani, 2019; Jones & Galliher, 2015)
- 범죄 가능성에 대한 가정(Canel-Çınarbaş & Yohani, 2019; Jones & Galliher, 2015)
- 인종차별 및 역사적 외상 부정(Clark et al., 2011; JohnstonGoodstar & Roholt, 2017; Jones & Galliher, 2015)
- 거짓된 숭앙이나 존경 경험(Cappiccie, Chadha, Lin, & Snyder, 2012; Clark et al., 2011)
- 원시적일 것이라는 추정(Clark, Kleiman, Spanierman, Isaac, & Poolokasingham, 2014)
- 교육과정에서 관련 사실 누락 또는 왜곡 경험(CanelÇınarbaş & Yohani, 2019; Clark et al., 2014)
- 일상적인 사회적, 문화적 고립cultural isolation(Canel-Çınarbaş & Yohani, 2019; Clark et al., 2014)
- 질투 섞인 비난(Canel-Çınarbaş & Yohani, 2019; Clark et al., 2014)

여성과 관련해서 연구자들이 확인한 미세공격 주제는 다음과 같다.

- 열등하다는 가정(Capodilupo et al., 2010; Kaskan & Ho, 2016; Lester, Yamanaka, & Struthers, 2016; McCabe, 2009; Nadal et al., 2015)
- 성차별의 존재 부정(Barthelemy et al., 2016; Capodilupo et al., 2010)
- 보이지 않는 존재 취급(Barthelemy et al., 2016; Holder et al., 2015)

- 제한된 성역할(Barthelemy et al., 2016; Capodilupo et al., 2010; Kaskan & Ho, 2016; Nadal et al., 2015)
- 성적 대상화(Barthelemy, McCormick, & Henderson, 2016; Capodilupo et al., 2010; Kaskan & Ho, 2016; Lewis et al., 2016; Nadal et al., 2015; Owen, Tao, & Rodolfa, 2010)
- 이류 시민 취급(Barthelemy et al., 2016; Capodilupo et al., 2010)
- 성차별 언어 사용(Barthelemy et al., 2016; Capodilupo et al., 2010)

성소수자(LGBQ)를 겨냥한 미세공격에 관해서는 다음과 같은 주제가 다루어졌다.

- 성적 병리화 또는 비정상성에 대한 가정(Nadal, Issa, et al., 2011; Platt & Lenzen, 2013)
- 성소수자라면 모두 같은 경험을 했으리라는 가정(Nadal, Issa, et al., 2011)
- 이성애주의의 존재 부정(Nadal, Issa, et al., 2011)
- 성소수자들의 경험에 대해 갖는 불편함/반감(Nadal, Issa, et al., 2011; Platt & Lenzen, 2013)
- 이성애규범적 문화 및 행동 지지(Dimberg, Clark, Spanierman, & VanDaalan, 2019; Nadal, Issa, et al., 2011; Platt & Lenzen, 2013; Shelton & Delgado-Romero, 2011)
- 이국화(Nadal, Issa, et al., 2011; Platt & Lenzen, 2013)
- 위협적인 행동에 직면한 경험(Dimberg et al., 2019; Nadal, Issa, et al., 2011)
- 양성애의 정체성 의심(Bostwick & Hequembourg, 2014)
- 이성애주의적 언어/용어 사용(Nadal et al., 2011; Platt & Lenzen, 2013)

연구자들은 트랜스젠더 및 젠더비순응자의 경험에 다른 성소수자와 다른 점이 있으므로 구별되는 접근이 필요하다고 말한다(Nadal, Whitman, Davis, Erazo, & Davidoff, 2016). 트랜스젠더 및 젠더퀴어에 대해서는 다음과 같은 주제가 연구되어 왔다.

- 트랜스젠더라면 모두 같은 경험을 했으리라는 가정(Galupo et al., 2014; Nadal et al., 2010)
- 성적 병리화 또는 비정상성에 대한 가정(Galupo et al., 2014; Nadal et al., 2010, 2012)
- 트랜스포비아의 존재 부정(Galupo et al., 2014; Moody et al., 2019; Nadal et al., 2010)
- 신체적 프라이버시 부정(Galupo et al., 2014; Nadal et al., 2010, 2012)
- 트랜스젠더의 경험에 대해 갖는 불편함/반감(Galupo et al., 2014; Nadal et al., 2010; Nadal, Skolnik, & Wong, 2012)
- 젠더규범적, 이원적 성별 중심의 문화와 행동 지지(Galupo et al., 2014; Moody et al., 2019; Nadal et al., 2010)
- 이국화 및 페티시화(Galupo et al., 2014; Nadal et al., 2010; Pitcher, 2017)
- 배제 경험(Moody et al., 2019)
- 신체적 위협이나 괴롭힘(Nadal et al., 2010, 2012)
- 트랜스포비아 또는 이원적 성별을 전제하는 용어 사용(Galupo, Henise, & Davis, 2014; Moody, Spanierman, Houshmand, Smith, & Jarrett, 2019; Nadal, Rivera, & Corpus, 2010; Pitcher, 2017)

상기한 주제에 관련된 사건이 인종, 성별, 성소수자에 관한 경멸을 함축할 때 그것은 미세공격이라고 볼 수 있다. 미세공격은 의도되지 않는 경우가 많으므로, 잠재적 피해자의 관점이 가장 중요하다(2단계—

사건에 대한 최초의 판단과 의심에 관한 설명을 참조하라). 미세공격을 전달하는 매개는 언어나 행동일 수도 있고 환경일 수도 있다.

언어에 관련된 사건의 예

언어적 미세공격은 직접적일 수도 있고 간접적일 수도 있다. 이런 예는 어떤가. 여러 인종이 섞인 컬럼비아대학교 학생들의 한 사교 모임에서 백인 남성 교수가 흑인 남성 학생과 대화를 나누던 중이었다. 그는 등록 인원 제한 때문에 훌륭한 자격을 갖춘 뛰어난 학생 여러 명이 입학하지 못했음을 한탄했다. 흑인 학생은 맞장구를 치며 컬럼비아대학교에 입학한 것을 매우 큰 행운으로 생각한다고 말했다. 그러자 교수가 이렇게 말했다. "그건 정말 맞는 말이에요, 학생. 요즘은 백인 남성들이 불쌍해요. 역차별을 받고 있으니까요."

숨은 메시지: "너는 자신의 능력이 아니라 적극적 우대조치로 아이비리그 대학에 들어온 것이다. 지금 차별을 받고 있는 쪽은 백인 남성이다."

비언어/행동에 관련된 사건의 예

몸짓이나 더 직접적인 신체적 행위를 사용하는 것이 이 범주에 포함된다. 일례로, 한 남아시아계 캐나다인 여자 대학생은 동료 학생들이 "내가 외출을 별로 하지 않거나 특정 활동을 좋아하면 안 될 것이라고 넘겨짚는다"라고 말했다. 그녀는 그 때문에 캠퍼스 내 사교 활동에서 배척당하는 느낌을 받고 있었다(Poolokasingham et al., 2014, p. 201). 또 다른 연구에 기록된 한 여성의 다음 발언에서도 성적지향에 대한 비언어적 미세공격을 볼 수 있다. "나는 여자친구와 기차를 탔다. 그녀가 나를 안고 키스하자 주변에 앉은 사람들이 얼굴을 찌푸렸다. 그들은 아무 말도 하지 않았다. 적어도 우리에게 뭐라고 말하는 사람은 보지 못했다. 그저 표정일 뿐이었지만, 그들의 태도와 표정은 '저런'이라는 탄식과 같았다."(Nadal, Issa, et al., 2011, p. 247) 또 다른 예에서 한 흑인은 점원들이 자신을 대하는 방식을 이렇게 묘사했다. "물건을 사고 거스름돈을 받을 때 느낍니다. … 저는 그 사람 손에 돈을 쥐여주지만 그들은 제 손에 거스름돈을 주지 않아요. 카운터에 올려놓지요."(D. W. Sue, Capodilupo, & Holder, 2008, p. 332) 그녀는 이러한 상황에서 모욕감을 느끼며, 특히 그 점원이 백인 손님 손에 거스름돈을 주는 것을 보면 모욕감이 더 커진다고 덧붙였다.

숨은 메시지: "어쨌든 너는 올 수 없을 테니 우리가 모임에 너를 초대할 이유도 없어." "우리는 공공장소에서 레즈비언 여성들이 애정 표현을 하는 것을 보고 싶지 않다. 역겹다." "나는 흑인과 살이 닿는 것이 싫다."

환경에 관련된 사건의 예

물리적 환경은 여러 상황에서 또 다른 비언어적 경멸, 모욕, 부정으로 작용한다(Gartner & Sterzing, 2016; Muñoz & Vigil, 2018; Solórzano et al., 2000; Woodford, Joslin, Pitcher, & Renn, 2017). 앞서 논의한 바와 같이 거대공격은 기관이나 커뮤니티의 프로그램, 정책, 관행 안에 들어 있는 반면 미세공격은 개인의 편향된 세계관과 관련된다. 예를 들어 《플레이보이》에 실린 여성 모델의 누드 사진을 사무실 칸막이에 붙여두는 남성 관리자의 행위는 여성을 성적 대상으로 바라보는 그 사람의 시각을 반영하는 환경적 미세공격이다. 이는 기관이나 커뮤니티가 남부연합기를 숭앙하고 게양하는 정책을 채택할 때 일어나는 환경적 거대공격과 확연히 대조된다. 우리는 앞서 스포츠 팀 마스코트 같은 상징이 어떻게 모욕과 비하의 메시지를 전달할 수 있는지 살펴본 바 있다. 또 다른 예로, 유럽계 백인 남성 미국인의 관점이 반영된 학교 교육과정도 소외집단을 무시하는 환경을 보여준다(Clark et al., 2014; Moody et al., 2019). 환경적 거대공격은 일상적인 상호작용에서도 흔히 볼 수 있다. 예를 들어, 한 흑인 연구 참여자는 직장에서 다음과 같은 일이 빈번하게 일어난다고 보고했다. "맞아요. 많은 소수자들이 있습니다. 하지만 그 위치는 어떤가요? 대개 평사원입니다. 간혹 중간관리자급도 있지만 아시다시피 임원이나 고위관리자급까지는 올라가지 못합니다."(D. W. Sue, Capodilupo, & Holder, 2008, p. 332)

숨은 메시지: "유색인은 직장에서 높은 지위에 있지 않다. 그들은 경영진이 될 만한 인재가 아니다."

2단계—사건에 대한 최초의 판단과 의심

2단계는 당사자가 어떤 사건이 차별에 해당하는지 아닌지를 판단하는 단계다. 그 사건이 인종차별이나 성차별, 젠더리즘, 이성애주의의 발현인가? "최초의 판단initial assessment"이란 어떤 사건이 편향에 기인한 것인지에 관한 잠재적 피해자의 생각을 뜻한다. 그것은 단순히 예/아니오로 결론 내는 것 이상의, 더 복잡하고 역동적인 현상이다. 그 과정에서 일어나는 내적 갈등 때문에 에너지가 고갈될 때도 많다. 여러 인종, 성별, 성적지향 관련 미세공격 연구들은 최초의 판단 단계의 핵심 요소 중 하나로 의심의 과정을 꼽는다(Barthelemy et al., 2016; D. W. Sue, Capodilupo, & Holder, 2008; D. W. Sue, Nadal, et al., 2008).

1부에서 언급했듯이, 미세공격은 모호할 때가 많고 혼합된 메시지로 가득하며 미묘하게 표현되곤 한다. 겉으로 드러난 메시지와 숨은 메시지가 상충될 때도 많다. "의심questioning"이란 당사자가 어떤 사건이 편향에서 비롯된 것인지 아닌지를 자문하는 것을 말한다. 그 판단 과정에는 가해자와의 관계(가족이나 친구, 동료인지, 아니면 모르는 사람인지),

자신의 인종적/문화적 정체성 형성 정도, 미세공격의 주제, 자신의 개인적 경험과 이력 등 여러 요인이 개입된다. 모두 사건의 의미 해석에 관여하는 요인들이다. 예를 들어, 흑인 학생이 질문에 답을 하자 백인 강사가 "훌륭합니다"라고 말했을 때 그 학생은 다음과 같은 고민에 빠진다. "칭찬 같지만 칭찬이 아닐 때가 있다. 그럴 때 나는 그것이 단순한 칭찬인지 다른 어떤 의미가 있는지 자문한다."(D. W. Sue, Capodilupo, & Holder, 2008, p. 332) 또 다른 예에서 어느 물리학과 대학원생은 그녀의 남자 동료들이 자신과 공동 연구를 하려는 것이 자신의 지적 능력 때문이 아니라 오직 성적인 관심 때문인 것 같다는 점 때문에 고민했다(Barthelemy et al., 2016). 상대방의 이면의 동기에 대한 의심은 자신의 능력에 대한 자신감을 떨어뜨렸다. 게이 남성인 교사들은 아이들과 상호작용할 때 이성애자들이 자신을 아동 성추행범으로 생각할까 봐 두려워했다(Nadal, Issa, et al., 2011).

3단계—반응 프로세스

반응 단계에서는 불쾌한 사건 자체와 더불어 자신의 감정적 혼란이나 자기 보호 욕구를 다루는 데 있어서 더 통합된 반응이 중심이 된다. 반응 프로세스란 해당 사건이 미세공격인지 아닌지, 혹은 모호한지에 대한 판단을 넘어서는 즉각적 반응을 일컫는다. 그것은 인지, 행동, 감정의 강력한 반응을 불러일으키는 내적 투쟁 과정이다. 미세공격 사건의 피해자들에게서 흔히 나타나는 몇 가지 반응은 다음과 같다.

건강한 편집증

미세공격 전이나 후 또는 공격이 이루어지는 동안 소외집단에게서 나타나는 흔한 반응 중 하나는 건강한 편집증healthy paranoia 또는 문화적 불신cultural mistrust이다. 편견과 차별의 경험은 여러 소외집단에게 사회적 현실이므로, 그 구성원들은 지배문화에 속한 사람들의 동기와 행동에 대한 건전한 의심을 내면화하게 된다(Croteau, Lark, & Lance, 2005; Kim, Kendall, & Cheon, 2017; Ponterotto, Utsey, & Pedersen, 2006; Ridley, 2005; D. W. Sue & Sue, 2008; Terrell, Taylor, Menzise, & Barrett, 2009). 예를 들어, 인종적 소수자의 생존은 그들을 억압하는 이들의 진정한 의도를 식별하는 능력에 달려 있다(D. W. Sue, 2003). 건강한 편집증은 잠재적 미세공격 사건이 일어났을 때 그 사건에 국한하지 않고 과거의 편견과 차별 경험에도 동일한, 혹은 그 이상의 비중을 두어 사고하는 것을 말한다. 예를 들어, 누군가가 "다른 인종 사이의 교제에 반대하지는 않아. 다만 미래의 자녀를 걱정하는 것뿐이야"라고 말했을 때, 겉으로 보기에는 명시적으로 "나는 인종차별주의자가 아니다"라는 문장으로 시작하는 것 같지만 "나는 미래의 자녀를 걱정하기 때문에 타 인종과의 교제에 관해 좋다고만 말할 수가 없다"라는 의미의 모호한 진술이 뒤따른다. 이 말을 들은 유색인은 과거의 경험에 비추어 마지막 문장의 숨은 메시지를 화자의 인종 편향이 무의식적으로 표출된 것으로 받아들이게 된다.

따라서 많은 경우 유색인, 여성, 성소수자는 인종차별, 성차별, 젠더리즘, 이성애주의에 관한 지금까지의 경험을 프리즘 삼아 현실을 판단한다. 유색인은 백인 동료, 이웃, 친구가 자신은 인종에 대한 편향이 없다고 말하면서 행동에서는 편향을 드러냈던 경우를 숱하게 보아왔다고 말한다. 온종일 일어나는 수많은 잠재적 미세공격 때문에 끊임없이 의심하는 상태로 산다는 것은 감정적 고갈을 일으키는 일이다. 한 흑인 연구 참여자의 다음 발언이 이 딜레마의 전형을 보여준다.

글쎄요. 아마 거의 편집증 수준으로 보일 겁니다. 인종차별인지

아닌지를 수시로 판단해야 하니까요. 하루 중에도 천 번씩 공격
이 일어나고, 그때마다 아주 가느다란 외줄을 타면서 그냥 지나
갈지, 짚고 넘어갈지를 정해야 하는 거죠. (D. W. Sue, Capodilupo, &
Holder, 2008, p. 332)

건강한 편집증에는 다음 몇 가지 기능이 있다. 그것은 (a) 인종, 성
별, 성적지향과 관련한 미세공격 발생 여부에 대해 단순히 공격자 입
장에서의 판단을 받아들이지 않도록 경고하며, (b) 피해 당사자가 인
종, 성별, 성적지향의 현실을 판단할 때 살아온 경험을 균형추로 삼게
해주고, (c) 끊임없는 내적 의심과 반추를 중단시킴으로써 에너지 소
모를 줄이고, (d) 경멸, 무시, 모욕을 다루는 기능 및 적응 메커니즘으
로 이어질 수 있다. 한편, 아시아계 미국인에 관한 한 연구는 문화 불
신이 미세공격과 안녕 사이의 매개변수라고 본다. 미세공격을 당한
경험이 많을수록 문화 불신이 심해지며, 이는 궁극적으로 안녕감 수
준을 떨어뜨린다는 것이다(Kim et al., 2017). 이 연구는 문화 불신이 당
사자에게 심리적 비용을 가중시킨다는 점을 강조한다. 분명한 것은
이 영역에 대해 더 많은 연구가 필요하다는 점이다.

자신의 정상성 검증

미세공격이 가장 중대한 억압으로 작용하는 경우는 인종, 성별, 성
적지향과 관련된 당사자의 경험적 실재가 도전받는 미세부정 형태다
(Nadal, Whitman, et al., 2016; D. W. Sue, Capodilupo, Nadal, & Torino, 2008). 앞
에서도 강조한 바 있듯이, 집단의 권력이란 그 집단이 현실을 정의하
는 힘에서 나온다. 예를 들어, 미세공격이 발생했지만 가해자가 숨은
메시지의 존재를 부인하고 상대방의 경험적 실재를 부정할 수 있다.
유색인은 가해자의 복합적인 메시지 때문에 딜레마에 빠질 때가 많

다. 대부분의 미세공격, 특히 회피적 인종차별에서 기인하는 미세공격에는 명시적 메시지와 메타메시지가 포함되어 있다. 많은 경우에 피해 당사자는 오해라거나 과민하다는 말을 들으며, 가해자는 이렇게 말하곤 한다. "그냥 농담이었어. 너도 웃었잖아!" "그렇게 예민하게 굴면 어떤 주제로도 대화를 나눌 수 없어." "내 말이 위협적이라고 느끼는 건 네 자유지만 나에게도 그저 의견을 말한 것뿐인데 네가 과한 반응을 한다고 느낄 권리가 있어." 이런 말을 들은 피해자는 상처를 입거나 무시당했다는 자신의 느낌이 질타받았다고 생각하게 된다.

주류집단 사이에서는 미세공격이 일어났을 때 가해자의 신념을 공유할 가능성이 높다. 예를 들어, 백인 일색인 학교에서 모두가 네가 틀렸다거나 부정확하다고 말하는 상황이라면, 그 학교의 유일한 유색인 학생은 어떤 느낌일까? 한 흑인 연구 참여자의 다음 진술이 이를 간단명료하게 말해준다. "자신을 의심하기 시작할 겁니다. '내가 미쳐가는 걸까?'라고요."

이런 상황에서 유색인은 자신의 정상성을 검증해 보려고 할 때가 많다. 여러 연구에서 참여자들은 자신의 인식이 올바른지 검증하기 위해 자신이 속한 공동체에 의존한다고 보고했다. 한 연구 참여자는 이렇게 진술했다. "편집증적인 상태에 빠지지 않고 저의 진짜 감정을 나눌 수 있는 사람들이 제 주변에 있습니다. 일종의 치유 같은 거죠. 가까이에 이 치유 집단이 있고, 그들과 함께 있다면 제가 인종차별과 싸울 때 이성적이려고 애쓰지 않아도 됩니다."(D. W. Sue, Capodilupo, Nadal, et al, 2008, p. 332) 같은 연구에서 한 흑인은 직장에서 흑인 동료들과 비언어적인 방식으로 자신의 정상성을 검증하는 방법을 이렇게 설명했다. "그들의 눈을 보면 알 수 있어요. 마치 방을 가로지르는 연결선이 있는 것 같죠. … 사무실에서 어떤 화나는 일이 벌어졌는지 다 알 수 있습니다."(p. 332) 정상성 검증sanity check에는 (a) 자신의 경험적 실재를 재확인하고, (b) 피해자가 혼자가 아니며 다른 사람들도 유사한 일을 경험한다는 사실을 소통하며, (c) 집단에 간접 경험을 제공함으로써 미래에 일어날 인종차별, 성차별, 젠더리즘, 이성애주의의 미묘한 표출에 대비할 수 있게 하는 등의 여러 목적이 있다.

자신감 고취와 자기 타당화

피해자 비난은 귀인 모호성 때문에 촉진될 때가 많은 흔한 현상이다(Crocker & Major, 1989). 예를 들어, 유색인종이 처한 곤경(높은 실업률, 낮은 교육 수준, 빈곤 등)은 그들의 자질 부족이나 바람직하지 못한 특성(낮은 지능, 약한 동기부여, 가족 가치 부족) 때문인가, 아니면 외부 환경(편견과 차별, 구조적 불평등 등) 탓인가? 미세공격의 피해자가 예민하거나 현실 검증 오류 때문에 상황을 잘못 해석한 것일까, 혹은 적대적이고 해당 집단을 무시하는 외부 상황을 정확하게 파악한 것일까?

피해자가 미세공격 사건에 맞서 사용하는 적응 메커니즘 중 하나는 "잘못의 책임fault"을 피해자에게서 가해자에게로 옮기는 것이다(D. W. Sue, Capodilupo, & Holder, 2008). 우리의 연구에서 유색인 참여자들은 이 유형의 반응을 책임과 잘못을 자신이 아닌 가해자에게서 찾음으로써 스스로 "자신감을 고취하고empowering" 자신을 "지키는shielding" 과정이라고 표현했다. 한 참여자는 이렇게 진술했다. "나 자신을 탓하지 않습니다. 이렇게 생각하는 거죠. '내가 무슨 잘못이야? 그건 백인들의 길들여진 무의식일 뿐이야.'" 이러한 감정은 다음 진술에서 볼 수 있듯이 여러 참여자에게서 공통적으로 나타났다(D. W. Sue, Capodilupo, & Holder, 2008, p. 332).

아프리카계 미국인 남성: "그렇게 하면 기분이 좋아집니다. 더 이상 무슨 일이 일어났는지 알아내려고 애쓰고 싶지 않으니까요. 그리고 이렇게 말할 용기가 생기거든요. '이 질문을 더 이상 나에게 하지 않을 거야. 이제는 상대방에게 묻겠어.'"

아프리카계 미국인 여성: "그게 제 목소리를 유지하는 방법이라는 걸 알게 됐습니다. … 만일 제가 개입하기로 한다면 그건 그들을 위해서가 아니라 저를 위해서일 겁니다."

여러 연구에서 멘토의 존재가 자신감과 자기 타당화에 도움이 된다는 것이 확인되었다. 예를 들어, 기업의 흑인 여성 지도자에 관한 한 연구에서 한 여성은 이렇게 진술했다. "실제로 저를 돌아보며 이렇게 말한 흑인 여성이 있었어요. '당신이 이 방에 있는 건 이유가 있어서예요. 그들이 당신을 실수로 선택한 게 아니라고요.' 그 말이 저에게 힘이 되었습니다."(Holder et al., 2015, p. 174)

자신감 부여와 자기 타당화는 피해 당사자의 인종, 성별, 성적지향 정체성이 확고한 경우에 특히 많이 나타나는 반응이다. 그들은 직관적인 생각, 신념, 느낌을 따르고, 내적통제위치internal locus of control에서 사건이나 경험을 평가하며, 덜 외부지향적이고, 맥락적 단서를 적극적으로 활용하여 상황을 판단한다. 타인을 통해 정상성 검증을 하기도 하지만, 타인의 반응에 따라 그들의 해석과 행동이 크게 달라지지는 않는다. 한 연구에서 트랜스젠더 남성 참여자는 이렇게 설명했다. "그렇게 신경 쓰지 않아요. … 제 자신에 대한 확신이 있으니까, 그런 일에 흔들리지 않습니다."(Nadal, Davidoff, Davis, & Wong, 2014, p. 77) 이 연구에서 트랜스젠더 참여자들은 미세공격에 "당당하게" 저항한다는 표현을 자주 썼다.

가해자 구제

미세공격에 대해 피해자가 보인 가장 놀라운 반응 중 하나는 가해자의 행동을 대신 변명하거나 심지어 면책하기까지 한다는 점이다. 수많은 연구에서 참여자들은 미세공격을 저지른 사람을 감싸거나 두둔하고 싶어진다고 보고했다(Hall & Fields, 2015). 트랜스젠더의 관점에 관한 나달 등의 상기한 논문에서도 피해자가 가해자의 행동을 합리화하며 감싸는 사례를 볼 수 있다. 그들은 미세공격 발언을 교육의 부족이나 "[라틴계의] 엄격한 문화 배경" 탓으로 돌렸다(Nadal, Davidoff, et al., 2014, p. 77).

흑인 연구 참여자들에게서도 같은 현상이 나타났다(Hall & Fields, 2015; D. W. Sue, Capodilupo, & Holder, 2008). 그들은 자신의 감정보다 가해자의 감정을 먼저 고려하는 듯한 경향도 보였다. 한 참여자는 흑인계 미국인이 경험하는 매우 전형적인 미세공격 사례를 다음과 같이 묘사했다.

> 호텔 지하주차장에서 엘리베이터를 탔어요. 아주 늦은 시간이었죠. 새벽 두 시쯤이었을 거예요. 친구와 야구 경기를 보고 들어오는 길이었습니다. … 엘리베이터가 로비층에서 멈추고 아주 잘 차려입은 한 백인 여자가 탔어요. 버튼을 누를 때까지는 저를 못 본 것 같았습니다. 그런데 엘리베이터가 출발하고 나서 저를 본 거예요. 곧바로 들고 있던 지갑을 움켜쥐고 목걸이를 손으로 가리더군요. … 미안해졌습니다. 무서워하지 않아도 되는데 … 저는 아무 짓도 안 할 테니까요. 저는 야구 모자를 벗고 뒤로 물러섰습니다. 가볍게 인사를 건네고 미소도 지었죠. 그분은 불쌍하게도 경계를 풀지 않더군요.

이 사례에서 젊은 흑인 남성은 많은 아프리카계 미국인이 불쾌하고 모욕적이라고 여기는 미세공격 메시지(범죄 가능성에 대한 가정)를 수신 했음에도 불구하고 그것이 자신의 감정에 미친 영향보다 가해자 여성 의 안녕에 더 신경을 쓰는 것으로 보인다. 그는 자신이 준법시민이므 로 두려워하지 않아도 된다는 뜻을 전달하며 여성을 편안하게 해주려 고 하는 것으로 보인다. 그는 상대방의 두려움을 인지하고 있을 뿐 아 니라 상대방의 행동을 크게 불쾌해하지도 않는 것 같다. 우리의 연구 에서도 다양한 수준의 "외부지향other-directed" 성향을 나타내는 다른 몇몇 유사 사례들이 있었으나 우리의 연구 대부분에서 일반적으로 유 색인이 미세공격에 대해 보이는 반응은 격분하고 괴로워하는 것이었 으므로 이 예외적인 반응을 이해하려면 복잡한 설명이 필요해 보인다.

우리는 자신보다 가해자를 더 신경 쓰는 사람들과의 인터뷰에서 "가해자 구제rescuing offenders"를 설명하는 몇 가지 요인을 발견했다. 첫째, 일부 유색인 참여자는 백인들도 "어쩔 수 없다"고 믿도록 사회 화된 것으로 보인다. 그들은 상대방이 "나이 많은 남자"니까 "그렇게 자랐을 것"이라고 생각하며 인종차별적인 행동을 합리화한다(Hall & Fields, 2015, p. 8). 백인은 조상으로부터 인종 편향을 물려받았고 흑인 남성을 두려워하도록 문화적으로 조건화되었다고 보는 것이다. 이러 한 추론 이면에는 유색인뿐 아니라 백인도 희생자라는 암묵적 가정 또는 믿음이 자리 잡고 있다. 즉, 의식적으로 인종차별주의자나 성차 별주의자, 동성애혐오자가 되겠다고 생각하며 자라는 사람은 없다. 그 러한 특성은 자유롭게 선택되는 것이 아니라 백인들에게 문화적으로 조건화되는 것이다. 다음 진술에서 백인 여성이 취하는 입장은 가해 자 구제의 근거를 전형적으로 보여준다.

이런 의미에서 우리 백인들은 인종차별의 희생자다. 소수자들의 피해와는 다르지만 우리의 피해 역시 실재한다. 우리는 억압자 역할을 수행하도록 프로그래밍된 것이며, 그 프로그래밍에 우리의 사전 동의는 없었다. 우리의 불감증도 이 프로그래밍의 일부다. 우리의 행동이 타인에게 가하는 고통을 매일 의식하면서 산다면 우리 중 어느 누구도 억압자의 위치를 견딜 수 없을 것이다. (Winter, 1977, p. 25)

둘째, 피해자는 때로 누가, 무엇이 "진정한 적"인지 식별하려고 시도한다. 영화 〈컬러 오브 피어〉(StirFry Productions, 1994)는 백인과 유색인이 섞인 한 집단이 인종이라는 어려운 주제의 대화를 심도 있게 나누는 모습을 보여준다. 대화 도중에 로렌이라는 흑인이 백인들을 "적"이라고 지칭하자 빅터라는 또 다른 흑인이 곧바로 이렇게 정정한다. "백인들은 적이 아니야. 백인우월주의가 적이지!" 이와 같이 개인 수준이 아니라 체계 수준에서 미세공격을 이해하는 것도 상황을 받아들이는 한 방법일 수 있다.

4단계—해석과 의미 부여

"해석"이란 미세공격 사건이 일어났을 때 그것이 얼마나 중대한지, 가해자의 의도가 무엇이지, 어떤 사회적 패턴이 그 사건과 관련되어 있는지 등 해당 사건의 의미를 파악하는 것을 말한다. 여러 연구에서 참여자들이 미세공격 사건을 어떻게 해석했는지를 볼 수 있는데, 이는 앞서 확인한 미세공격 주제들과도 일치한다. 아래에 제시하는 해석들은 미세공격 해석의 작동 원리와 그것이 피해자에게 갖는 의미를 살펴보기 위해 뽑은 몇 가지 대표적인 해석으로, 실제로는 이 외에 다양한 해석이 존재한다.

네가 낄 데가 아니다

이 메시지는 상대방에게 특정 환경, 지역, 학교, 직장, 가게, 혹은 그 사회 전반에서 그 구성원이 되기에 바람직하지 않다는 의미를 전달하는 것을 말한다. 기업 경영진처럼 직업적으로 성공한 여성인데도 중역회의에서 무시당하거나 골프 회동에서 배제되는 경우가 있다. 이러한 따돌림 현상은 트랜스젠더 대학생들 사이에서도 나타났다. 그들은 자신이 대학의 구성원이 아니라는 느낌을 받는다고 보고했다(Moody et al., 2019). 그들은 수강신청이나 수강 과목 관리처럼 온라인 시스템을 이용하는 상황도 반드시 실명을 사용해야 하기 때문에 마찬가지로 문제가 된다고 보았다. 또 다른 연구에서 한 흑인 남성은 어느 사무실 건물에서 일반 출입구가 아니라 배송기사들이 이용하는 출입구로 안내받은 경험을 다음과 같이 토로했다. "제가 흑인이니까, 제가 다른 사람들과 함께 있으면 안 될 사람이라고 생각했던 모양이지요."(D. W. Sue, Capodilupo, & Holder, 2008, p. 334) 이와 같이 환경적 거대공격뿐 아니라 미세부정, 미세모욕도 피해자에게 비소속감으로 해석되는 경우가 흔하다. 피해자들은 직장, 학교, 공공장소, 소셜미디어에서 비소속감의 경험을 보고한다.

너는 비정상이다

여기서 "비정상"을 규정하는 것은 유럽계 백인 남성의 관점이다. 정상이란 (a) 통계적 평균 또는 해당 인구집단에서 가장 빈번하게 일어나는 것, (b) 그 사회가 표준으로 수용하는 범위 안에서 하는 행동, (c) 지배집단이 바람직하다고 여기는 관념 등으로 정의할 수 있다(D. Sue, D. W. Sue, & Sue, 2010). 정상과 비정상을 가르는 이 기준은 가치, 개성, 특징, 행동, 심지어 복장과 외모에도 적용될 수 있다. 문화 제국주의처럼, 정상의 기준을 정하는 것은 그 사회에서 권력을 쥔 사람들이다. 미국 사회에서는 백인 시스젠더 이성애자 기독교인 남성이 정상이 무엇인지 규정한다. 예를 들어 성소수자는 성적지향, 젠더 표현, 행동에 있어서 비정상적이라고 여겨진다(Dimberg, Clark, Spanierman, & VanDaalen, 2019; Douce, 2005; Herek, 1998). 아시아계 미국인 학생에게는 그들의 문화적 가치가 미묘함과 간접성을 강조하므로 수줍고 내성적이고 자제하는 경향이 있다는 꼬리표가 달린다. 아프리카계 미국인이 화를 내면 그들의 의사소통 스타일이 "통제 불능이고 너무 감정적"이라는 평가를 받는다. 아프리카계 미국인들은 "백인들이 하는 방식이 정답이니까"라고 비아냥거리기도 한다. 비정상성 문제는 외모와 옷차림에도 영향을 준다. 여성적인 외모의 한 퀴어 여성은 자신이 커밍아웃할 때 "그렇게 안 보이는데!"라는 의심 가득한 반응이 돌아온다고 말한다. 그 말에는 퀴어의 외모가 매우 좁은 스펙트럼을 지니며, 전형적인 여성 성역할 표현과는 다를 것이라는 전제가 깔려 있다(Dimberg et al., 2019). 한 남성 참여자는 자신이 아프리카 전통 복장을 입을 때 이렇게 자문하게 된다고 술회했다. "이게 우리 전통 복장인데 왜 설명해야 하나? 마치 나에게 문제가 있는 느낌이 든다. 뭐가 잘못됐나? 그게 아니면 왜 그러는 거지?"(Sue, Capodilupo, & Holder, 2008, p. 333)

너는 지적 능력이 열등하다

낮은 지능이나 특정 지적 결함을 성별, 인종과 연관시키는 경향은 흔히 볼 수 있다. 여성은 수학이나 과학 등 이성적 사고에 약하다는 고정관념이 대표적인 예다(Banaji & Greenwald, 1995). 한 연구에서 물리학 및 천문학을 전공하는 대학원생 여성들은 실험실에서 열등생으로 취급받았다고 보고했다. 그중 한 명은 이렇게 회상했다. "제가 한 남자 후배에게 그가 얻은 데이터를 이해할 때 고려해야 할 요인 한 가지를 조언했어요. 그는 그렇게 생각하지 않는다며 제 의견을 무시하더군요. 그런데 다른 사람이 같은 조언을 하자 곧바로 수용했습니다."(Barthelemy et al., 2016, p. 9) 이런 경험은 너무나 흔하며, 수학 및 과학 외의 분야에서도 일어난다.

열등한 지적 능력과 관련된 미세공격은 흑인 미국인(Holder et al., 2015), 라틴계 미국인(Forrest-Bank & Jensen, 2015), 아메리카 원주민(Canel-Çınarbaş & Yohani, 2019)에게서 가장 빈번하게 나타난다. 박사과정에 다니는 흑인 학생들의 진술에서도 같은 주제의 미세공격이 나타났다. 한 학생은 이렇게 말했다. "저는 대부분의 시간 동안 다른 사람들이 저를 같은 소속으로 생각하지 않는다는 느낌을 받습니다. 제가 거기 있는 유일한 이유는 할당을 채우기 위해서예요. 다른 사람들이 제 연구 능력 부족이 걱정된다고 얘기하는 걸 우연히 들은 적도 있어요. 새로울 건 없습니다. 학위를 마치고 사회에 나가도 똑같을 거예요."(Torres et al., 2010, p. 13) 흑인들은 채용 면접에서도 미세공격을 경험했다. "'영어 구사 능력이 좋군요'라니. 당연한 거 아닙니까? 저는 학사학위 소지자인데요. 설마 중학교 졸업도 못 한 정도의 영어를 구사할 거라고 생각하는 겁니까?"(Sue, Capodilupo, & Holder, 2008, p. 333) 또 다른 연구에서는 라틴계 미국인도 비슷한 경험을 토로했다. "가장 묘하게 기분 나빴던 건 고등학생 때 급우들이 매일같이 저한테 하던 이 말입니다. '너는 전혀 멕시코인 같지 않아. 너무 똑똑하거든.'"(Rivera et al., 2010, p. 66) 캐나다 원주민 학생들에 관한 연구는 그들이 "원시적"이라거나 테크놀로지에 취약할 것이라는 가정을 경험한다는 사실을 보여주었다(Clark et al., 2014). 대학 환경을 다룬 다양한 연구에서 우리는 유색인이 명문대에 입학할 수 있었던 이유를 할당제나 적극적 우대조치 덕분이라고 보는 백인들의 시각을 볼 수 있었다.

너는 믿을 수 없다

"저 같은 흑인이 [백화점에] 가면, 그때마다 누군가 지켜보고, 뒤따라오고, 감시합니다. 내가 물건을 훔치거나 강도짓을 하러 왔다고 생각하는 거잖아요, 그렇죠?" 이른바 "흑인운전driving while Black" 현상—흑인이 운전을 한다는 이유로 이루어지는 이유 없는 검문 등 흑인 운전자에 대한 인종 프로파일링의 한 형태로, 음주운전driving while intoxicated에 빗댄 표현—은 "흑인은 신뢰할 수 없다"는 관념에 관련되어 있다. 이 현상은 흑인이 값비싼 고급 승용차를 운전할 때 특히 두드러진다. 그 저변에는 "네가 이 차를 살 만큼 돈을 벌었을 리 없다" 또는 "너는 분명히 뭔가 잘못된 행동, 즉 범법을 저질렀을 것이다"라는 가정이 깔려 있다. 뉴스에는 이와 관련된 사건이 수시로 보도된다. 필라델피아의 스타벅스 매장 관리자는 친구를 기다리는 흑인 손님을 쫓아내려고 경찰을 불렀고, 캘리포니아주 오클랜드의 한 공원에서 바비큐를 하던 흑인 가족을 보고 911에 전화한 백인 여성도 있었으며, 예일대학교에 다니는 한 학생은 기숙사 휴게실에서 낮잠을 자는 흑인 여성 대학원생을 경찰에 신고했다. 이와 같은 과잉 감시와 터무니없는 경찰 신고의 바탕에는 백인들이 흑인에 대해 갖는 비이성적인 두려움이 깔려 있으며, 이러한 사건에는 상대방을 범죄자 취급하는 미세공격이 연루될 때가 많다.

당신들은 다 똑같다

외모에 대한 "당신들은 다 비슷해 보인다"는 말에 미세공격의 핵심이 들어 있다. 이 말에는 (a) 개인차란 존재하지 않고, (b) 모든 아시아인이나 흑인, 트랜스젠더의 경험은 보편적이라는 공격적 가정이 들어 있기 때문이다. 그 결과 소외집단 구성원은 그 집단의 모든 구성원을 대표 또는 대변할 것으로 기대된다. 한 흑인 연구 참여자는 직장 상사가 흑인 이름의 발음을 확인하고 싶을 때마다 자기를 찾아와서 "'Darrell'이 '대럴'인 건 알겠는데, 'Malachi'나 'Aiysha'는 어떻게 읽는 거죠?"라는 식으로 물어보는 직장 상사 때문에 짜증이 난다고 했다. 또 다른 참여자도 비슷한 경험을 이야기했다. "동료 매니저가 저한테 와서 이렇게 묻더군요. '아프리카계 미국인과 흑인 중 뭐가 바람직한 표현인가요?' … 제가 흑인이라고 해서 모든 흑인이 뭐라고 불리기를 바라는지 알 거라고 생각하지 마세요." 또 다른 흑인도 이렇게 말했다. "[백인이] 이런 질문을 하는 건 저에 대해 궁금해서가 아니라 흑인에 관한 정보를 얻기 위해서입니다. … 하지만 저는 다른 흑인들이 어떻게 사는지 몰라요. 상대방이 제가 흑인이라는 이유만으로 훨씬 더 많은 정보를 갖고 있다고 생각할 걸 아니까, 제가 흑인 전체를 설명해야 할 것 같은 느낌이 들어서 난처합니다."(Sue, Capodilupo, & Holder, 2008, p. 333) 레즈비언, 게이, 양성애자에 관한 한 연구에서 참여자들은 자신들이 모두 똑같은 경험을 할 것이라는 가정이 흔하다고 말한다. 한 게이 남성은 이렇게 진술했다. "모두 성도착증 환자 취급하고, 게이는 다 인테리어 디자이너이거나 생계를 위해 머리카락을 팔 거라고 봅니다. 제가 일하는 곳에서도 창고에서 일하면 이성애자, 뷰티 매장에서 일하거나 계산원이면 게이라고들 생각하지요."(Nadal, Issa, et al., 2011, p. 246)

5단계―결과와 영향

미세공격은 피해자에게 어떤 결과를 가져올까? 앞선 단계들로부터 이 단계를 명확히 구분하기는 어렵다. 미세공격이 소외집단의 정신에 미치는 영향은 사건에 대한 평가와 반응이 이루어지는 전체 과정에서 나타나기 때문이다. 사실 사건 발생, 최초의 평가, 반응, 해석에 이르는 미세공격의 전 과정이 장·단기적 결과와 엮여 있다고 할수 있을 것이다. 그러나 결과 단계에서는 특히 미세공격이 그 희생자에게 미치는 심리적 영향을 구체적으로 설명하는 데 중점을 둔다. 또한 미세공격이 개인의 행동 패턴, 대처 전략, 인지적 추론, 심리적 안녕, 세계관에 장기적으로 어떤 영향을 미치는지를 더 포괄적으로 다룬다. 이 책의 초판 출간 후 많은 연구자들이 낮은 자존감(Nadal, Wong, Griffin, Davidoff, et al., 2014; Thai, Lyons, Lee, & Iwasaki, 2017), 불안과 우울(Liao, Weng, & West, 2016; Nadal, Griffin, Wong, Hamit, & Rasmus, 2014; Torres & Taknint, 2015), 자살 충동(Hollingsworth et al., 2017; O'Keefe et al., 2015)에 이르기까지 미세공격이 희생자의 안녕에 미치는 다양한 결과에 주목했다. 우리는 우리가 처음에 설정한 개념과 이러한 경험적 연구들을 종합하여 무력감, 비가시화, 강요된 순응 및 통합감 상실, 집단을 대표해야 한다는 압박을 미세공격이 초래하는 결과 중 가장 중요한 네 가지로 제시하고자 한다.

무력감

앞에서도 설명했듯이, 무력감은 인종, 성별, 성적지향 등과 관련하여 현실을 스스로 규정할 수 없다는 무능력함과 현실의 규정을 시도할 때 발생하는 진퇴양란의 딜레마에 의해 야기된다. 미세공격이 일어났을 때 피해자가 보이는 반응—공격자에게 대적하거나 화를 내거나 동기를 의심하는 것—은 가해자나 다른 사람들에 의해 과민하거나 화를 잘 내는 사람이라는 낙인의 대상이 된다. 상황에 대한 영향력이나 통제력을 행사할 수 없다는 생각은 무력감으로 이어진다. 스스로 운명을 결정할 수 없다는 데 대한 반복되는 무력과 무능의 경험은 통제위치locus of control를 외부화한다(D. W. Sue & Sue, 2008). 이는 "해봐도 소용이 없다", "내가 할 수 있는 일은 없다", "평지풍파를 일으키고 싶지 않다" 같은 말로 표현된다. 한 흑인 참여자의 다음 진술은 이 딜레마를 간결하게 보여준다. "모든 미세공격을 짚고 넘어가려고 하면 이런 말을 듣겠죠. '또 시작이네, 당신네들이란.' … 그러니 아무 말도 안하게 되는 겁니다. 그러다 보면 무감각해지는 거죠. 무감각해지지 않고 과민하게 굴면 그들은 이렇게 말할 겁니다. '여전하군.'" 또 다른 참여자는 이렇게 말했다. "자신의 상황이 다른 누군가의 렌즈에 비추어지는 대로 해석되는 것입니다. 그것은 저의 삶의 본질이 그날 그 순간에 어느 백인이 낀 렌즈를 통해 보이는 대로 규정되는 것이지요."(D. W. Sue, Capodilupo, & Holder, 2008, p. 334)

비가시화

비가시화는 다양한 형태를 띤다. 1장에서 우리는 여성의 성취와 특성이 간과되고 무시되며 단지 성적 대상으로 취급되는 사례를 확인했다. 그럴 때 여성은 스스로가 보이지 않는 존재가 되는 느낌을 받는다(Barthelemy et al., 2016도 참조하라). 강의실에서 여학생에게 남학생보다 발언의 기회가 적게 주어지면 여학생의 존재와 수업 참여도는 저평가되고 눈에 띄지 않게 될 것이다. 많은 유색인들이 비가시화 증후군invisibility syndrome을 잘 알고 있으며(Franklin, 1999, 2004) 이 현상에 대한 대응책을 강구한다. 한 연구 참여자는 남들의 눈에 띄고 주목을 받으려면 이렇게 해야 한다고 말했다. "그저 한 사람의 흑인으로 취급받는 겁니다. 투명인간 같다고나 할까요. 정말 깊은 인상을 주지 않는 한 백인들은 우리의 얼굴이나 다른 특징, 차이를 알아보지 못해요."(D. W. Sue, Capodilupo, & Holder, 2008, p. 334) 한 흑인 여성은 팀 내에서 가장 직급이 높았는데도 백인 남성 동료들 사이에서 투명인간이 된 느낌을 받았던 경험을 이렇게 회상했다. "보디랭귀지에서 느껴졌어요. 심지어 회의를 할 때에도 저와는 눈을 마주치지 않았으니까요. 두 백인 남성이 대화할 때는 서로 얼굴을 마주 보죠. 하지만 제가 얘기할 때는 다들 머리를 숙이고 뭔가를 끄적이는 겁니다."(Holder et al., 2015, p. 171)

강요된 순응 및 통합감 상실

신념과 욕망에 반하는 방식으로 사고하고 행동하도록 강요받으면 자신이 진실하거나 솔직하지 못하다는 느낌이 든다. 그러한 느낌은 유색인 연구 참여자들 사이에서 흔하게 보고되었으며, 그들은 매일 두 개의 다른 세상, 즉 백인들의 세계와 자신의 세계를 동시에 살고 있는 것 같다고 말했다. 그들은 이러한 이중생활 덕분에 백인들의 세계에서 생존하고, 일정한 역할을 수행하며, 심지어 풍요를 누리기까지 할 수 있었지만, 한편으로는 큰 희생이 따르는 일이었다. 변절자가 된 듯하고, 거짓 자아를 투사하고 있다거나, 자아에 진실하지 못하다는 느낌은 결국 불안감과 껍데기만 남은 느낌으로 이어졌다. 우리의 연구에 참여한 사람들은 자신의 행동을 묘사할 때 거의 모두 "강요된 순응forced compliance"이나 잠재적 통합감 상실을 나타냈다. 한 참여자는 이렇게 말했다. "발언하지 않은 저 자신에게 화가 났습니다. 제가 얼마나 겁쟁이였는지." 특히 한 흑인 여성은 "래핑 헤어스타일 사건" 때 직장 상사로부터 들은 말로 인해 강요된 순응과 통합감 상실을 느꼈다고 보고했다. "정확히 뭐라고 했는지를 다 기억하지는 못하지만 '터번을 두른 것 같군', 그런 식으로 말했던 것 같아요. 그가 부정적인 뜻으로 말한 것은 아니었지만 부정적인 뉘앙스가 느껴졌습니다. '내가 여기에 있으면 안 된다는 건가?'라는 생각이 들었죠. '왜 남들처럼 해야 하지? 특정 방식을 따라야 하는 게 사회의 존재 방식이겠지만, 그건 내가 싫어하는 방식인걸.'" 또 다른 흑인은 이렇게 표현했다. "직장에서 저는 늘 가면을 쓴 기분입니다. … 마음속에 있는 말을 입 밖으로 낼 수 없거나 누가 들어도 받아들일 만하게 말하기 위해 여러 렌즈로

걸러내야 합니다."(D. W. Sue, Capodilupo, & Holder, 2008, p. 334)

레즈비언, 게이, 양성애자, 트랜스젠더에 관한 연구 결과도 미세공격의 결과로 강요된 순응과 통합감 상실 현상이 나타난다는 점을 지지했다. 한 양성애자 여성은 "제가 저를 레즈비언이라고 말하게 된 건, 캠퍼스에서 남자와 데이트하는 걸 본 여자친구들이 저에게 양성애자와는 데이트하지 않을 거라고 말했을 때부터였습니다. 그 후로는 양성애자라고 말하지 않게 되었어요."(Bostwick & Hequembourg, 2014, p. 496) 이와 같이 미세공격의 피해자는 자신의 정체성 규정을 바꾸어야 할 압력에 맞서야 한다.

요컨대, 학교, 직장, 사교 모임에서 지배집단(백인, 이성애자, 남성, 시스젠더)의 기준에 순응하고 사회적 규범을 위반하거나 자신의 진짜 생각과 감정이 알려지는 데 대한 걱정과 두려움을 갖는다는 것은 종종 비겁해졌다거나 변절한 느낌, 자책감 등 극도의 정서적 혼란을 야기한다. 그리고 이러한 감정들은 통합감 상실에 직접적으로 관련되는 것으로 보인다.

집단을 대표해야 한다는 압박

유색인들이 공통으로 경험하는 일 중 하나는 자신이 속한 집단을 대표해야 한다는 심한 압박이다. 우리의 연구에 참여한 응답자들은 자신의 모든 실수와 실패, 결점이 자신이 속한 소수집단 전체의 문제로 돌려질 것을 강하게 의식하고 있었다. 예를 들어, 한 참여자는 직장에서 자신이 저지른 실수가 이후에 들어올 흑인 여성들에게 영향을 끼치는 데 대한 우려를 이렇게 표현했다. "제가 일을 망치면 모든 흑인 여성, 어쩌면 모든 흑인이 그 짐을 져야 할 거예요. … 그래서 압박감을 느낍니다." 일부 참여자는 자신이 소속된 집단에 관한 고정관념을 강화하지 않으려면 특정 방식으로 행동하거나 일을 처리해야 한다는 압박을 크게 느끼고 있었다. 다음과 같은 진술이 그러한 예다. "흑인 여성은 더 열심히 일해야 해요. 그들은 내가 일을 잘하지 못할 거라고 생각하니까요." 곧 다시 설명하겠지만, "고정관념 위협"이라고 불리는 이 현상은 유색인과 여성에게 치명적인 결과를 초래할 수 있다(Cadinu, Maass, Rosabianca, & Kiesner, 2005; Steele, 2003; Steele et al., 2002; Suárez-Orozco, Casanova, et al., 2015).

미세공격 프로세스 모형: 요약

결론적으로, 미세공격에 관한 초기 연구들(D. W. Sue, Capodilupo, & Holder, 2008; D. W. Sue, Lin, Torino, et al., 2009; D. W. Sue, Nadal, et al., 2008)은 미세공격의 영향 프로세스에서 일반적으로 나타나는 다섯 단계를 확인했다. 미세공격의 발생에서 결과에 이르는 이 다섯 단계를 논리적, 시계열적 순서에 따라 나열하면 사건 발생 → 최초의 판단 → 반응 → 해석 → 결과이다. 후속 연구들에서 이 미세공격 프로세스 모형을 뒷받침하는 증거들이 제시되었지만, 이 단계들이 늘 이 순서대로 나타나는 것은 아니라는 점에 유의해야 한다. 다른 말로 하면, 피해자의 진술에서도 사건의 지각과 해석보다 반응이 먼저 다루어질 수 있다. 우리는 그들이 경험한 실재를 있는 그대로 이야기하게 해주어야 하며, 이 단계들이 순서가 바뀌거나 오버랩되거나 반복되거나 더 복잡한 방식으로 상호작용할 수 있음을 인정해야 한다.

그러나 잠재적 미세공격이 일으키는 연쇄적 사건으로 인해 인지, 감정, 행동 영역에 균열이 일어나고 에너지가 고갈될 수 있다는 사실에는 변함이 없다(Lewis, Mendenhall, Harwood, & Huntt, 2013; Nadal, Davidoff, et al., 2014; Nadal, Hamit, Lyons, Weinberg, & Corman, 2013; Nadal, Issa, et al., 2011;

Purdie-Vaughns, Steele, Davis, Ditlmann, &, Crosby, 2008; Salvatore & Shelton, 2007; D. W. Sue, Lin, Torino, et al., 2009). 어떤 말이나 행동을 지각하는 단계에서 그것이 편향에 기인한 것인지를 판단하기 위해 질문("방금 내가 들은 말이 인종차별적인 의미였나?", "내가 동성애자라서인가?")을 던지고 그 답("그렇다", "그렇지 않다", "아마 그럴 것이다", "알 수 없다")을 얻는 과정은 단기적일 수도 있고 장기적일 수도 있다. 그 과정에는 상당한 정신적 에너지가 소요되며, 그 에너지의 양은 사건의 모호성, 피해자의 개인 특성, 미세공격의 형태, 가해자와 피해자의 관계, 권력의 차이 등 수많은 요인에 따라 달라진다. 미세공격으로 간주되는 사건은 인지, 감정, 행동의 세 영역에 영향을 끼치는 것으로 나타났다(Nadal, Davidoff, et al., 2014; Nadal et al., 2013; Nadal, Wong, et al., 2011; D. W. Sue, Lin, Torino, et al., 2009).

1. 인지 수준에서 다음과 같은 자문을 하게 된다. "그것이 미세공격이었나? 나는 어떻게 반응해야 하나? 그렇게 하면 어떻게 될까? 다른 사람들은 나를 지지할까 아니면 공격하거나 무시할까?"

2. 행동 수준에서 대부분의 인종 소수자와 성소수자들은 아무런 대응도 하지 않는 편을 택했다. 그 이유는 보복에 대한 두려움, 순간적으로 일어나는 미세공격의 특성, 적절한 대응 방법 판단의 어려움, 감정의 혼란으로 인한 정신적 마비 등 다양했다. 대응 행동을 취한 경우, 그 형태는 문제제기와 공격, 가해자 교육 시도, 강요된 순응, 공격자 구제 등 다양했다. 이 모두는 "전투를 취사선택하기 위한 평가" 과정을 전제로 한다(Lewis et al., 2013).

3. 미세공격은 피해자의 **감정**에 가장 큰 타격을 입히는 것으로 나타났다. 예를 들어, 수업 중에 인종차별 미세공격이 일어났을 때 유색인 학생들은 대개 (a) 자신의 통합감이 공격받은 데 대한 "격분 incensed", (b) 결과에 대한 두려움에 기인하는 "불안anxious", (b) 끝

없는 미세공격에 대처하는 데 대한 "지침exhausted"을 보고했다. 연구 참여자들은 빈번하게 "기진맥진해졌다", "사람들을 가르쳐 야 하는 입장에 놓이는 일이 끊임없이 생긴다"라고 호소했다. 이 책의 초판 발간 이후에 나온 여러 경험적 연구는 다양한 사회 정 체성 집단을 대상으로 미세공격과 정신 건강 및 안녕의 관련성을 입증했다(e.g., Hollingsworth et al., 2017; Kaufman, Baams, & Dubas, 2017; Kim et al., 2017; Liao, Weng, et al., 2016; Nadal, Griffin, et al., 2014; Nadal, Wong, Griffin, Davidoff, et al., 2014; O'Keefe et al., 2015; D. W. Sue, Lin, Torino, et al., 2009; Torres & Taknint, 2015).

이 책에서 제시한 미세공격 프로세스 모형은 피해자 개인과 집단 내면의 심리적 과정을 확인하기 위한 기술 모형descriptive model이다. D. W. 수(2010)가 모형을 제안한 후 이를 뒷받침하는 증거가 여러 연구에 서 도출되었다. 그럼에도 불구하고 이 모형이 모든 것을 설명하고 있 다고 할 수는 없으며, 향후의 연구가 다른 프로세스를 밝히고 각 단계 의 주제들을 선명하게 하는 데 도움을 줄 것으로 기대한다. 그러한 지 식은 적응 전략 및 피해자의 전략적 반응을 촉진하는 개입 방법을 도 출하여 그들을 피해로부터 보호하는 데 기여할 수 있을 것이다.

향후의 과제

역경을 통한 단련

우리는 이 장에서 미세공격의 발생에서 결과에 이르는 전 과정의 분 석과 그 과정에서 피해자가 치르게 되는 인지, 감정, 행동 측면의 대가를 확인했다. 이는 미세공격이 심리적, 사회적 스트레스 요인이 되어 심리적 안녕과 정신 건강을 해칠 수 있음을 시사한다. 향후의 연구에서 가장 중요하게 다루어져야 할 영역 중 하나는 유색인, 여성, 성소수자가 미세공격의 스트레스와 고통에서 벗어나는 데 쓰일 수 있는 생존 또는 적응 메커니즘을 확인하고, 또한 그러한 메커니즘을 적극적으로 고안하는 것이다. 그 시작으로서, 우리는 개인과 집단이 미세공격에 대응하는 전략에 대하여 이해를 높여왔다(Hernández & Villodas, 2019; Houshmand, Spanierman, & DeStefano, 2019; Lewis et al., 2013; Nadal et al., 2013; Sanchez, Adams, Arango, & Flannigan, 2018).

이후의 방향은 두 가지가 있을 것이다. 하나는 개인, 제도, 사회에서 미세공격 및 거대공격의 원인을 제거 또는 완화하는 것이고, 다른 하나는 피해자 집단 및 개인이 스스로를 효과적으로 보호할 수 있게 돕는 것이다. 전자는 우리의 문화 및 사회 시스템을 대대적으로 변화시키는 일이며 많은 시간과 노력이 드는 힘든 과업이다. 그러는 동안 소외집단의 피해는 계속될 것이다. 따라서 이 책에서는 후자의 방향에 주목한다. 5장은 소외집단 구성원들이 자신을 보호해 온 구체적인 전략들을 소개하고, 10장에서는 미세개입이라는 새로운 개념을 제시할 것이다.

이 논의에서 중요한 점은 미세공격의 유해성에 관한 일부 논의에서 나타나는 것처럼 유색인, 여성, 성소수자를 약하고 무기력하고 과민하고 힘없는 희생자로 보면 안 된다는 것이다(Thomas, 2008). 무엇보다 그것은 진실과 거리가 멀다. 피억압 집단에게 불리한 조건에서 생존하고 저항하며 번성하기 위해 개발해 온 강점과 자원이 있다는 점은 앞의 네 장에서도 드러났을 것이다(Hanna, Talley, & Guindon, 2000; D. W. Sue, 2003; Utsey , Giesbrecht, Hook, & Stanard, 2008; Yoo & Lee, 2008). D. W. 수(2003)가 포착한 몇 가지 특성은 다음과 같다.

1. 고도의 지각과 분별 능력. 소외집단 구성원들이 진실을 분별하고 현실을 파악하는 능력이 권력과 특권을 지닌 사람들보다 우수하다는 증거가 상당히 많다. 소외집단 구성원들은 백인, 남성, 이성애자, 시스젠더 문화가 지배하는 사회에서 편견과 편향에 휩싸여 살아간다. 정확한 인식이란 행간의 의미를 읽어내고 눈앞에 보이는 것 너머를 보며 억압자의 말과 행동 사이의 불일치를 알아보는 능력을 뜻한다. 예를 들어, 유색인은 백인들의 언행 이면의 동기, 태도, 비의도적 편향에 기인한 모순을 기민하게 분별해 내야 한다. 많은 경우에 백인들은 유색인의 이 능력을 감지하고 자신의 편향과 편견이 노출될까 봐 그들의 존재를 불편하게 여기게 된다. 본능과 지각에 크게 의존하는 피억압 집단에게 이러한 능력은 인간의 기능 중 가장 중요한 측면이다. 그러한 능력 덕분에 자신의 경험적 실재가 부정당하는 일을 방지할 수 있기 때문이다.

2. 비언어적 표현과 맥락의 정확한 포착. 아프리카계 미국인들 사이에서 널리 알려진 말이 있다. "백인들을 진정으로 이해하려면 그들이 무엇을 말하는지가 아니라 어떻게 말하는지를 들어라." 언어적 표현보다 비언어적 표현이 편향된 태도와 행동을 더 정확히 알려주는 지표라는 뜻이다. 여성이 남성보다, 유색인이 백인보다 비언어적 표현을 더 잘 해독한다고 알려져 있다. 커뮤니케이션 이론에 따르면 의사소통에서 언어가 차지하는 비중은 30~40%에 불과하며, 나머지는 비언어적·맥락적 단서에 의존한다. 그런데 비언어적 표현은 의식의 통제를 적게 받으므로 언어에 의해 전달되는 메시지보다 비언어로 전달되는 메시지가 더 정확하다. 따라서 비언어적 커뮤니케이션을 정확하게 읽어내고 "진실"을 판별하는 능력은 가해자가 따라올 수 없는 피해자의 강점이 될 수

있다.

3. 이중문화에서 발현된 유연성. 유색인, 여성, 성소수자는 언제나 지배집단의 문화적 가치, 신념, 기준에 노출되어 거기에 순응해야 한다는 압박에 대처하며 살아가야 한다. 소외집단 구성원들은 순응하라는 강요, 적응하고 동화해야 한다는 압력에 대처하는 가운데 자아 통합감을 지키기 위해 이중문화적 유연성bicultural flexibility을 발달시킨다. 동시에 여러 문화, 즉 다문화를 살아가는 사람들인 셈이다. 이와 같은 이중문화 또는 다문화적 자질의 주요 이점 중 하나는 여러 세계관을 인식하고 타인의 관점을 더 쉽게 이해할 수 있다는 점이다. 그에 반해 권력을 지닌 사람들은 소수자의 문화를 알거나 경험할 일이 거의 없으므로 단일문화적인 사고방식에 갇히기 쉽다.

4. 강한 집단 정체감 및 집단의식. 우리는 미세공격에 관한 연구를 통해 소외집단 구성원들이 확고한 집단 정체성을 느끼고 자신의 경험을 정당화, 검증하며 타인의 무시를 극복하기 위한 건전한 대처 메커니즘을 공유하기 위해 서로에게 강하게 의존한다는 것을 확인했다. 그들은 자신이 속한 집단, 가족과 공동체, 기타 사회연결망에 의존하면서 억압하는 환경을 극복할 수 있다. 소외집단은 (사회정치적 의미에서의) "민족의식" 등 집단의식을 가리키는 용어로서 공통의 억압 경험과 생존이 서로에게 달려 있다는 교훈을 통해 형성된 집단 정체감sense of group identity을 나타낼 때가 많다. 집단주의 문화의 문화적 가치 또한 편견과 차별을 극복하고 척박한 환경에서 성공적인 삶을 살아낼 수 있는 힘을 키우는 데 중요한 것으로 보인다. 인종이나 민족에 대한 자부심은 소수집단 구성원들이 인종차별에 대항하는 면역력을 기르는 데 도움이 된다.

차이를 일탈이나 병리적 현상과 동일시하는 억압적인 사회에 맞서 끊임없이 싸워야 하는 유색인, 여성, 성소수자가 건강한 문화적 정체성과 자아존중감을 키우기란 힘든 일이다. 곧 살펴보겠지만, 사회적 지지는 인종차별, 성차별, 젠더리즘, 이성애주의에 맞서 싸우고 상황을 개선하는 데 있어서 강력한 무기가 된다. 사회적 지지는 소속감, 집단주의 문화 가치, 대가족 제도, 공동체, 집단 자원을 통해 피억압 집단을 적대적 사회로부터 보호하고 그들의 세계관과 생활양식을 긍정할 수 있도록 문화적 자양분을 제공하는 것으로 보인다.

5장

미세공격 스트레스:
몸과 마음에 충격을 주다

사례 5.1

라틴계인 나는 "풍부한" 어휘력이나 정확한 문법이 드러나는 영어를 구사한다는 이유로 "백인처럼 말한다"는 말을 수도 없이 들었습니다. "다른 라틴계와 다르다"는 말이 뒤따를 때도 많았고요. 그럴 때면 화가 나고 슬프고 의기소침해졌어요. 내가 좌절감에 빠져 엄마에게 그 이야기를 하면 엄마는 그들의 말이 얼마나 잘못된 것인지 설명해 주었고, 학식이 높은 유색인들의 예를 들며 백인들만 똑똑하란 법은 절대 없다고 했습니다. —텀블러 미세공격 프로젝트Tumblr Microaggressions Project의 익명 게시물

사례 5.2

너무 피곤해요. 기진맥진해집니다. 사람들이 믿어주지 않으니까요.

일어나는 순간부터, 현관문을 나서면서 매일 똑같은 일이 반복되죠. 버스가 만원이라도 제 옆자리엔 아무도 앉지 않아요. … 좋다면 좋은 일이죠. 널찍하게 앉을 수 있고 아무도 바짝 다가오지 않으니까요. 가게에 가면 늘 마지막 순서로 밀려납니다. … 점원이 저를 응대할 때는 억지웃음을 짓는다는 걸 알 수 있어요. 그저 저를 빨리 내보내고 싶어 하죠. … 수표를 현금으로 바꾸려면 신분증을 두 개 이상 보여줘야 하고, TV를 켤 때마다 저처럼 생긴 사람이 수갑을 차고 구속되는 장면을 보아야 한다고 생각해 보세요. 때로는 그 사람이 저인 것처럼 느껴집니다! 저는 이 사회의 역병 같은 존재인 겁니다! 참으려고 하지만 그게 잘 안 될 때도 있어요. 설명해 봤자 소용이 없습니다. 그들은 들으려고 하지 않거든요. 오히려 이런 말이나 들어야 하죠. "왜 그렇게 과민해?" 제길 … 그럼 그냥 가버립니다. 설명해 봐야 입만 아플 게 뻔하니까요. —아프리카계 미국인 남성

노골적이고 명시적인 형태의 차별(인종차별, 성차별, 이성애주의)이 정신적·신체적 건강, 삶의 질, 자아존중감, 정체성에 악영향을 미친다는 것은 여러 연구에서 입증되었으며, 그러한 연구는 우리 사회의 거의 모든 소외집단을 다루었다(Baker & Fishbein, 1998; Barret & Logan, 2002; Barry & Grilo, 2003; Brondolo, Rieppi, Kelly, & Gerin, 2003; Cadinu, Maass, Rosabianca, & Kiesner, 2005; Fredrickson & Roberts, 1997; Hamelsky & Lipton, 2006; Herek, Gillis, & Cogan, 2009; Lee & Ahn, 2011; Meyer, 2003; Paradies et al., 2015; Pascoe & Richman, 2009; Pieterse, Todd, Neville, & Carter, 2012). 예를 들어, 증오범죄나 미세폭력의 형태로 이루어지는 공공연한 고의적 인종차별은 그로 인해 상대방이 피해(조롱거리가 되거나 서비스를 거부당하는 것에서부터 신체적 폭행, 극단적으로는 살인에 이르기까지)를 입는다는 데 의문의 여지가 없다. 그 영향이 즉각적이고 가시적이기 때문이다. 그러나 미

세공격 형태가 무엇이든 그 영향은 일반적으로 미묘하며 즉각적으로 눈에 보이지 않고, 영향이 뒤늦게 나타나거나 명확하지 않거나 피해자의 내면에서 일어나는 등의 이유로 알아차리기 어려울 때도 많다.

미세모욕과 미세부정은 이중 메시지에 의한 진퇴양란의 상황을 만들 때가 많다(D. W. Sue, Capodilupo, et al., 2007). 이 유형의 갈등과 스트레스는 선의의 가해자와 방관자가 볼 수 있는 범위 바깥에서 일어난다. 명시적 메시지와 암묵적 메시지(숨은 의미) 사이의 내적 충돌은 극도의 스트레스 상황을 야기한다. (a) 겉으로 드러나는 메시지와 경험적 실재 사이에 혼란이 일어나고 (b) 가해자가 진정한 친구나 동지가 아니었음을 뜻하며 (c) 가해자와 개인적, 사회적, 업무상으로 맺는 관계를 변화시키며 (d) 언제 억압을 수용하고 언제 저항해야 할지, 저항해야 한다면 어디서 어떻게 해야 할지를 알아내야 하는 난처한 입장에 피해자를 놓이게 하기 때문이다(Pierce, 1988; D. W. Sue, Lin, Torino, et al., 2009).

미세공격은 심리학에서 말하는 스트레스 요인—대상에게 심리적, 신체적 부담을 주는 외부의 사건이나 상황—에 해당한다(King, 2005; Lazarus & Folkman, 1984; Utsey, Giesbrecht, Hook, & Stanard, 2008). 유색인, 여성, 성소수자는 누구나 경험하는 정상적인 생활 스트레스 요인에 더하여 인종, 성별, 성적지향에 관련된 스트레스를 경험한다. 게다가 증오범죄나 고의적 성희롱에 의해 신체 안전을 위협받고, 미세모욕, 미세부정에 의해 자아존중감, 신념 체계, 인종·성별·성적지향 정체성을 공격받는다(D. W. Sue & Capodilupo, 2008; Thai, Lyons, Lee, & Iwasaki, 2017). 사례 5.1 및 5.2의 라틴계 및 아프리카계 미국인이 지속적으로 심각한 스트레스를 받고 있다는 데 의문을 제기할 사람은 거의 없을 것이다. 라틴계 소녀가 분노와 슬픔, 낙담을 느낀 것은 자신이 라틴계 여성의 예외로 보인다는 점이었다. 다행히 그녀는 엄마에게 자신의 경험적 실재가 틀린 것이 아님을 확인받고 절실히 필요했던 지지를 받을 수 있었다. 두 번째 사례의 아프리카계 남성은 미세공격에 지속적으로 노출되면서 자신이 할 수 있는 일이 아무것도 없다는 무력감을 느끼고, 인종 문제에 대한 분노를 억누르며, 자신을 향한 끊임없는 인종차별적 가정에 지친다.

생물학적 스트레스 요인: 미세공격 피해를 이해하기 위한 로드맵

일찍이 한스 셀리에Hans Selye(1956, 1982)가 바이러스, 박테리아, 독성 물질 침입 등 생물학적 스트레스 요인에 대한 신체 반응을 설명하기 위해 개발한 일반적응증후군general adaptation syndrome(GAS) 모형은 미세공격의 영향을 이해하는 데에 여러모로 좋은 모델이 될 것으로 보인다. 셀리에는 경보alarm, 저항resistance, 소진exhaustion의 세 단계를 확인했다.

1. 경보 단계는 생물학적 침입이나 공격이 일어났을 때 신체의 방어 무기를 호출하는 단계를 말한다. 이 단계에서는 빠른 심장 박동, 근육 긴장도 감소, 체온 및 혈압 저하 등의 생리적 반응이 일어난다. 부신에서는 박테리아나 바이러스 같은 침입자를 물리치기 위해 코르티코이드 호르몬 분비가 급격히 늘어난다. 이 모든 신체 반응은 침입자의 존재를 경고하는 신호다(Underwood, 2005). 미세공격이 발생했을 때 그 대상이 된 사람은 생물학적 경보 단계에서처럼 심리적 경계 태세를 취하고 통합감이나 정체성이 공격받고 있는지 판단해 볼 것이다(Hall & Fields, 2015). 사건의 모호성 때문에 혼란스럽더라도 공격적 커뮤니케이션에 관한 경보 신호는

해독할 수 있을 것이다(Hall & Fields, 2015; Smith, Mustaffa, Jones, Curry, & Allen, 2016).

2. 생물학적 스트레스 요인에 지속적으로 노출되면, 적응 또는 저항 단계가 뒤따른다. 이 단계에서 신체는 질병과 부상을 막거나 없애거나 혹은 그것과 공존하는 데 필요한 자원을 동원하며, 생물학적 반응으로서 발열, 인후통, 감염 조직의 부종 같은 증상이 일어난다. 질병이 퇴치되지 않아서 저항이 장기화되면 면역체계가 약화되어 다른 감염이나 질병에 취약해질 수 있다(Ho et al., 1995). 중요한 것은 질병의 증상이 사라지거나 감지되지 않지만 생물학적 전투는 수 년에 걸쳐 조용히 계속될 수 있다는 점이다. 이 장 처음에 제시한 라틴계 미국인 여성과 아프리카계 미국인 남성 사례에서 나타난 분노, 불안, 죄책감, 우울감 등이 심리학적 프로세스에서 이 단계에 해당하는 반응이다. 소외집단 구성원이 미세공격을 삶의 현실로 받아들이는 쪽을 택할 수도 있다. 그 경우 정신적 피해가 즉시 나타나지 않겠지만 장기적으로는 자아존중감이 낮아질 것이다. 미세공격과의 내적 투쟁은 오랜 시간에 걸쳐 서서히 자아 통합감을 곪게 만들거나 갉아먹을 수 있다. 많은 경우에 그 투쟁은 평생 이어진다.

3. 신체의 방어력은 유한하므로 스트레스가 지속되면 소진 단계에 이를 수밖에 없으며 그 최후의 증상은 생물 유기체의 죽음이다. 소진 단계에서는 저항 단계에서 일어난 증상이 변화하고 악화되면서 신체가 약해지고 기능이 정지되기 시작한다(Segerstrom & Miller, 2004). 신체 활동 감소와 더불어, 스트레스에 대한 적응과 저항의 결과로 우울증, 삶의 욕구 저하, 인지 기능 협소화 및 각성도 저하, 대인관계 기피 등의 심리적 증상이 나타난다. 만성적 미세공격도 이와 유사하게 피해자를 지치게 만드는 것으로 드러났다.

소외집단 구성원들은 에너지가 고갈되고 기진맥진해지는 느낌을 자주 보고했다(Nadal, Davidoff, Davis, & Wong, 2014). 이러한 현상은 수학 능력, 업무 수행 능력, 개인적·사회적 책임 수행 능력 저하로 이어질 수 있다(Barthelemy, McCormick, & Henderson, 2016; Gartner & Sterzing, 2016; Holder, Jackson, & Ponterotto, 2015; Woodford, Chonody, Kulick, Brennan, & Renn, 2015).

GAS 모형은 신체가 생물학적 스트레스 요인을 어떻게 처리하는지를 설명하기 위해 개발되었지만 심리적·사회적 스트레스 요인이 낳는 결과도 이 모형에 따라 설명할 수 있다. 스트레스는 질병에 대한 취약성을 높이고 질병의 경과에도 영향을 줄 수 있다(Keltner & Dowben, 2007; Underwood, 2005). 예를 들어, 최근에 사별한 여성은 결혼 상태에 있는 여성보다 3배에서 12배 높은 사망률을 나타내고, 미국 세무사의 심장마비는 세금 신고 마감일인 4월 15일을 전후하여 더 많이 일어나며, 소음이 심한 공항 인근 지역 주민은 만성 통증과 고혈압을 더 많이 호소한다. 항공 교통 관제사 중 고혈압 환자 비율은 인구 평균의 네 배에 이른다(Luoma, Martin, & Pearson, 2002; Wilding, 1984). 학자들은 스트레스와 우울증이 염증을 매개로 연관된다는 사실도 밝힌 바 있다(Slavich & Irwin, 2014).

심리적·사회적 스트레스 요인

데 라 푸엔테De La Fuente(1990)는 생물학적 스트레스에 대한 신체 반응을 설명하는 GAS 모형에서처럼 심리적·사회적 스트레스 요인도 인지, 감정, 행동 구성에 그와 유사한 내적 프로세스를 일으킨다고 제안

했다. 데 라 푸엔테는 지진 피해자를 집중적으로 연구하여 이 모형을
개발했으며, 지진뿐 아니라 다른 여러 스트레스 사건에 대한 심리 반
응을 설명하는 데 이 모형을 적용할 수 있다고 생각했다. 간단히 말하
자면, 그의 위기 대상부전 모형crisis decompensation model(CDM)도 세 단
계로 구성된다. 충격impact, 해결책 모색attempted resolution, 조정 기능의
대상부전decompensated adjustment이 그 세 단계다.

첫 번째 단계는 어떤 위기나 기타 스트레스 요인의 **충격**으로 혼란과
방향 감각 상실이 일어나는 단계다. 데 라 푸엔테(1990)의 지진 피해자
인터뷰에서 그들 중 다수는 어리둥절했으며 무슨 일이 일어났는지 혹
은 일어나고 있는지, 왜 그런 일이 일어났는지 이해하기 힘들었다고
말했다. 공통으로 나타나는 감정 반응으로는 불안, 죄책감, 분노, 해리,
우울감 등이 있었다. CDM은 우리가 논의하고 있는 미세공격 프로세
스에도 적용 가능하다. 즉, 미세공격의 발생 초기에도 피해자에게 유
사한 영향(혼란과 방향 감각 상실)을 끼치는 것으로 보인다. **해결책 모색**
이라는 두 번째 단계를 이끄는 것은 바로 이러한 첫 번째 단계의 불
안정이다. 해결책 모색 단계에서 피해자는 상황에 대처하기 위해 자
신이 가진 모든 자원을 동원한다. 대처 전략과 가용한 자원이 이 단계
의 성과를 좌우할 때가 많다. 연구에 따르면 성공적인 해결을 위한 결
정적인 요소로 자신에게 중요한 타인으로부터의 사회적 지원을 들 수
있다. 데 라 푸엔테도 성공적인 위기 대처가 위기 이전 수준의 기능을
회복하거나 성장 조정 단계growth adjustment phase에 이르게 할 수 있다
고 주장했다. 우리가 4장에서 살펴본 것처럼, 여러 소외집단 구성원들
도 특정 전략이나 내부 자원을 활용하여 **자신의** 내적 갈등을 해소하
려고 시도한다. 스트레스에 대한 대처가 효과적이지 않으면 **조정 기능**
의 대상부전 단계에 이르게 된다. 이 단계는 회피, 우울, 죄책감, 냉담,
불안, 분노, 다양한 신체 증상으로 나타난다. 미세공격에 대한 대처가

성공적이지 못하거나 그 수단이 효과적이지 않을 때도 이와 유사하게 안녕감, 생리적 반응, 심리적 문제가 나타날 수 있다(Nadal, Griffin, Wong, Davidoff, & Davis, 2017).

스트레스와 스트레스 대처에 관한 GAS와 CDM 모형은 4장에서 설명한 미세공격의 5단계 프로세스 모형과 유사해 보이지만, 셀리에나데 라 푸엔테가 주목한 것은 스트레스 요인 중에서도 일상적인 경험보다는 극단적인 심리적 외상이나 신체적 외상(자연재해, 강도, 살인, 자동차 사고, 테러, 비행기 추락 등)이었다. 실제로 급성 스트레스 장애acute stress disorder(ASD)와 외상 후 스트레스 장애posttraumatic stress disorder(PTSD)는《정신질환의 진단 및 통계 편람Diagnostic and Statistical Manual of Mental Disorders(DSM)》제5판(American Psychiatric Association, 2013)에 사망 목격, 사망 위협, 심각한 부상 또는 부상 위협, 성폭력 또는 성폭력 위협 등 특정 기준을 충족해야 하는 것으로 명시되어 있다. 폭력, 증오범죄, 강간 등 극단적인 형태의 인종차별, 성차별, 동성애혐오는 분명 이 기준을 충족한다. 여성은 남성보다 폭력적인 대인관계 상황에 노출되는 일이 더 많으므로 스트레스 장애를 겪을 확률이 더 높고(Cortina & Kubiak, 2006; National Institute of Mental Health, 2007), 강간이 극심한 심리적 외상을 초래하는 것도 분명하다. 예를 들어, 한 연구에 따르면 성폭행 피해자의 74%가 폭행 직후 급성 스트레스 장애 기준을 충족했고, 3개월 후 35%가 외상 후 스트레스 장애 기준을 충족했다(Valentiner, Foa, Riggs, & Gershuny, 1996).

그렇다면 미세공격의 경우에는 유색인들이 별것 아닌 일에 호들갑을 떤다거나 소수자는 사소한 일을 크게 만들지 말고 그냥 넘어가야 한다는 주장이 옳은 것일까(Schacht, 2008; Thomas, 2008)? 성적 대상화와 강간이 주는 충격은 비교할 수 없지 않은가? 이 책의 초판 출간 이후 여러 연구자들이 이 질문들에 답하고자 했다. 또한 미세공격이 건강에 미치는 다양한 영향의 완화 요인도 확인했다. 우리는 이 장에서 그러한 연구 성과의 일부를 소개할 것이다.

미세공격과 일상적 거슬림

4장에서 우리는 소외집단 구성원이 미세공격을 인식, 해석하고 그에 대해 반응하는 5단계 프로세스(사건 발생 → 최초의 판단 → 반응 → 해석 → 결과)를 개괄했다. 우리는 이 모형에서 미세공격을 스트레스 요인으로 보았다. 즉, GAS, CDM 모형에서와 유사한 스트레스 대처 방식이 미세공격에도 적용되며, 이러한 공격을 효과적인 대처나 외부의 개입으로 완화하지 못하면 중대한 피해가 야기될 수 있다. 스트레스 요인 모형과 미세공격 프로세스 모형 사이에는 여러 유사점이 있지만, 어떤 이들은 미세공격을 강간, 신체적 폭행, 자연재해(지진, 화산 폭발, 허리케인 등) 경험에서 비롯되는 외상에 비교할 수 없으며 스트레스 모형으로 미세공격을 설명하려는 것이 잘못된 유추라고 주장한다. 우리는 일상적 거슬림daily hassle에 관한 연구를 검토하고 두 개의 스트레스 모형을 상술하며 사회적 억압이라는 거시 맥락 안에서 스트레스를 살펴봄으로써 그러한 주장을 반박하고자 한다. 이러한 작업은 미세공격이 피해자의 신체와 정신 건강에 미치는 영향을 입증하는 강력한 근거가 될 것이다.

일상적 거슬림의 영향

증오범죄나 강간과 비교하면 미세공격은 피해가 미미하거나 때로는 무해해 보일 수도 있는 것이 사실이지만, 스트레스 요인이 중대한 위기여야만 피해가 일어나는 것이 아니라는 점은 여러 연구에서 밝혀진 바 있다(Astin, Ogland-Hand, Foy, & Coleman, 1995; Holmes & Holmes, 1970;

Rahe, 1994; Scott & Stradling, 1994). 직장이나 결혼생활에서 일어나는 문제, 이민 후 적응처럼 부차적인 외상과 관련되는 스트레스 요인도 큰 부담을 발생시킨다. 사실 새로운 동네로 이사하는 일, 막히는 길에서 운전하기, 중요한 사람과의 헤어짐, 직장을 옮기는 것 등 겉보기에 작고 일상적인 사건들도 스트레스를 유발하고 신체와 정신 건강에 영향을 미칠 수 있다. 심지어 평소와 다른 침대에서 잔다거나 식단을 제한한다거나 집에 손님이 오는 것처럼 일상의 작은 변화도 스트레스를 유발할 수 있다(Crandall, Preisler, & Aussprung, 1992). 표 5.1은 대학생을 대상으로 스트레스 요인별 심각도와 빈도를 조사한 결과의 일부다. 시험을 치르거나 전공을 결정하는 것, 지루한 수업을 듣는 일도 스트레스를 일으키는 요인이었다. 일상 속 아주 작은 거슬림조차도 스트레스를 유발한다면, 미세공격도 분명 스트레스 요인이라고 볼 수 있을 것이다(Spangenberg & Pieterse, 1995).

표 5.1 학부생의 스트레스 요인별 순위

상황	심각도	빈도
가족이나 친구의 죽음	3.97	1.89
많은 시험	3.62	4.39
기말 시험 기간	3.62	3.64
인간관계 끊기	3.45	2.21
도난을 당함	3.41	1.96
룸메이트와의 갈등	3.10	2.68
금전적 어려움	3.07	3.36
친구와의 다툼	2.97	2.43
전공 결정	2.79	3.25
지루한 수업 듣기	1.66	4.07

출처 Crandall et al., (1992). 출판사의 허락하에 재구성.
주 심각도는 "전혀 심각하지 않다"에서 "매우 심각하다"까지 4점 척도, 빈도는 얼마나 자주 스트레스를 받는지를 "전혀 없다"에서 "늘 그렇다"까지 5점 척도로 측정했다.

최근의 연구에서는 일상적인 스트레스 요인이 주요 외상 사건의 심리적 고통 유발 메커니즘으로 기능한다는 것이 밝혀졌다. 일례로, 시에라리온 내전을 겪은 청소년들을 대상으로 이루어진 2014년의 한 연구에서 연구자들은 전쟁을 겪은 경험이 일상적 스트레스를 매개로 심리적 고통과 연결됨을 밝혔다. 즉, 전쟁 경험은 직접 우울증 같은 결과를 낳는 것이 아니라 대인관계 갈등이나 먹거리 부족 같은 일상적 스트레스 요인을 통해 간접적으로 영향을 미치는 것으로 나타났다(Newnham, Pearson, Stein, & Betancourt, 2015).

삶의 변화 모형

1960년대 후반에서 1970년대 초 사이에 스트레스에 관한 또 다른 흥미로운 상관관계들이 발견되었다. 이 시기의 연구자들은 스트레스를 일으키는 요인으로 작은 거슬림들에 더해 삶의 변화와 누적된 충격이라는 두 요인이 중요하게 고려되어야 함을 밝혔다(Holmes & Holmes, 1970; Holmes & Rahe, 1967). 그들의 선구자적 연구는 정식으로 **삶의 변화 모형**life-change model이 되었다. 이 스트레스 설명 모형은 크든 작든, 바람직하든 그렇지 않든, 모든 변화가 스트레스 요인으로 작용할 수 있다고 가정한다. 또한 작은 변화라 할지라도 그런 변화들이 누적되면 한 번의 중대한 사건에 상응하는 심각한 스트레스를 유발할 수 있다(de Jong, Timmerman, & Emmelkamp, 1996; Holmes & Holmes, 1970; Rahe, 1994).

연구자들은 우리가 살면서 경험할 수 있는 사건들에 잠재적 스트레스 값을 매기는 사회재적응평가척도Social Readjustment Rating Scale(SRRS)라는 도구도 개발했다. 이 척도에서는 주어진 기간 동안 개인이 경험한 주요 사건 및 일상적 거슬림의 횟수와 각각에 부여된 점수로 삶 변화량life change unit(LCU)을 계산한다. 예를 들어, 감염, 알레르기, 골절/

근육 부상, 심인성 질환 같은 건강 문제의 93%는 전년도의 LCU 값이 150 이상(경증 위기 또는 스트레스 상태)이었던 환자에게서 발생했다. 누적 LCU 점수가 높은 사람일수록 질병에 걸리는 비율과 질병의 중증도가 높은 것으로 나타났다. 이러한 발견은 우리의 스트레스 심각도 개념을 변화시켰다. 즉, 삶의 작은 변화와 일상적 거슬림 자체만으로는 심각한 스트레스 요인이 되지 못하지만 여러 사건의 충격이 누적되면 위기 상태로까지 이어질 수 있다. 소외집단 구성원들에게 인종, 성별, 성적지향 관련 미세공격은 평생 지속되는 경험이므로 결코 사소하지 않으며, 유색인, 여성, 성소수자에게 극심한 피해를 줄 수 있다는 뜻이다.

상호작용 모형

GAS, CDM 및 삶의 변화 모형은 스트레스 유발 사건이나 생활 변화에 대해 개인이 어떻게 의미를 두고 해석하는지 거의 주목하지 않는다. 그러나 앞의 장들에서 보았듯이 미세공격이 일어나면 거의 예외 없이 엄밀한 검토와 평가 과정이 뒤따르고 그에 따라 반응과 결과가 조절된다. 스트레스 요인을 우리가 어떻게 생각하고 해석하는지, 거슬림을 어떻게 느끼는지, 그것을 피하기 위해 어떠한 행동을 취하는지에 따라 스트레스 요인의 영향은 강화될 수도, 약화될 수도 있다 (Levenstein et al., 1993). 리처드 라자러스Richard Lazarus는 고전이 된 그의 저서《심리적 스트레스와 대처 프로세스Psychological Stress and the Coping Process》(1966)에서 스트레스가 개인이나 상황 어느 한쪽이 아닌 둘 간의 상호작용에 의해 설명되어야 한다는 생각에 입각하여 스트레스의 상호작용 모델transactional model of stress을 제안했다.

예를 들어, 잠재적인 인종차별 미세공격 사건이 발생했을 때 당사자가 그것을 어떻게 인식했는지, 그 사람에게 어떤 적응 자원이 있는지,

얼마나 강한 인종 정체성을 지녔는지, 가족이나 사회의 지지가 존재하는지, 어떤 행동을 취하기로 하는지 등이 그 사건의 의미와 영향을 조절하거나 중재할 수 있다(Hernández & Villodas, 2019; King, 2005; Liang, Alvarez, Juang, & Liang, 2007; Liao, Weng, & West, 2016; Sanchez, Adams, Arango, & Flannigan, 2018; Torres & Ong, 2010; Utsey et al., 2008; Yoo & Lee, 2008). 4장에서 미세공격에 대한 반응 중 하나로 "공격자의 구제"가 있었던 것을 기억할 것이다. 대부분의 아프리카계 미국인은 엘리베이터에서 마주친 백인 여성이 이유 없이 자신에 대한 두려움을 표출할 때 불쾌하거나 화가 날 것이다. 그러나 우리가 본 사례의 남성은 그 여성의 비언어적 표현(그를 보자마자 지갑을 움켜쥔 행동)이 정확히 미세공격(상대방을 범죄자 취급하는 일)에 해당한다고 인식했음에도 불구하고 오히려 그 여성을 편안하게 해주려는 행동을 했다. "그 여자 잘못이 아니라 백인의 문화적 조건화가 문제"라고 생각했기 때문이었다. 따라서 여느 흑인이라면 스트레스로 받아들였을 이 사건을 이 흑인 청년은 그렇게 느끼지 않은 것으로 보인다. 그의 세계관, 경험, 내면의 자원이 그로 하여금 화를 내거나 불쾌감을 느끼는 대신 자신에게 해로운 영향을 최소화하는 방향으로 상황을 해석하고 대처할 수 있게 한 것이다(Brittian, Toomey, Gonzales, & Dumka, 2013; Sellers & Sheldon, 2003; Wei, Ku, Russell, Mallinckrodt, & Liao, 2008). 이에 관한 연구가 이루어진다면 이러한 종류의 대처가 장·단기적으로 효과적인지 밝힐 수 있을 것이다.

억압의 거대 맥락 속에서 스트레스 다루기

스트레스의 상호작용 모형은 사람들이 주체적으로 평가하지 않고 단순히 스트레스 요인에 반응하기만 하는 수동적인 존재가 아니라는 점을 충분히 고려했지만(Lazarus, 1966; Lazarus & Folkman, 1984), 자율성과 개인 주체만 강조하고(Lewis, Mendenhall, Harwood, & Huntt, 2013) 문화 감수성과 현실 적합성이 부족하며(Carter, 2007; Slavin, Rainer, McCreary, & Gowda, 1991) 더 넓은 사회 구조적 억압의 맥락을 무시한다는 비판을 받아왔다. 상호작용 모형이 스트레스 대처 과정을 정확하게 설명하는 측면도 많지만, 소외집단에게 집단별로 특수하게 나타나는 인종/문화, 성별, 성적지향 관련 스트레스는 다루지 못했다. 또한 이 모형은 소외집단을 둘러싼 사회정치적 맥락을 간과했다. 유럽계 백인 미국인의 관점에 토대를 둔 모형인 까닭에 소외집단의 실제 경험, 그들이 경험하는 억압, "사소해 보이는 모욕"이 역사적, 지속적인 부당함에 대한 강력한 기억을 상징한다는 사실을 이해하지도, 공감하지도 못하는 것이다(Duran, 2006; Feagin, 2006; Feagin & McKinney, 2003; Hartmann & Gone, 2014). 스트레스 대처 모형과 모형을 지탱하는 관점은 인종차별 관련 외상으로 인한 스트레스를 충분히 인식하고 이해하지 못한다. 다음 인용문이 바로 그 본질을 꿰뚫는다.

나는 백인들이 대체로 아프리카계 미국인을 향한 인종차별 행위의 의미를 완전히 이해하지 못한다고 생각한다. 그들은 차별이나 폭력 행위 각각을 "단독" 사건으로 보는 것 같다. 그래서 그런 사건이 일어났을 때 흑인들이 보이는 강한 반응을 이해할 수 없는 것이다. … 그들은 우리가 고의든 아니든 미국 사회에서 우리의 "위치"를 상기시키는 매일매일의 크고 작은 사건들로 인해 소리 없는 절망의 삶을 산다는 것을 생각하지 못할 때가 많다. 백인들은 그러한 자극을 둘러싼 개인적 맥락을 무시한다. 즉, 부정적인 행위가 개인에게 미칠 수 있는 장기적 영향을 부정한다. 백인들에게 "검둥이"라는 말은 잘못된 표현이기는 해도 그저 무시하면 되는 정도의 욕설일지 모른다. 그러나 대부분의 흑인에게 그 용어는 살인, 강간, 고문, 헌법적 권리 침해, 제한된 기회 구조, 경제적 문제, 불평등한 사법적 정의, 삶 속에서 매일 일어나는 온갖 종류의 인종차별 행위를 눈앞에 선명하게 가져다 놓는다. (Feagin & Sykes, 1994, pp. 23-24)

이 인용문에서 말하는 바는 아메리카 원주민 연구자들이 "역사적 외상historical trauma"(Brave Heart, 1993), 혹은 "영혼의 상처soul wound"(Duran, 2006)라고 부르는 것과 일맥상통한다. 미세공격은 억압과 불의의 더 넓은 사회정치적 맥락에 연결되어 있으며, 영혼에 남은 역사적 외상은 자신이 속한 집단이 겪은 차별과 편견의 역사를 알고 있는 사람들에게 세대를 초월하여 이어져 내려온다(D. W. Sue, 2003). 사소해 보이는 경멸과 상처, 무시, 모욕, 수모 하나하나가 소외집단 구성원의 상처에 소금을 뿌리는 일인 것이다. 아메리카 원주민에게 매일의 삶은 부당한 토지 수탈, 보호구역으로의 강제이주, 물리적·문화적 집단 학살을 떠올리게 하는 일로 가득하다. 유대인들이 대학살holocaust이라는 역사적 외상으로 여전히 고통받듯이, 일본계 미국인들은 제2차 세계대전 때의 강제 수용을 기억하며, 아프리카계 미국인들은 노예 생활을 기억한다. 따라서 미세공격을 사소한 거슬림으로 치부하는 것은 오류일 수 있다. 아메리카 원주민 청소년에 관한 한 연구에서 연구자들은 아메리카 원주민 학살과 원주민 기숙학교의 영향을 무시, 축소, 부정하는 인종차별 미세공격인 "역사적 외상의 무효화invalidating historical trauma"를 확인했다(Johnston-Goodstar & Roholt, 2017). 인종 관련 스트레스는 진공 상태에서 일어나는 것이 아니다. 따라서 이러한 종류의 스트레스를 완전히 이해하려면 역사적 맥락과 억압의 현대적 표출 형태를 고려해야 한다.

스트레스 유발 생애 사건stressful life event과 인종 관련 스트레스를 탐구한 한 연구에서는 후자가 더 강력한 심리적 고통의 예측 인자임을 발견했다(Utsey et al., 2008). 다른 말로 하면, 아프리카계 미국인에게는 인종과 무관하게 누구나 살면서 겪을 수 있는 스트레스 요인보다 인종차별 미세공격이 더 큰 영향이고 피해이고 고통이라는 것이다. 이는 다음 몇 가지 이유로 설명할 수 있을 것이다. (a) 미세공격은 인종차별, 성차별, 이성애주의 등의 억압을 상징하고 상기시킨다. (b) 스트레스 유발 생애 사건은 일정 기간 일어날 뿐이지만 미세공격은 끊임없이 영속적으로 일어난다. (c) 미세공격은 교육, 고용, 사회적 교류 등 피해자의 거의 모든 측면에 영향을 미친다. (d) 스트레스 유발 생애 사건에는 인식 가능한 원인이 있는 반면 미세공격은 모호하고 눈에 보이지 않는 경우가 많다.

게다가 유색인은 무시를 당하거나 간과되거나 제때 응대를 받지 못하거나 무례한 대우를 받거나 상대방이 무서워하는 반응을 보이거나 조롱, 욕설, 괴롭힘을 당하는 등의 차별 사건을 매우 빈번하게 경험한다(Klonoff & Landrine, 1995; Landrine & Klonoff, 1996; Sellers & Shelton, 2003). 다시 말해, 소외집단 구성원은 주류 사회의 구성원보다 더 강력한 스트레스 요인에 더 많이 노출된다. 우리 사회에서 평가절하되는 집단이 다른 스트레스 유발 생애 사건에 더하여 권력, 특권, 억압과 연관된 또 다른 스트레스 요인에 대처해야 한다는 사실을 알고 나면, 그들이 비인간적인 스트레스의 양을 견딜 것을 요구받고 있다는 결론에 이를 수밖에 없다.

성소수자에게도 이성애주의와 동성애공포homophobia는 평생에 걸쳐 정체성 발달과 건강한 자아개념self-concept을 방해하는 요인이다 (Frost & Meyer, 2009; Herek, 2004). 성소수자 연구자들은 "소수자 스트레스minority stress"라는 개념을 가지고 이성애규범적 문화에서 성소수자로 살아가는 경험을 설명한다. 소수자 스트레스는 편견과 낙인이 신체 및 정신 건강에 부정적인 영향을 끼치는 스트레스 유발 경험이라는 점을 이론화한 개념이다(Meyer & Frost, 2013). 이 이론은 성소수자에 관한 광범위한 연구에 의해 뒷받침되었다. 학자들은 낙인 관련 스트레스가 성소수자에게 끼치는 영향에 대해서도 유사한 설명 틀을 이론화했다. 예를 들어, 하첸빌러Hatzenbuehler(2009)가 제안한 모형은 낙인 관련 스트레스가 감정 조절 장애를 증가시키고 인지 프로세스를 손상하며 대인관계 문제를 일으킴으로써 심리적 고통을 초래한다고 설명한다. 남성 동성애자에 관한 한 연구에서는 HIV 관련 낙인이 정신 건강에 부정적인 영향을 미친다는 것이 입증되기도 했다(Hatzenbuehler, O'Cleirigh, Mayer, Mimiaga, & Safren, 2011).

미세공격 스트레스의 유해성

미세공격 스트레스 요인이란 생물학적, 인지적, 감정적, 심리적, 사회적 안녕 또는 삶의 상태position in life에 위협으로 인식되는 인종, 성별, 성적지향 관련 사건 또는 상황을 말한다. 미세공격 스트레스 요인의 영향과 심각도는 사건의 본질, 표적이 된 사람의 인식, 그 사람이 대응하거나 도움을 받기 위한 가용 자원에 크게 좌우된다. 미세공격 스트레스 요인은 소외집단 구성원의 신체와 정신(인지, 감정, 행동) 건강 모두에 부정적인 결과를 초래할 수 있다. 즉, 신체, 인지, 감정, 행동이 미세공격이 영향을 미치는 네 경로다.

1. 신체. 생리학적 반응(혈압, 심박수 등) 또는 면역체계 변화를 직접 일으킬 수 있다.
2. 인지. 스트레스 요인의 의미에 관한 생각, 신념 등을 평가하는 인

지적 과정이 일어날 수 있다.

3. 감정. 분노, 불안, 우울감, 절망감에 휩싸여 당면한 다른 사안들을 돌아보지 못하게 만들 수 있다.

4. 행동. 대처 전략이나 행동은 스트레스 조절에 효과적일 수도 있고 상황을 악화시킬 수도 있다.

미세공격 스트레스 요인이 신체 건강에 미치는 영향

여성, 성소수자, 유색인은 만성적인 미세공격 스트레스를 경험한다(Barrett & Logan, 2002; Burrow & Ong, 2010; Feagin, 2006; Fiske, 1993; Glick & Fiske, 1996; Greene, 2000; Hamilton & Mahalik, 2009; Harrell, 2000; Harrell, Hall, & Taliaferro, 2003; Ong, Burrow, Fuller-Rowell, Ja, & Sue, 2013; Smith, Mustaffa, et al., 2016; Stambor, 2006; Woodford, Kulick, Sinco, & Hong, 2014). 차이를 결함이나 일탈과 동일시하는 단일문화적 기준, 지배문화가 기대하는 역할에 순응해야 한다는 압박, 언제 어디서나 부딪히는 만성적 편견과 차별에 맞서 살아가야 하며, 이 모두는 건강에 중대한 영향을 끼친다(Brondolo et al., 2009; Clark, Anderson, Clark, & Williams, 1999; Fang & Myers, 2001; Ong, Cerrada, Lee, & Williams, 2017; Worthington & Reynolds, 2009). 직장 스트레스가 많고 상사와 마찰이 있거나 역할 관계에서 충돌이 있다고 보고한 여성은 피브리노겐(혈액 응고에 관여하며 관상동맥심질환 발병에 영향을 주는 것으로 알려진 혈장 단백질) 수치가 높은 것으로 나타났다(Davis, Mathews, Meilahn, & Kiss, 1995). 성소수자도 미세공격에 더 많이 노출될수록 건강에 문제가 더 많다(Smith & Ingram, 2004). 아프리카계, 아시아계, 라틴계 미국인에 관한 여러 연구들도 공통적으로 인종 관련 스트레스가 신체 건강에 부정적으로 작용함을 보여준다(Brondolo et al., 2005, 2008; Clark et al., 1999; Liang & Fassinger, 2008; Moradi & Risco, 2006; Nadal et al., 2017; Paradies et al., 2015; Pascoe & Richman, 2009).

사회적, 심리적 스트레스가 생리적 반응 및 면역체계에 유해하게 작용한다는 앞선 연구들에 비추어 보면 미세공격과 건강이 연관되어 있다는 이러한 연구 결과도 놀랍지 않다. 레즈비언, 게이, 양성애자에 관한 한 연구에서는 편견에서 비롯된 스트레스 유발 생애 사건이 일반적인 스트레스 유발 생애 사건보다 신체 건강과 더 밀접하게 관련된다는 것이 밝혀졌다(Frost, Lehavot, & Meyer, 2015). 미묘한 인종차별에 노출된 아프리카계 미국인 남성에게서 심박수 증가, 혈압 상승, 기타 고혈압 관련 심혈관 반응 증가를 확인한 일련의 연구도 있었다(Clark, 2006; Merritt, Bennett, Williams, Edwards, & Sollers, 2006; Utsey & Hook, 2007). 또 다른 연구에서는 아프리카계 미국인 남성이 편향된 상호작용 상황을 묘사한 영상자료를 볼 때 심박수와 혈압이 유의미하게 높아지는 것을 확인했다(Fang & Myers, 2001). 이와 같이 여러 연구에서 입증된 인종 관련 스트레스의 영향은 미국 사회에서 유색인의 신체 안녕이 끊임없이 위협받고 있음을 시사한다. 유색인은 만성적 스트레스 요인에 대한 생리적 반응 증가로 관상동맥심질환, 당뇨병, 고혈압, 알레르기, 천식 등 특정 질병에 걸릴 확률이 높을 수 있다는 것이다.

게다가 미세공격 스트레스 요인은 질병의 발병뿐 아니라 질병의 경과에도 영향을 끼치는 것으로 보인다. 스트레스가 감염의 요인은 아니지만 면역체계의 효율을 떨어뜨리고 질병 감수성susceptibility to disease을 높이는 것으로 보인다. 면역체계에서 백혈구는 신체에 침입한 박테리아나 바이러스를 감지하고 파괴함으로써 건강을 유지할 수 있게 한다. 백혈구의 두 종류인 림프구와 포식세포가 침입자를 탐지, 파괴하고 항체를 생성하며 종양 성장을 막는 역할을 담당한다(Cohen & Herbert, 1996). 그런데 스트레스를 받을 때 분비되는 코르티코스테로이드 등의 신경호르몬은 이러한 면역 기능을 손상시킨다.

미세공격 같은 만성적인 스트레스 요인에 노출되면 질병 감수성뿐 아니라 질병 진행 속도도 높아질 수 있다(Miller, Chen, & Zhou, 2007). 감기 등 상기도감염upper respiratory infection에 얼마나 취약한가는 스트레스 요인의 심각도, 기간, 유형의 영향을 받는 것으로 보인다(Cohen et al., 1998). 면역체계 기능 저하는 불행한 결혼생활, 동거 배우자의 치매 발병, 남성의 경우 배우자와의 별거, 문화적응 스트레스와 상관관계를 나타냈다(Kiecolt-Glaser et al., 1987; Kiecolt-Glaser et al., 1997; Pike et al., 1997; Steele & McGarvey, 1997). 여러모로 미세공격 스트레스가 신체 건강에 영향을 준다는 것은 분명해 보인다.

미세공격 스트레스 요인이 정신 건강에 미치는 영향

인종차별, 성차별, 젠더리즘, 이성애주의는 정신 건강 기능의 여러 측면에 영향을 끼친다. 만성적 스트레스 요인이 쌓이면 삶의 질을 떨어뜨리고, 삶의 만족도와 행복도, 자아존중감을 저하시키며, 문화적 불신, 소외감, 상실감, 불안, 무력감, 분노를 증가시키고, 피로감과 소진감을 일으킨다(Clark et al., 1999; Harrell, 2000; Jackson et al., 1992; Jackson et al., 1995; Jones, 1997; Ponterotto, Utsey, & Pedersen, 2006; Smith, Mustaffa, et al., 2016; D. W. Sue, 2003). 우리는 앞에서 스트레스가 소외집단 구성원의 생물학적, 신체적 안녕에 어떤 영향을 미치는지 살펴보았다. 생물학적 수준에서 스트레스는 면역체계를 약화하고 감기나 다른 질병에 더 잘 걸리게 만든다. 이제 스트레스가 소외집단 구성원의 심리 기능에 미치는 영향을 살펴볼 차례다.

미세공격 스트레스 요인이 인지에 미치는 영향

4장에서 우리는 미세공격의 피해자가 사건을 이해하려고 할 때 인지 프로세스의 연쇄작용이 시작되는 양상을 살펴보았다. 미세공격이 모호할수록 피해자는 모순되는 메시지들의 의미를 판단하기 힘들다. 즉, 아시아계 미국인 학생이 백인 교사로부터 "너희 나라 사람들이 수학을 잘하니까" 칠판 앞으로 나와서 수학 문제를 어떻게 풀었는지 보여주라는 말을 듣게 되면, 그 말의 진의("칭찬인가 아니면 고정관념인가?")를 파악하기 위한 사고 프로세스가 작동하기 시작한다. 그런 상황에 대한 인지적 평가에는 상당한 에너지가 소요될 수 있다. 대응을 할 것인지 말 것인지를 고민하거나 대응의 결과를 예측하는 데에도 많은 에너지가 소모될 수 있으며, 특히 교사와 학생의 관계처럼 권력의 차이가 클 때 더욱 그렇다. 위의 예시에서 아시아계 학생은 인지 프로세스에 가해진 자극 때문에 학업에 충분히 집중하지 못할 수도 있고 학습과 문제 해결 능력이 떨어질 수도 있다.

인지 장애

인종차별에 노출될 때의 인지 비용에 관한 한 연구는 명백한 인종차별을 당할 때와 미세공격에 의해 모호한 메시지가 전달되는 경우를 실험을 통해 비교했다(Salvatore & Shelton, 2007). 피험자에게는 한 회사의 채용 결정 관련 문서 세트(지원자 이력서, 면접관의 평가와 추천의견 등)를 검토한 후 자신의 채용 의견과 채용담당자의 편견에 관해 평가하는 설문을 작성하는 과제가 주어졌다. 피험자는 122명의 흑인과 128명의 백인으로 구성되었고, 이 채용이 실제로 일어난 일이라고 믿었다. 이력서상으로 후보자들 중 한 명이 확연히 우수했으며, 피험자의 일부에게는 공정하게 우수한 후보자가 채용된 상황이, 나머지에게는 명백한 인종차별 또는 모호한 인종차별에 의해 자격을 덜 갖춘 후보자가 채용된 상황이 주어졌다. 우수한 후보자가 백인, 그보다 못한 후보자가 흑인인 경우와 그 반대의 경우, 채용 담당자가 흑인인 경우와 백인인 경우도 동일한 숫자로 조합되었다.

채용 과정 평가 시뮬레이션을 진행한 뒤 피험자의 인지적·정신적 노력cognitive and mental effort 기능을 측정하는 스트루프 검사Stroop test 가 실시되었다. 불공정한 채용 결정을 목격한 흑인 피험자들은 인지 기능이 현저히 손상된 것으로 나타났고, 그중에서도 미묘한(모호한) 인종차별을 접한 사람이 노골적인 인종차별 상황에 직면한 사람보 다 더 큰 손상을 보였다. 연구자들은 흑인 피험자들이 추측 과정이 필 요 없는 노골적인 인종차별에 대해서는 대처 전략을 갖고 있기 때문 에 이러한 결과가 나타난 것으로 추론했다. 반면에 모호하고 은밀한 인종차별은 심리적 에너지를 고갈시키거나 당면한 과제로부터 주의 를 분산시킴으로써 인지적 과제 수행 능력을 손상시킨다. 이 실험에 서 나타난 또 다른 흥미로운 결과는 백인의 경우 상황이 역전되었다 는 것이다. 백인 피험자는 모호한 인종차별보다 노골적인 인종차별을 접했을 때 더 큰 인지 손상을 나타냈다. 그 의미에 관해서는 이후에 더 자세히 설명할 것이다.

고정관념 위협

인지 장애cognitive discruption와 기능 저하 현상은 고정관념 위협에 관 한 여러 연구에서도 나타났다(Cadinu, Maass, Rosabianca, & Kiesner, 2005; Steele, 1997, 2003; Steele, Spencer, & Aronson, 2002). 특정 인종 집단이 지적 으로 열등하다는 편견이 이 영역에서 가장 많이 다루어진 주제다. 예 를 들어, 아프리카계 미국인은 포괄적인 추상/개념 추론 능력이 부족 하고, 지능이 낮으며, 고차원적 사고를 할 수 없다는 고정관념을 들 수 있다(Jones, 1997). 또한 이 책의 초판 출간 후 수많은 연구에서 아프리 카계 미국인에 관한 이 종류의 고정관념이 미세공격으로 표출된다는 사실이 확인되었다(Hall & Fields, 2015; Holder et al., 2015; Smith, Mustaffa, et al., 2016; Torres, Driscoll, & Burrow, 2010). 여성에 관한 고정관념 중 하나는 남성보다 언어 능력은 뛰어나지만 객관적·선형적 사고에 필요한 수학적·과학적 추론 능력은 뒤떨어진다는 것이다(Cadinu et al., 2005; Lester, Yamanaka, & Struthers, 2016; Nadal et al., 2015). 아시아계 미국인과 캐나다인은 과학, 수학, 기술 분야에 뛰어나지만 언어 능력이나 대인관계 스킬이 부족하다는 고정관념에 희생되며, 이에 관해서도 미세공격 관련 연구들이 입증해 왔다(Poolokasingham, Spanierman, Kleiman, & Houshmand, 2014; D. W. Sue, 2008).

고정관념 위협stereotype threat은 여러 우수한 흑인 학생들이 지능 검사에서 낮은 점수를 나타내는 이유를 설명하기 위해 스틸Steele(1997)이 처음 제안한 개념이다. 스틸은 흑인 학생들의 낮은 점수가 생물학적 원인이나 준비 또는 의욕 부족이 아니라 그 검사에서 고정관념이 확증될 가능성에서 비롯된다고 보았다. 고정관념 위협이 유발하는 두 가지 심리적 프로세스는 (a) 고정관념에 의해 평가되고 고정관념이 굳어질 것이라는 우려, (b) 주어진 상황이 부적절하거나 중요하지 않다고 여기며 보호적 탈동일시 또는 상황 자체를 거부하는 경향을 보이는 것이다. 보호적 탈동일시protective disidentification란 인지적 수준에서 자기 자신에게 그 상황에 큰 의미가 없다고 말하며 자아존중감을 검사 결과와 분리시키는 것을 말한다. 스틸은 이 가설을 검증하기 위해 수학 과목에서 뛰어난 자질을 보였던 흑인과 백인 학생들을 선발하여 어려운 수학 과제를 부여했다. 한 조건(고정관념 위협)에서는 학생들에게 그 과제가 문제 해결 능력을 검사하는 시험이라고 설명했고, 다른 조건(비위협)에서는 문제 해결 능력을 측정하려는 것이 아니라고 설명했다. 고정관념 위협 조건의 흑인 학생들은 백인 학생들보다 낮은 성과를 보였다. 반면에 비위협 조건에서는 흑인 학생과 백인 학생이 고루 높은 성과를 보였다.

수학 시험에서 낮은 성과를 내는 여학생들에게서도 고정관념 위협이 입증되었다. 스틸과 비슷한 방법으로 고정관념 위협에 노출된 여학생들의 내적 사고 프로세스를 조사한 결과(Cadinu et al., 2005), 여학생들은 고정관념 위협 조건에서 더 낮은 성과를 냈을 뿐 아니라 과제 수행을 방해하는 부정적 침투사고intrusive thought의 빈도 또한 더 높게 나타났다. "나는 수학을 못한다. 나는 수학이 싫다"처럼 과목에 연관된 부정적인 생각이 끼어들기도 했고, "너무 피곤하다"와 같은 심리적 고통 반응distress reaction이 개입되기도 했다. 이와 같이 미세공격은 인지적 에너지 소모, 인지 장애, 굴절deflection, 피로를 야기할 수 있다.

미세공격 스트레스 요인이 감정에 미치는 영향

스트레스 요인 중 굴욕감은 우울 장애와, 두려움은 불안 장애와 관련되는 것으로 알려져 있다. 그렇다면 미세공격은 상대방에 대한 비하, 모욕, 굴욕이며 때로는 두려움을 유발하므로, 소외집단 구성원들에게 우울과 불안 등 부정적인 주관적 감정의 원인이 된다고 말할 수 있을 것이다. 이 책의 초판이 발간된 후에 수행된 여러 연구에서 실제로 우울(Gattis & Larson, 2017; Nadal, Griffin, Wong, Hamit, & Rasmus, 2014; Sanchez et al., 2018; Torres et al., 2010), 불안(Blume, Lovato, Thyken, & Denny, 2012; Liao, Weng, et al., 2016; Sanchez et al., 2018), 자아존중감 저하(Thai et al., 2017), 스트레스 지각(Torres et al., 2010), 외상 후 스트레스 증상(Torres & Taknint, 2015), 자살 충동(Hollingsworth et al., 2017; O'Keefe, Wingate, Cole, Hollingsworth, & Tucker, 2015) 등 다양한 정신 건강 관련 증상과 미세공격의 관련성이 확인되었다. 아래에서는 학자들이 이론화하고 검증한 미세공격 스트레스 요인이 감정에 미치는 주요 영향을 간략히 살펴볼 것이다.

우울

1장에서 언급했듯이, 대개의 미세공격은 가해자와 피해자 간의 대인 상호작용 상황에서 일어난다. 스트레스와 우울, 특히 대인관계 스트레스와 우울 간의 연관성에 관해서는 많은 연구가 이루어졌다(Hammen, 2006). 우울증을 일으키는 데 특히 중요한 것은 스트레스 요인의 다음 네 가지 특성이다. 우울 장애는 (a) 스트레스 요인이 본질적으로 심각할 때(심각도), (b) 스트레스 요인이 일회적이 아니라 만성적일 때(만성성), (c) 발생 시기가 이를 때(발생 시기), (d) 스트레스 요인이 위험한 사건이나 위협이 아니라 상실이나 굴욕과 관련될 때(스트레스 요인의 유형) 더 일어나기 쉽다(Brown & Harris, 1989; Lara, Klein, & Kasch, 2000; McGonagle & Kessler, 1990). 미세공격은 태어나자마자부터 지속적, 누적적으로 일어나며 굴욕감을 일으킴으로써 개인의 통합감을 공격한다는 점에서 이 기준에 꼭 들어맞는다. 한 번의 미세공격은 본질적으로 심각하지 않을지 몰라도 앞서 살펴본 바와 같이 역사적 외상과 여러 번의 미세공격은 강력한 힘을 갖게 된다.

미세공격이 우울증 증상을 일으킬 수 있다는 사실은 여러 정량적, 정성적 증거에 의해 강력하게 뒷받침된다. 나달 등(Nadal, Issa, et al., 2011)은 표적집단면접을 통해 동성애자 및 양성애자의 슬픔과 무력감을 관찰했으며, 정신 건강에 미치는 영향과 대처 방안에 집중한 후속 연구에서 성소수자들이 우울증에 고통받고 있음을 발견했다. 그들은 이 증상이 연애, 가정 문제 등 여러 요인에 기인하며, 미세공격 경험이 성소수자의 우울 증상을 악화시킬 수 있다고 지적했다(Nadal, Wong, et al., 2011). 나달의 연구팀은 미세공격이 트랜스젠더에게 절망감을 유발한다는 점도 밝혔다(Nadal, Davidoff, et al., 2014). 질적 접근에 의한 한 연구는 흑인 성인(Hall & Fields, 2015) 및 남학생(Smith, Mustaffa, et al., 2016)의 인종차별 미세공격 피해 경험이 우울 증상과 연관된다는 것을 보여주었다.

정성적 연구 결과를 뒷받침하는 정량적 증거도 점점 늘어나고 있다. 우드포드 등(Woodford et al., 2015)은 성소수자 대학생을 대상으로 성적 지향 관련 미세공격과 우울증 간에 약한, 혹은 중간 정도의 상관관계가 있음을 밝혔다. 인종차별 미세공격에 관한 연구에서도 유사한 결과를 볼 수 있다(Huynh, 2012; Kaufman, Baams, & Dubas, 2017; Nadal, Griffin, et al., 2014). 예를 들어, 인종적 소수자 대학원생 325명의 표본 조사에서도 미세공격에 노출된 후 우울 증상 발생률이 유의미하게 증가했다(Lilly et al., 2018). 연구자들은 흑인 여성 대학생들에게서도 미세공격이 우울 증상의 예측인자임을 확인했으며, 이 연구에서는 미세공격의 영향이 같은 지역(미국 남동부)에 만연한 노골적 인종차별에 비해서도 더 큰 것으로 나타났다(Donovan, Galban, Grace, Bennett, & Felicié, 2013). 아시아계 미국인을 대상으로 수행된 한 연구에서는 인종차별 미세공격과 우울 증상 간에 중간 정도의 상관관계가 나타났다(Kim, Kendall, & Cheon, 2017). 라틴계 및 아시아계 미국인 학생들을 대상으로 한 연구에서도 비슷한 결과가 나왔으며, 이에 더하여 긍정적인 민족 정체성(Choi, Lewis, Harwood, Mendenhall, & Huntt, 2017; Forrest-Bank & Cuellar, 2018)과 특정 대처 전략(Sanchez et al., 2018)이 미세공격과 우울 간 연관성을 완화할 수 있음을 보여주었다. 아메리카 원주민에 관한 몇 안 되는 연구 중 하나는 미세공격이 제2형 당뇨병 및 우울 증상과 관련될 수 있음을 보여주었다(Sittner, Greenfield, & Walls, 2018).

미세공격과 자살 충동 간의 관련성을 보여준 연구도 있었는데, 둘 사이에는 타인에게 짐이 되는 존재라는 느낌(Hollingsworth et al., 2017)이나 우울 증상(O'Keefe et al., 2015)이 매개로 작용했다(O'Keefe et al., 2015).

대부분의 연구는 횡적 상관관계(한 시점 또는 단기간 내의 변수 간 상관관계-옮긴이)를 분석했으나, 다른 방법론을 사용한 연구도 있었다. 그중 주목할 만한 예로, 일기법daily diary study을 활용한 라틴계 미국인 연구를 들 수 있다. 이 연구에서는 연구 참여자들이 매일 보고한 결과를 바탕으로 차별 관련 사건이 일어난 후 우울 증상 점수가 높아진다는 사실을 확인할 수 있었다(Torres & Ong, 2010). 이 연구는 두 변수가 순차적으로 연관됨을 보여주었다는 점에서 중요하다. 우리는 미세공격과 우울 증상을 다룬 본격적인 종단 연구로서 다음 두 문헌을 검토했다. 첫 번째 연구에서는 인종적 열등성에 관한 미세공격이 지각된 스트레스를 유발하고 이 스트레스가 우울 증상을 가져온다는 것이 확인되었다(Torres et al., 2010). 두 번째 연구는 고등학생 때 열등한 지적 능력에 관련된 미세공격을 받은 경우 대학 입학 시기에 우울 증상을 보일 확률이 높아진다는 것을 보여주었다(Keels, Durkee, & Hope, 2017). 이처럼 2010년부터 현재까지 이루어진 많은 연구가 미세공격이 우울과 관련된다는 초기의 가설을 강력하게 지지하고 있으며, 일부 연구는 미세공격 사건이 우울 증상의 원인 또는 악화 요인일 수 있음을 시사한다.

불안, 공포, 스트레스

미세공격이 불안 증상과 스트레스 장애를 일으킬 수 있다는 사실도 정성적, 정량적 연구에 의해 입증되어 왔다. 예를 들어, 성소수자 관련 미세공격에 더 많이 노출된 사람에게서 더 많은 불안 및 지각된 스트레스가 관찰되었고, 이러한 경향은 자기수용self-acceptance에 의해 매개되는 것으로 나타났다(Woodford et al., 2014). 한 연구에서 성차별 미세공격을 당한 여성들은 남성과 함께 있는 특정 상황에서 공포감을 느끼며, 탈출을 계획하기도 했다(Nadal, Hamit, Lyons, Weinberg, & Corman, 2013). 유색인 학생들에게서도 인종차별 미세공격과 불안 사이의 연관성을 볼 수 있었다(Blume et al., 2012). 미국의 흑인을 대상으로 수행된 한 연구에서는 인종차별 미세공격이 높은 수준의 불안과 연관되었으며, 이러한 연관성은 특정 대처 방식 변수에 의해 완화되는 것으로 나타났다(Liao, Weng, et al., 2016). 흑인 성인을 향한 인종차별 미세공격이 공포감을 유발한다는 연구 결과도 있었다(Hall & Fields, 2015). 이 공포감은 미세공격이 사법당국과의 상호작용에서 일어날 때 특히 심하게 나타나며 "외상적 경험traumatic experience"과 유사한 성격을 보였다(p. 9). 세 건의 연구는 미세공격과 외상적 스트레스의 관련성을 다루었다(Nadal, Issa, et al., 2011; Schoulte, Schultz, & Altmaier, 2011; Torres & Taknint, 2015). 다만, 우리가 검토한 문헌 중 한 건의 연구에서는 미세공격과 불안 간에 유의미한 연관관계가 나타나지 않았다(Donovan et al., 2013). 이는 앞으로 더 많은 연구가 이루어져야 한다는 것을 의미한다.

분노와 격분

강요된 순응, 폭행, 모욕이 여러 해 동안 이어지면 좌절감, 분노, 격분, 적대감을 일으키기도 한다. 구조적 억압이라는 강력한 맥락이 고려되는 한 이러한 강렬한 감정이 지탄을 받지는 않지만, 개인을 늘 불안정한 상태에 놓이게 하고 다른 사람들을 밀어내게 하며 깊은 인간관계에서 오는 기쁨을 앗아갈 수 있다. 분노가 반감으로 바뀌면 더욱 위험해진다(D. W. Sue, 2003). 아이솜Isom(2016)은 미세공격, 경찰의 차별, 부정적 감정을 폭력 범죄의 잠재적 예측인자로 설정하고 시카고에 거주하는 아프리카계 미국인 청소년과 청년을 연구했다. 그 결과 미세공격이 경찰의 차별보다 폭력 범죄에 대해 더 큰 예측력을 가진 변수임이 확인되었다. 또한 분노는 폭력 범죄의 예측 변수이자 우울증의 영향을 억제하는 요인으로 나타났다. 미세공격 이론을 중범죄 연구에 적용한 초기 문헌 중에는 미세공격이 개인을 넘어 사회 전반에 영향을 끼치는 측면을 다룬 연구도 있었다.

미세공격 스트레스 요인이 행동에 미치는 영향

우리는 4장과 5장에 걸쳐 유색인, 여성, 성소수자가 미세공격에 대해 보이는 여러 행동과 대처 반응을 확인했다. 미세공격에 대한 반응을 연구한 다른 학자들이 그랬듯이, 우리 역시 부당한 시스템에 대처하는 일을 피해자의 몫으로만 남기기를 원치 않는다(Houshmand, Spanierman, & DeStefano, 2019). 우리도 시스템에 결함이 있고, 구조적 억압을 문제 삼는 것이 중요하다고 생각한다. 그러나 피해자도 생존을 위해 어느 정도 대처 방안을 갖고 있어야 하며, 피해자가 미세공격에 직면했을 때 전략적으로 대응하는 다양한 대안을 갖고 있고 싶을 수도 있다. 대응 방법은 매우 다양하고 그중 무엇을 선택할지는 여러 요인에 따라 달라진다. 편리하고 자신을 지키고 가해자에게 잘못을 알려주는 데 효과적인 대응 방법도 있는 반면에, 어떤 대응 방법은 효과적이지도 않고 우울해지거나 알코올이나 약물 남용, 위험한 성행위, 폭력으로 이어지는 등 부작용만 일어날 수도 있다. 보복이 두려워 아무것도 하지 않는 것은 당장에는 손쉬워 보이는 방법처럼 보이겠지만 장기적으로는 앞에서도 설명했듯이 신체적·정신적 안녕에 해로운 결과를 초래할 수 있다.

미세공격은 해당 집단에 대한 적대감과 무시로 가득하고, 신체적 안전과 자아존중감, 인종/성별/성적지향 정체성을 위협하며, 억압적인 분위기의 신호가 될 수 있다. 이 사회는 끊임없이 소외집단에게 백인, 이성애자, 시스젠더, 남성의 상황 규정을 받아들여야 하며 그러지 않으면 상응하는 대가를 치르게 될 것이라는 강요된 순응을 요구한다. 이 절에서는 특히 미세공격 피해자의 안녕에 유해한 다섯 가지 반응인 (a) 과잉경계와 회의주의적 태도, (b) 강요된 순응(생존이나 진입을 위해), (c) 피로와 절망감, (d) 회피와 이탈, (e) 역경을 통한 단련에 관해 개괄할 것이다.

과잉경계와 회의주의적 태도

미세공격 스트레스 요인은 소외집단 구성원이 다수집단 구성원에게 의심, 회의, 과잉경계 형태로 보이는 "건강한 편집증"의 원인 중 하나일 수 있다(Ridley, 2005; D. W. Sue, 2008). 이러한 행동은 학자에 따라 "문화적 불신cultural mistrust"(Terrell, Taylor, Menzise, & Barrett, 2009) 또는 예측되는 인종차별에 대한 선제적 반응anticipatory racism reaction(Ponterotto et al., 2006)이라고 불리며, 고정관념·편견·차별 경험이 중첩되면서 생긴다. 이때 경험이란 개인적인 경험에 국한되지 않는다. 예를 들어 아프리카계 미국인은 노예제 사회를, 아메리카 원주민은 토지 수탈을, 일본계 미국인은 강제 수용의 역사를 경험했다. 그리고 이러한 비인간적인 정부 행위는 지금도 계속되고 있다. 트럼프 정권 첫해에 가족과 함께 망명하려던 수천 명의 이주민 자녀가 멕시코 국경에서 부모와 헤어져야 했다. 심지어 5세 미만의 아이들도 정부의 구류 시설이나 위탁 보호 시설로 보내졌다. 미국 상하원 의원들은 얼마나 많은 이산가족이 발생했으며 향후 이 아이들을 이떻게 부모와 다시 만나게 할 것인지에 관한 자료를 요청했으나 답을 얻지 못했다.

이러한 역사적 유산은 미묘한 형태의 일상적 인종차별과 결합되었고, 이러한 현대적 인종차별 역시 유색인들에게서 평등한 접근권과 기회를 박탈할 수 있다. 따라서 많은 소외집단 구성원들이 주류 사회 사람들에게 보이는 회의주의적 태도나 신뢰의 부족은 생존 메커니즘의 일환이며 자신이 정상임을 검증하는 과정에서 나오는 현상이다. 즉, 이 사회에서 살아남고 성공하기 위한 적응 메커니즘으로서 유용하다. 그러나 이러한 태도 때문에 소외집단 구성원이 주류 문화 구성원들과 깊은 관계를 형성하지 못하는 결과를 낳을 수 있다. 더 극단적인 경우, 모든 일을 인종차별이나 성차별, 젠더리즘, 이성애주의와 연결시켜 생각하고, 자신의 모든 실패를 그러한 외부 요인 탓으로 돌리며, 자신의 행동에 대한 책임을 회피하게 될 수도 있다. 그러나 트랜스젠더에 대한 미세공격을 다룬 한 연구에서 밝혔듯이, 과잉경계와 자기보존은 소외집단 구성원들이 미세공격에 대처하는 중요한 전략이다(Nadal, Davidoff, et al., 2014).

강요된 순응

아프리카계 미국인 사이에서는 자신의 정체성을 버리고 백인 사회의 주류 문화에 영합하는 흑인에게 "엉클 톰"이라는 꼬리표가 붙여진다. 성소수자에게는 성적지향을 밝히지 않고 "벽장에 머무르는 것"(커밍아웃은 "벽장 밖으로 나오다coming out of the closet"라는 말에서 유래했다-옮긴이), 혹은 동성애혐오나 트랜스포비아에 대한 감정을 숨기는 것이 강요된 순응일 수 있다. 이러한 행동은 인종차별, 성차별, 젠더리즘, 이성애주의가 팽배한 환경이라는 거시적 맥락에서 해석되어야 한다. 진짜 감정을 숨기고 더 큰 집단의 규범에 순응하며, 지배집단 구성원을 불쾌하게 하거나 위협하지 않는 방식으로 행동하는 것은 그 사회에서 살아남을 확률을 높인다(Boyd-Franklin, 2003; D. W. Sue, 2008). 따라서 아프리카계 미국인은 자칫 해를 입거나 이용당할 위험이 곳곳에 있는 사회에서 자신을 보호할 목적으로 엉클 톰 신드롬Uncle Tom syndrome이나 "무덤덤한 척하기playing it cool" 같은 방어 메커니즘을 동원할 수 있으며, 성소수자가 직장에서 정체성을 숨기는 것도 일자리를 유지하기 위한 전략적 행위일 수 있다(Ragins, Singh, & Cornwell, 2007).

가해자 관점에서 미세공격을 다룬 한 연구는 강요된 순응을 이해하는 데 특히 도움이 된다. 이 연구는 일리노이대학교의 인종차별적 마스코트인 일라이니웩 추장 상징 폐기에 대한 웹로그 데이터 분석을 통해 가해자 입장의 게시물에서 "사회정치적 지배력 옹호"라는 주제를 확인했다. 여기서 "사회정치적 지배력"이란 아메리카 원주민의 가치에 비해 백인의 가치가 우월하다는 뜻으로, 원주민의 주권 부정을 정당화하고 그들에게 주류 사회에의 동화를 요구하는 개념이다(Clark, Spanierman, Reed, Soble, & Cabana, 2011). 이와 같이 사회정치적 지배력이라는 메시지를 내면화하고 그들 자신의 주권을 부정하는 것은 아메리카 원주민에게 부과되는 강요된 순응의 한 형태다.

사실 강요된 순응을 통한 생존의 가장 큰 위험은 소외집단 구성원들이 지배 문화의 억압적 메시지를 내면화할 때 발생한다. 상담심리학자 수제트 스페이트Suzette Speight(2007)는 내면화된 인종차별주의가 "억압의 자기영속적 악순환"의 동력이 된다는 점에서 "인종차별주의에 기인하는 심리적 상해 중 가장 큰 피해를 준다"고 지적했다(pp. 130–131).

피로와 절망감

미세공격 스트레스 요인은 신체와 심리 모두를 힘들게 한다. 많은 유색인, 여성, 성소수자는 그들의 삶 속에서 작지만 끊임없이 일어나는 굴욕과 모욕, 비하에 의해 소진감과 피로를 느낀다고 호소한다. 그들에게는 미세공격에 대처할 에너지도, 즐거운 일에 쏟을 에너지도 없다. 그래서 사회적 상호작용을 피하고 스스로 고립되며 대인관계가 서투르거나 드물 수 있으며, 일상생활 속에서 일어나는 일들을 처리하기 힘들 만큼 에너지 수준이 심각하게 떨어지고 자포자기한 사람처럼 보일 수도 있다. 절망감과 무력감에 휩싸이면 "해봐도 소용이 없을 것"이므로 자신의 삶을 주체적으로 살아가려는 노력을 그만두게 된다. 행동에서 나타나는 절망감의 징후는 우울증이나 자살과 상관관계가 있는 것으로 나타났다. 유타대학교 교육·문화·사회학과 교수 윌리엄 스미스William Smith는 미묘한 인종차별이라는 누적적 스트레스 요인에 대처하는 일이 심리와 신체에 미치는 영향을 "인종 전투 피로증

racial battle fatigue "이라는 용어로 설명한다(Smith, Mustaffa, et al., 2016). 끝으로, 인종차별 미세공격과 자살 충동이라는 극단적 형태의 절망감 사이의 연관성을 밝힌 연구도 있다(Hollingsworth et al., 2017; O'Keefe et al., 2015).

회피와 이탈

일반적으로 회피는 부적응적 대처maladaptive coping의 한 형태로 간주되지만, 미세공격 스트레스에 대해서는 자신을 보호하는 방편으로 활용될 수 있다. 영국 저널리스트 레니 에도로지Reni Eddo-Lodge는《내가 인종 문제에 관해 백인과 대화하지 않게 된 이유Why I'm No Longer Talking to White People about Race》(2017)의 통렬한 한 대목에서 대처 행동의 한 형태인 전략적 회피와 이탈에 관해 강렬한 묘사를 제공한다.

> 나는 백인들과 대화할 때 인종 문제를 꺼내지 않게 되었다. 모든 백인이 그렇다는 건 아니지만, 대부분의 백인은 구조적 인종차별과 그 징후의 존재를 받아들이지 않는다. 나는 유색인의 경험을 들을 때 백인들이 보이는 정서적 단절의 장벽을 더 이상 참을 수 없다. 그들은 눈을 감고 굳은 표정을 짓는다. 마치 당밀 시럽을 귀에 부어 귓구멍을 막아버리기라도 한 것처럼, 더 이상 우리 말이 들리지 않는 것 같다. … 백인들이 살아온 경험은 그들의 피부색에서 비롯된 결과이지만, 그들은 자신의 경험이 보편적일 수 있고 그래야만 한다고 진심으로 믿는다. 모두가 이 세상을 그들처럼 경험하지 않는다는 사실에 당혹해 하며 방어적인 태도를 보이는 그들을, 나는 더 이상 상대할 수 없다. … 완전히 다른 시각에서 문제를 바라보면서 대화를 나눌 수는 없는 노릇이다. 문제의 존재 자체를 모르는 사람과 그 문제에 관해 더 무엇을 논하

겠는가. … 자칫 좌절감이나 분노, 흥분의 기색이라도 보였다가
는 흑인은 늘 그런 식이라는 인종차별적인 말이 튀어나올 것이
므로, 살얼음판을 걷는 기분으로 대화해야 한다. … 유색인은 평
생 자기검열을 하며 살아야 한다. … 보복을 감수하고 진심을 내
뱉든가, 출세를 위해 혀를 깨물든가 둘 중 하나다. … 나는 더 이
상 이런 식으로 내 감정을 소모할 수 없다. … 그래서 백인들과
인종 문제를 이야기하지 않기로 한 것이다. (pp. ix-xii)

 의도적 회피와 이탈이라는 행동 전략은 몇몇 연구에서도 확인되었
다. 루이스 등(2013)은 흑인 여성들이 성별·인종 복합 미세공격에 의
한 스트레스를 최소화하기 위해 둔감화와 도피라는 전략을 의도적으
로 활용하고 있음을 밝혔다. 호우쉬만드 등(2019)은 특정 상황에서 몬
트리올의 흑인 및 원주민 커뮤니티 구성원들이 자기보호의 한 형태로
서 인종차별 미세공격을 의도적으로 회피하거나 일탈하는 경향이 있
음을 관찰했다. 흑인 여성 기업인에 관한 한 연구(Holder et al., 2015)에서
나타난 "입장 바꾸기"도 이와 관련된 전략이다. 이 연구에서 여성들은
미세공격에 대한 대처 전략으로서 인종 차이를 일부러 무시하고 사적
인 정보를 숨기는 경향을 나타냈다. 여성이나 트랜스젠더에 대한 미
세공격을 다룬 연구에서도 이 경향은 공통으로 나타났다. 한 연구에
서는 인종과 종교 배경이 서로 다른 여성 14명이 성차별 미세공격에
대한 대처 행동으로 회피 반응(예: "건설 노동자들이 모여 있는 곳을 지날 때
고개를 숙인 채 걷는다")을 보였다(Nadal et al., 2013, p. 205). 트랜스젠더가 공
중화장실이나 병원 진료—트랜스젠더에 대한 미세공격이 만연한 두
상황—를 피하는 것도 흔히 볼 수 있는 수동적 대처 전략이었다(Nadal,
Davidoff, et al., 2014). 향후의 과제는 이 전략의 장기적 영향에 관한 연구
일 것이다.

역경을 통한 단련

앞서 여러 차례 강조했듯이, 미세공격의 피해자를 수동적인 희생양으로 보는 사람들도 있지만 그것은 사실이 아니다. 그들은 저항, 회복, 생존을 위해 여러 전략을 구사한다(Desai & Abeita, 2017; Vizenor, 2008). "역경을 통한 단련"이라는 개념은 유색인이 비인간적인 인종차별적 스트레스 요인(빈곤, 낮은 생활수준, 가치 체계 충돌, 노골적 차별, 인종차별 미세공격 등)으로 가득한 삶을 살면서도 그들을 배척하는 사회에 적응하고, 더 나아가 성공할 수 있는 이유를 관찰한 끝에 도출되었다(D. W. Sue, 2003). 흑인 여성 기업인들에 관한 연구가 그 대표적인 예다. 그들은 미세공격이라는 역경의 경험이 자신의 강인함을 상기시켰고, 그로 인해 "더 강하고 더 굳세어졌다"고 진술했다(Holder et al., 2015, p. 172). 4장에서 우리는 소외집단 구성원의 강점이자 그들이 활용할 수 있는 자원으로, 예민한 지각력, 비언어적·맥락적 단서를 정확하게 읽어내는 능력, 이중문화적 유연성, 강한 집단 정체감에 관해 설명한 바 있다. 이러한 특성은 유색인, 여성, 성소수자가 구조적 인종차별, 성차별, 젠더리즘, 이성애주의에 전략적으로 대응하여 성공적인 삶을 살아갈 수 있게 해준다. 10장에서는 여기에 미세개입이라는 개념을 더하여 미세공격의 대상과 그 편에 서고자 하는 사람들의 저항 방법을 구체화할 것이다.

향후의 과제

미세공격에 전략적으로 대응하고 저항하기

인종, 성별, 성적지향 관련 미세공격이 사소하고 악의 없는 무례가 아니라 소외집단 구성원들에게 중대한 스트레스 요인이라는 점은 분명하다. 미세공격은 모호하고 만성적이며 누적적이라는 특징 때문에 더욱 강력한 스트레스 요인이 된다. 우리는 이 장에서 지각된 차별이 생리적 문제를 일으키고 면역체계를 약화하며 감염 및 질병 감수성을 증가시킨다는 사실을 확인했다. 미세공격이 불안, 스트레스, 우울, 자살 충동과 관련된다는 점도 다양한 조사 연구에서 밝혀졌다. 또한 주관적 안녕감과 자아존중감 하락에도 연관된다. 미세공격의 표적이 되어온 사람들은 개인적, 집단적으로 미세공격에 대응, 대처, 저항하기 위한 전략을 갖게 되었다. 최근 급속히 늘어난 이 주제에 대한 연구에서 우리는 미세공격 스트레스를 줄이는 데 도움이 되는 대처 방법에 관해 통찰력을 얻을 수 있다. 흑인 여성들의 미세공격 대처 전략에 관한 루이스 등(2013)의 다음과 같은 범주 구분은 흑인 여성뿐 아니라 우리 사회에서 주변화된 모든 집단에 적용 가능하다.

1. 저항형 대처. 이 전략은 미세공격 가해자의 모욕과 무시에 순응하지 않는 것을 말한다. 저항형 대처는 다음과 같이 여러 형태로 나타난다.
   - 보이지 않는 것을 보이게 하기. 미세공격은 모호하고 불명료하며 불확실할 때가 많으므로, 피해자는 종종 미세공격이 일어난 것이 맞는지 확신할 수 없다. 미세공격에 관한 이론과 연구의 주요 공헌 중 하나는 유색인, 여성, 성소수자에게 그들의 경험을 풀어낼 언어를 준 것이다. 악행에 이름을 붙이는 것은 그로부터 해방되기 위한 첫 번째 단계다.
   - 고정관념에 저항하기. 미세공격은 널리 퍼져 있는 부정적 고정관념에서 비롯될 때가 많다. 우리의 연구에서 참여자들은 종종 고정관념을 예측하고 그에 대한 선제적 행동을 취했다. 게이

남성이 다른 남자들과 어울리기 위해 동성애자를 비하하는 농담을 한다거나 아시아 여성이 비사교적이고 공부만 하는 사람으로 인식되지 않으려고 일부러 더 장난을 치거나 쾌활하게 행동하는 것이 그 예다.

- 가해자에게 적극적으로 맞서기. 가해자를 호명하여 미세공격 행위를 지적하고, 때로는 가해자에게 미세공격이라는 미묘한 모욕과 무시가 왜 문제가 되는지 알려주는 것을 말한다. 늘 활용 가능한 방법은 아니지만 적극적으로 목소리를 내는 것은 효과적인 저항 형태일 수 있다(Houshmand, Spanierman, & DeStefano, 2019; Lewis et al., 2013).

- 주류집단 규범에 저항하기. 지배집단의 가치가 당연하게 여겨지는 세계에서 소외집단 구성원들은 주변화되거나 "지워진" 존재가 된 느낌과 순응해야 한다는 압박감을 경험하는 것으로 나타났다. 그러한 상황에서 선택할 수 있는 대처 방법 중 하나는 순응하지 않는 것이다. 태어날 때부터 갖고 있는 곱슬머리를 그대로 유지하는 흑인 여성처럼 다수집단의 가치를 의도적으로 거부하는 복장이나 외모가 그 예다. "젠더 비순응gender nonconforming"이라는 용어는 젠더 이분법에 대한 명시적 저항을 뜻한다.

- 힘을 보여주기. 그 형태는 집단에 따라 다소 다를 수 있지만, 자신이 가진 능력을 보여줌으로써 미시전략에 대처하는 전략이다. 흑인 여성 중 여러 역할과 책임을 수행하는 "흑인 슈퍼우먼"을 자처하는 경우가 이에 해당한다(Lewis et al., 2013). 어떤 여성들은 남성 동료들과 경쟁하거나 그들을 능가할 수 있음을 보여주기 위해 더 열심히 일한다(Nadal et al., 2013).

2. 집단형 대처. 이 전략의 핵심은 집단, 즉 가족이나 친구, 커뮤니티에게 지원을 구하는 것이다(Houshmand, Spanierman, & Tafarodi, 2014).

사회적 보증과 지원은 미세공격 스트레스의 충격을 완화할 수 있
는 강력한 힘이다. 미세공격 연구자들이 확인한 집단적 대처의
몇 가지 형태는 다음과 같다.

- 내가 비정상인가? 미세공격의 모호함 때문에 피해자는 검증과
  확인을 필요로 한다. 이때 지원 네트워크 구성원들에게 손을
  내밀 수 있으며, 거기서 얻은 확신은 자신의 정상성에 대한 믿
  음과 통합감을 유지하는 강력한 수단이 된다.

- 연대 형성하기. 미세공격에 의한 무시와 모욕에 지친 피해자들
  은 같은 생각을 가진 커뮤니티 구성원이나 그들의 편이 되어줄
  사람들에게 정서적 지지를 구한다. 이러한 연대는 피해자에게
  활기를 되찾게 하는 자양분이다. 예를 들어, 대학 캠퍼스에서
  유색인 학생들이 학내 다문화 지원시설을 일종의 피난처로 삼
  는 경우가 관찰되었다(Clark et al., 2014).

- 웃어넘기기. 미세공격의 영향을 산란시키기 위해 함께 크게
  웃어넘기는 전략이 이용되기도 한다. 가해자의 말에 웃음으
  로 반응할 수도 있고, 비웃음을 치유 전략으로 삼을 수도 있다
  (Houshmand et al., 2019).

3. 자기보호형 대처. 이 전략은 미세공격의 부정적 영향으로부터 자
   신을 보호하는 다음 몇 가지 방법을 말한다.

- 문화 활동 및 창작 활동. 미세공격의 피해자들은 긴장을 완화
  하고 미세공격의 고통을 진정시키기 위해 자신이 속한 집단의
  문화와 관련된 창작 활동에 참여하기도 한다(Houshmand et al.,
  2019). 그들은 작곡을 하거나 글을 쓰고, 전통적인 그림이나 춤
  에 몰두하며, 자신의 언어와 풍습을 통해 내면의 힘을 키운다.
  긍정적인 민족 정체성이 미세공격으로부터 자신을 보호하는
  데 기여하며 미세공격의 영향을 감소시킨다는 것을 밝힌 연구

도 있다.

- 회피와 탈출. 이 전략은 미세공격에 대해 둔감해지거나, 미세공격이 일어날 수 있는 상황을 미리 피하거나, 미세공격이 일어난 상황에서 도망쳐 버리는 방법이다. 미세공격 사건은 빈번하게 일어나므로 피해자들은 상처받지 않으려고 의도적으로 둔감해지려는 경향을 보이기도 한다. 인종, 성직지향, 정체성을 숨김으로써 조롱, 괴롭힘, 불편한 시선을 받는 일을 피하거나 도망치는 것이다(Moody et al., 2019). 이 전략은 장기적으로 부정적인 영향을 끼칠 수 있으므로, 잠재적 피해자들이 더 많은 대처 전략을 활용할 수 있게 효과적으로 개입할 방법을 개발할 필요가 있다.
- 자신을 돌보기. 미세공격의 피해자들은 의도적으로 스스로를 돌보는 다양한 활동에 참여한다. 단순히 낮잠을 자거나 산책을 하는 것도 포함되며, 어떤 이들은 엄격한 식단 관리와 운동 계획을 세워 실천하기도 한다. 목욕이나 스파도 치유 효과가 있으며, 상담을 받는 것도 자신을 돌보는 한 방법이다.
- 종교와 영성. 이 전략에는 오랫동안 성경의 가르침과 흑인 민권 옹호를 통해 희망을 심어온 아프리카 감리감독교단African Methodist Episcopal 교회처럼 조직화된 종교 활동뿐 아니라 초월적 힘을 추구하고 삶의 의미를 깊이 탐구하는 더 일반적인 영성spirituality을 갖는 것도 포함된다.

6장

미세공격의 가해자:
누가 무엇을 언제 어떻게 왜?

백인 유대인 소년이었던 내가 자란 1950년대, 1960년대의 디트로이트는 인종과 계급으로 분열되어 있었다. 그 도시가 화염에 불탔던 1967년 여름(1967년 7월 23일에 일어난 디트로이트 흑인 폭동을 일컫는다-옮긴이)에는 650km 떨어진 미시건주 북부의 한 막사에서 일하고 있었지만, 그 사건은 내가 오랫동안 겪은 인종적 긴장이 마침내 폭발한 것이었다. 나는 폭력 사태가 일어난 거리, 그날 이후 도시에 상처로 남은 무허가 건물들과 공터들을 알고 있었다. … 이웃과 학교에 흑인이 있기는 했지만 그들과 가까이 지낸 적은 없었다. … 흑인 민권에 관한 강한 신념을 키우고 있을 때조차도 현실에서는 나 또한 인종차별적인 삶을 살았다. 나는 유색인종이 열등하다는 우리 사회의 편견을 흡수했다. 나는 우등반 수업에 백인밖에 없는 것을 당연하게 여겼고, 통합이라는 허울 안에서 지속되는 분리를 수용했다.

흑인 민권에 관한 나의 신념은 인종적 불의에 대한 도덕적 분노에 의한 것이기도 했지만, 한편에는 사회적으로 불리한 조건에 놓인 사람들을 도와야 한다는 일종의 노블레스 오블리주 의식이 깔려 있었다. 인종차별적 시스템은 확실히 나에게 유리했으며, 당시에는 그러한 시스템이 백인인 나를 갉아먹고 있다고는 상상도 하지 못했다.

성인이 된 후에도 인종차별적인 생각은 불쑥불쑥 찾아왔다. … 그럴 때면 나 자신이 비루하게 여겨졌다. 나의 부끄러움은 가늠할 수 없을 만큼 깊었고 내 정신에 침투한 그 혐오스러운 생각은 자아감sense of self에 균열을 일으켰다. 내가 할 수 있는 일이라고는 그 생각을 비밀에 부치고 가능한 한 밀어내려고 애쓰는 것밖에 없었다.

— 스티븐 와인먼 (Wineman, 2017에서 재구성)

은퇴한 지역 정신보건시설 종사자이자 작가인 스티븐 와인먼Steven Wineman이 쓴 이 글은 그를 포함하여 선량한 지배집단 구성원들이 자기 내면의 인종차별, 성차별, 젠더리즘, 이성애주의와 직면했을 때 일어나는 다음과 같은 내적 투쟁 과정을 보여준다.

1. 소외집단에 대한 억압과 부당함이 만연해 있다는 사실을 알게 됨.
2. 자신이 타인의 억압에 일조, 공모하고 있다는 사실을 갑자기 깨달음.
3. 자신에게는 편향이나 편견이 없는 척함.
4. 자신에게 혹은 자신이 속한 사회에 인종차별, 성차별, 이성애주의

등이 있다는 것을 상기하지 않기 위해 소외집단과 부딪치는 일을
피함.

5. 우리 사회의 불의를 바꿀 수 없는 데 대한 무력감을 느낌.

6. 백인, 남성, 이성애자, 시스젠더의 "우월성"이 우리 사회에 뿌리박
혀 있는 기본 가정이라는 깨달음.

7. 그 어느 누구도 인종, 성별, 성적지향에 관한 대대로 이어져 내려
오는 이 사회의 편견으로부터 자유로울 수 없다고 인식함.

와인먼은 인종차별과 계급주의를 폭넓게 다룬 이 글(2017)에서 자신
의 편향이나 타인의 억압에 자신이 기여하는 바에 관해 미미하게 인
식하고 있는 많은 선량한 백인들에 주목한다. 그의 내적 투쟁은 인지
(인식 또는 부정, 잘못된 가정, 가장하기), 행동(유색인과의 분리), 감정(부끄러움
과 분노의 감정) 차원을 포함한다.

지금까지 우리의 논의와 분석은 미세공격의 피해자 쪽에 초점을 맞
추었으며, 특히 미세공격이 그들에게 미치는 유해성을 중점적으로 다
루었다. 이 장에서는 시선을 미세공격의 가해자 쪽으로 돌려보려고
한다. 인지, 행동, 감정 차원의 영향을 받는 것은 피해자만이 아니기
때문이다. 미세공격 가해자는 자신에게 있는 편향을 자각하면서 인지
왜곡cognitive distortion이나 인지 협착cognitive constriction으로 현실을 잘
못 인식하기도 하고(Clark & Spanierman, 2018; Goodman, 2011; Spanierman
& Heppner, 2004), 소외집단 혹은 그 구성원과의 관계를 회피하거나 마
음에 없는 행동으로 관계를 소원하게 만들기도 하며(Hanna, Talley, &
Guindon, 2000; Spanierman, 2015), 죄책감·공포·분노 등의 감정적 혼란을
경험하기도 한다(Spanierman & Cabrera, 2015; D. W. Sue, 2003). 이 장에서
우리는 미세공격 가해자와 미시 수준의 지배 및 억압 시스템 간 상호
작용을 살펴볼 것이다. 흥미롭게도 이제까지 미세공격을 저지른 사람

들을 이해하는 데 주목한 연구는 거의 없었다. 그래서 우리는 아주 기초적인 질문으로부터 시작하여 다음 네 개의 질문에 답해 나갈 것이다.

1. 미세공격의 가해자는 누구인가?
2. 그들은 왜, 어떻게 미세공격을 저지르게 되는가?
3. 미세공격 가해자는 왜 자신이 특권을 가졌다는 사실을 깨닫기 어려운가?
4. 미세공격 가해자는 어떤 대가를 치르게 되는가?

미세공격의 가해자는 누구인가?

미세공격에 관한 연구 대부분은 피해자의 경험에 초점을 맞추어왔지만 가해자에 관해 아는 것도 중요하다. 특정 집단에 특권을 부여하는 사회 시스템을 벗어날 수 있는 사람은 없으며, 이는 모든 지배집단 구성원에게 미세공격의 가해자가 될 소지가 있다는 뜻이다. 미세공격의 가해자는 회계사나 의사일 수도 있고, 항공기 승무원이나 경찰, 부동산 임대인, 공무원, 가게 주인일 수도 있으며, 학생이나 교사, 심지어 정신과 의사일 수도 있다. 부모, 삼촌이나 고모, 조부모, 형제자매, 친구, 지인이 미세공격의 가해자가 되지 말란 법도 없다.

앞에서 자세히 설명했듯이 미세폭력(고의로 위해를 가하려는 행위) 이외의 미세공격 가해자 대부분은 자신의 편향을 알지 못하며 자신이 차별하고 있다고 생각하지도 못한다. 그들은 자신이 선의를 지녔으며 도덕적이고 대체로 공정하다고 생각한다(Trepagnier, 2010). 따라서 자신이 미세공격을 저질렀다는 사실을 깨달으면 (혹은 다른 사람이 그 사실을 지적하면) 그들은 자아상이 공격을 받는 것으로 느낄 수 있다. 임상심리학자 빈첸초 테란Vincenzo Teran(Clay, 2017, p. 46에서 인용)이 미국심리학회 발간 잡지《모니터 온 사이콜로지Monitor on Psychology》와의 인터뷰에서 말했듯이, "미세공격은 우리가 나쁜 사람이라기보다는 이 사회를 지배하는 세계관이 유럽중심, 남성중심, 이성애중심이라는 사실을 가리킨다."(p. 46). 또한 미세공격은 백인우월주의, 가부장제, 이성애규범성 등의 지배 시스템과도 연관되어 있다.

우리는 백인을 대상으로 하는 미세공격도 있지 않겠느냐는 질문을 자주 받는다. 백인은 미국 사회의 지배적인 인종 집단이므로, 인종차별 미세공격만 따지자면 답은 '아니오'다. 그러나 백인 여성은 성차별 미세공격을, 백인 성소수자는 성적지향 또는 젠더 정체성에 대한 미세공격의 표적이 될 수 있다. 미세공격은 지배와 우월주의—자신이 가진 가치와 세계관, 존재 방식이 다른 이들의 것보다 우월하다는 믿음—라는 거시적인 맥락에 의존한다. 따라서 지배집단 구성원만이 그 집단 정체성에 기반하여 미세공격을 저지를 수 있다. 즉, 유색인이 백인에게 인종차별 미세공격을 가하는 일은 불가능하지만, 그가 이성애자라면 성소수자에게 성적지향에 관한 미세공격의 가해자가 될 수는 있다. 백인이 인종차별을 받고 있다고 느꼈다 하더라도, 그것은 인종차별 미세공격이 아닐 것이다(Clark & Spanierman, 2018).

우리에게 소외집단 구성원들도 같은 집단 구성원이나 다른 소외집단 구성원에게 미세공격을 가할 수 있느냐고 질문하는 사람들도 있다. 결론부터 말하자면, 그 사회의 억압 체계에 달려 있다. 즉, 미국 사회에서 유색인의 다른 유색인에 대한 모욕이나 무시는 편향의 표출일 수는 있어도 미세공격은 아니다. 다시 말하지만, 권력 관계에서 지배적인 위치에 있는 사람만이 미세공격의 가해자가 될 수 있기 때문이다. 다른 여성에 대한 미묘한 경멸을 내비치는 여성이나 다른 게이 남성을 공격하는 게이 남성도 마찬가지다. 단, 성적지향이 공격의 초점이 아니었다면, 즉 백인 동성애자가 유색인 동성애자를 공격한 것이라면 문제가 복잡해진다. 그러나 여기서 우리의 목표는 대인 상호작용에서 나타나는 모든 편향의 유해성을 줄이는 것이 아니라 미세공격의 가해자가 가진 본질적 특성을 가려내고 그 사회의 권력과 억압이라는 더 넓은 맥락을 강조하는 것이다.

그들은 왜, 어떻게 미세공격을 저지르게 되는가?

미세공격은 진공 상태에서 일어나지 않는다. 미세공격은 권력, 특권, 억압의 거시적 맥락 안에서 일어난다. 이 거시적 맥락은 모두가 지향해야 할 이상ideal과 규범을 특정 집단, 즉 백인 이성애자 남성이 대표하게 만든다. 이 장의 뒷부분에서 설명하겠지만, 이 사회 질서를 유지하는 것은 아주 어릴 적부터 시작되며, 의도적인 제지가 없는 한 평생 지속되는 강력한 사회화 과정이다. 백인중심성이나 이성애규범성 등이 이 사회를 지배하고 있다는 사실은 일상에서 매일 부딪히는 갖가지 상징에서 표출되며, 제도와 문화에 은밀하게 구현되어 있다. "백인"과 "이성애자"라는 사실은 "자연스러운 것"으로 간주되므로, 그들의 특징은 눈에 보이지 않고 투명하며 배경과 분리할 수 없게 된다(Jackson, 2006; Kitzinger, 2005; Sleeter & Bernal, 2004). 그 결과 노골적인 혹은 은밀한 인종차별과 백인우월주의는 백인의 삶에 문화적으로 조건화되며, 그들의 삶에 중요한 영향을 미치는 여러 조직에도 스며들어 있다(Jones, 1997; Ridley, 2005; Smedley & Smedley, 2005).

미국의 백인 대부분은 사회적 조건화 과정이 자신의 세계관에 어떠한 영향을 미치는지 모른다. 일부 그 과정을 머리로 이해하고 있는 사람도 있겠지만, 그러한 인지적 통찰을 마음으로 느끼거나 행동으로 옮기지는 못한다. 따라서 지배집단 구성원은 자기도 모르게 자신의 세계관과 존재 방식을 자연스럽고 옳은 것으로 여기게끔 사회화되며, 그러면 필연적으로 다른 집단의 존재 방식을 부자연스럽고 틀린 것으로 간주하게 된다. 미세공격은 바로 이러한 보이지 않는 사회화 과정을 통해 우리 사회에 만연하게 된다.

지배를 창출하고 유지하는 도구

지배 시스템 유지를 위한 사회적·문화적 조건화는 특정 집단의 특권을 정당화하는 다양한 메커니즘에 의존한다(Jones, 1997; Ridley, 2005; D. W. Sue, 2003). 학교 시스템과 교육, 대중매체, 중요한 타인 및 기관이 그 핵심 메커니즘이며, 이들은 함께 작동하여 이 사회의 "올바른 존재 방식"—이것은 "진리", "현실"과 동일시된다—에 관한 서사를 영속화한다.

첫째, 미국의 학교와 교육과정은 그 본질상 단일문화적이며, 그 중심에 있는 서유럽 백인의 관점은 유색인종의 역사를 누락·왜곡하고 악惡으로 묘사한다. 교육과정에서도 이성애, 시스젠더의 경험과 실재를 우선시한다. 다문화를 연구해 온 학자들은 주변부로 밀려난 사람들(유색인, 여성, 성소수자 등)의 정확한 역사와 문화를 초등·중등·고등 교육에 포함해야 관점을 바꿀 수 있다고 주장한다(Banks, 2004; Sleeter & Bernal, 2004). 학교에서 거짓을 진실인 것처럼 가르치는 일은 소외집단에게 매우 부정적인 결과를 초래할 수 있다. 콜럼버스가 아메리카 대륙을 발견했으며, 아메리카 원주민의 땅을 빼앗은 것이 천명manifest destiny이었고, 일본계 미국인 강제 수용이 (인종차별이 아니라) 국가 안보상 필요한 일이었다고 배운 학생들의 세계관에는 백인이 인종적으로 우월하고 그 외 인종은 열등하다는 인식이 스며든다. 사회학자 제임스 로웬James Loewen은 《선생님이 가르쳐준 거짓말: 아무도 가르쳐 주지 않은 미국사의 진실Lies My Teacher Told Me: Everything Your American History Textbook Got Wrong》(2018)에서 이러한 거짓 역사의 전모를 보여주 었다.

둘째, 인쇄매체(신문, 잡지), 인터넷(인터넷 뉴스, 블로그, 소셜미디어), 라디오, 텔레비전, 영화 등 대중매체는 대중에게 인종과 그 각각의 문화에 관한 강력한 이미지를 전달할 때가 많다. 우리는 대중매체 속에서 끊임없이 반복되는 범죄, 빈곤, 지적 결함, 이질성, 비정상성이라는 주제와 메시지를 통해 타 집단에 관해 알게 된다(Cortés, 2004). 여기서 흥미로운 점은 매체에서 묘사되는 유색인종의 모습이 억압을 받는 쪽뿐 아니라 억압을 하는 쪽에도 치명적인 결과를 초래할 수 있다는 것이다. 아동 복지 비영리기관 칠드런 나우Children Now가 발표한 매체 연구(1998)에 따르면, 모든 인종의 아동이 매체를 보며 긍정적인 특징은 백인 등장인물에, 부정적인 특징은 유색인 등장인물에 연관시키는 것으로 나타났다. 아동들이 시청한 프로그램의 주요 등장인물이 라틴계 및 아시아계인 경우는 드물었으며, 백인은 의사, 경찰, 사장 등 높은 지위의 배역을 맡고, 흑인은 범죄자나 가사도우미 같은 배역을 주로 맡는 것으로 나타났다. 이 연구는 매체에서 유색인이 존경받을 만하지 못하고 능력이 부족하며 위험하고 무서운 존재로 그려진다고 지적했다. 트럼프 정부 때 우리는 유명한 아프리카계 미국인들을 향한 공공연하고 충격적인 인종차별 발언을 여러 차례 목도했다. 다음은 트럼프가 트위터에 쓴 글이다. "르브론 제임스Lebron James가 방금 TV에 나오는 가장 멍청한 사람, 돈 레몬Don Lemon과 인터뷰했다. 그러기가 쉽지 않은데, 레몬 덕분에 르브론이 똑똑해 보였다." 캘리포니아 하원의원 맥신 워터스에게는 "IQ가 보기 드물게 낮은 사람"이라고 비난한 적도 있다. 이러한 모욕과 폭력은 흑인이 지적으로 열등하다는 인종차별적 편견을 각인하는 데 일조할 수 있다.

셋째, 또래집단, 가족, 소속된 기관이나 각종 모임에서 만나는 사람들도 지배집단의 관점을 전파하는 강력한 수단으로 기능한다. 2018년 3월 트럼프 정부가 "약물이나 수술 등 의학적 치료가 필요한 성별 불쾌감gender dysphoria을 진단받은 적이 있는 트랜스젠더는 특별한 경우가 아니면 군복무가 불가능하다"라는 지침을 발표한 것이 그 예다. 법원에서 트랜스젠더 군복무 금지를 막기 위한 조치를 취하기는 했지만, 이 지침은 피억압 집단을 침묵시키고 그들을 일탈적이고 사회에 받아들여질 수 없는 사람들로 격하했다. 학교, 직장, 교회, 가족이 전달하는 메시지는 사회적 억압을 영속화한다. 예를 들어, 아이들의 사회적 조건화는 다음 사례에서처럼 부모의 행동을 통해 비언어적으로 일어날 수 있다.

> 어느 늦여름 오후였다. 친구 사이로 보이는 백인 엄마들이 네다섯 살 된 아이들을 데리고 동네 맥도날드에 들어섰다. 아이들은 간식을 먹고 나서 매장에 딸린 놀이터에서 그네와 미끄럼틀을 타고 놀았다. 엄마들은 테이블에 앉아 아이들이 뛰어 노는 모습을 지켜보았다. 그런데 그중 여자아이 하나가 놀이터 한쪽 구석의 잔디밭 쪽으로 가더니 빨간 장난감 트럭을 가지고 놀고 있던 흑인 남자아이에게 말을 걸었다. 그 소녀의 엄마는 다른 엄마들과 재빨리 시선을 교환했다. 모두 고개를 끄덕이자 그녀는 곧바로 일어나 놀이터로 가서 딸을 불렀고, 부드럽게 이끌어 다시 친구들 무리에 합류하게 했다. 그러나 잠시 후 아이가 다시 흑인 소년에게로 가서 트럭을 가지고 놀기 시작했다. 그러자 엄마들이 동시에 벌떡 일어나 아이들을 큰 소리로 불렀다. "얘들아, 이제 갈 시간이야!" (D. W. Sue, 2003, pp. 89–90)

현실을 규정하는 권력

앞에서 언급했듯이, 어느 집단에게 권력이 있다는 것은 그 집단이 현실을 규정할 수 있다는 뜻이다. 미국의 역사가 원주민의 땅을 빼앗고 흑인을 노예로 만들고 제2차 세계대전 당시 일본계 미국인을 강제 수용하는 등 인종차별로 점철된 것이 바로 그 때문이다(Feagin, 2013; Jones, 1997; Ponterotto, Utsey, & Pedersen, 2006; Ridley, 2005). 그 모든 만행은 인종차별적 신념, 태도, 신화로 가득 찬 서유럽 중심의 세계관에 의해 정당화되었다. (a) 백인들은 대륙 전체를 장악하고 아메리카 원주민에게서 토지를 수탈한 일을 "천명"이라는 이름으로 미화했으며(Jones, 1997; D. W. Sue, 2003), (b) 흑인은 지적으로 열등하며 진정한 인간이 아니므로 자유를 누리는 것이 적절치 않은 존재로 여겨졌고, (c) 제2차 세계대전 당시 일본계 미국인의 3분의 2는 미국에서 출생하여 시민권을 얻은 사람들이었음에도 불구하고 일본에 더 충성할 잠재적 첩자로 간주되었다. 이후 문제제기를 하는 사람들이 있었고 그 결과 부정확하고 유해한 관점이라는 것이 밝혀졌지만, 이러한 생각은 최근까지도 만연해 있었다. 세 사례는 공통적으로 자기 집단이 "진실"을 말하고 있으며 다른 집단보다 우월하다는 백인들의 믿음이 유색인에 대한 억압을 낳은 사건들이다.

미국 사회에서 백인우월주의자들의 관념은 특정 집단(백인 서유럽인)의 역사를 미화하고 다른 집단은 열등하고 원시적이고 바람직하지 않은 존재로 묘사하는 인종차별적 교육을 통해 의도적으로든 비의도적으로든, 의식적으로든 무의식적으로든 계속 이어져 내려왔다(Hanna et al., 2000; Jones, 1997). 사람들의 머릿속에 심긴 아시아계 미국인의 이미지는 교활하고 '영원한 이방인perpetual foreigner'이며 충성심과 리더십이 부족하다. 아프리카계 미국인은 위험하고 범죄자나 마약 중독자일 가능성이 높으며 지적으로 열등하고, 라틴계 미국인은 불법체류자이고 복지 혜택 수급자이며 가난하고 게으르다. 아메리카 원주민에게는 알코올 중독자, 미개한 야만인, 미신을 믿고 교육이 불가능하다는 이미지가 씌워진다. 이러한 이미지들은 혐오감, 공포감, 역겨움, 그들과 가까이하면 오염될 것 같다는 느낌을 불러일으키며, 아이들은 그들이 두려워하고 피해야 하는 존재라고 배운다.

이성애규범성도 미국에서 지배적인 이데올로기 중 하나다. 이성애규범성이란 이 세상에 "남성"과 "여성"만 존재하고 모두 그에 따른 역할과 젠더 표현을 따라야 하며, 이성 간에만 짝을 이룰 수 있다는 관념을 말한다. 이성애규범성이 지배하는 사회에서는 이성애만이 "자연스러운 것"이고, 다른 모든 성정체성과 성적지향은 부자연스럽고 비정상적이며 일탈적인 것으로 간주된다. 사람들은 동료, 학교, 매체, 각종 제도를 통해 레즈비언 여성이 남성을 혐오하며 이성애자인 여성을 꾀어 레즈비언으로 만들려고 하고 레즈비언 커플은 한 사람이 여성, 다른 한 사람이 남성 역할을 한다고 믿도록 조건화된다. 이미지 속의 게이 남성은 여성스럽고 유행에 민감하며 성생활이 문란하다. 양성애자는 과잉성욕자이고 난잡하다. 인종에 관한 고정관념처럼 성소수자에 대한 이러한 이미지들도 아이들에게 특정 집단이 역겨운 감정을 불러일으키며 두려운 존재라는 인식을 심어준다. 이러한 사회적 조건화 과정은 이성애자와 시스젠더의 경험에 특권을 부여하고 그들과 다른 경험을 가진 사람들을 주변화하거나 머릿속에서 지워버린다.

미세공격 가해자는 왜 자신이 특권을 가졌다는 사실을 깨닫기 어려운가?

인종 소수자 집단에 대한 이 나라의 제도적 인종차별과 억압의 유해성을 매일 마주한다는 것은 무척 힘든 일이었다. 그것은 백인이라는 이유로 우리 사회에서 나에게 주어진 특권의 위치를 깨닫게 만들었다. 나는 내가 인종차별적인 시스템 속에서 타인이 겪는 어려움으로 이득을 보고 있는 백인이라는 사실이 속상했다. 어떤 면에서 나 또한 인종차별주의자라는 뼈아픈 자각에 괴로웠다. 나도 인종차별적 농담을 들으며 웃었고 나 자신이 그런 농담을 하기도 했으며, 그런 행동을 통해 백인들의 인종주의적 태도를 지지했다는 사실에 직면해야 했다. 내가 유능한 다문화 심리학자가 되기를 진정으로 원한다면, 더 폭넓고 심도 깊은 자아성찰이 필요했다. 그러나 때로는 실질적인 자기반성은 피한 채 피상적으로만 이 문제에 접근함으로써 이 불편한 과정에서 도망치고 싶기도 했다. (Kiselica, 1998, pp. 10–11)

미세모욕과 미세부정의 주요 특징 중 하나는 가해자 자신이 상대방을 비하하고 있다는 사실을 거의 알지 못한다는 점이다. 사회화 과정을 통해 백인들에게 내면화된 유럽 중심의 가치, 신념, 기준, 규범은 눈에 보이지 않는 암묵적 표준이 되고, 다른 모든 집단의 규범과 행동은 백인들의 의식 또는 무의식 속에서 이 표준과 비교, 대비된다 (D. W. Sue, 2004; Wildman & Davis, 2002). 어떤 이들은 미국 사회에서 백인은 표준이자 바람직한 존재로 간주되고, 이에 따라 백인이 자동으로 지배력을 갖게 된다고 설명한다(Jensen, 2002). 철학자 찰스 밀스Charles Mills(1997)는 백인이 지배적인 인종으로 자리 잡는 데 무지의 인식론이 필수 요건이었다는 인종계약 개념을 제시했다. 그는 인종계약에 의해 백인들이 "자기 자신과 사회의 실재를 온전히 이해할 수 없게 하는 인지 모형"을 갖게 되며 "이 계약에 서명한 백인들은 날조된 망상 세계에 살게 되고, 그것은 인종 문제에 관한 오해, 왜곡, 변명, 자기기만으로 가득한 세계"라고 설명했다(p. 18). 이전 장에서 언급했듯이 성차별, 젠더리즘, 이성애주의 시스템에서도 이와 유사한 표준이 작동한다. 다시 말해, 무지의 인식론에 의해 시스젠더, 이성애자, 남성의 규범과 가치가 지배적인 위상을 점유하며 당연한 것으로 여겨진다.

우리 사회의 지배집단 구성원들은 왜 자신들의 특권적 지위를 인정하지 못할까? 그들은 자신이 편향된 태도나 신념을 표출하고 있다거나 차별적인 방식으로 행동한다는, 즉 미세공격을 가하고 있다는 지적에 왜 그렇게 방어적이고 감정적인 반응을 보일까? 앞의 인용문에서 마크 키셀리카Mark Kiselica(1998)는 자신의 인종·문화적 각성, 자신이 가진 인종차별주의에 대한 깨달음, 자신이 타인의 고난으로부터 이득을 보고 있다는 죄책감, 그 문제에 대한 더 깊은 탐구나 자아성찰을 회피하고 싶은 열망을 고백했다. 이것은 많은 백인에게 볼 수 있는 전형적인 현상이다(D. W. Sue & Constantine, 2007). 그의 고백에는 많은 지배집단 구성원들이 자신이 가진 특권을 보지 못하고 자신이 인종차별적, 성차별적, 이성애주의적 태도를 갖고 있다는 생각에 저항하는 이유를 알 수 있는 단서가 담겨 있다. 그것은 정직한 자아성찰을 가로막는 다음 네 가지 심리적 두려움 또는 장애물이다. (a) 인종차별주의자로 보이는 데 대한 두려움, (b) 억압의 공모자라는 자각에 대한 두려움, (c) 특권적 지위의 인정에 대한 두려움, (d) 억압을 종식시킬 책임에 대한 두려움(D. W. Sue & Constantine, 2007). 이 네 가지 두려움이 만든 네 겹의 가면은 더 깊은 공포와 함의를 지닌 하나의 방어막을 형성한다. 이하에서 우리는 인종차별을 중심으로 네 단계의 두려움을 설명하겠지만, 이 설명은 다른 형태의 억압에도 유사하게 적용된다.

1단계—인종차별주의자로 보일까 봐 두렵다

백인들이 악의 없이, 단지 인종차별주의자로 보이는 일을 피하기 위해 인종차별의 존재를 부정하는color-blind, 즉 인종은 문제가 안 되고 되어서도 안 된다는 이데올로기를 취할 때가 종종 있다(Neville, Awad, Brooks, Flores, & Bluemel, 2013). 그들은 인종 문제에 관한 대화를 피하고 인종 차이를 부정하며 우리 사회에서 인종차별을 과소평가하는 것이 인종차별 미세공격이 될 수 있다는 사실을 알지 못한다. 여러 연구에 따르면, 인종은 사람들을 자동으로 분류하는 가장 빠른 방식이므로 다른 사람을 볼 때 인종을 인식하는 것은 이례적인 일이 아니며 오히려 당연한 일이다(Apfelbaum, Sommers, & Norton, 2008; Ito & Urland, 2003). 그런데도 사람들은 자신이 인종을 보지 않는다고 주장한다. 그 이유는 "전략적 색맹strategic color-blindness"이라는 개념으로 설명할 수 있을 것이다. "전략적 색맹"이란 인종 차이를 인지하지 못한 척함으로써 (Apfelbaum et al, 2008; Neville et al, 2013; D. W. Sue, 2004) 사회적 상호작용에서 자신이 아무런 편향도 갖지 않은 사람으로 보이려고 하는 시도를 말한다. 여러 연구에서 밝혀졌듯이, 많은 백인들이 자신의 말이나 행동이 인종차별적으로 보일까 봐 두려워하며, 이 때문에 회피, 가식, 미화가 그들의 행동을 지배한다(Dunton & Fazio, 1997; Gaertner & Dovidio, 2005; Plant & Devine, 1998). 부정은 이러한 공포에 대응하는 주요 방어 수단이다. 사회심리학자들은 백인이 다른 인종과 상호작용할 때 인종차별주의자로 보이지 않기 위해 쓰는 에너지 때문에 인지 고갈을 겪을 수 있다고 말한다(Richeson & Shelton, 2007).

인종차별주의자로 보이는 데 대한 두려움에는 긍정적인 면도 있고 부정적인 면도 있다. 아이러니하게도 우리는 이 두려움에서 만인의 평등과 내재적 가치에 대한 신념을 재확인할 수 있다. 많은 백인 미국인들이 독립선언문Declaration of Independence과 미국 헌법, 권리장전Bill of Rights에 쓰인 기회의 평등, 민주주의, 사회정의를 믿고 있다는 사실을 알게 된다는 것은 고무적인 일이다. 개인적으로도 이 두려움은 자신의 편견을 조절하고 예방하는 데 도움이 된다. 다른 한편으로는 접근과 기회 평등에 대한 신념이 오히려 그 소중한 신념과 상반되는 편향을 숨기고 있다는 뜻일 수도 있다. 그러나 여러 연구에서 확인한 바에 따르면, 백인들은 다른 인종과 상호작용할 때 전략적 색맹과 인상관리impression management를 성공적으로 구사하지 못한다. 그들의 행동은 의도했던 것과 정반대의 인상을 주고, 언어는 머뭇거림과 뒤엉킴, 끊어진 말들로 가득해지며, 이 모두는 불안의 징후다(Apfelbaum et al., 2008; Utsey, Gernat, & Hammar, 2005). 더 중요한 것은 백인들이 다른 사람들뿐 아니라 자기 자신에게도 자신의 편견과 편견에 따른 태도 및 행동을 필사적으로 감춘다는 점이다.

2단계—억압의 공모자라는 자각이 두렵다

전략적 색맹은 인종 문제가 결부되어 있는 대인 상호작용에서 타인에게 편향이 없는 것으로 보이기 위한 시도를 말한다. 그 층을 벗겨내면 그 아래에는 자신이 가진 인종 편향이 드러나는 데 대한 더 심원한 공포가 존재한다. 더 끔찍한 것은 마크 키셀리카가 앞서 인용한 글에서 말했듯이 "어떤 면에서 나 또한 인종차별주의자라는 뼈아픈 자각"에 이르게 된다는 점이다(p. 10). 키셀리카의 인종적 각성은 알고 저지른 일은 아니지만 자신도 타인의 억압을 통해 이득을 보는 데 공모했다는 깨달음으로 이어진다(Kiselica, 1998). 사람들이 자신의 인종차별적 태도, 신념, 행동을 인정하지 않으려는 것은 그 인정이 자아이미지 및 정체성의 심한 충돌과 결부되기 때문이다. 앞서 언급했듯이, 많은 백인 미국인은 의식 수준에서 평등주의 가치, 즉 모든 사람이 동등하게 대우받아야 하고 결코 타인을 고의로 차별해서는 안 된다는 것을 배우고 그러한 가치를 진심으로 믿는다(Dovidio & Gaertner, 1996; Watt, 2007). 그들의 자아정체성은 자신의 도덕성과 인간으로서의 품위에 대한 강한 신념에 둘러싸여 있다.

　지배집단 구성원이 자신의 편견과 타인을 억압하는 행동 방식을 인정하면 선량하고 도덕적인 인간이라는 자아개념이 산산조각 날 것이다. 자신이 편견에 입각한 태도를 갖고 있음을 깨닫는 것은 인격적 품위의 핵심을 뒤흔들기 때문에 두렵고 불안한 일이다. 따라서 많은 백인 미국인들이 인종차별이라는 말에서 불안, 고통 같은 감정을 떠올리는 것도 놀랄 일이 아니며, 조금이라도 인종 편향이 드러날 것 같으면 방어와 분노로 대응하는 것도 당연하다. 비판적 시각으로 백인성을 연구해 온 로빈 디앤젤로Robin DiAngelo(2018)는 이러한 미시 수준의 반응을 백인우월주의라는 거시적 맥락과 연결 지음으로써 백인이 인종 문제로 인한 스트레스를 조금도 견디지 못하는 이유와 지배력을 회복하여 현상을 유지하기 위한 다양한 방어 전략이 "백인의 취약성White fragility"을 형성하는 과정을 설명한다.

3단계—특권을 행사하는 지위를 인정하는 것이 두렵다

첫 번째, 두 번째 가면이 벗겨지고 지배집단 구성원이 타인에 대한 억압의 공모자였으며 편견을 갖고 있음을 인정하기 시작할 때 비로소 깨달음의 세 번째 층위, 즉 자신이 타 집단을 억압하는 현재의 사회질서로부터 이득을 보고 있을 가능성이 모습을 드러낸다(Jones, 1997; D.

W. Sue, 2004). 보이지 않는 백인들의 자기기만적 가면이 벗겨지기 시작하면 백인 개인들은 유색인 억압에 공모했다는 사실과 현 상태로부터 직간접적으로 얻고 있는 이득을 더 이상 부정할 수 없게 된다. 첫 번째 두려움은 부정으로, 두 번째 두려움은 분노와 방어적 태도로 드러날 때가 많은 반면, 세 번째 두려움은 강한 죄책감과 수치심으로 표출된다.

"백인 특권white privilege"이란 백인들이 피부색 덕분에 노력 없이 자동적으로 누리는 혜택과 이점을 말한다(McIntosh, 1989; Watt, 2007). 이 개념은 "남성 특권", "이성애자 특권" 등으로도 확장되었다(Case, 2007, 2013; Case, Hensley, & Anderson, 2014). 대부분의 백인 미국인은 유색인이 편견과 차별로 고통받고 있으며 그 때문에 "불리하다"는 사실을 기꺼이 받아들이는 것처럼 보이지만, 자신들이 피부색 때문에 "유리하다"는 지적에는 반발한다(D. W. Sue, 2003).

백인 특권을 인정하기 어려워하는 이유는 두 가지다. 첫째, 백인 특권의 인정은 백인우월주의의 인정이나 다름없다. 둘째, 백인 특권으로 혜택을 보고 있다면 자신의 성공이 개인적인 노력이 아니라 불공정한 시스템에서 얻은 부당한 이득으로 달성한 것이 된다. 고전 및 고대사 교수인 매슈 시어스Matthew Sears의 다음 글은 이 깨달음이 일종의 "패러다임 전환"임을 보여준다.

2018년은 새해 결심이 아닌 새해 고백으로 시작하려고 한다. 최근까지 나는 보수주의자였다. 나는 인종적 억압, 제도적 인종차별, 성차별, 여성혐오, 미세공격에 관한 말을 들을 때, 발언이 일종의 폭력이 될 수 있다는 사전 고지 같은 것을 볼 때마다 모른 척했다. … 나는 개인의 책임을 중요하게 생각했으며, 경제적으로든 학문적으로든 최고의 자리에 오르게 하는 요인은 경쟁과 개인의 능력이라고 믿었다. 적어도 내가 대학 교수가 된 것은 내 노력으로 받은 아이비리그 대학의 박사학위 덕분이라고 생각했다. 내가 재직하는 워배시대학은 남자만 다닐 수 있는 인디애나주 소도시의 인문대학으로, 나는 이 학교 부설 맬컴 엑스 흑인 연구소Malcolm X Institute for Black Studies 교수진 및 학생들과 교류할 기회가 있었다. 나의 변화는 미국 중서부에서 학생들이 실제로 어떤 경험을 하는지를 들으면서 시작되었다. 캐나다 서부에서 나고 자라 히피들의 천국인 뉴욕 이타카에서 공부한 나는 나와 다른 집단에 속한 사람들이 겪는 억압을 쉽게 간과하고 잊었다.

그러나 인디애나에서 만난 흑인 학생들은 수시로 경찰의 검문을 당하고 (나는 한 번도 그런 적이 없다) 가게에 들어가면 점원이 수상쩍게 보면서 따라다니기가 일쑤라고 했다(이 역시 나는 한 번도 경험해 보지 못한 일이다). 더 노골적인 인종차별도 많다. 예를 들어, 길을 가는데 갑자기 지나가던 차 창문이 열리면서 "백인의 힘White power"이라는 외침을 듣게 되는 일도 있다. 아프리카계 미국인이 매일 이런—혹은 더 심한—일을 겪는다는 것은 부인할 수 없는 사실이다. 내가 같은 일을 겪지 않는다는 것은 내가 누리는 백인 특권의 극히 일부일 뿐이다. 흑인, 원주민, 모든 유색인이 오랫동안 이러한 경험을 이야기해 왔다는 점에 주목해야 한다. 타인의 주변화를 내 눈으로 직접 보고 억압과 특권을 있는 그대로 인식하게 된 것은 내 노력에 의한 것이 아니었다. 나는 자신의 경험을 이야기하는 그들의 말을 들을 수밖에 없는 상황이었고, 뒤늦게 제정신을 차렸을 뿐이다. 그리고 이러한 생각을 매체에서 말할 수 있다는 것도 또 다른 나의 특권이다. 늦기는 했지만 아예 깨닫지 못한 것보다는 낫기를 바랄 뿐이다.

내 눈앞의 증거들을 인정하고 되씹어 보니 세상이 달라졌다. 이 세상과 나 자신을 다르게 보기 시작한 것이다. 내가 이례적인 특권을 누리고 있었음을 알게 되었다. 노력이 없었던 것은 아니지만, 나는 백인이라는 이유만으로 남들보다 앞에서 출발했다. 내가 한 일만으로 지금의 위치에 있게 된 것이 아니었다.

나는 더 이상 고전적 자유주의일 수 없게 되었다. 인종, 교육기회, 경제적 자원 등이 아니라 최고의 아이디어가 인정받고 노력한 만큼 공정하게 경제적 보상이 주어지는 경쟁의 장, 즉 평평한 운동장이 존재하지 않기 때문이다. 평평한 운동장이 있는 것처럼 구는 것은 잔인하며, 이미 유리한 위치에 있는 사람들의 이기적인 태도다. 나의 세계관과 행동 변화를 한마디로 말하자면, 이제 나는 내 경험을 타인의 경험과 같다고 가정하지 않는 데 만전을 기하고, 늘 연민과 자기인식을 바탕으로 행동하려고 노력한다. (Sears, 2018에서 재구성)

4단계—억압을 종식할 책임이 두렵다

세 층위의 깨달음에 도달한 지배집단 구성원은 네 번째 층위의 딜레마에 직면하게 된다. 다른 집단의 억압과 그로 인해 집단적·개인적으로 누리는 혜택과 유리함을 대면했을 때, 그들은 어떻게 할 수 있을까? 인종차별에 기인한 불평등과 그 불평등으로부터 개인적인 이득을 보고 있다는 자각이 변화와 행동에 동기를 부여할까? 아니면 자신의 책임이 아니라며 발뺌할까? 백인들은 특권을 누리고 있음을 인정은 하되 상황을 바꾸기 위한 노력은 하지 않을 수 있다. 그것이 어쩌면 궁극의 백인 특권일 것이다. 그러나 우리는 인종적 불의에 대한 인식이 백인에게 불공정하게 주어진 개인적, 구조적 유리함에 대해 조치를 취하게 만드는 강력한 동기가 되기를 바란다.

따라서 백인들이 불평등과 불의를 깨닫는 인지적 통찰 이후에도 인종적 불의를 보고 개입하거나 차별에 맞서 능동적으로 싸울 책임을 다하지 않을 수 있다는 사실은 우리를 낙담케 한다. 예를 들어, 인종차별에 대한 반응을 연구한 학자들은 백인들이 인종차별을 목격했을 때 자신이 어떻게 느끼고 행동할지를 실제와 다르게 예측한다는 사실을 밝히기도 했다(Kawakami, Dunn, Karmali, & Dovidio, 2009). 이 연구에서 백인들은 (a) 인종차별적인 행위, 발언, 사건을 분명히 인지했고, (b) 그러한 상황이 자신에게도 괴로울 것이라고 예측했으며, (c) 자신이 뭔가 조치를 취해야 한다는 사실을 알고 있었지만, 실제로는 그렇게 괴로워하지도 않고 아무런 조치도 취하지 않은 경우가 많았다.

자신을 포함한 백인들에게 인종주의가 존재한다는 사실을 더 이상 부인하지 않으면서도 그러한 깨달음을 행동으로 옮기지 못하게 하는 요인은 무엇일까? 인지적 통찰은 응당 행동으로 이어져야 하는 것이 아닌가? D. W. 수(2005)는 이 단계에 이른 사람들이 또 다른 통찰에 압도당하며, 여기에 변화를 가로막는 힘의 단서가 있다고 말한다. 문제는 자신의 통찰이 요구하는 변화의 규모가 막대하여 무력감과 절망감을 불러일으킨다는 것이다.

이 깨달음에 도달한 대부분의 백인 미국인은 거기에 무시무시한 뜻이 내포되어 있다는 사실도 알게 된다. 그것은 이제 가족과 친구를 전과 다르게 보게 된다는 뜻이다. 예를 들어, 내가 가장 좋아하는 친척이 인종차별적인 농담을 하는 모습이 눈에 들어올 것이다. 또한 그것은 내가 다른 사람들을 제치고 일자리를 얻은 것이 나의 실력 때문이 아니라 "올바른" 피부색 때문이었을 수 있다는 뜻이다. 그것은 특정 집단만 부유한 동네의 집을 살 수 있는 것처럼 사회 시스템이 인종을 분리한다는 사실을 알게 된다는 뜻이며, 어떤 인종 집단이 다니는 학교인가에 따라 교육의 질이 달라지는 현상을 영속화하는 데 나도 일조하고 있음을 인정해야 한다는 뜻이다. 그것은 우리의 학교가 편향된 교육과정, 교과서, 교육 자료를 통해 타 집단을 폄훼하면서 특정 집단의 정체성을 강화하고 있다는 사실, 그리고 직원을 채용할 때 백인 남성들의 "올드 보이 네트워크"를 가동하는 고용 관행이 나에게 유리하다는 사실을 직시해야 함을 뜻한다.

인종차별과 불의와 싸울 책임을 받아들인다는 것은 억압하는 세력을 끊임없이 경계하고 대적한다는 뜻이며, 이는 곧 나의 삶을 영원히 변화시킨다는 뜻이다. 그것은 가족, 친구, 동료의 편향된 모습 때문에 그들과 소원해질 수 있다는 뜻이며, 직장에서 불공정한 고용 관행에 맞서다가 내 지위가 위태로워져서 승진에서 탈락하거나 해고될 수 있다는 뜻이다. 이제는 나의 경험적 실재도 바뀌어야 하므로 유색인 친구를 새로 사귀어야 할 것이다. 우리 사회는 현실을 부정하고 무언의 공모에 가담하며 순진한 척하던 과거의 모습으로 나를 되돌리려고 끊임없이 압박할 것이고, 나는 그 힘에 대항해야 할 것이다. (D. W. Sue, 2005, pp. 141-142)

네 단계의 두려움을 자각하는 데에는 저마다의 난점이 있으며 그 궁극의 결과는 지배집단 구성원이 이 사회의 억압 체계를 개선하기 위해 자신이 해야 할 일을 알지 못하게 만드는 것이다. 이런 관점에서 볼 때, 왜 분노, 방어적 태도, 죄책감, 무력감, 절망감 등의 불쾌한 감정이 지배집단 구성원에게 인식의 장애물로 작용하여 미세공격을 알아보지 못하게 하는지는 분명하다. 그 깨달음과 함께 자아개념이 변화할 것이고 자아 정체성과 삶의 자세를 형성하는 기반으로 삼았던 인종의 실재가 산산조각 날 것이기 때문이다.

미세공격 가해자는 어떤 대가를 치르게 되는가?

인종 특권(같은 백인이더라도 이 특권의 수준은 계급과 젠더에 따라 다르다)
은 부, 권력, 지위 같은 물질적인 또는 사회적인 이점을 가져다
준다. 그러나 백인도 인종차별에 의해 피해를 입는다. 다만 그
피해는 내면적이고 심리적이며, 흐릿하고 불쾌한 방식으로 눈에
보이지 않는 곳에서 일어난다. … 백인들의 피해에도 주목해야
한다는 말은 자칫 백인도 인종차별의 똑같은 피해자라는 주장으
로 곡해될 수 있다. 그런 뜻은 아니다. 백인은 인종차별 덕분에
물질적으로 이득을 얻지만 정신적으로는 고통받는다. 유색인은
인종차별 때문에 물질적으로 고통받고 있을 뿐만 아니라 정신적
으로도 고통받는다. 또한 한 사회가 열등하다고 규정하는 사람
들이 경험하는 개인적, 집단적 트라우마는 우월하게 대접받는
사람들이 경험하는 고통에 비할 수 없을 만큼 심각하다. 그러나
백인의 고통도 엄연히 실재하며 중요하게 다루어져야 할 문제이
므로 별개의 이름을 붙일 필요가 있다. (Wineman, 2017에서 재구성)

사람들은 대개 인종차별, 성차별, 젠더리즘, 이성애주의가 억압자에
게 특권이나 혜택을 가져다준다고만 생각하지만, 와인먼(2017)의 글
에서도 알 수 있듯이 그 혜택은 아무 대가 없이 주어지지 않는다. 물
론 피해자가 평생 겪어야 하는 대가에 비할 바는 아니지만, 여러 연구
자들은 지배집단 구성원이 치러야 하는 대가에 대해서도 설명해 왔
다(Bowser & Hunt, 1981; Freire, 1970; Goodman, 2011; Hanna et al., 2000; Kivel,
2011; D. W. Sue, 2003). 스패니어만이 동료들과 함께 발표한 여러 연구
(Spanierman & Heppner, 2004; Spanierman, Oh, et al., 2008; Spanierman, Poteat,
Wang, & Oh, 2008; Spanierman et al., 2009)는 백인들이 인종차별 때문에 치

르는 심리사회적 대가를 이해하는 데 도움이 된다. 그들은 이러한 연구가 전하는 메시지가 사람들을 망각에서 깨어나게 함으로써 인종차별에 자기도 모르게 가담하는 일을 방지할 수 있다고 주장한다. 그들은 인종차별의 대가를 인지, 감정, 행동의 삼중 구조 모델로 설명하고 이를 정량적으로 측정하기 위해 백인의 심리사회적 인종차별 비용 척도Psychosocial Costs of Racism to Whites scale를 개발했다(Spanierman & Heppner, 2004). 스패니어만 등은 인종차별에 대한 백인의 태도를 둔감하고 두려워하는 유형, 공감하지만 인식하지 못하는 유형, 반인종차별주의자 유형 등 다섯 가지로 구분한다(Spanierman, Poteat, Beer, & Armstrong, 2006). 이하에서 우리는 스패니어만의 삼중 구조 모델을 활용하고 여기에 영적/도덕적 요소를 추가하여(Goodman, 2011; Kivel, 2011) 지배집단 구성원이 치러야 하는 심리사회적 대가를 살펴보고자 한다.

억압의 인지 비용

회피적 인종차별주의자가 되려면 자기기만이 필요하고, 그러려면 지각이 무디어지고 정확도가 떨어져야 한다(Goodman, 2011; Hanna et al., 2000; Terry, 1981). 인종차별의 두 가지 심리적 메커니즘이 백인 미국인의 인지와 지각에 유해한 결과를 초래한다. 첫째, 선량하고 도덕적인 자아이미지를 유지하려면 억압의 존재를 부정하고 거짓된 현실 속에서 살아야 한다. 이 왜곡된 신념은 실제 자기 모습을 부정하고(자신의 성취가 오롯이 자신의 실력에서 나온 것이라는 생각), 타인의 경험을 부정하며(고정관념에 따라 판단), 구조적 억압을 부정하는(인종차별, 성차별이 과거의 일이라는 믿음) 모습으로 나타난다.

둘째, 소외집단을 지배하는 억압자의 지위는 소외집단이 처한 곤경에 공감하는 능력을 부패시킬 수 있다. 1887년에 액튼 경Lord Acton이 말했듯이, "권력은 부패하는 경향이 있으며, 절대 권력은 절대 부패한다." 본질적으로 권력의 불균형은 지각의 정확성에 심한 영향을 미치며, 현실 검증reality testing을 약화한다. 예를 들어, 남성 중심의 문화가 지배하는 기업에서 여성이 살아남으려면 남성 동료들의 감정과 행동에 장단을 맞추어야 한다. 유색인은 백인을 화나게 할까 봐 그들의 생각을 읽기 위해 경계해야 한다. 반면에 억압자는 소외집단의 생각과 신념, 감정을 알 필요가 없다. 권력을 쥔 사람이 권력이 없는 사람의 행동에 발맞출 필요도 없으며 이해해야 할 까닭도 없다. 따라서 가진 권력이 클수록 현실을 정확히 지각하지 못하게 되는 것도 놀랄 일이 아니다(Keltner & Robinson, 1996). 억압은 지배집단 구성원(백인, 시스젠더 남성, 이성애자)의 머릿속을 경직시키며 현실 지각을 왜곡한다.

지배집단 구성원은 인종차별, 성차별, 이성애주의에 눈감아야 자신이 속한 집단은 우월하고 다른 집단은 열등하다고 착각할 수 있고, 실제로는 미세공격이 만연한 세상을 그렇지 않은 듯이 살아갈 수 있다. 다른 인종, 성별, 성적지향의 사람들을 고정관념에 따라 판단하는 지배집단 구성원, 즉 흑인이나 라틴계가 지적으로 열등하거나 범죄 위험이 있다고 가정하는 백인, 여성을 열등한 존재 또는 성적 욕망의 대상으로 여기는 남성, 게이와 레즈비언을 이국화, 물신화하거나 일탈적이고 병리적인 존재로 생각하는 이성애자는 십중팔구 미세공격에 가담하게 된다. 이 사회의 억압 구조가 초래하는 인지적 대가는 우물 바깥의 현실을 외면하고 부정하게 되는 것이며, 이는 아무리 선량한 지배집단 구성원이라도 미세공격의 가해자가 되게 만든다.

억압의 감정 비용

예속의 고통과는 질적으로 다르지만, 지배와 그 지배의 유지에도 정신적 상처와 고통이 뒤따른다. 감정 비용을 인정하는 것은 백인의 윤리적/정치적 연대가 새로운 형태의 온정주의로 이어지는 것을 막는 데 도움이 된다. (Segrest, 2001, p. 45)

앞에서 보았듯이, 인종차별, 성차별, 이성애주의가 억압자의 의식 안으로 들어오면 그들은 걷잡을 수 없이 강하게 분열되는 감정을 경험하게 된다. 이 강렬한 느낌은 자아성찰을 가로막는 장애물이 되어, 이 감정이 해소되어야만 억압자의 자기 심판이 가능하다(Kiselica, 1998). 매브 시그레스트(2001)는 "백인의 영혼Souls of White Folks"이라는 에세이에서 지배의 감정 비용을 인식해야 동맹과 연대가 형성될 수 있다고 했다. 스패니어만과 카브레라(Spanierman and Cabrera, 2015)는 심리학, 사회학, 교육학 문헌을 바탕으로 인종주의 및 반인종주의 감정의 분류 체계와 교육 실천에서 그것이 갖는 함의를 제시했다. 이 분류 체계를 미세공격에 적용하면, 미세공격 가해자가 치르는 감정 비용을 다음 세 범주로 구분할 수 있다.

1. 공포, 불안, 우려는 인종, 성별, 성적지향과 관련한 문제에 직면할 때 흔히 나타나는 강력한 감정이다(Apfelbaum et al., 2008; Pinterits, Poteat, & Spanierman, 2009; Spanierman et al., 2009). 공포는 직접적으로 소외집단 구성원에게 갖게 되는 감정으로, 그들이 위험하고 위해를 가할 것이며, 폭력이나 나쁜 영향(예를 들면, AIDS 감염)을 끼칠 수 있다는 느낌을 말한다. 지배집단 구성원은 공포감 때문에 특정 집단을 피하는 경우가 생긴다. 연구에 따르면 백인이 유색인에게 갖는 공포는 인종 인식을 떨어뜨리고, 인종 간 교류를 줄이며, 다양성에 폐쇄적인 태도를 만드는 등 여러 부정적인 영향으로 이어진다(Spanierman & Heppner, 2004).

지배집단 구성원이 소외집단 구성원을 단속하려고 할 때 이 공포가 눈에 띄게 드러난다. 흑인이 자기 집에 들어가거나(헨리 루이스 게이츠 주니어 교수와 배우 빙 레임스), 부동산 매매를 위해 자기 집을 보여주거나, 선거 유세를 하거나(오리건주 주의원 자넬 바이넘), 컨트리클럽에서 골프를 치거나, 레모네이드를 팔거나, 우버 택시를 기다리거나, 공원에서 바비큐를 하거나, 대학 기숙사 휴게실에서 낮잠을 자거나(예일대 학생), 에어비앤비 숙소에서 체크아웃을 하거나, 스타벅스에서 친구를 기다리는 등 일상적인 활동을 하고 있을 뿐인데 백인이 911에 신고하는 경우가 바로 그러한 예다. 이성애자도 젠더 표현이 "전통적인" 규범에 맞지 않는 성소수자를 볼 때 감시자가 된다. 우리의 연구에서 퀴어 여성들은 공중화장실에서 경비원이 따라와서 출입을 제재한 적이 있다고 토로했다(Dimberg, Clark, Spanierman, & VanDaalen, 2019).

인종차별주의자로 보이는 데 대한 두려움(전략적 색맹)도 공포의 한 유형으로 사회적 상호작용에서 가식과 거짓을 조장한다는 점에서 유해하다(Apfelbaum et al., 2008; Spanierman et al., 2009; D. W. Sue, 2003). 게다가 피부색을 보지 않는 척하는 전략은 인상 관리 수단으로 성공적이지 못하며 오히려 비언어적 행동에서 편향이 더 크게 드러나 역효과를 내는 사례도 있다. 또한 피해자 쪽에서도 전략적 색맹에 대한 끊임없는 경계가 인지 고갈을 일으키고, 차가운 인상을 심어주며, 대인관계 상황에서 메시지의 혼동을 일으키는 것으로 알려졌다(Apfelbaum et al., 2008; Dovidio, Gaertner, Kawakami, & Hodson, 2002). 우리는 이러한 현상이 성소수자가 경험하는 억압과 "퀴어 눈가림", 즉 퀴어 정체성에 대한 왜곡·부정·축소 등 인종차별 외의 억압 형태에도 동일하게 적용될 것으로 추정한다(Smith & Shin, 2014).

2. **죄책감과 부끄러움도** 자신이 억압에 가담했음을 깨달을 때 여러 지배집단 구성원이 경험하는 강렬한 감정이다. 앞서 언급했듯이, 죄책감과 후회에서 벗어나려면 스스로 둔감해져야 한다. 자신이 속한 집단 덕을 보았다는 인식, 타 집단에 속한 많은 사람들을 지속적으로 잘못 대해왔다는 생각, 타인의 고통과 곤경에 나 자신의 책임도 있다는 깨달음은 강렬한 죄책감을 불러일으킨다(Iyer, Leach, & Crosby, 2003; Pinterits et al., 2009; Spanierman & Heppner, 2004). 죄책감은 마음을 어지럽히는 이 사실을 부정, 축소, 회피하게 만들고, 그 과정에서 방어적인 태도와 분노로 표출된다. 미세공격 가해자가 가해 사실을 지적했을 때 죄책감을 경험하는 경우도 있다. 이 죄책감을 누그러뜨리려면 방어적인 태도를 취하거나 자신의 잘못을 교정하는 수밖에 없다(Iyer et al., 2003; Spanierman & Cabrera, 2015).

3. **피억압자에 대한 공감의 결여와 무관심도** 억압의 결과로 가해자에게서 나타나는 감정이다(D'Andrea & Daniels, 2001; Spanierman & Cabrera, 2015). 소외집단에 대한 유무형의 가해와 잔인한 행동을 지속하는 것은 대상을 인간으로서 온전히 존중하지 않아야 가능한 일이다. 억압자는 상대방의 피해에 무감각해지고, 그들의 곤경에 매정하고 무감각해지며, 타인에 대한 연민과 공감의 스위치를 끈다. 자신이 억압의 공모자라는 사실을 계속 외면한다는 것은 유색인, 여성, 성소수자를 대상화, 탈인격화한다는 뜻이다. 또한 그들을 하등한 존재, 인간 이하의 존재로 취급하며 자신을 그들과 분리한다는 뜻이기도 하다(D. W. Sue, 2005).

억압의 행동 비용

행동 면에서 억압의 심리사회적 비용은 우리 사회의 다양한 집단과 그들의 활동, 경험을 두려워한 나머지 회피하고(공포형 회피), 온전한 대인관계를 맺지 못하며, 인종·성별·성적지향과 관련된 문제에 대해 가식적이거나 거짓된 반응을 보이고, 소수집단 구성원에게 냉담하고 매정하게 대하는 행동으로 나타난다(Freire, 1970; Hanna et al., 2000; Spanierman & Heppner, 2004; Spanierman et al., 2006, 2009; D. W. Sue, 2005).

공포형 회피fearful avoidance는 삶의 지평과 가능성을 열어주는 풍부한 교류와 폭넓은 배움의 경험을 박탈한다(Goodman, 2011). 인종차별을 예로 들자면, 타 인종의 친구를 사귀거나 새로운 연대를 형성하거나 다양성에 관해 배움을 얻지 못하는 것은 큰 손실이다. 두려움 때문에 우리 사회의 특정 집단으로부터 스스로 격리되고 다문화와 다양성에 관한 경험을 박탈당하는 것은 삶의 가능성을 제한하고 협소한 세계관을 갖게 만드는 일이다.

인종차별, 성차별, 젠더리즘, 이성애주의에 기인하는 두려움이 대인관계를 심각하게 훼손한다는 점은 앞에서도 언급한 바 있다. 예를 들어, 인종차별주의자로 보이는 데 대한 두려움은 인종차별이 중요하게 대두되는 상황일 때조차도 그 주제에 대한 대화를 피하게 만든다(Linder, 2015; Rothman, Malott, & Paone, 2012; D. W. Sue, 2013). 백인이 불가피하게 인종에 관해 말해야 하는 경우, 심하게 주저하고 말을 더듬거나 자주 멈출 때가 많다(Utsey et al., 2005). 이 모든 현상은 자신이 인종을 문제 삼는다는 사실을 부정하거나 그렇지 않은 척하기 때문에 나타나는 것으로, 일종의 불안감을 말해준다. 아래 인용문은 백인들이 인종 문제에 부딪혔을 때 일어나는 내적 대화와 갈등을 잘 보여준다.

우리가 유색인을 만나지 않으려고 하는 것은 그들의 존재가 고통스러운 질문을 떠올리게 만들기 때문이다. 수박(미국에서 수박은 흑인 비하를 상징하는 과일로 알려져 있다-옮긴이)에 관해 이야기하거나 "블랙커피"라는 말을 써도 될까? 흑인 슬랭을 쓰거나 흑인에 관한 농담을 하는 게 좋을까? 할렘가를 지나다 겪은 일이나 흑인인 애인 얘기는 어떨까? 어머니가 여전히 멕시코인 청소부를 고용하고 있다는 사실을 숨겨야 할까? ⋯ 우리는 문제를 일으키지 않으려고 최선을 다하면서 동시에 "자연스럽게 행동"하려고 하며, 그러한 상황은 우리를 불편하게 한다. 따라서 백인만 있어서 그런 딜레마가 일어날 일 없는 상황이 더 편안한 것은 두말할 나위 없는 사실이다. (Winter, 1977, p. 3)

억압의 윤리 비용

트럼프는 선거 운동을 할 때부터 성권을 잡은 이후까지 줄곧 이민자에 대한 대중적 공포를 만들어내고 악화시켰다. 트럼프는 미국 시민권자보다 미등록 이민자에 의한 범죄가 점점 더 많이 일어나고 있다는 거짓 정보를 반복적으로 유포했다. 외국인혐오증을 부채질하자 중앙아메리카 난민을 구금하고 어린아이들을 부모로부터 격리하는 정책을 정당화하는 분위기가 조성되었다. 아이들은 가족과 만날 수 없는 난민 수용소에 배치되었고, 부모와 다시 만날 기회조차 갖지 못하고 위탁 양육처로 보내지는 경우도 있었다. 아이들이 수용소에서 겪은 심리적, 신체적, 성적 학대는 19세기 후반에서 20세기 중반 사이에 가족과 강제로 떨어져 기숙학교에 보내진 아메리카 원주민 아이들이 겪은 것과 다를 바 없었다. 선량하고 예의 바른 미국인들이 어떻게 그렇게 기괴하고 비인간적이며 살인적이라고도 할 수 있는 처사에 가담하게 되었을까? 그 답은 난민을 인간 이하, 어쩌면 동물보다도 못한 존재로 치부하는 탈인격화 과정에 있는 것으로 보인다. 분명 새로운 현상은 아니다. 우리는 이와 유사한 탈인격화 과정을 이라크 아부 그라이브 교도소Abu Ghraib prison에서 미국 군인들이 테러 용의자를 고문, 성폭행, 학대한 사건에서도 목격한 바 있다. 아시아에서는 제2차 세계 대전과 베트남 전쟁 시기에 일본인과 베트콩이 "잽", "국gook", "슬랜트slant"로 불리기도 했다. 그들을 하등한 존재로 간주한다는 뜻이 내포된 인종 비하 별명은 군인들이 죄책감이나 동정심 없이 적을 살해할 수 있게 해주었다. 독일의 군인과 시민들도 유대인이 살 가치가 없는 인간 이하의 존재라고 믿었기에 유대인 대학살을 자행할 수 있었다.

억압이란 본질적으로 타인을 정복하여 권력, 부, 지위를 얻기 위해 인간애를 저버리는 것을 뜻한다. 그것은 다른 인간과 맺는 영적 연결을 잃게 된다는 뜻이며, 피억압자에 대한 비인간적이고 불공정한 대우가 민주적 평등 원칙의 정반대에 해당한다는 사실을 부정하는 일이다. 그것은 또한 소외집단을 이류 시민으로 취급하여 보호구역이나 수용소, 저급한 학교, 분리된 거주지, 감옥, 평생 빈곤의 늪에 가두는 일에 눈 감는다는 뜻이다. 피억압자에 대한 비하, 공격, 학대가 계속되도록 놔두는 것은 자신의 인간애와 타인을 향한 연민을 줄여야만 가능한 일이다(Goodman, 2011). 억압자는 피억압자의 곤경에 대해 매정하고 차갑고 무정하고 무감각해져야 하는 것이다.

향후의 과제

윤리적 의무

인종, 성별, 성적지향에 관한 미세공격은 억압의 발현이다. 미세공격은 세상을 우열의 이분법으로 보는 세계관을 반영하며, 노골적인 형태의 억압보다 모호하게 그 세계관을 드러내지만 유해하기는 마찬가지다. 미세공격은 문화적 조건화와 사회화 과정 때문에 눈에 보이지 않으며, 이 때문에 가해자들은 자신이 유색인, 여성, 성소수자 등 소외집단 구성원을 향한 불평등에 가담하고 있음을 인지하지 못하고 차별행위를 저지른다.

편협성은 우리 사회에서 비난의 대상이다. 따라서 가해자는 침묵의 공모를 통해 서로의 양심과 결백을 지킨다. 이 상황을 바꾸려면 "보이지 않는 것"을 보이게 만드는 거대한 과제를 이행해야 한다. 그러나 여기에는 여러 심리사회적 장애물이 있어서, 억압자가 자신의 편견을 깨닫고 자신의 행동을 변화시켜 자신과 타인, 사회구조적 불의를 타파해 나가는 일을 방해한다.

억압자는 아무런 행동도 취하지 않는 대가로 인지, 감정, 행동, 윤리 비용을 치른다. 그들 중에는 억압과 맞서 싸워야 할 책임이 자신에게 있다는 사실을 깨닫고 인정하는 사람도 있고, 그에 대한 조치를 취하겠다고 말하는 사람도 있지만, 그것이 실제 행동으로 이어지는 경우는 많지 않다.

우리가 나아갈 길은 힘든 여정이 되겠지만, 사회정의를 위해 도덕적·윤리적 의무를 다하려면 수동적으로 가만히 있어서는 안 된다. 1954년에 출간된 고전 《편견의 본질The Nature of Prejudice》에서 고든 올포트 Gordon Allport는 편견을 해소하고 집단 간 적대감을 낮추는 기본 원리를 제공했으며, 이는 지금도 유효하다. 그 후 지속적으로 이루어진 반인종주의 연구는 인종 편향과 편견을 타파하려면 다음 조건을 갖추어야 한다는 사실을 밝혔다. 이 조건들은 개별로도 중요하지만 일곱 가지 모두 달성되지 않으면 인종주의를 타파할 수 없다. 여기서는 간략히 제시하지만 각 조건은 정교하게 다루어져야 한다. 이에 대한 더 자세한 설명은 D. W. 수의 다른 저작(2003)에서 볼 수 있다.

1. 우리와 다른 인종, 문화, 민족, 성별, 성적지향의 사람들과 친밀하게 교류하기
2. 경쟁보다 협력을 지향하는 환경에서 함께 일하기
3. 개인의 목표를 넘어서는 공동의 목표(상위 목표) 설정하기
4. 고정관념이나 잘못된 정보를 배격하고 정확한 정보를 교환, 학습하기
5. 타 집단 구성원과 불평등하거나 불균형하지 않은, 대등한 지위 관계 갖기
6. 집단 간 조화와 공정한 복지를 지원하는 리더십과 권위 확립하기
7. 모든 인간과의 일체감과 영적 연결 느끼기

이렇게 조건들을 나열하는 것은 쉽다. 그러나 문제는 우리 사회에서 이 조건들을 어떻게 달성하느냐다. 간단한 답은 없지만, 알베르트 아인슈타인Albert Einstein이 남긴 격언을 새겨들을 필요가 있다.

이 세상은 매우 위험하다. 악을 행하는 사람들 때문이 아니라 악을 행하도록 내버려 두는 사람들 때문이다.

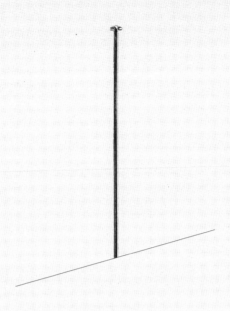

3부

실천: 조사연구, 교육, 상담

7장

미세공격 조사연구:
증거를 보여달라!

이 책의 초판을 출간한 2010년 이후 미세공격을 다룬 수많은 경험적 연구가 있었다. 주로 인종, 성별 및 성정체성, 성적지향과 관련된 미세공격에 초점을 맞춘 연구들이었지만, 종교적 소수자, 장애인, 정신질환자, 노숙 청소년, 성매매 생존자 등에 대한 다른 형태의 미세공격도 연구되기 시작했다. 연구자들은 다양한 연구방법과 접근법으로 미세공격의 본질, 표출 형태, 영향, 그리고 상이한 맥락과 상황에서 서로 다른 집단에게 미세공격이 나타나는 양상을 자세히 설명하고자 했다. 그들은 미세공격에 대처하고 저항하는 개인적, 집단적 전략을 분석함으로써 미세공격 이론이 피해자를 희생양으로 보는 태도를 조장한다는 비판에도 대응해 왔다. 이러한 연구에서 입증된 바는 다음과 같다. (a) 소외집단 구성원들은 미세공격을 경험한다. (b) 미세공격은 피해자의 정신과 신체 건강에 해롭다. (c) 미세공격에 대한 전략적 대처가 그 부정적 영향을 완화한다.

상담 및 상담심리학 학생들을 위한 한 유명한 연구방법론 교과서 저자들은 어떠한 연구 설계도 완벽하지 않으며 서로 다른 강점과 한계가 있다고 말한다(Heppner, Wampold, & Kivlighan, 2008). 그들은 상담심리학자 찰스 겔소Charles Gelso(1979)의 "거품 가설bubble hypothesis"— 1970년대에 겔소의 연구 설계 과목을 듣던 한 대학원생이 붙인 이름—을 인용했다. 거품 가설을 이해하려면 휴대전화 액정 보호 필름을 붙일 때 나타나는 기포를 생각해 보면 된다. 이 기포는 없애기 힘들다. 하지만 이리저리 옮길 수는 있다. 기포는 특정 영역에서 우리의 시야를 제한하다가 신용카드나 손톱을 이용하여 다른 곳으로 옮기면 비로소 가려져 있던 부분이 보인다. 거품 이론은 특정 연구 설계의 결함이나 한계를 이 기포에 비유한다. 완전한 연구 설계란 없으며 모든 연구 설계에는 우리의 시야를 가리는 "거품"이 존재한다. 그러나 다양한 연구 설계를 활용하면 탐구하려는 심리나 사회 현상에 관해 점차 더 잘 이해할 수 있게 된다. 따라서 패러다임의 다양성은 모든 과학적 연구에 중요하며, 미세공격 연구에서는 특히 중요하다. 우리가 미세공격에 관해 기존에 알고 있던 바를 확장하려면 질적 연구, 양적 연구, 두 가지를 혼합한 연구를 모두 고려하고, 동료 상담심리학자들의 조언에 귀 기울여야 한다.

연구자들이 경계해야 할 일종의 신화는 어느 한 설계가 다른 모든 설계에 비해 무조건 더 우수하다는 믿음이다. 간혹 "가장 좋은 연구 설계가 무엇입니까?"라고 질문하는 학생이 있다. 많은 경우에 학생들은, 그리고 안타깝게도 숙련된 연구자들조차도 탐구하려는 연구 주제 유형과 관계없이 단 하나의 올바른, 혹은 최고의 연구 설계 유형이 존재한다고 믿는다. 연구 설계란 연구자들이 특정 연구 질문의 답을 찾아 나갈 때 도움이 되는 연장과 같다. 그러나 목수가 망치, 플라이어, 드라이버 등 서로 다른 역할을 하는 여러 가지 연장을 사용하듯, 각각의 연구 설계 방법에도 저마다의 기능이 있다. 예를 들어 목수가 오크 널빤지에 대못을 박으려고 한다면 망치를 선택하는 것이 옳지만, 망치를 선택하는 것이 늘 현명한 전략인 것은 아니다. 널빤지에서 나사못을 제거할 때 드라이버 대신 망치를 사용하면 훨씬 긴 시간이 걸릴 것이다. 요컨대, 최고의 연구 설계 유형이 존재한다고 상정하는 것은 과도한 단순화. 연구 설계 유형은 특정 주제에 관해 이미 알려진 지식이 무엇이고 지금 살펴보려는 연구 문제가 어떤 유형인지를 고려하여 선택해야 한다. 따라서 이렇게 질문하는 것이 더 적절할 것이다. "이 시점에 이 문제를 다루기에 가장 좋은 연구 설계가 무엇인가?" (Heppner et al., 2008, p. 67)

미세공격 연구는 연구 설계의 다양한 패러다임을 반영하기 시작했다. 초기 연구들은 "무엇을?", "누구를 위해?", "어떤 맥락에서?"를 밝혀내기 위해 질적 기술연구 설계qualitative descriptive design를 주로 활용했다(Kim, Sefcik, & Bradway, 2016). 질적 기술연구 설계는 이제까지 연구된 적이 없는 현상을 이해하기 위해 새로운 연구 영역을 개척할 때 특히 유용하다. 질적 연구는 피해자 경험의 기록을 미세공격 이론을 뒷받침하는 증거로 제공해 왔으며, 이를 바탕으로 초기에 설정한 유형 분류가 확장될 수 있었다(Nadal, Whitman, et al., 2016; D. W. Sue, Bucceri, et al., 2007). 질적 연구는 미국의 흑인(Lewis, Mendenhall, Harwood, & Huntt, 2013) 및 아시아계(Keum, Brady, Sharma, Lu, Kim, & Thai, 2018) 여성에 대한 성별·인종 복합 미세공격처럼 미세공격에서 둘 이상의 정체성이 문제가 되는 경우(상호교차적 미세공격)를 검토하여 미세공격 이론을 더욱 정교하게 만드는 데에도 이바지했다. 또한 초·중·고등학교 교실, 커뮤니티 칼리지, 과학·기술·공학·수학(STEM) 분야, 지역 등 다양한 맥락에서 미세공격을 탐구하는 데에도 질적 연구 설계가 활용되었다. 질적 연구는 피해자 관점에서 미세공격 경험을 이해하는 데 매우 중요하고 여러 강점이 있다. 질적 연구 자체는 그 결과를 일반화하기 위한 방법이 아니다. 연구자들은 질적 연구를 통해 얻은 결과를 활용하여 미세공격 측정 도구를 개발한다. 이 도구들은 더 대표성이 높은 대량의 표본을 대상으로 정량적 연구를 수행할 수 있게 해준다. 이 장에서 우리는 미세공격에 관해 현재 우리가 아는 것이 무엇이고 우리가 가야 할 곳이 어디인지를 파악하기 위해 최근 급격하게 늘어난 미세공격에 관한 질적, 양적 연구들을 검토할 것이다.

그들 자신의 언어로: 미세공격에 관한 질적 연구

라우와 윌리엄스(Lau and Williams, 2010)는 "미세공격 연구: 방법론 검토 및 권고"라는 글에서 미세공격에 관한 기초 지식을 쌓는 데 있어서 질적 연구가 매우 중요하다는 사실을 정확히 지적했다. 실제로 미세공격에 관한 초기 연구 대부분은 미세공격의 유형 분류법을 정립하고 다듬기 위해 질적 접근 방법을 사용했다. 덴진과 링컨(Denzin and Lincoln, 2018)은 질적 방법을 사용하는 연구자들에게 "자연스러운 환경 안에서 현상을 연구하면서 사람들이 그것에 부여하는 의미의 관점에서 현상을 이해하고 해석해야 한다"라고 조언했다(p. 10). 패튼(Patton, 2015)도 질적 연구를 "의미 형성 과정을 탐구하고 기록하며 해석하는" 연구라고 정의할 만큼 의미 해석을 강조했다(p. 3). 사회적 삶에서 일어나는 복잡한 현상에서 풍부하고 미묘한 의미를 포착하려고 한다는 점에서, 질적 연구는 환원론reductionist이 아닌 전체론holistic에 기반하며 맥락의존적context-dependent이다(Wang, 2008).

질적 연구는 연구자도 인간이므로 연구 대상자의 사회적 삶에 대한 공정하고 중립적인 관찰자가 아닐 수 있다는 점을 인정한다. 오히려 자신의 가치, 편향, 가정을 연구 과정에 의도적으로 개입시키기도 한다. 이러한 입장은 자연과학에 뿌리를 둔 우리 시대의 주류 과학 철학, 즉 연구자를 외부 실재에 대한 가치중립적이고 객관적인 관찰자로 가정하는 후기실증주의 과학 철학과 대조된다. 질적 연구에서는 연구자의 가치중립성을 믿지 않으므로 연구자가 자신의 편향 및 가정을 비판적으로 인식하고 자기 자신을 연구 과정의 도구로 삼는 방법이 고안되었다. 1980년대 여성주의 학자들은 위치성positionality과 상황적 지식situated knowledge 개념을 도입하여 객관적으로 관찰 가능한 단 하나의 실재가 있다는 후기실증주의 관점이 남성중심적이고 자민족중심적인 사고라고 비판했다.

상황적 지식 개념은 지식의 대상object이 앎의 방해물도 근거도 자원도 아닌 행위자, 즉 행위의 주체로 묘사될 것을 요구한다. 이는 지식의 대상을 주인에게 예속된 노예로 묘사하면 안 된다는, 다시 말해 "객관적objective" 지식의 유일한 행위자와 저술 사이에서 변증법을 종결시켜 버리면 안 된다는 뜻이다. 이 점은 연구자의 매개 행위 자체가 사회이론이 만들어지는 과정을 변형하는 비판적 사회과학 및 인문과학 연구에서 가장 분명하게 드러난다. 사실 사회과학과 인문과학에서 다양한 오류와 허위 지식의 폭탄을 피하는 유일한 방법은 연구 "대상"에 매개 행위가 영향을 미친다는 사실을 받아들이는 것이다. … "실제"세계에 관한 설명은 "발견"의 논리가 아니라 "대화", 즉 권력이 개입된 사회적 관계에 의존한다. 이 세계는 스스로 말하지도, 암호 해독자를 위해 사라지지도 않는다. 이 세계의 암호는 읽히기를 기다리며 가만히 기다리지 않는다. (Haraway, 1988, pp. 592-593)

질적 연구는 해러웨이의 사상과 패트리샤 힐 콜린스Patricia Hill Collins 같은 유색인 페미니즘 학자들의 논의를 거치면서 우리가 억압의 피해자들이 제공하는 증언이 오랜 권력 관계 속에서 어떻게 나타나는지를 이해하는 데 도움을 주어왔다. 미세공격 연구에서는 미시 수준에서 사회적 상호작용을 탐구해야 하는데 그 상호작용은 권력 및 특권이라는 거시 수준의 맥락 안에 위치하므로, 1인칭 시점의 설명에서 통찰을 얻는 동시에 사회적·역사적 맥락에도 주목해야 한다.

2010년 이후 미세공격에 관한 질적 연구가 주로 사용한 세 가지 방법론적 접근법은 합의적 질적 연구법consensual qualitative research(CQR) (Hill, 2012), 주제 분석thematic analysis(Braun & Clarke, 2006), 해석현상학적 분석interpretative phenomenological analysis(IPA)(Smith, Flowers, & Larkin, 2009) 이다. CQR은 개념화 단계에서부터 데이터 수집, 결과의 해석에 이르는 연구 실행의 진실성trustworthiness(적합도goodness)을 높이기 위해 연구자 집단의 합의에 의존한다. CQR은 개방형 면접 질문의 응답을 분석하고 데이터에서 나타났거나 참여자가 직접 제시한 개념을 확인하는 데 적합한 방법이다(Hill et al., 2005). 연구팀은 대개 8~15명으로 구성된다(Hill, Thompson, & Williams, 1997; Hill et al., 2005). CQR에서 연구자들은 개별 면접 또는 포커스 그룹 분석을 통해 연구의 주제 영역topic domain 을 식별한다. 우선 연구팀 구성원이 각자 면접 자료의 예비 합의 버전(연구 영역의 명칭과 원자료)을 만들고, 팀 전체가 합의에 이를 때까지 이 문서를 검토한다. 그다음 단계로는 연구자들이 다시 각자 각 주제 영역의 핵심 아이디어(요약)를 도출한다. 연구팀은 여러 번의 토론을 거처 핵심 아이디어에 관한 합의에 이른다. 마지막 단계에서는 데이터를 종합하여 교차 분석을 시행함으로써 여러 사례에 적용되는 공통의 주제를 뽑아낸다. CQR 연구는 데이터에서 주제 영역과 어떤 현상의 발생 여부, 빈도를 찾아내는 데 유용한 방법이므로, 여러 사례에서 미세공격의 주제를 찾아내고 기존의 유형 분류를 개선하는 데 활용될 수 있다.

2008년에서 2019년 사이에 CQR을 활용하여 미세공격을 분석한 연구 논문이 10여 편 이상 발표되었다. 예를 들어, 두 건의 연구는 캐나다 원주민 학생들의 인종차별 미세공격 경험을 검토했다. 서로 다른 기관에서 서로 다른 참여자들을 대상으로 이루어진 이 두 건의 연구는 원주민 학생들이 일상적으로 문화적·사회적 고립을 겪고 정부의 재정 지원 등에 관해 시기 어린 비난을 들으며, 교육과정에서 소외당하고 있음을 밝혔다. 나달과 그의 동료들도 다양한 형태의 미세공격을 분석하는 데 CQR을 이용했다(Nadal et al., 2015; Nadal, Hamit, Lyons, Weinberg, & Corman, 2013). 그들은 2013년 성별 미세공격에 대한 여성들의 반응을 분석한 연구(Nadal et al., 2013)에서 다양한 인지(직업적으로 자신의 능력을 입증하고자 하거나, 여성들 사이에서 성 역할 표현에 관해 아무런 판단도 하지 않으려 한다), 감정(모욕감이나 분노를 느낀다), 행동(웃어넘기거나 직장 상사에게 보고하거나 행동을 삼간다) 반응을 확인했다. 나달 등은 2015년에도 CQR을 이용하여 상호교차적 미세공격 피해 경험을 분석했다(Nadal et al., 2015). 이 연구에서는 CQR과 다른 질적 분석 방법을 함께 활용하여 미세공격에 관한 기존 연구 데이터를 재검토했고, 그 결과 집단 내 차이와 미묘한 의미를 더 자세히 밝힐 수 있었다. 예를 들어, 유색인 여성은 일반적으로 "이국화"와 "지위가 낮을 것"이라는 가정을 경험하고, 아시아계 여성은 "곤경에 빠진 처자" 이미지로 비추어지는 것으로 나타났다. 한편 유색인 남성, 특히 아프리카계 미국인 남성은 범죄자이거나 두려워해야 할 대상으로 간주되며, 아시아계 미국인 남성은 눈에 띄지 않거나 탈성화된desexualized 존재로 인식되었다. 스미스 등은 CQR을 활용하여 고등교육 환경에서 벌어지는 계급 관련 미세공격을 분석했다(Smith, Mao, & Deshpande, 2016). 그들의 연구에 참여한 "빈곤층" 또는 노동자 계급 출신 대학원생 15명은 학교에서 일상적으로 미세공격(가난한 사람은 게으르다는 비하 발언, 중산층 출신이라는 것을 전제로 한 발언 등)을 경험하고 있는 것으로 나타났다. 연구 참여자들은 불편한 상황을 피하기 위해 자신의 사회계급적 배경을 숨긴다고 보고했다. 이러한 연구들은 초기의 미세공격 유형 분류에 새로운 집단(예: 캐나다 원주민 학생)에 관한 내용을 포함하고 새로운 미세공격 유형(예: 계급 관련 미세공격, 상호교차적 미세공격)의 사례를 추가적으로 제공하며, 미세공격에 대한 반응과 효과적인 대처 전략을 확인하는 데 기여했다.

　주제 분석은 질적 데이터 분석에 흔히 쓰이는 방법이며, 미세공격 연구에도 활용되고 있다. 연구자들은 주제 분석을 통해 데이터에서 특정 현상을 이해하거나 연구문제의 답을 얻는 데 도움이 되는 패턴과 주제를 찾아낸다(Braun & Clarke, 2006). 주제 분석은 특정 이론이나 철학적 토대에 얽매여 있지 않으므로 다른 방법론보다 더 유연하게 활용된다. 브라운과 클라크(Braun and Clarke, 2006)는 주제 분석으로 질적 데이터에서 의미 있는 패턴을 식별하는 6단계 코딩 절차를 다음과 같이 제시했다.

　1. 데이터에 친숙해지기
　2. 코드 생성하기
　3. 주제 찾기
　4. 주제 검토하기
　5. 주제 정의하기 및 명명하기

6. 보고서 작성하기

주제 분석의 유연성 때문에 연구자들은 데이터의 패턴에서 직접 주제를 도출하기도 하고(귀납적 접근), 기존 이론을 분석 틀로 삼기도 한다. 주제 분석에 의한 미세공격 연구는 대체로 귀납적 접근과 이론 중심 접근을 병행한다. 즉, 미세공격 전반에 관한 이론에 토대를 두되 기존의 유형 분류에 얽매이지 않는다. 그 덕분에 주제 분석으로 새로운 주제를 도출하고, 이를 통해 이전의 유형 분류를 확장할 수 있었다.

우리가 확인한 바에 따르면, 주제 분석 기법을 활용한 미세공격 연구 논문은 지금까지 적어도 10여 편 이상 발표되었다. 2014년부터 2019년 사이에 발표된 이 논문들에는 질적 연구의 새로운 물결이 반영된 것으로 보인다. 특히 트랜스젠더에 대한 미세공격이 세 편, 가족 관련(입양 아동, 멕시코 출신 가족, 여성 한부모, 성소수자 가족) 미세공격이 다섯 편의 논문에서 다루어졌으며, 그 밖에도 여성 양성애자, 이슬람계 미국인, 영국의 이주 간호사 등 이전에 다루어지지 않던 주제의 미세공격 연구가 발표되었다. 비판적 구성주의 패러다임과 비판적 복합인종 이론critical multiracial theory 같은 이론 중심 접근과 주제 분석을 결합하여 트랜스젠더 및 트랜스섹슈얼 교수(Pitcher, 2017)나 복합인종 사람들(Harris, 2017)의 경험을 분석한 연구도 있었다. 상기한 비판이론들은 소외집단 구성원의 실제 경험과 그 경험을 둘러싼 맥락을 포착하는 것을 중요하게 다루므로, 주제 분석 기법과 결합하면 유용할 수 있다.

IPA는 주제 분석과 달리 특정 이론 및 인식론과 결부되어 있다. 그것은 현상학이다. 현상학은 참여자 자신의 의미 부여를 중요하게 다루는 구성주의적 접근법을 취한다. 따라서 IPA처럼 현상학적 접근법을 사용하는 연구자들은 연구 참여자의 목소리를 대변하고 그들의 주장과 우려를 중심에 둔다. 당사자의 주관적 관점에서 그들을 이해하고 전후 사정을 고려하는 것이다. 이를 위해 대개 소수의 참여자를 대상으로 수행된다는 점도 IPA의 특징이다(Reid, Flowers, & Larkin, 2005).

2007년부터 2019년 사이에 열 건 이상의 IPA 또는 현상학적 접근의 연구가 이루어졌다. 이 연구들은 흑인 상담 슈퍼바이지(Constantine & Sue, 2007), 정신질환자(Peters, Schwenk, Ahlstrom, & McIalwain, 2017), 흑인 여성 임원급 기업인(Holder, Jackson, & Ponterotto, 2015), 여러 인종의 성소수자(Weber, Collins, Robinson-Wood, Zeko-Underwood, & Poindexter, 2018), 가정폭력 피해자 보호시설의 흑인 여성(Nnawulezi & Sullivan, 2014) 등을 겨냥한 미세공격을 광범위하게 다루었다. IPA에서는 참여자의 심층적인 실제 경험이 중요하므로 자료 수집 방법으로 반구조화된 면접 기법이 선호된다(Smith & Osborn, 2007). 이하에서 우리는 질적 연구에서 쓰이는 표집 및 자료 수집 방법을 설명할 것이다.

의도된 표본

양적 연구에서는 확률 표집을 주로 사용하는 데 반해, 질적 연구에서는 해당 현상에 대한 풍부한 경험이 있는 응답자가 스스로 연구에 참여하는 의도적 표집이 자주 사용된다(Patton, 2015). 예를 들어, 여학생이 대학에서 성차별 미세공격을 당한 경험에 관해 조사하기 위해 "학내에서 일어나는 미묘한 형태의 성차별에 관해 토론하는 데 관심이 있습니까?"라는 모집 공고를 낼 수 있을 것이다. 편향된 접근법이라는 비판도 일부 있지만(Nagai, 2017), 그러한 비판은 질적 접근법에서 사용되는 사례가 질문에 대한 응답을 넘어서는 풍부한 정보를 제공한다는 특징information-rich case을 제대로 이해하지 못한 것이다(Patton, 2015). 다양한 징후, 표출 형태, 영향을 이해하려면 그 현상을 직접 경험한 당사자를 참여시키는 것이 매우 중요하다.

포커스 그룹

미세공격에 관한 질적 연구 대부분은 포커스 그룹focus group, 즉 특정 주제에 대한 대화형 집단 토론 기법으로 자료를 수집한다(Hennink, 2014). 방법론 전문가들이 권고하는 이상적인 포커스 그룹 크기는 6~8명이지만(Krueger & Cascy, 2015), 미세공격 연구자들은 경우에 따라 하나 또는 여러 개의 포커스 그룹을 모집하여 4명에서 26명에 이르는 다양한 표본 크기를 사용해 왔다. 표본 크기를 작게 하는 데에는 여러 이유가 있지만, 연구에 적합한 대상자 자체가 적어 모집이 어렵다는 점이 가장 크다. 참여를 꺼리게 만드는 데에는 심리학과 의학 연구에서 유색인이 (대개 자기도 모르게) 이용당했던 과거사 등 정당한 불신의 근거도 작용한다.

　모든 자료 수집 방법에는 저마다 장단점이 있다. 포커스 그룹에서는 여러 참여자들과 대화형 토론이 이루어지므로 혼자서라면 생각하기 힘든 새로운 관점을 고려할 수 있게 된다. 때로는 연구자가 예측하지 못했던 내용이 화제에 오르기도 한다. 새로운 정보가 등장하면 숙련된 촉진자facilitator나 중재자moderator가 참여자 발언의 타당성을 확인하기 위해 질문할 수 있다. 예를 들어, 한 포커스 그룹 연구에 참여한 퀴어 여대생들은 학내에서 감시를 당한 경험을 진술했다(Dimberg, Clark, Spanierman, & VanDaalen, 2019). 참여자들의 토론은 감시의 수준이 그 학생들의 젠더 표현에 따라 상이해진다는 것을 알게 해주었다. 즉, 여성의 외모에 대한 전통적인 관념에 부합할 때 그들이 경험하는 감시의 수준은 낮아졌다. 대학교 정문 앞에서 작별 인사로 입맞춤을 하는 것처럼 공공장소에서 이루어지는 애정 표현도 감시의 대상이었다. 포커스 그룹의 또 다른 이점은 단시간 안에 대량의 자료를 확보할 수 있다는 것이다. 이 때문에 연구자들은 미세공격의 측정 도구를 개발할 때 포커스 그룹에서 얻은 정보로 측정 문항들을 만든다.

포커스 그룹의 가장 큰 한계는 집단사고groupthink 현상(집단 구성원들이 다수의 발언에 허위로 동조하는 경향; Hennink, 2014)이 나타날 수 있다는 점이다. 따라서 숙련된 촉진자가 집단역학group dynamics을 관리하고, 발언에서 모순된 관점을 살펴 타당하지 않은 정보를 잘 걸러내야 한다.

중요한 점 중 하나는 연구 참여자들이—저자들의 경험에 의하면 대개—포커스 그룹에서 나눈 대화를 통해 자신이 치유되었다고 말한다는 것이다. 그들은 미세공격을 겪은 다른 사람들 앞에서 자신의 경험을 "증언"하는 것이 고립감, 모멸감, 회의감으로부터 회복하게 해준다고 설명한다. 아프리카계 미국인 여성들에 관한 한 연구에서 연구자들은 포커스 그룹을 활용하여 그 여성들의 대인관계와 미세공격의 미묘하고 모호한 특성을 살펴보았다(Lewis et al., 2013). 그들은 참여자들이 포커스 그룹을 통해 자신의 미세공격 피해 경험과 그에 대한 반응을 검증받을 기회를 갖게 된다는 사실을 관찰했다.

개별 인터뷰

포커스 그룹 인터뷰만큼 자주 활용되지는 않지만, 개별 인터뷰도 미세공격을 이해하고 다양한 유형 분류 체계를 개발하는 데 효과적이다. 미세공격에 관한 개별 인터뷰는 대개 대면 상황에서 진행되지만, 전화나 스카이프, 줌 등 인터넷 영상통화 플랫폼으로 실시할 수도 있다. 인터뷰어가 친밀감과 신뢰, 안전감을 형성하는 데 능숙해야 하는 것은 당연하다(Burkard, Knox, & Hill, 2012). 개별 인터뷰에서는 연구자와 참여자 사이의 사적인 대화 분위기가 형성되므로 참여자들이 집단 상황에서라면 편하게 공유하지 못했을 정보를 말할 수 있다. 예를 들어,

몬트리올에서 성인 집단을 대상으로 이루어진 한 연구에서 참여자들은 인터뷰어에게 노래를 만들거나 조각을 하는 등 자신이 미세공격에 저항하기 위해 개인적으로 하고 있는 예술적, 창의적 활동에 관해 털어놓았다(Houshmand, Spanierman, & DeStefano, 2019). 또 다른 연구에서 연구자들은 K-8 학교(유치원부터 8학년, 즉 중학교 과정까지가 통합되어 있는 학교-옮긴이)에서 아이들이 경험하는 미세공격을 파악하기 위해 열 명의 학교 소속 사회복지사를 인터뷰했다(Wintner, Almeida, & Hamilton-Mason, 2017). 이 사회복지사들이 자신이 경험한 바를 학교 교육의 특정 맥락에 연결 지어 이야기할 수 있었던 것은 개별 인터뷰의 사적인 분위기 덕분이었다. 인터뷰에서 얻은 통찰력은 아동과 청소년 사이에서 일어나는 미세공격과 그것이 작동하는 방식에 대한 인식을 높였으며, 학교 기반 사회정서 학습 프로그램 및 학교 분위기 조성 프로그램 등 예방과 개입을 위한 아이디어로 발전했다.

그 외의 자료 수집 방법

앞서 살펴보았던 거품 가설이 말해주듯이, 어떤 현상에 대한 포괄적인 기초 지식을 얻으려면 서로 다른 방법들을 사용하는 것이 중요하다. 미세공격을 다룬 여러 문헌을 검토하면서 우리는 새로운 자료 수집 방법을 볼 수 있었으며, 앞으로도 또 다른 방법들이 도입될 것으로 예상된다. 몇몇 연구에서는 관찰 프로토콜 기법이 활용되었는데, 수아레스오로스코 등(Suárez-Orozco, Casanova, et al., 2015)은 이 기법으로 60개의 커뮤니티 칼리지 강의실을 직접 관찰했다. 그들은 3분의 1에 가까운 강의실에서 미세공격이 빈번히 일어나며 교수가 가해자인 경우가 가장 많다는 점을 발견하고, 미세공격을 "독성 비"에 비유했다. 소수 인종 및 소수 민족 학생 비율이 더 높은 캠퍼스일수록 미세공격이 일어날 확률이 더 높았으며, 가장 자주 등장한 미세공격 유형은 지적으로 열등할 것이라는 가정이었다. 이 같은 자연적 설정naturalistic setting은 자기보고식 인터뷰 방법에서는 얻을 수 없었던 맥락적 이해 contextual understanding를 가능케 한다. 또 다른 관찰 연구에서는 17개 커뮤니티 칼리지 강의실에서 학생들이 미세공격이 일어났을 때 즉각적으로 보이는 반응을 조사했다(Casanova, McGuire, & Martin, 2018). 가장 빈번하게 나타나는 반응은 비참여, 침묵, 불편함이었으며, 가해자에게 문제제기를 하는 저항 전략도 관찰되었다. 자연적 설정에서 관찰하는 것이 중요한 이유는 회고와 자기보고에 의해 발견된 사실을 확장할 수 있는 방법이라는 점에 있다.

신문, 잡지 기사, 웹로그 등 다양한 매체에서 일어나는 미세공격을 이해하기 위한 방법으로는 텍스트 분석 기법이 있다. 예를 들어, 한 연구에서 연구자들은 일리노이대학교 어배너샘페인 캠퍼스의 공식 상징이자 마스코트인 일라이니웩 추장이 잠정적으로나마 공식 퇴출된 후 아메리카 원주민에 대한 미세공격이 어떻게 글로 표출되있고 가해자는 어떠한 관점을 지녔는지를 분석하기 위해 천 페이지 분량의 웹로그 데이터를 검토했다(Clark, Spanierman, Soble, Reid, & Cabana, 2011). 익명의 웹로그 댓글에서 가해자들은 비난에 대한 두려움 없이 마음껏 자기 생각을 표현하고 있었으며, 연구자들은 검열되지 않은 가해자들의 이러한 반응을 검토함으로써 중요한 통찰력을 얻을 수 있었다. 여성 운동선수의 성별 및 인종에 대한 미세공격에 주목한 한 기술연구 descriptive study에서는 신문과 잡지에 실린 2012년 및 2016년 하계 올림픽 관련 기사를 검토했다(Allen & Frisby, 2017). 연구자들은 우선 여성 운동선수를 겨냥한 미세공격 주제들을 확인했다. 그다음에는 미세공격과 인종/민족, 스포츠 유형 사이의 연관성을 파악하기 위해 정량적 방법으로 이 주제 분석 결과를 보완했다. 그들은 2012년과 2016년 올림픽의 보도에 차이가 있는지도 비교했다. 그 결과 스포츠 뉴스에서 올림픽 참가 선수들의 성취를 폄하하는 성별 및 인종차별 미세공격이 확인되었다. 게다가 여자 선수들에 대해서는 남자 선수들에 대해서만큼 보도되지도 않았다. 세리나 윌리엄스Serena Williams가 여러 매체에서 반복적으로 표적이 되어왔던 것처럼, 스타 운동선수도 예외가 아닐 것이다. 따라서 뉴스, 웹로그 등 여러 매체를 지속적으로 조사하여 미세공격이 왜, 어떤 상황에서, 어떠한 방식으로 일어나는지 파악해야 한다. 여러 연구자들이 말했듯이, 미세공격을 효과적으로 예방하고, 미세공격이 일어날 때 효과적으로 개입하려면 가해자의 동기, 사고 과정, 행동을 이해하는 것이 중요하다.

진실성

일부 후기실증주의 연구자들은 질적 연구에서 얻은 통찰을 절대로 인정하지 않으려 하겠지만, 엄격한 질적 조사가 특정 연구 문제를 다루는 데 유용한 과학적 접근이 될 수 있다는 것은 수많은 증거에 의해 입증되고 있다. 앞서 언급했듯이, 질적 연구는 당사자가 자신의 언어로 표현한 의미에 초점을 맞추어 전체론적인 시각에서 복잡한 문제를 설명할 수 있게 해준다(Creswell, 2014). 질적 연구에서 이루어지는 연구자와 참여자 간 상호작용은 설문조사에서와는 다른 종류의 데이터를 얻을 수 있게 하는 동시에 연구자의 위치 설정에 세심한 주의를 기울여 연구자가 자신의 편향 가능성을 인정하고 참여자의 의도된 의미에 충실할 수 있게 한다.

　방법론 전문가들은 "진실성"이 질적 연구의 엄격성과 견고성을 평가하는 기준이라고 말한다. 링컨과 구바(Lincoln and Guba, 1985)의 고전적 교과서인 《자연주의적 탐구Naturalistic Inquiry》와 그들의 진실성 기준에 관한 논의를 살펴보면 전이가능성transferability을 추구하는 질적 연구와 일반화가능성generalizability을 추구하는 양적 연구의 현격한 차이를 이해할 수 있을 것이다. 질적 연구 방법의 진실성 문제에 관해 더 알고 싶다면 질적 연구의 질과 진실성을 다룬 모로의 논문(Morrow, 2005)을 읽어볼 것을 권한다. 끝으로, 질적 연구 방법 또는 질적 연구와 양적 연구를 혼합한 방법으로 미세공격을 연구하고자 하는 연구자는 레빗 등(Levitt et al., 2018)의《질적 1차, 질적 메타분석, 혼합 방법으로 수행한 심리학 연구의 학술지 논문 작성 기준: APA 출판 및 통신 위원회 태스크포스 보고서Journal Article Reporting Standards for Qualitative Primary, Qualitative Meta-Analytic, and Mixed Methods Research in Psychology: The APA Publications and Communications Board Task Force Report》도 참조해야 한다.

결과의 일반화: 미세공격에 관한 양적 연구

통계 분석을 통해 추론하고 변수들 간의 관계를 살펴보는 양적 방법은 과학적 연구에서 널리 쓰인다. 양적 방법을 사용하면 변수들 간의 관계에 대한 가설을 검증할 수 있다. 연구자들은 피해자의 미세공격 경험에 관한 질적 연구 결과를 바탕으로 미세공격의 양적 측정 도구를 개발했다. 그들은 척도를 만든 다음 더 큰 표본을 대상으로 특정 미세공격의 빈도와 (주로 정신 건강에 대한) 영향을 파악하기 위한 양적 연구 설계에 이 척도를 적용했다. 사회적 지원 등 다양한 변수를 통합한 양적 연구는 미세공격의 영향과 그로 인한 피해를 완화하기 위한 방법을 더 완전히 이해할 수 있게 해주었다. 아래에서 우리는 연구자들이 미세공격을 측정한 방법을 살펴보고, 여러 피해자 집단을 겨냥한 미세공격을 조사하는 데 주로 쓰이는 몇 가지 양적 설계 방법을 설명할 것이다.

미세공격 측정

심리학에서 척도는 신뢰도와 타당도를 검증하는 엄격한 절차를 거쳐 개발된다. 이 절에서 우리는 척도 개발 절차에 관한 훌륭한 요약과 우수 사례를 소개할 것이다(Mallinckrodt, Miles, & Recabarren, 2016, Worthington & Whittaker, 2006 등도 참조하라). 다만, 이 책의 목적을 위해 아주 대략적인 개괄만 제시할 것이다. 첫 번째 단계는 측정하려는 속성, 즉 구인construct을 명료하게 정의하는 것이다(예: 성적지향 관련 미세공격). 둘째, 측정 문항들을 생성한다. 이 문항들은 질적 연구에서 도출될 때가 많다. 셋째, 문항에 대한 전문가 검토를 실시한다. 넷째, 척도의 길이, 응답 형식 등 측정 방법을 정한다. 다섯 번째 단계는 탐색적 요인 분석exploratory factor analysis이라고 불리는 통계 절차다. 이것은 척도가 하나의 요인으로 구성되는지 아니면 여러 요인으로 구성되는지, 즉 단일차원적인지 다차원적인지를 검토하는 절차다. 요인 구조가 정해지고 나면 확인적 요인 분석confirmatory factor analysis을 실시하고 더 큰 표본들에 대해 타당성을 추가적으로 검증한다. 척도 구성은 철저하고 엄격한 과정이다. 적절한 심리측정학적 근거로 뒷받침되는 측정 도구를 만드는 데 몇 년씩 걸릴 때도 많다.

이 책 초판이 나온 2010년 이후 미세공격을 측정하는 많은 도구가 나왔다. 대부분은 인종 및 민족 관련 미세공격, 일부는 성적지향 및 성별에 관한 미세공격을 측정한다. 최근에는 상호교차적 미세공격이나 정신 질환, 장애인, 종교 관련 미세공격을 평가하는 측정 도구도 개발되었다. 대개 피해자의 경험을 측정하는 도구—피해자의 자기보고 방식으로 미세공격 경험 빈도나 고통의 정도를 측정—였지만 가해자나 방관자의 관점에서 측정하는 도구도 두 가지가 있었다. 이 도구들 가운데 가장 널리 사용되는 것은 인종·민족적 미세공격 척도Racial and Ethnic Microaggressions Scale(REMS; Nadal, 2011)다. 표 7.1은 공식 학술지에 발표된 척도들의 목록이다. 이 척도들은 대개 초기의 타당성 검증과 그 이후의 경험적 연구에서 심리측정학적으로 근거가 입증되었다. 다시 말해, 타당도(측정하려고 의도한 대상을 측정하는가)와 신뢰도(내적 일관성과 시간적 안정성을 갖추고 있는가)를 갖춘 측정 도구들이다.

표 7.1 미세공격 척도

척도의 명칭과 출처	설명
인종·민족적 미세공격	
상담 중 인종차별 미세공격 척도 Racial Microaggressions in Counseling Scale (RMCS; Constantine, 2007)	포커스 그룹에서 도출한 10개 문항 단일 차원 척도로 상담을 받으면서 경험하고 인지한 인종차별 미세공격 및 그 영향을 측정 3점 척도로 응답 (0=한 번도 일어나지 않았음, 1=일어난 적이 있으나 불쾌하지 않았음, 2=일어난 적이 있으며 그 때문에 불쾌했음) 요인 분석 없음
인종·민족적 미세공격 척도 Racial and Ethnic Microaggressions Scale (REMS; Nadal, 2011)	최초의 유형 분류(이 책의 저자인 수의 유형 분류를 말함-옮긴이)와 질적 연구에서 도출한 45개 문항 인종차별 미세공격을 측정 6개 하위척도 (열등하다는 가정, 이류 시민 취급 및 범죄 가능성 가정, 미세부정, 이국화/유사성 가정, 환경적 미세공격, 직장 및 학교에서의 미세공격). 6점 척도 응답을 기록한 후 이분점수로 변환 (0=지난 6개월간 이 사건을 경험하지 않았음, 1=지난 6개월간 이 사건을 한 번 이상 경험했음) . 주성분 분석 및 확인적 요인 분석을 실시함
흑인에 대한 미세공격 척도 Inventory of Microaggressions against Black Individuals (IMABI; Mercer, Zeigler-Hill, Wallace, & Hayes, 2011)	최초의 유형 분류와 질적 연구에서 도출한 14개 문항 단일 차원 척도로 흑인을 겨냥한 미세모욕 및 미세부정을 측정 5점 척도로 응답 (0=한 번도 일어나지 않았음, 1=일어난 적이 있으나 화가 나지 않았음, 2=일어난 적이 있으며 약간 화가 났음, 3=일어난 적이 있으며 꽤 화가 났음, 4=일어난 적이 있으며 몹시 화가 났음) 탐색적 요인 분석, 문항 반응 이론 분석, 확인적 요인 분석을 실시함

척도의 명칭과 출처	설명
민족적 미세공격 척도Ethnic Microaggressions Scale (EMA; Huynh, 2012)	라틴계 및 아시아계 미국인 후기 청소년에 관한 질적 연구에서 도출한 12개 문항 3개 하위척도(차이의 강조, 인종적 실재 부정, 부정적 대우)로 인종/민족적 미세공격의 빈도와 반응 측정 빈도: 6점 척도로 응답 (0=전혀 없음, 1=1년에 한 번, 2=1년에 서너 번, 3=한 달에 한 번, 4=한 주에 한 번, 5=거의 매일) 반응: 5점 척도로 응답 (1=기분이 좋았음, 2=불쾌하지 않았음, 3=약간 불쾌했음, 4=화가 났음, 5=몹시 화가 나뉨) 확인적 요인 분석을 실시함
인종차별 미세공격 척도Racial Microaggressions Scale (RMAS; Torres-Harding, Andrade, & Romero Diaz, 2012)	최초의 유형 분류와 질적 연구에서 도출한 32개 문항 6개 하위척도(비가시성, 범죄 가능성, 바람직하지 않은 문화, 성애화 sexualization, 외국인 취급, 환경적 무시)로 특정 인종차별 미세공격 경험 빈도 측정 4점 척도로 응답 (0=전혀 없음, 1=가끔, 2=종종, 3=자주) 탐색적 요인 분석 및 확인적 요인 분석을 실시함
인종차별 미세공격에 의한 고통 척도Scale of Racial Microaggressions Distress (RMAS-Distress; Torres-Harding & Turner, 2015)	32개 문항 및 6개 하위척도 RMAS와 동일한 항목에 대해 응답자가 인지하는 고통을 측정 ("이런 일이 일어나면 얼마나 스트레스를 받거나 화가 나거나 불쾌합니까?") 4점 척도로 응답 (0=전혀, 1=약간, 2=중간 정도로, 3=심하게)
인종·민족적 미세공격 척도 개정판 (28문항)Revised 28-Item Racial and Ethnic Microaggressions Scale (R28REMS; ForrestBank, Jenson, & Trecartin, 2015)	기존 REMS(Nadal, 2011)에서 도출한 28개 문항 5개 하위척도 (이류 시민 취급과 범죄 가능성에 대한 가정, 열등하다는 가정, 유사성에 대한 가정, 미세부정, 매체 미세공격) 최근 6개월간의 경험을 6점 척도로 응답 (0=없음, 1=한 번, 2=두 번, 3=세 번, 4=네 번, 5=다섯 번 이상) 다회의 탐색적 요인 분석을 실시하여 인종/민족 집단에 따라 상이한 요인 구조를 확인함
인종차별 미세공격 용인 척도 Acceptability of Racial Microaggressions Scale (ARMS; Mekawi & Todd, 2018)	34개 문항을 문헌에서 도출하고 포커스 그룹 구성원 및 내용 전문가 검토를 거침 백인을 대상으로 특정 인종차별 미세공격에 해당하는 발언이 얼마나 "괜찮은지okay"를 측정 4개 하위척도 (피해자 비난, 색 회피(인종차별의 존재 부정), 권력 회피(제도적 인종차별 부정), 이국화) 6점 척도로 응답 (1=절대로 용인할 수 없음, 6=완전히 용인 가능함) 탐색적 요인 분석 및 확인적 요인 분석을 실시함

성적지향 및 성정체성 미세공격

유색인 성소수자 미세공격 척도 LGBT People of Color	포커스 그룹, 인터뷰, 파일럿 연구에서 도출한 18개 문항 특정 미세공격의 발생 여부와 인지된 스트레스를 측정

척도의 명칭과 출처	설명
Microaggressions Scale (LGBT-POC; Balsam, Molina, Beadnell, Simoni, & Walters, 2011)	3개 하위척도 (성소수자 커뮤니티에서의 인종차별, 소수 인종/민족 커뮤니티 에서의 이성애주의, 데이트 및 친밀한 관계에서의 인종차별) 5점 척도로 응답 (0=일어나지 않음*, 1=일어난 적이 있으나 전혀 불쾌하지 않 았음, 2=일어난 적이 있으며 그 때문에 약간 불쾌했음, 3=일어난 적이 있으며 그 때문에 중간 정도로 불쾌했음, 4=일어난 적이 있으며 그 때문에 상당히 불 쾌했음, 5=일어난 적이 있으며 그 때문에 극도로 불쾌했음) *0과 1을 한 범주로 변환 주성분 분석을 실시함
반동성애적 미세공격 척도 Homonegative Microaggressions Scale (HMS; Wright & Wegner, 2012; Wegner & Wright, 2016)	문헌 및 전문가 자문에서 도출한 45개 문항 응답자가 특정 미세공격을 경험한 빈도를 측정 3개 하위척도 (최근의 반동성애 경험[최근 6개월간], 과거의 반동성애 경험 [성장 과정에서], 반동성애의 영향[응답자가 받은 괴로움의 정도]) 5점 척도로 응답 (전혀/거의 그렇지 않다 ~ 늘/매우 그렇다) 추가적인 심리측정학적 검증 필요
캠퍼스에서 발생하는 성소수자 미 세공격 척도LGBQ Microaggressions on Campus Scale (Woodford, Chonody, Kulick, Brennan, & Renn, 2015)	20개 문항을 문헌에서 도출하고 포커스 그룹 및 인터뷰 참여자, 내용 전문가 검토를 거침 최근 1년간 캠퍼스에서 겪은 미묘한 미세공격 경험을 측정 2개 하위척도 (대인관계에서의 성소수자 미세공격, 환경적 성소수자 미세공격) 6점 척도 (0=전혀 ~ 5=매우 자주) 주성분 분석 및 확인적 요인 분석을 실시함
성차별 미세공격	
여성에 대한 미세공격 척도 Microaggressions Against Women Scale (MAWS; Owen, Tao, & Rodolfa, 2010)	문헌, 포커스 그룹 참여자, 내용 전문가로부터 도출한 7개 문항 치료 중에 여성이 경험하는 다양한 미세공격을 측정하는 단일차원적 척도 (상담 시간에 상담자가 젠더 문제를 어떻게 다루었는지에 대한 인식) 5점 척도로 응답 (1=전혀 동의하지 않음 ~ 5=매우 동의함) 잠재 계층 요인 분석
상호교차적 미세공격	
흑인 여성에 대한 성별·인종 복 합 미세공격 척도Gendered Racial Microaggressions Scale for Black Women (GRMS; Lewis & Neville, 2015)	문헌, 포커스 그룹 참여자, 내용 전문가, 파일럿 연구에서 도출한 23개 빈도 문항 및 25개 스트레스 평가 문항 흑인 여성을 겨냥한 미묘한 언어적·행동적·환경적 미세공격을 평가 4개 하위척도 (외모에 대한 가정과 성적 대상화, 침묵화와 소외, 강한 흑인 여 성에 대한 고정관념, 화난 흑인 여성에 관한 고정관념) 6점 척도로 응답 (빈도: 0=전혀 없음 ~ 5=일주일에 한 번 이상, 스트레스 평 가: 0=전혀 스트레스가 아님 ~ 5=극심한 스트레스) 탐색적 요인 분석 및 확인적 요인 분석을 실시함
아시아계 미국인 여성에 대한 성별·인종 복합 미세공격 척도	문헌, 포커스 그룹 참여자, 내용 전문가로부터 도출한 22개 문항 아시아계 미국인 여성이 경험하는 미세공격을 측정

척도의 명칭과 출처	설명
Gendered Racial Microaggressions Scale for Asian American Women (GRMSAAW; Keum et al., 2018)	4개 하위척도 (순종적이라는 가정, 외모가 똑같다는 가정, 아시아인 페티시즘, 매체에서의 무시)
	6점 척도로 응답 (빈도: 0=전혀 없음 ~ 5=항상, 스트레스 평가: 0=전혀 스트레스가 아님 ~ 5=극심한 스트레스)
	탐색적 요인 분석 및 확인적 요인 분석을 실시함

그 외의 소외집단을 겨냥한 미세공격 평가 척도

정신질환에 대한 미세공격 척도-가해자용Mental Illness Microaggressions Scale-Perpetrator Version (MIMS-P; Gonzales, Davidoff, DeLuca, & Yanos, 2015)	포커스 그룹 참여자, 연구진, 내용 전문가로부터 도출한 17개 문항
	가해자가 시인한 정신질환 관련 미세공격 측정
	3개 하위척도 (열등하다는 가정, 보호자 행세, 정신질환에 대한 공포)
	4점 척도로 응답 (1=매우 동의하지 않음 ~ 4=매우 동의함)
	주성분 분석을 실시함
장애인차별 미세공격 척도Ableist Microaggressions Scale (AMS; Conover, Israel, & Nylund-Gibson, 2017)	질적 연구에서 20개 문항을 도출하여 전문가 피드백, 인터뷰, 파일럿 연구를 거침
	눈에 보이거나 보이지 않는 장애를 지닌 사람들이 겪는 미세공격 경험 측정
	4개 하위척도 (무력한 존재 취급, 무시, 인격 부정, 타자화)
	6점 척도로 응답 (0=전혀 없음 ~ 5=매우 자주)
	탐색적 요인 분석 및 확인적 요인 분석을 실시함
비종교인에 대한 미세공격 척도Microaggressions Against Non-religious Individuals Scale (MANRIS; Cheng, Pagano, & Shariff, 2018)	문헌에서 31개 문항을 도출하여 내용 전문가의 검토를 거침
	비종교인을 겨냥한 미세공격을 측정
	5개 하위척도 (열등하다는 가정, 비종교인에 대한 편견 부정, 종교를 가졌을 것이라는 가정, 비종교인에 대한 고정관념, 비종교 정체성의 병리화)
	응답 형식 미확인
	탐색적 요인 분석 및 확인적 요인 분석을 실시함

표 7.1에는 포함되지 않았지만, 대학원생들의 석·박사 학위논문을 위한 연구에서도 다수의 측정 도구가 개발되었다. 예를 들어, 미야케 (Miyake, 2018)는 여덟 가지 유형의 성차별 미세공격을 측정하는 여성 대상 미세공격 척도Female Microaggressions Scale(FeMS)를 개발했으며, 신뢰도와 타당도 검증을 거쳤다. 이 연구들도 동료 검토 절차를 거쳐 공식화되면 차세대 미세공격 연구자들이 폭넓은 양적 연구 설계에서 활용할 수 있을 것이고, 이는 우리의 상상을 벗어날 만큼 문헌을 확장해 줄 것으로 기대된다.

양적 연구 설계

미세공격에 관한 양적 연구는 대개 횡단 연구 설계cross-sectional design(특정 시점의 데이터 수집)로 이루어져 왔다. 특정 시점에 특정 종류의 미세공격이 얼마나 자주 발생하는지가 주된 연구 주제였다. 대부분의 미세공격 측정 도구가 회고적 질문("지난 2주 동안 …를 몇 번 경험했습니까?")을 사용하므로, 이 연구들이 기록하는 것은 그 순간의 경험이 아니라 이전의 경험에 대한 기억이다. 이 점을 한계로 보는 사람들도 있지만 꼭 단점이기만 한 것은 아니다. 정신 건강 전문가들은 어떤 사건을 어떻게 기억하는지가 그 사건을 정확히 기억하는 것만큼, 혹은 그보다 훨씬 더 중요할 수 있다는 점을 오래전부터 알고 있었다. 횡단 연구들이 미세공격의 발생 빈도와 함께 관심을 가졌던 또 한 가지 주제가 바로 심리적 고통이나 안녕 같은 다른 변수들과 미세공격 간의 상관관계였다. 많은 연구에서 심리적 건강상의 다양한 결과와 미세공격 간에 상당한 관련이 있다는 것이 입증되있다. 그러나 횡단 설계에서는 제3의 변수를 배제할 수 없으므로 인과성을 추론할 수 없다는 점이 중요하다. 예를 들어, 2학년 말의 어느 한 시점에 수집한 데이터에서 고등학생의 미세공격 경험과 우울 증상의 연관성이 나타났다고 해도 미세공격이 그 증상의 원인이라고 말할 수는 없다는 것이다. 이 때문에 인과성의 추론을 위해서는 실험 설계가 요구되며, 이에 관해서는 뒷부분에서 다시 다룰 것이다.

회고적 횡단 연구

상관관계를 밝히는 회고적 횡단 연구cross-sectional retrospective study 설계는 여러 면에서 미세공격 연구 성과를 발전시켜 왔다. 연구자들은 미세공격 경험과 다양한 기준 변수criterion variable(우울, 심리적 안녕,

진로 결정 자기효능감) 사이의 중요한 연관성을 확인했다. 예를 들어, 한 연구에서는 성소수자 대상 미세공격이 높은 흡연율과 관련된다는 것이 밝혀졌다(Ylioja, Cochran, Woodford, & Renn, 2018). 또 다른 연구에서는 심리치료 과정에서 여성 내담자가 받은 성차별 미세공격이 낮은 작업 동맹working alliance 점수 및 낮은 치료 효과와 연관됨이 나타났다(Owen et al., 2010). 라틴계 학생들을 대상으로 수행한 또 다른 상관관계 연구에서는 미세공격을 당한 경험이 많은 학생일수록 진로 결정 자기효능감과 긍정적인 결과기대outcome expectation가 낮으며, 부정적인 결과 기대는 높은 것으로 나타났다(Bonifacio, Gushue, & Mejia-Smith, 2018). 최근에는 미세공격과 정신 건강 등 다른 주요 변수 사이의 연관성을 약화하는 잠재 요인, 즉 조절변수moderating variable를 탐색하기 시작했다. 예를 들어, 아시아계 미국인 학생들에 관한 한 연구에서는 인종차별 미세공격과 우울 증상 간의 연관성이 민족 정체성에 의해 조절된다는 것, 즉 강한 민족 정체성이 미세공격이 우울증에 미치는 부정적 영향을 완화한다는 것이 확인되었다(Choi, Lewis, Harwood, Mendenhall, & Huntt, 2017). 미세공격이 정신 건강에 영향을 끼치는 메커니즘도 회고적 횡단 연구를 통해 확인되었다. 예를 들어, 아시아계 및 라틴계 미국인 청소년에 관한 한 연구에서 연구자들은 인종차별 미세공격과 심리적 고통 사이에 연관성이 있음을 밝혔으며, 관여 대처 전략engagement coping strategy(감정 표출, 사회적 지지 추구)이 이 둘 사이를 부분적으로 매개하여 고통의 수준을 낮출 가능성도 확인했다(Sanchez, Adams, Arango, & Flannigan, 2018). 경로분석path analysis을 사용하여 변수들 사이의 관련성을 검토한 또 다른 연구에서도 미세공격이 심리적 고통과 연관되며, 민족 정체성이 미세공격이 고통에 미치는 영향을 매개한다고 지적했다(민족 정체성이 강할수록 고통의 수준이 낮았다)(Forrest-Bank & Cuellar, 2018). 다만 이 관계에 인과성이 있음을 밝히고 잠재적 매개 효과를 더 완전히 파악하려면 여러 시점의 데이터를 분석하는 종단 연구longitudinal research가 필요하다.

실험 연구

몇몇 미세공격 연구에서는 횡단 연구와 함께 실험실 상황에서 진행하는 실험(또는 준실험) 설계를 활용했다. 실험은 대개 서면 비네트나 실험보조자를 통해 미세공격의 유형이나 심각도를 조작하여 제시하는 방식으로 이루어졌다(Basford, Offerman, & Behrend, 2014; Kim, Block, & Nguyen, 2019; Offerman, Basford, Graebner, DeGraaf, & Jaffer, 2013). 예를 들어, "영어를 잘하시네요! 예외 취급형 고정관념에 대한 아시아계 미국인의 반응You Speak English Well! Asian Americans' Reactions to an Exceptionalizing Stereotype"이라는 논문에서 저자 트랜과 리(Tran and Lee, 2014)는 실험을 통해 언뜻 칭찬인 것처럼 들리지만 실은 고정관념을 표출하는 유형의 미세공격이 대인 상호작용에 부정적인 영향을 끼칠 수 있음을 밝혔다. 이러한 실험은 미세공격이 다양한 결과를 낳는 인과관계 메커니즘을 확인하는 유망한 방법이다.

종단 연구

몇몇 연구에서는 종단 설계를 사용했다. 종단 연구에서는 여러 시점에 걸쳐 변수들을 반복적으로 관찰하게 되므로, 특정 결과의 예측 변수를 찾아낼 수 있다. 인과관계를 입증하는 데 있어서 실험 조작만큼 견고하지는 않을 수 있지만, 사건의 시간적 순서를 확정할 수 있다는 점에서는 회고적 횡단 연구보다 이점이 있다. 다시 말해, 종단 설계를 사용하면 미세공격이 부정적인 정신 건강 상태의 선행 사건인지를 확인할 수 있다. 옹과 그의 동료들은 몇 차례에 걸쳐 시간 중심 일지 연구time-intensive diary study를 수행했다. 그들은 약 2주 동안 참여자들로부터 미세공격 경험에 대한 자기보고식 데이터를 수집했다. 연구자들은 참여자들이 "일지"에 기록한 정보를 통해 미세공격 경험의 빈도와 영향을 파악했다. 이 방법으로 아시아계 미국인을 대상으로 수행한 한 연구에서는 참여자의 75% 이상이 2주 동안 한 번 이상 미세공격을 경험했다고 보고했다. 또한 평균적으로 미세공격 경험이 더 많거나 해당 기간 중 미세공격 경험이 증가하는 경우 감정 및 신체 증상(Ong, Burrow, Fuller-Rowell, Ja, & Sue, 2013)뿐 아니라 수면 시간(Ong, Cerrada, Lee, & Williams, 2017)에도 악영향이 있는 것으로 나타났다.

요약

질적 연구는 미세공격에 관한 연구 초기에 피해자의 인식에 기반하여 미세공격의 유형 분류를 확립할 수 있게 해주었다. 미세공격 측정 도구의 개발에도 연구 참여자들의 주관적 해석이 활용되었다. 다양한 형태의 미세공격을 양적으로 평가하는 도구가 개발된 후에는 광범위한 연구 설계에서 이 도구들이 사용되었다. 지금까지 대부분의 양적 연구는 회고적 횡단 설계로 수행되었다. 연구자들은 회고적 횡단 연구를 통해 피해자가 경험하는 미세공격의 유형과 빈도를 밝히고 다른 변수들과의 연관성을 조사하여 미세공격의 영향을 탐구하기 시작했다. 다만, 이러한 연구에서 밝힐 수 있는 것은 상관관계일 뿐, 인과관계가 아니다. 따라서 인과성을 밝히려면 실험과 시간 중심의 종단 연구 설계가 필요하다. 지금까지 이러한 연구로 나온 결과는 미세공격의 부정적 영향을 보여주었을 뿐만 아니라 이를 완충할 수 있는 요인들도 시사했다. 우리는 미래의 연구자들에게 거품 가설을 잊지 말고 기초적인 질적 연구 및 횡단 연구를 바탕으로 실험적 종단 연구나 대인 상호작용에서 얻은 데이터로 양자 데이터 분석dyadic data analysis(가해자와 피해자처럼 쌍을 이루는 사람들로부터 얻은 데이터를 분석하는 기법)을 수행하는 등 다른 혁신적인 연구 방법으로 나아갈 것을 권고한다.

향후의 과제

앞으로의 연구 방향

인간의 조건에 관한 문제를 묻고 대답하는 방식은 다양하며, 미세공격 연구에 있어서는 더욱 그렇다는 것이 우리의 입장이다. 일부 학자들(Haidt, 2017; Lilienfeld, 2017; Schacht, 2008)은 과학적 탐구 중에도 우열이 있다고 믿으며 경험적 실재의 중요성을 경시하지만, 우리는 질적·양적 연구 방법이 양자택일의 대상이 아니고 모두 아울러야 하며, 다양한 접근 방식이 결합되고 사람들의 생생한 경험에 의해 다듬어져야 한다고 믿는다. 미세공격 연구는 심리학 분야, 특히 편향과 편협함에 관한 연구에 깊은 영향을 끼쳤다. 이 화두가 대중문화, 미디어, 대중의 이목을 집중시켰다는 것은 미세공격이라는 개념이 지닌 힘과 그 이면의 과학, 그리고 우리 사회에서 소외집단의 경험적 실재가 잘 맞아떨어진다는 것을 보여주는 증거다.

2007년에 "일상에서 일어나는 인종차별 미세공격: 임상 실무에서의 함의"(D. W. Sue, Capodilupo, et al., 2007)가 출판된 이래로 미세공격의 개념적 분류는 관련 전문가와 대중 모두의 큰 관심을 끌었다(Wong, Derthick, David, Saw, & Okazaki, 2014). 그 후 지금까지 불과 12년이라는 기간 동안 이 논문에서 제시한 이론과 분류에 기반한 미세공격 연구가 쏟아져 나왔다. 2007년의 논문은 심리학, 교육학, 사회학, 법학, 의

학, 정치학 등 다양한 분야에서 거의 3천 회나 인용되었다. 2018년 9월 구글 학술검색Google Scholar 기준으로 미세공격을 다룬 논문과 기사는 2만 편 이상이며 거의 다 2007년의 논문 이후에 출판된 것들이다. 또한 그 주제도 인종이나 민족에 국한되지 않고 확장되어 성소수자, 여성, 장애인, 종교적 소수자, 외국인, 빈곤층, 노인 등 우리 사회의 다양한 소외집단들을 다루게 되었다(Torino, Rivera, Capodilupo, Nadal, & Sue, 2018). 2007년 논문은 상담 및 심리치료 과정에서 미묘한 차별이 끼치는 영향을 조명하기 위한 것이었지만, 그 논의는 임상 상황을 넘어 직장, 법정, 의료, 초·중·고등학교 및 대학교 등 여러 환경에 적용되어 왔다(D. W. Sue, 2018). 2017년에는 메리엄웹스터 영어사전에 "미세공격 microaggression"이라는 단어가 공식 등재되었을 만큼, 이 용어 자체의 중요성도 충분히 인정되었다.

이렇게 많은 연구와 분석에도 불구하고 시급하고 중요한 몇 가지 질문은 아직 답해지지 않은 채로 남아 있다. 그중에는 미세공격의 작동 원리를 조명하는 더 구체적이고 집중적인 연구를 요구하는 질문도 있고, 전체적인 시각에서 큰 그림을 요구하는 질문도 있다. 전자를 위해 필요한 몇 가지 연구 방향은 다음과 같다.

1. 집단 간 경험의 비교 및 대조 연구. 특정 종류의 미세공격을 당할 확률은 인종 집단에 따라 다를 가능성이 높다. 예를 들어, 아시아계 미국인은 흑인보다 "외국인 취급", "비가시성", "인종 간 차이의 부정" 등에 해당하는 미세공격을 경험할 확률이 높을 수 있다. 흑인이 인종차별 미세공격을 받지 않는다는 뜻이 아니라 그들은 아시아계 미국인과 다른 주제, 즉 "범죄자 취급", "인종적 색맹color blindness" 등에 관한 인종차별 미세공격을 받을 가능성이 높다는 뜻이다. 같은 범주 안에서도 두 인종 집단이 겪는 미세공격의 형

태에 상당한 차이가 있을 수 있다. 아시아계 미국인이 자주 경험하는 지적 능력 관련 미세공격은 지능이 높다거나 수학과 과학을 잘할 것이라는 편견에 의한 것인 반면, 아프리카계 미국인은 지적 능력이 열등할 것이라는 편견에서 비롯된 미세공격을 더 많이 경험한다.

2. 미세공격의 형식에 따른 심각도와 영향 탐색. 지금까지의 질적 연구들은 미세공격의 심각도와 영향이 다양하게 나타날 수 있음을 시사한다. 앞에서 논의했듯이, 미세폭력은 가해자의 의도가 명백하므로 "알아맞히기 게임"을 할 필요가 없다. 그러나 미세모욕이나 미세부정의 인종차별적 의도는 분명하지 않아서 유색인에게 딜레마를 일으킨다. 인종차별 미세공격의 이 세 가지 형태가 동일한 영향을 끼칠까? 미세공격의 주제에 따라서도 문제가 되는 정도가 달라질까? 모든 형태, 모든 주제의 미세공격이 심리적 피해를 줄 수 있지만 그중에서도 유해성과 심각성의 정도가 더 큰 형태와 주제가 있다는 것은 분명하다.

3. 미세공격과 인종·민족 (그리고 다른 형태의) 정체성 발달의 관계 조사. 인종차별 미세공격의 형태와 인종 정체성 발달, 혹은 성적지향에 관한 미세공격과 성적지향 정체성 발달 사이에 연관성이 있는가? 백인의 인종 정체성 발달과 인종차별이 백인에게 미치는 심리사회적 악영향(인종차별의 심리사회적 비용)에 관한 최근의 연구에 따르면 미세공격 행위가 특정 지위 또는 특정 기질을 가진 사람들에게서 더 많이 나타나는 듯하다(Clark & Spanierman, 2018 참조). 유색인의 인종 정체성도 더 많은 연구가 이루어져야 하는 영역이다. 유색인의 인종 정체성은 어떤 방식으로 미세공격의 영향을 완화하거나 매개할까? 이러한 관점에서 볼 때 최근 들어 성별·인종 복합 미세공격에 관한 연구가 급증하는 것도 환영할 만한 일

이다(Dunn, Hodd, & Owens, 2019; Lewis, Mendenhall, Harwood, & Huntt, 2016; Williams & Lewis, 2019).

4. 가해자와 피해자의 관계가 미세공격의 과정과 역학에 어떤 영향을 미치는지에 관한 연구. 예를 들어, 유색인에 대한 미세공격의 발현 형태, 작동 방식, 영향에 가해자와 피해자의 관계가 어떤 영향을 미칠까? 가해자가 모르는 사람일 때와 아는 사람일 때 차이가 있을까? 우리가 수집한 유색인들의 경험에 따르면, 가해자가 모르는 사람일 때보다 친구나 가족일 때 더 고통스럽다. 그렇다면, 미세공격의 가해자가 직장 동료일 때와 권력을 쥐고 있는 직장 상사일 때는 어떻게 다를까? 즉, 동료, 이웃, 친구, 가족 구성원, 권위 있는 인물로부터의 미세공격 사이에 차이가 있는지를 밝히는 연구가 수행된다면 유익한 성과를 거둘 수 있을 것이다.

이 모두가 가치 있는 연구 영역이지만, 해결해야 할 포괄적인 큰 질문 하나가 더 있다. 소외집단 구성원들이 입는 영구적인 상처를 종식시키려면 어떻게 해야 할 것인가? 이 점에서 우리는 연구자들이 다음 다섯 영역에 주목할 것을 권한다.

1. 대처 및 회복 전략. 유색인들이 매일같이 미세공격에 직면하면서도 그런 적대감에 맞설 수 있는 존엄성을 지켜왔다는 사실은 그들이 지닌 회복력의 증거다. 차별의 피해자들이 일상적인 미세공격의 포화 속에서 발생하는 심리적 딜레마를 극복하는 데 도움을 주려면 어떻게 해야 할까? 유색인이 만성적인 미세공격에 직면하여 일반적으로 사용하는 대처 전략에는 어떤 유형이 있으며, 그 중 어떤 유형이 더 바람직하고, 어떤 유형이 더 효과적인가? 건전하고 적용 가능성도 높고 효과적이기까지 한 반응 방법이 있다면

편견과 차별의 유해한 결과를 막을 수 있을 것이다. 그 방법을 찾아내는 일은 기념비적인 성취가 될 것이다. 미세공격은 소외집단은 열등하고 지배집단은 우월하다는 편견에서 비롯되는데, 이 편견은 우리 사회의 거의 모든 면면에 은밀하게, 무의식적으로 뿌리내리고 있기 때문이다. 이 영역의 연구는 소외집단 구성원들의 정신적, 신체적 건강을 지키고 교육, 고용, 의료 부문에서 불평등을 해소하며 사회적 자원에 평등하게 접근할 권리와 기회를 보장하기 위해 매우 중요하다.

2. 지배집단 구성원 교육을 통한 개입. 미세공격은 자신의 생각과 행동이 상대방에게 해를 끼치거나 상처가 된다는 사실을 알지 못한 채 악의 없이 저질러지는 경우가 많다. 그렇다면 우리는 어떻게 눈에 보이지 않던 것을 눈에 보이게 만들고 무한한 억압의 순환을 끊어버릴 수 있을까? 그러나 인식만으로는 충분하지 않으며, 미세공격의 반복되는 재발을 막기 위한 효과적이고 책임 있는 조치가 뒤따라야 할 것이다. 개인적인 수준에서 지배집난 구성원들을 효과적으로 변화시키려면 어떤 유형의 교육 프로그램이 필요할까? 문화적 역량cultural competence 중심의 전통적인 교육 프로그램은 명시적인 편향을 줄이는 데에는 효과가 있지만 암묵적 편향에는 그다지 영향을 미치지 않는다. 앞서 살펴보았듯이 미세공격과 관련하여 변화를 일으키려면 인지, 감정, 행동 세 측면을 모두 다루어야 한다. 미세공격과 관련하여 대개의 교육이 취하는 접근법은 인지적 이해만 강조하고 내밀한 감정과 체화된 행동은 다루지 않는다. 현재의 반편견 교육antibias training 모델이 썩 효과적이지 않다면, 어떤 교육 프로그램을 만들어야 할까?

3. 청소년을 위한 예방 및 교육 프로그램. 인종, 성별, 성적지향, 성정체성에 관한 우리 사회의 편향을 갖도록 이미 문화적으로 조건화

되고 사회화된 사람들을 대상으로 이루어지는 대부분의 교육은 본질적으로 대응요법적이다. 미세공격 가해자의 편향은 조상과 사회 전체의 영향을 받은 산물이다. 이 편향을 없애거나 통제할 수 있게 하는 것이 대응요법적 교육의 목표이자 과업이다. 그러나 아주 어릴 때부터 무의식적인 편향이 발달하는 것을 잘라내거나 예방하지 못한 채 사후적인 대응만 한다면 문제를 뿌리 뽑을 수 없다. 드물지만 아동을 대상으로 하여 특히 발달학적 관점에서 미세공격 성향의 발달을 다룬 몇몇 연구가 수행된 바 있다. 그 결과, 암묵적, 명시적 편향 발달에 명백한 단계들이 존재하며 이 단계들과 연령 사이에 상관관계가 있는 것으로 나타났다. 영아 때부터 6개월이 될 때까지의 유아는 인종이나 성별 등의 차이를 인지하지 못한다. 이 차이를 확실하게 구별할 줄 알게 되는 시기는 3세에서 5세 사이다. 5, 6세에는 차이에 부정적인 특징이 연결된다. 명시적인 편향은 10세 이후 성인이 되면서 줄어들지만 암묵적 편향은 상대적으로 변화가 별로 없다. 이러한 단계들이 있다는 사실은 편향을 예방하는 프로그램을 마련하여 부모를 교육하거나 어린이집, 유치원, 초·중·고등학교에서 시행할 수 있다는 것을 시사한다. 아이들에게 편향과 편협성에 관해 가르치기 위해 부모와 교사가 활용할 수 있는 방법(반편향 전략)과 미세공격 성향 발달을 막기 위해 가장 효과적인 교육과정 유형에 관한 연구가 필요하다.

4. 협력자 및 방관자가 할 수 있는 미세개입. 우리가 답해야 할 또 하나의 질문은 이것이다. 가해자가 자신의 무의식적 편향을 인식하는 것을 자신의 책임으로 여기게 하고 그들이 유색인 등 이 사회에서 평가절하된 여러 집단에 가하는 고통과 괴로움의 끝없는 순환을 끊기 위해 해야 할 일이 무엇인가? 미국에서 편향과 편협이

만연해 있는 것은 그에 대한 대중적 비난에 비추어 보면 의문스러운 현상이다. 10장에서 살펴보겠지만, 지배집단에 속한 협력자와 자신이 결백하다고 믿는 방관자들은 소외집단 구성원에 대한 불의, 증오, 억압에 수동적인 태도로 침묵을 지킬 때가 많다(Potok, 2017; Tatum, 2002). 이 문제를 해결하려면 다음 두 영역의 연구가 필요하다. 첫째, 사람들이 타인이 차별이나 미세공격을 저지르는 것을 목격하고도 아무런 조치도 취하지 않게 만드는 요인은 무엇이며, 개인적 관성을 깨고 책임 있는 행동으로 나아가게 하려면 어떻게 해야 할까? 둘째, 장애물을 극복한 선량한 시민이 취할 수 있는 반편향 행동은 무엇일까? 협력자와 방관자가 미세개입의 수단을 갖추게 하려면 어떤 유형의 교육이나 행동 연습이 필요할까? 우리는 향후의 연구와 조사에서 이 두 중요한 질문을 해결해 나가기를 희망한다.

5. 미세공격을 척결하기 위한 제도적 정책, 계획, 실행. 미세공격 관련 정책을 마련하기에 충분한 증거나 조사 결과가 있는지는 미세공격 연구에서 중요한 논쟁 중 하나다. 미세공격이라는 쟁점은 대학가에서 편향과 차별에 반대하는 시위를 촉발했고, 이는 인종차별적 기념물의 개칭과 퇴출, 최고 디양성 책임자chief diversity officer 고용, 유색인이 안심하고 고민을 나눌 수 있는 장소 마련, 유해 콘텐츠에 사전 경고 문구trigger warning 사용 조치 옹호, 미세공격에 관한 교직원 교육 제도화 등의 정책과 계획, 조치로 구현되었다. 일부 사회과학자들(Haidt, 2017; Lilienfeld, 2017)은 미세공격의 존재를 뒷받침하는 증거가 불충분하다는 이유로 미세공격에 관련된 모든 조치를 중단할 것을 촉구해 왔다. 그들이 이러한 결론에 이른 것은 심리학에서 양적 방법만 적법하다는 잘못된 신념 때문이다. 이 책에서 거듭 강조했듯이, 포커스 그룹, 개별 인터뷰,

개인적인 증언 등 다양한 자료원에서 생생한 경험을 수집하는 질적 연구도 양적 연구만큼 귀중한 자료를 제공한다. 우리가 보기에는 미세공격이 실재하며 그것이 표적이 된 사람들에게 큰 해를 끼친다는 증거가 매우 분명하다. 하지만 연구 결과가 있어야만 정책과 계획, 실행으로 나아갈 수 있다는 전제에도 의문을 제기할 수 있다. 물론 이상적으로라면 그래야 할 것이다. 그러나 문제는 우리가 이상적인 과학적 세계가 아니라 이상을 지향하는 현실 세계에 살고 있다는 것이다. 결정적인 연구 결과가 없고 연구가 불완전하다면 정책과 계획을 옹호해서는 안 되는 것일까? 연구가 완전하다거나 결정적이라는 것은 누가 판정하는가? 권력과 특권을 쥔 사람들은 증거를 기다리는 호사를 누릴 수 있을지 모르지만 유색인은 그 비인간적 현상 유지로 인해 고통받고 죽어간다. 누군가 말했듯이 "연구자들이 허송세월하는 사이에 로마가 불타 사라질지도 모른다." 끝으로, 대부분의 사회 및 기관 정책들이 윤리·도덕적 쟁점, 여론, 문화적 관행, 정치적 고려 등에 좌우된다는 점도 염두에 두어야 한다. 미세공격에 맞서는 정책과 계획을 지지하는 최선의 방법이 무엇인지는 더 많은 탐구가 필요한 복잡한 질문이다.

8장

미세공격
교육

미세공격에 관해 가르치는 일과 교실에서 미세공격을 경험하는 과정은 떼려야 뗄 수 없는 관계에 있다. 따라서 우리는 미세공격에 관한 교육 방법뿐 아니라 교실에서 미세공격이 나타날 때를 미세공격에 관해 효과적으로 가르칠 수 있는 순간으로 활용하는 방법에 주목한다. 교육자는 미세공격을 식별하는 능력을 키우고 그것이 소외집단 사람들에게 미치는 유해성을 이해하며 교정 조치에 대한 책임감을 가져야 한다(D. W. Sue et al., 2007). 미세공격에 관한 교육도 바로 그러한 교정 조치에 해당한다.

2018년 여름, 우리는 미세공격에 관해 가르치는 교육자들을 대상으로 설문조사를 실시했다(Spanierman & Clark, 2019). 이 장에서 우리는 학술지에 실린 연구 논문 내용과 함께 우리의 설문조사 결과의 일부를 상세히 소개할 것이다. 우리의 조사 항목 중 하나는 상담 및 응용 심리학 강의실에서 미세공격에 관해 가르치고 있거나 가르칠 의향이 있는 다른 교육자들에게 해주고 싶은 조언이었다. 다음은 익명의 설문 응답자들이 쓴 답변 중 일부다.

이 주제를 교수 내용에 포함시키는 데 대해 겁먹지 마라. 아무리 간단히 다룬다고 해도 미세공격에 관해 들어볼 기회가 없는 학생들에게 씨앗을 심어주는 일이 될 것이고, 학생들은 그에 대해 높이 평가하고 감사할 것이다.

미세공격에 대한 사람들의 경험이 다양하다는 것을 인정해라. 같은 집단에 속한 사람들 사이에서도 동일한 미세공격에 대해 지각하고 반응하는 방식이 다를 수 있다. 잠재적 피해자들에게 여러 대응 방법이 있다는 사실을 주지시켜라. 언제나 미세공격에 맞설 필요는 없다.

두려워하지 마라. 이것은 힘든 일이고 완벽한 정답은 없다. 한 번의 교육으로 모든 것을 이룰 수 없다는 것을 받아들여라. 미세공격에 대한 교육은 평생에 걸친 여정이다.

짧은 답변들이지만 여기서 미세공격 교육에서 고려해야 할 실질적인 정보를 얻을 수 있다. 예를 들어, 교사가 교실에서 미세공격에 관해 가르치는 것에 두려움을 느낄 수 있다는 점이 언급되었다. 우리는 이 장에서 전반적인 억압 그리고 특히 미세공격에 관해 가르칠 때 교사들이 직면하는 어려움에 관해 다루면서 이 두려움의 기원을 분석하고 이 불안을 교수법적 도구로 활용하는 방법을 설명할 것이다. 위 답변에서 언급된 또 한 가지는 자신이 가해자나 피해자일 수 있다는 사실을 자각하지 못하는 학생들에게 "씨앗을 심어주는 일"의 중요성이다. 또한 미세공격에 대한 지각과 반응이 저마다의 개인사나 그때그때의 상황 때문에 사람마다 다를 수 있다는 점을 상기시킨다. 교육자들은 이러한 개인 간 차이를 이해하고, 무심코 획일적인 접근 방식을 취해 학생 개개인의 경험을 무시하는 우를 범하지 말아야 한다.

이 책의 초판이 발간된 2010년 이후, 여러 학문 분과에서 미세공격 교육 방법에 관한 논의가 쏟아져 나왔다. 교사 교육, 상담, 상담심리, 사회복지, 의료 분야의 연구자들이 미세공격 이론을 실무에 적용하는 일의 중요성에 주목했다(Ulloa, Talamantes, & Moreno, 2016; Wong, Derthick, David, Saw, & Okazaki, 2014). 다양한 배경을 지닌 학생, 내담자, 복지 수혜자, 환자에게 효과적인 서비스를 제공하려면 담당자들이 미세공격 같은 상황적 스트레스 유발 요인을 인지하고 있어야 한다.

이 장에서 우리는 교육자들의 구술이 담긴 문헌을 검토하여 유색인과 백인 교육자가 미세공격에 관해 가르칠 때 어떤 종류의 어려움에 직면하는지 확인할 것이다. 직접적으로 권력, 특권, 억압에 초점을 맞춘 수업에서 미세공격과 관련된 요소들이 더 확연히 드러나기는 하지만, 꼭 그런 주제의 수업이 아니더라도 역사, 물리학, 사회학 등 다양한 분야의 교육자가 수업 중에 미세공격을 경험한다. 따라서 우리는 교육자라면 누구나 처할 수 있는 어려움으로서 교실에서 미세공격이 일어날 때 어떻게 그 문제를 다루어야 하는지를 설명하고자 하는 것이다. 그다음에는 앞서 언급한 설문조사 자료를 통해 미세공격이라는 주제를 효과적으로 가르치는 방법에 관한 교육자들의 조언을 더 깊이 살펴볼 것이다.

교육자들의 진술: 교실에서 겪는 어려움

익명의 설문조사 참여자들은 미세공격에 관해 가르치는 상담심리학 및 응용심리학 교육자들로, 교실에서 부딪히는 다양한 어려움을 다음과 같이 보고했다.

> 학생이 노골적인 적대감을 표시할 때다. 백인 학생들이 미세공격의 가해자일 수 있다고 하면 그들은 화가 나서 노려보거나 무례하게 굴고 나의 권위에 도전하거나 내 말을 자르고 끼어들어 내가 자신들을 "공격"하고 있다고 주장한다.

> 내가 백인이라는 점과 SES[사회경제적 지위socioeconomic status] 때문에 교실에서 일어나는 미세공격을 의식하지 못하고 넘어갈까 봐 두렵다.

> 우리는 이 주제를 가르칠 때 학생들에게서 불신의 눈빛을 받는다. 어떤 학생들은 이 주제를 수업에서 다루는 것이 불안감을 조성한다고, 즉 그들이 말해도 되는 것과 말하면 안 되는 것이 무엇이고 자신의 말이 인종차별적으로 들리지 않는지에 관해 큰 걱정을 하게 만든다고 생각한다.

> 지배/특권 집단에 속한 학생들은 미세공격과 일반적인 무례함을 구별하는 데 어려움을 겪으며, 미세공격 피해자들이 "좀 더 둔감해져야" 한다거나 "몽둥이와 돌로는 뼈를 부러뜨릴 수 있지만 말로는 상처를 입힐 수 없다"(놀림을 받는 것에 개의치 말라는 뜻-옮긴이)는 식으로 미세공격 경험을 하찮은 것으로 치부한다. 공감

의 원천인 유사 경험이 없는 사람들에게 타인의 경험적 실재를 이해시키기란 힘든 일이다.

일부 학생들은 미세공격이 다문화적 쟁점과 관계없이 단순히 누군가를 불쾌하게 하는 것과 어떻게 다른지, 혹은 미세공격이 명시적인 인종차별/성차별/이성애주의와 어떻게 다른지 잘 이해하지 못한다. 또 어떤 학생들은 미세공격이라는 개념 자체를 처음부터 거부하거나, 내가 소외집단이 "취약fragile"해서 보호해 주어야 한다고 말하는 것으로 오해한다. 학생들이 미세공격적인 말이나 행동을 할 때 그것을 깨닫도록 독려하는 일이 그들의 (겉으로는 안 그런 척하지만) 방어적인 태도 때문에 힘들어지기도 한다.

이처럼 학생들은 미세공격이라는 주제를 꺼낼 때부터 불신의 눈초리를 보내거나 하찮은 문제로 여기거나 피해자의 과민 반응이라고 주장하거나 강사에 대해 대놓고 적대감을 표출하는 등 다양한 반응을 표출한다. 이 때문에 인종차별 등 여러 형태의 억압에 관해 가르치는 것이 그렇듯이 미세공격에 관해 가르치는 것도 힘든 일이다. 권력, 특권, 억압은 학생들의 감정적 반응을 불러일으키는 주제이며, 그러한 반응에서 교육자들이 겪는 어려움이 비롯된다(Spanierman & Cabrera, 2015). 그럼에도 불구하고 교육자들은 학생들이 사회정의의 옹호자로 성장하는 모습을 보는 데서 그 모든 어려움을 뛰어넘는 보람을 느낀다고 말한다(Chung, Bemak, Talleyrand, & Williams, 2018; Smith, Kashubeck-West, Payton, & Adams, 2017; Spanierman, Poteat, Whittaker, Schlosser, & Arévalo Avalos, 2017).

우리는 현장의 목소리를 담은 여섯 편의 논문에서 교사와 강사들이 교실에서 인종차별 미세공격을 비롯해 미묘한 형태의 억압에 관해 가르치면서 부딪히는 어려움을 읽을 수 있었다. 연구자들은 개인적인 경험을 이론의 렌즈를 통해 체계적으로 분석하기 위해 자기연구self-study, 자전적 문화기술지autoethnography 등의 질적 방법을 주로 사용한다. 자전적 문화기술지란 개인의 경험을 사회적, 정치적, 역사적 맥락에서 이해하기 위해 자서전과 문화기술지를 결합한 방법이다(Ellis, Adams, & Bochner, 2011). 이제 우리는 교육학, 사회복지학, 상담학, 상담심리학 연구자들의 자기연구, 자전적 문화기술지, 설문조사 결과에서 드러난 미세공격 교육 현장의 어려움들을 검토할 것이다. 이 연구들은 대부분 인종차별 미세공격을 다루고 있으므로 특히 유색인 교사와 백인 교사가 겪는 어려움을 구분하여 다루고자 한다. 그런 다음 자신의 사회 정체성과 무관하게 모든 교사가 교실에서 미세공격이 발생할 때 겪는 어려움에 관해 논의할 것이다.

유색인 교사가 겪는 어려움

구성원 대부분이 백인인 대학에서는 전반적으로 백인 남성에게 특권을 부여하는 분위기가 조성되며, 이는 캠퍼스에서 눈에 띌 수밖에 없는 소수자를 겨냥하여 미세공격이 만연하게 되는 배경이 된다. 유색인 교수들은 그들에게 주어지는 여러 역할과 책임, 상황에서 미세공격이 일상화되어 있다고 말한다(Louis et al., 2016; Nakaoka & Ortiz, 2018; D. W. Sue, Rivera, Watkins, et al., 2011).

청 등(Chung et al., 2018)이 사례 8.1에서 묘사하고 있듯이, 교실에서 학생들과 신뢰를 쌓는 일은 유색인 교수가 풀어야 할 주된 과제 중 하나이며, 이 점은 다른 연구들(예를 들어, Constantine, Smith, Redington, & Owens, 2008)에서도 확인된다. 유색인 교수들은 학력이나 전문성과 상관없이 흔히 "무능할 것"이라는 선입견에 직면한다(Gutiérrez y Muhs,

Niemann, González, & Harris, 2012; Lipscomb, Ashley, & Mountz, 2017). 한 자전적 문화기술지 연구autoethnographic study에서 유색인 교수들이 진술한 바에 따르면 학생들이 자신의 직분이나 학위를 잊거나 무시하고, 더 나아가 강의를 할 자격까지 의심한다(Lipscomb et al., 2017). 또 다른 질적 연구에서 아이티계 미국인인 한 흑인 여성 교수는 "강의 내용 중에 틀린 것을 찾아내려고 애쓰는" 학생들 때문에 힘들다고 토로했다(Chung et al., 2018, p. 225). 대학원생 수업조교가 외국인이나 유색인인 경우에도 "학문적 전문성이 미묘하게 또는 꽤 노골적으로 무시당한다고 느꼈다"는 사례들이 있었다(Gomez, Khurshid, Freitag, & Lachuk, 2011, p. 1195). 유색인 대학원생 수업조교들은 무능하다는 선입견에 더하여 본래의 교육 목표와 방침에서 벗어나 조교 개인의 관심사를 강요한다는 학생들의 인식과도 싸우고 있었다. 이처럼 신뢰성을 시험받고 "사기꾼" 취급을 받다 보면 자신이 부적절한 존재로 여겨지고 스스로를 의심하게 된다(Gomez et al., 2011). 또한 이러한 현상은 강의 평가에서 낮은 점수로 이어져 유색인 교수에게 실질적인 피해를 입힐 수 있다.

사례 8.1

다문화 수업을 맡을 때마다 처음 맞닥뜨리는 것은 포화처럼 쏟아지는 학생들의 인종, 성별에 대한 고정관념이다. 이를테면 이런 식이다. "다른 아시아 여성들과는 다르시네요." "아시아 문화라면 잘 알죠. 단골 테이크아웃 중국 음식점이 있거든요." "아시아 여자와 데이트해 봤습니다." "영어 발음이 다른 아시아인 같지 않으시군요." 학생들은 아시아계 여자 교수 수업을 처음 들어보는 경우가 많다. … 이 때문에 내가 강의실에 들어서면 학생들이 미심쩍거나 회의적인 눈으로 본다. 그들의 인종차별적 발언 이면에는 내가 다문화 심리학을 가르칠 만한 실력과 지식, 자격을 갖추었는지에 대한 의심이 깔려 있다. 신념, 가치, 편향, 편견, 특권, 인종차별 미세공격에 대한 심층적인 자아성찰이 요구되는 어려운 주제의 토론을 "어떻게 감히" 아시아 여성이 주재할 수 있겠느냐는 태도는 학생들의 불신을 가중시킨다. 그들은 단순히 불편한 감정을 표출하는 데 그치지 않고 나의 강사 자격을 부정하며 수업에 참여하지 않는 수동적 공격 행동에서 파괴적이거나 적대적인 행동에 이르기까지 다양한 방식으로 백인 특권을 행사할 때도 많다. (Chung et al., 2018에서 청의 진술)

유색인 교수들이 겪는 또 다른 어려움으로는 강의 내용과 강사에 대한 학생들의 반발과 방어적인 태도를 들 수 있다(Chung et al., 2018; Lipscomb et al., 2017). 우리의 조사 결과에 따르면 미세공격에 관해 가르치는 사람들이 교실에서 가장 빈번하게 부딪히는 어려움 중 하나가 바로 학생들의 반발과 방어적 태도다. 우리의 연구에 참여한 교수들은 이 방어적 태도가 미세공격을 부정하거나 하찮은 것으로 여기는 것과 관련된다고 보았다. 지배집단에 속한 방어 성향의 학생들은 미세공격의 존재와 영향을 부정하며 피해자들이 과민한 것이므로 "좀 더 둔감해질" 필요가 있다고 주장했다. 그들은 자신이 "부적절한 발언"을 하거나 "[자신의] 발언이 미세공격으로 오해받는" 데 대한 두려움도 갖고 있었다. 학생들의 방어와 저항은 억압과 불의에 관해 가르치는 모든 교육자가 맞닥뜨리는 현실이지만 유색인 등 외모에서 정체성이 드러나는 소수집단 교사는 더욱 심하게 느낀다. 앞서 언급했던 한 연구의 참여자는 자신의 수업을 듣는 학생이 그 전에 흑인 남자 교수를 접한 적이 없을 때가 많았다고 술회했다. 그는 자신에 대한 학생들의 인식의 바탕에 부정적인 고정관념이 자리 잡고 있고, 그래서 방어적인 행동을 취할 것이라고 추정한다(Chung et al., 2018).

교육자들은 인종차별과 미세공격에 관해 가르치면서 감정적으로 힘든 상황에 처하게 될 때도 많다. 학생들은 두려움과 불안에서 죄책감과 수치심, 분노와 노골적인 적개심에 이르기까지 다양한 감정을 표출한다(Spanierman & Cabrera, 2015; D. W. Sue, Lin, Torino, Capodilupo, & Rivera, 2009). 소외집단 학생들은 자신의 개인적인 경험을 공유하면 동료나 교수에게 더 무시당할까 봐 불안해할 수 있다. 또 자신이 집단 전체를 대변하는 상황이 되는 것을 두려워할 수도 있다. 백인 학생이라면 절대로 걱정하지 않을 일이다. 반면에 백인 학생들은 인종차별주의자로 비추어지는 데 대한 두려움, 자신이 가진 인종적 편견에 대한 죄책감, 자신의 특권을 반성하라고 강요받는 데 대한 분노를 느낀다(Pinterits, Poteat, & Spanierman, 2009; Spanierman, Poteat, Beer, & Armstrong, 2006).

유색인 교수들은 자기 자신의 역전이countertransference를 통제해야 한다는 점도 미세공격에 관해 가르치면서 겪는 주된 어려움 중 하나라고 말한다. 다시 말해, 학생의 저항이나 차별 경험 발언, 교수의 능력에 대한 편견이 유색인 교수에게 영향을 끼칠 수 있다. 포커스 그룹 연구에 참여한 교수들은 수업 시간에 미세공격이 발생했을 때 자신에게서 나타난 "강력한 반응"에 관해 언급했다. D. W. 수 등(2009)은 유색인 교수들이 미세공격에 대한 대응 여부를 고민하고, 자신의 감정과 진심을 감추기도 하며, 분노와 고통, 불안을 느끼는 등 인지·행동·감정에서 변화를 경험한다는 것을 확인했다. 청 등(2018)도 유색인 교수가 학생들의 방어적, 적대적 반응을 자신에 대한 개인적인 공격으로 받아들일personalizing 가능성을 줄이려면 심층적인 자기탐색self-exploration과 자기관찰self-monitoring이 중요하다고 보았다. 이러한 연구 결과들에서 알 수 있는 것은 학교, 특히 백인이 대다수를 차지하는 학교에서 유색인 교수들의 상호 지원 네트워크가 필요하다는 점이다.

교육자들이 겪는 어려움의 절정은 5장에서 설명했던 "인종 전투 피로증"이다(Smith, 2004; Smith, Mustaffa, Jones, Curry, & Allen, 2016). 앞서 언급한 청 등의 연구에서 흑인 남성 교수는 강의실에서 받는 "지속적인 경계로 인한 누적적 효과"가 신체적, 정신적, 감정적 소진을 일으켰다고 진술했다(Chung et al., 2018, p. 227). 또 다른 질적 연구(D. W. Sue, Lin, Torino, et al., 2009)에 참여한 교수들도 "계속해서 끝없이 이어지는 미세공격을 처리해야 하는 상황 때문에 지친다"고 말했다(p. 187). 끝으로, 여러 연구에서 참여자들은 늘 다양성과 형평성을 가르치는 일을 떠맡는 데서 오는 고갈과 에너지 소진에 관해 토로했다. 유색인 교수진의 부담을 생각할 때 뜻을 같이하는 백인 교수들도 나서서 다양성, 형평성, 포용성에 관한 교육에서 일정한 역할을 맡아주어야 한다.

백인 교사가 겪는 어려움

사례 8.2

첫 시간에 강의실에 들어서면 다음과 같은 질문과 반응이 공기를 꽉 채우고 있음을 느낄 수 있다. "저 사람이 나에 관해, 내 경험에 관해 알 수 있다고?" "나를 드러내지 않고 한 학기를 보낼 수 있을까?" "나와 같은 백인이라 다행이야. 경험한 것, 가치를 두는 것이 비슷할 테니까." "나는 아마 이 수업에서 한 마디도 안 하게 될 거야." "저 교수가 다양성에 관해 뭘 알 수 있을까?" "내가 아는 다른 백인들과 비슷할까?" "정말 실망이야." "이 강의를 가르치는 백인이 있어서 좋군." 이 모두가 같은 상황에서 유색인인 동료들이 경험하는 것과는 다른 반응이다. (Chung et al., 2018에서 비맥의 진술)

유색인 교수들이 권력, 특권, 억압이라는 주제를 가르칠 때 겪는 일만큼 심각하지는 않으며 인종차별 미세공격을 당할 일도 없지만, 백인 교수들도 수업 중에 미세공격이 일어나면 힘들다. 비맥이 사례 8.2에서 말했듯이, 일부 유색인 학생들은 자신의 경험에 대한 백인 교수의 공감 능력에 의문을 품는다. 결과적으로 그런 학생들은 수업에 잘 참여하지 않게 될 수 있다. 이와 반대로 백인 학생들은 백인 교수와 과도하게 동일시하여 자신이 누리는 인종적 특권이 수업에서 문제제기의 대상이 될 리 없다고 생각할 수 있다.

로라 스미스 등의 한 자전적 문화기술지 연구(Smith et al., 2017)에서는 상담학 및 상담심리학을 전공한 백인 교수 네 명의 경험을 분석하여 그들이 인종차별에 관해 가르칠 때 서로 긴밀히 연결된 세 가지 어려움, 즉 다문화적 가면 증후군imposter syndrome, 다문화적 완벽주의perfectionism, 다문화적 투사projection를 겪는다고 설명했다. 이 세 가지는 미세공격에 관한 교육이나 관련 직업에 종사하는 모든 이들에게 적용될 것이므로 아래에서 간략히 개괄하고자 한다.

일반적으로 강의실에서 백인 교수가 권위를 의심받는 경우는 유색인 교수에 비해 훨씬 적지만 인종 문제를 가르칠 때만큼은 오히려 백인이라는 점 때문에 학생들의 신뢰를 얻기 위해 노력해야 할 때가 있다(Chung et al., 2018; Smith et al., 2017). 학생들은 백인 교수가 인종이나 인종차별을 가르치면 그럴 만한 실력이 없을 것이라고 여긴다. 사례 8.2에서 본 것처럼, 백인 교수들은 자신이 다문화에 관해 가르칠 능력이 되는지와 관련하여 여러 가지로 의심을 받는다. 이 때문에 스스로 강의 능력에 대한 불안과 자기의심에 사로잡히는 것이 바로 다문화적 가면 증후군이다(Smith et al., 2017). 백인 교수는 자신이 수업에서 견지해야 할 다문화적 관점이 이미 오랫동안 굳어진 백인의 인종 정체성에 비해 매우 허약하다는 것이 탄로 날까 봐 두려워하며, 사소한 실수도 심각하게 느끼곤 한다(Helms, 1990; Smith et al., 2017).

가면 증후군과 밀접한 관련이 있는 "다문화적 완벽주의"는 백인 교육자가 자신의 수업을 돌아보며 어떻게 하면 더 잘할 수 있었을지 반추할 때 나타난다(Smith et al., 2017). 권력, 특권, 억압은 백인 교수에게 감정적으로 부담이 되는 수업 주제인 데다가, 교수 자신이 그러한 주제를 가르칠 적임자인지 의문을 품고 있을 수도 있다. 종종 이러한 상황은 복잡한 집단역학을 일으키고 수업이 예기치 못한 방향으로 흘러가게 만든다. 정답에 논쟁의 여지가 없는 수학과 달리 인종차별이나 미세공격을 다루는 수업에서는 학생들의 의견이 서로 부딪칠 때가 많다. 가장 우려되는 상황 중 하나는 학생들이 서로에게 미세공격을 가하여 상처를 주고 악감정을 갖게 되는 경우다. 이 때문에 백인 교수는 자신의 편향이 드러나거나 수업을 통제하지 못하게 될까 봐 두려워한다(D. W. Sue, Torino, Capodilupo, Rivera, & Lin, 2009). 연구자들은 백인 교수들이 불안감과 자신이 완벽하지 않을 수 있다는 사실을 스스로 인정할 것을 권고하며, 백인의 인종 정체성을 갖고 있더라도 학생들에게 롤 모델이 될 수 있고 학생들의 심층적인 자기탐색과 성장을 도울 수 있다고 말한다.

다문화적 투사는 백인 교수의 두려움과 불안이 학생들의 반응에서 구체적으로 나타나는 것을 뜻한다. 예를 들어, 자기 자신이 누리는 백인 특권을 직시하지 못할까 봐 두려워하거나 걱정하는 백인 교수가 백인 학생이 그런 태도를 보일 때 과도하게 강한 반응을 보이는 경우가 있다. 스미스 등에 따르면 백인 교수들은 자신의 두려움에 직면하지 않기 위해 방어적인 학생들에게 독선적으로 굴거나 분노를 표출하기도 하며, 이 때문에 교육 효과를 저해할 수 있다. 백인 교수가 자신의 인종차별적 태도를 직면하고 반성하지 않는다면 강의실에서 미세공격이 일어났을 때 효과적으로 대응할 수 없을 것이다.

수업에서 일어나는 미세공격에 대응하기

모든 교수는 특권을 지닌 쪽이든 소외집단 구성원이든 관계없이 수업 중에 미세공격을 경험한다. 교실은 학교와 사회의 축소판이므로 미세공격이 일어나는 것이 당연하다. 교육 현장에서의 권력, 특권, 억압에 주목한 학자들은 미국과 영국의 대부분의 교실이 제도적 백인중심성 White institutional presence이라는 더 큰 맥락의 영향을 받는다는 사실을 상기시킨다(Ahmed, 2012; Gusa, 2010). 또한 대부분의 대학에서는 가부장제 및 이성애규범성 이데올로기가 무의식적으로 작동한다. 요컨대, 미세공격은 교실에서 흔하게 일어나는 현상이다(Boysen, 2012; Louis et al., 2016). 교실에서 미세공격이 일어날 때 그것은 진공 상태에서 일어나는 것이 아니며 인종 관계를 비롯한 권력 구조의 현 상태를 활발하게 재생산하고 있다.

교실 상황을 생각할 때 (a) 학생이 교수/교사에게, (b) 학생이 학생에게, (c) 교수/교사가 학생에게 가하는 미세공격이 있을 수 있다. 첫 번째 형태는 가해자가 학생, 피해자가 교수/교사인 경우다. 이에 관해서는 앞서 유색인 교수는 무능할 것이라거나 학문적이기보다 사적인 관심사를 다룰 것 같다는 학생들의 선입견 때문에 교수가 겪는 어려움에 관해 논의할 때 어느 정도 설명한 바 있다. 제도적 백인중심성 (Ahmed, 2012; Gusa, 2010)의 맥락을 예로 들자면, 백인 학생들은 자신들에게 유색인 교수의 자격에 의문을 제기할 자격이 있다고 여긴다. 유색인 외에도 여성, 종교적 소수자, 성소수자 등 비지배적 사회 집단 정체성을 지닌 교수들은 학생들의 미세공격 표적이 될 가능성이 높다. 교수에 대한 학생의 미세공격은 단순히 대인 상호작용 차원을 넘어 부정적인 강의 평가 등을 통해 교수의 경력에 영향을 끼칠 수도 있다. 교실에서 나타나는 미세공격의 두 번째 형태는 학생 사이에서 벌어지는 미세공격이다. 여러 질적 연구 참여자들은 학생이 학생에게 가하는 미세공격의 사례를 보고했다. 모든 미세공격이 그렇듯이, 이 경우에도 언어적 미세공격("값을 후려치다"라는 뜻으로 'jew down'이라는 표현을 사용하는 등의 인종차별적 언어 사용)과 비언어적 미세공격(무시, 배제, 회피 등의 행위)이 있다. 유색인, 성소수자, 유학생, 종교적 소수자가 그룹 활동이나 일상적인 대화에서 배제와 회피를 겪는 사례가 여러 연구(예를 들어, Houshmand, Spanierman, & Taforadi, 2014)에서 나타났다. 학생 대 학생 미세공격은 대화를 어렵게 만들고, 이 때문에 교수는 수업에 대한 통제력 상실을 두려워하게 될 수 있다(Sue, Lin, Torino, et al., 2009).

수업 중에 일어날 수 있는 미세공격의 세 번째 형태는 교수가 학생에게 미세공격을 가하는 것이다. 이 상황에서는 교수와 학생의 권력관계 때문에 학생의 대처가 어려워진다. 교수나 학교 당국 측의 의식적이고 사려 깊은 노력이 없다면 강의실은 이성애규범적, 가부장적, 백인우월주의적인 가치와 규범, 행위가 재생산되는 장이 된다. 학생을 향한 교수의 미세공격은 교육과정 집단학살curricular genocide(Clark, Kleiman, Spanierman, Isaac, & Poolokasingham, 2014), 유색인 학생에 대한 낮은 기대 등 다양한 형태를 취한다. 그룹을 대표하는 발표자로 특정 학생을 지명하거나 유색인 학생끼리 한 조를 이루게 하여 조별 과제를 부과하는 것도 교수에 의한 미세공격에 속한다. 우리는 일찍이 1800년대에 교수라는 허울 아래 이른바 "당대의 시대정신을 담은" 인종차별주의적 관점을 전파한 사람이 있었음을 안다. 수업 시간에 비판적 분석 없이 인종차별적, 성차별적, 이성애주의적인 영화나 동영상을 학생들에게 보여주는 교수들도 있다. 당사자들은 자신이 미세공격의 가해자임을 인지하지 못하고 있을 가능성이 크고 그 사실을 알려주면 억울하다고 할지도 모른다. 그러나 교수들의 이러한 행동은 학생들에게 심리적 피해를 끼칠 수 있고, 그들의 학업 성공 기회를 감소시킬 수 있다.

교육자가 해야 할 일

사례 8.3

내가 수업 중에 겪는 또 다른 고충은 학생들이나 [흑인 남성 교수인] 나를 향한 미세공격이 일어났을 때 그것을 처리하는 문제다. 그대로 놔두면 대화나 상호작용이 감정적으로 치달아 서로 다른 인종, 민족, 문화에 속한 학생들 사이에서 오해, 분노, 침묵, 갈등, 적대감을 낳는다. … 미세공격이 일어났을 때 빨리 인지하여 적절하고 의미 있는 방식으로 대응하는 것이 핵심이다. 미세공격이 일어난 것을 아는 것뿐 아니라 바로 그 순간에 학생들과 상호작용하는 것이 바람직하다. 미세공격 사건의 처리에는 언어와 행동으로 전달된 메시지가 어떻게 인식되었는지, 그 메시지의 수신자가 어떻게 느꼈는지, 미세공격에 대응하고 메시지 발신자가 느끼고 생각하는 바를 인정하는 건설적인 방법은 무엇인지에 대한 토론이 포함될 수 있다. 미세공격이 일어났을 때 문제를 즉각적으로 해결함으로써 학생들은 소외집단 구성원이 미세공격을 경험하는 방식과 효과적으로 해결하는 방법을 배우게 된다. 또한 학생들은 미세공격을 저지른 사람이 해야 할 일도 배울 수 있다. (Chung et al., 2018, p. 227에서 윌리엄스의 진술)

사례 8.4

나는 내가 백인 남성 교수이기 때문에 가진 특권을 잘 알고 있다. 나는 그 사실을 부끄러워하지도 숨기거나 모른 척하지도 무시하지도 않는다. 나는 수업에서 인종, 민족, 젠더 문제를 가리지 않고 특권 문제를 다루면서, 그 특권이 어떻게 작용할 수 있으며 타인이 특권을 남용할 때 어떻게 해야 하는지 검토한다. 이러한 검토는 학생들에게 형평과 정의를 가르치는 백인 남성 교수로서 내가 맡은 역할이 무엇인지 탐색할 수 있게 해준다. 내가 아는 한, 대학교에서 공개적으로 평등, 정의, 공정성에 반기를 드는 사람은 없다. 그러나 현대 심리학의 정치적으로 올바른 수사학 이면에는 이러한 가치와 모순되는 뿌리 깊은 이상과 신념이 숨어 있다. 다문화주의에 관한 내 수업의 핵심은 각 시대의 정치적 올바름을 넘어 숨겨지고 억눌린 신념 체계를 간파하는 것이다. 학생과 교수가 인종차별, 성차별 등의 대상이 되는 사람들과 함께 내재적이고 잠재의식적인 선입견과 편향, 고정관념에 관해 터놓고 솔직하게 대화하는 것은 마음을 울리는 강렬한 순간을 만들어낸다. 나는 다양성 교육과 학생들의 깊은 자기성찰을 위해 이것이 절대적으로 필요하다는 것을 깨달았다. 다문화 상담, 다문화 심리학을 가르친다는 것은 곧 백인 특권, 인종차별, 인종을 대하는 고정관념, 학대의 역사와 현재를 다루는 일이다. 이 주제를 연구하고 교육하는 것은 머리와 가슴을 탐구하는 일이며, 이 때문에 학생들에게 분노, 저항감, 죄책감, 방어적인 태도, 슬픔, 깊은 고통을 일으킨다. 교수인 나는 다양한 인종적, 민족적 배경을 가진 학생들에게 똑같이 건전한 대화와 위험을 감수하는 태도의 모범을 보여야 한다. 그러려면 나 자신의 인종 정체성, 권력, 특권에 대해 완벽히 인지하고 있어야 한다. (Chung et al., 2018, p. 230에서 비맥의 진술)

교수 자신의 사회적 집단 정체성이 무엇이든 간에, 중요한 것은 수업 중에 일어나는 미세공격을 다루는 전략 수립이다. 사례 8.3과 8.4에서 권력, 특권, 억압에 관해 가르치는 윌리엄스와 비맥의 전략을 엿볼 수 있다. 우리는 D. W. 수 등의 다문화 상담 역량에 관한 삼차원 모델을 이 전략에 관한 논의의 틀로 사용하고자 한다. 이 모델은 상담에 초점을 맞추어 개발되었지만 수업 상황에도 적용된 바 있다(Constantine & Sue, 2006; Spanierman et al., 2011). 다문화 교육 역량은 지식, 인식, 기술의 세 차원으로 구성된다.

 "다문화적 지식multicultural knowledge"이란 권력, 특권, 억압의 본질과 사회적 불평등에 대한 이해를 두루 포함한다. 삼차원 모델에서 이 차원은 맥락이 중요하다는 사실을 이해하는 것과도 관련된다. 즉, 교육자는 사회정치적 현실이 학생의 경험에 영향을 끼친다는 점을 고려해야 한다. 또한 고정관념 위협, 암묵적 편향, 미세공격 등 다문화 교육 및 심리학의 개념과 이론들에 친숙해져야 그러한 현상이 학생들의 학문적 성과나 사회적 관계 형성에 끼치는 영향을 제대로 이해할 수 있다. 윌리엄스가 사례 8.3에서 말했듯이, 수업 중에 미세공격이 일어날 때 그것을 인지하려면 다양한 언어적, 비언어적 미세공격의 형태들을 알고 있어야 한다. 또한 피해자에게 누적되는 미세공격의 부정적 영향도 숙지해야 한다. 이러한 지식들을 갖추지 못하면 가르침의 최적 순간을 놓치고 의도치 않게 학생들의 학업 성과에 부정적인 결과를 초래할 수 있다.

 "다문화적 인식multicultural awareness"이란 자신의 문화적 사회화, 편향, 선입견에 대한 비판적 자기성찰을 뜻한다. 사례 8.4에서 이 주제가 "머리와 가슴을 탐구하는 일"을 요구한다고 말한 대목이 이에 해당한다. 다시 말해, 교육자는 자기 자신 역시 인종으로 분화된 이 사회에서 살아가는 인종적·문화적 존재임을 알고, 그러한 정체성에 기인하는 자신의 다양한 감정—분노, 죄책감, 깊은 고통 등—에 솔직해져야 한다(D. W. Sue, Torino, Capodilupo, Rivera, & Lin, 2009). 비맥은 "나 자신의 인종 정체성, 권력, 특권에 대해 완벽히 인지"해야 한다고 말함으로써 자기성찰의 중요성을 한 번 더 강조했다. 권력, 특권, 억압을 다루는 수업에서 자기탐색과 자신의 편향에 대한 정직함이 요구된다는 점은 다른 질적 연구에서도 입증되었다(D. W. Sue, Lin, Torino, et al., 2009). 수업 시작 전에 하는 자기탐색과 더불어 1분 글쓰기 등의 형식으로 학기 중에 학생들로부터 지속적인 피드백을 받아 학생들이 교수가 사용하는 다양한 전략을 공정하고 효과적이라고 느끼는지 확인하는 것도 권고할 만한 방법이다.

"다문화적 기술multicultural skill"이란 자기인식과 다문화적 지식을 교육 현장에서 구현하는 능력을 말한다. 다문화적 기술에는 통합적 교육과정inclusive curriculum 설계, 다양한 사회문화적 배경을 지닌 학생들의 학습 촉진, 모든 학생이 존중받는 수업 분위기 조성, 민감한 대화의 효과적인 관리 등이 포함된다. 수업 중에 일어나는 미세공격을 감지하는 역량은 민감한 대화의 관리 기술에 직접적으로 연관된다(D. W. Sue, Lin, Torino, et al., 2009). 여러 연구자들이 수업 중에 일어난 미세공격을 무시하고 넘어가면 안 된다고 말한다. 한 연구에 따르면 다양성 수업을 맡은 교수들은 학생들이 강의실 밖에서 당사자끼리 사적인 대화로 문제를 해결하고 싶어 하더라도 사례 8.3에서 윌리엄스가 말한 것처럼 수업 시간에 즉각적으로 대응하는 것이 바람직하다(Boysen, 2012). 이 연구에서 학생들은 교수가 학생들이 토론을 주도하도록 놔두면 안 된다고 말하기도 했다(Boysen, 2012). 이처럼 수업 중에 미세공격이 일어나면 교수가 적극적으로 개입해야 한다.

수업 중의 미세공격에 적극적으로 개입하는 데 도움이 될 만한 몇 가지 자료가 있다. 그중 하나인 ACTION 모델ACTION model(Cheung, Ganote, & Souza, 2016; Souza, 2018)은 목적의식적이고 생산적인 토론을 촉진하는 방법을 제시한다. 이 모델은 학생들 사이에서 미세공격이 발생했을 때 다음과 같은 단계를 밟을 것을 권고한다.

- 질문하기(Ask): 학생의 의견에 대해 그 명확한 의도를 질문하여

재서술한다.

- 판단하려 들지 말고 호기심으로 접근하기(Come from curiosity, not judgment): 올바른 재서술을 위해 적극적 경청 기술을 활용한다.
- 문제가 된 상황을 사실 그대로 말하기(Tell what you observed as problematic in a factual way): 당사자와 가까운 거리를 유지한다.
- 영향 탐색하기(Impact exploration): 문제가 된 행동의 잠재적 영향에 관해 토론한다. 문제의 발언에 상대방에게 해를 끼칠 의도가 없었을 수 있다는 것(무죄 추정)을 언급하는 것이 좋다.
- 그 영향에 대한 자신의 생각과 감정 공유하기(Own your thoughts and feelings around the impact): "나"를 주어로 하여 생각과 느낌을 이야기한다. 이 단계에서 교육자는 자신이 겪는 고충, 두려움, 결점을 드러내도 좋다. 그렇게 함으로써 학생들에게 역할 모델을 제공할 수 있다.
- 다음 단계(Next steps): 적절한 행동을 요청한다. 예를 들어, 그런 발언을 삼가달라고 하거나 왜 그것이 다른 사람들에게 상처를 줄 수 있는지에 관한 읽을거리를 부과한다.

케니(Kenney, 2014)는 수업 중에 발생한 미세공격을 적극적으로 해결하는 방법의 또 다른 예와 함께 다음과 같이 여섯 단계로 구성된 미세공격 차단 기법을 제시했다.

1. 확인. 학생들에게 자세히 설명해 줄 것을 요청하여 더 많은 정보를 얻는다.
2. 되새김. 학생들에게 들은 바를 반복하거나 명확한 표현으로 재서술한다.
3. 새로운 관점 제시. 상황을 보는 다른 방식을 제시한다. 학생들에

게 질문함으로써 새로운 관점을 제안할 수도 있다.

4. 방향 수정. 초점을 옮긴다. 모든 학생이 토론에 참여할 수 있게 한다.

5. 재논의. 기회를 놓쳤다면 차후에라도 해당 미세공격에 관해 다시 논의하여 해결한다.

6. 사후 접촉. 강의실 밖에서 피해자 및 가해자와 사적으로 만나 대화를 나눈다.

두 모델 다 수업 중에 미세공격이 일어났을 때 적극적으로 개입하는 방법을 개괄한다. 두 방법 모두 질문, 재서술, 화자의 의도 명확히 하기, 잠재적 피해에 대한 상세한 설명, 관점을 넓히거나 바꾸는 시도를 포함한다. 연구자들의 의도는 미세공격을 저지른 학생들에게 창피를 주려는 것이 아니라 존중과 책임의 문화를 만드는 데 있다. 교육자들마다 각자의 수업 스타일이 있을 것이므로, 이 모델들을 활용하여 미세공격을 계기로 강의실을 더 포용적이고 긍정적인 공간으로 만들어 나가는 자기만의 모델을 개발하기 바란다.

이러한 방식이 상담학, 심리학, 사회복지학, 교육학 수업에서는 효과적이더라도 물리학 수업에서는 어떻게 적용할 수 있으며 역사학 수업에는 또 어떤 통합 교육이 가능할지 상상이 잘 안 갈지 모른다. 다문화 사회, 집단역학, 민감한 주제에 대한 토론 촉진 등이 원래의 교과 내용에 포함되어 있는 수업도 있는 반면, 그렇지 않은 수업도 있다. 그러나 최근 미국 국립과학재단National Science Foundation의 어드밴스ADVANCE(과학 및 공학 분야 여성 참여 증진 프로그램-옮긴이)를 비롯하여 과학·기술·공학·수학(STEM) 분야에서도 수업에 내재된 암묵적 편향을 없애는 데 관심이 늘고 있다. 또한 어느 분야의 학생이든 학제적 교육과 협업을 통해 얻을 수 있는 이점이 많다. 이를 위해 최고 다양성 책임자와 형평성과 포용성 문제를 전담하는 부서를 두면 도움이 될 것이다.

미세공격 교수법: 어떻게 가르칠 것인가?

앞에서 우리는 교실에서 미세공격을 감지하는 방법을 설명했다. 이제는 다문화적 기술에 관한 논의를 확장하여 미세공격에 관해 가르치는 효과적인 방법에 주목하려고 한다. 우리의 설문조사 참여자들(N=40)은 다면적 접근법의 중요성을 말했다(Spanierman & Clark, 2019). 그들은 학술적인 글과 대중적인 글을 혼합하여 활용하고, 비디오 클립이나 개인적 내러티브도 함께 제시할 것을 제안했으며, 필연적으로 나타날 민감한 주제에 대한 대화를 지도하는 것이 중요하다는 점을 상기시켰다.

우리는 우선 그들이 사용하는 수입 기법 유형(강의, 읽기 자료, 토론, 동영상 등)에 관해 광범위하게 물었으며, 그다음에는 가장 효과적인 자료가 무엇인지 개방형으로 질문했다. 첫 번째 질문인 "미세공격에 관해 가르칠 때 어떤 기법을 사용합니까?"에 대해 응답자의 85%가 강의, 80%가 동영상, 77.5%가 읽기 자료, 75%가 전체 토론, 67.5%가 조별 토론, 57.5%가 개인적 내러티브, 15%가 그 외의 방법("기타")을 사용한다고 답했다. "미세공격에 관해 가르칠 때 어떤 읽기 자료나 동영상 자료가 가장 효과적이었습니까?"라는 질문에는 40명 중 32명이 응답했으며, 그중 절반 이상(59.4%)이 학술적인 글을 주 교재로 꼽았다. 미세공격의 분류, 유형, 부정적 영향, 결과를 다룬 학술 논문이나 책을 활용한다는 응답이 가장 많았으며, 미세공격에만 국한하지 않은 일반적인 문헌, 즉 민감한 주제에 대한 대화법, 다문화, 암묵적 편향, 백인의 취약성 등에 관한 자료를 활용한다는 응답도 있었다. 응답자의 약 절반(46.8%)은 "데럴드 윙 수의 저술"을 포괄적으로 언급했으며, 37.5%는《미세공격: 인종, 성별, 성적지향》(D. W. Sue, 2010) (본서의 초판), "일상에서 일어나는 인종차별 미세공격: 임상 실무에서의 함의"(D. W. Sue, Capodilupo, et al., 2007),《다문화 상담Counseling the Culturally Diverse》(D. W. Sue, Sue, Neville, & Smith, 2019)(국역본: 하혜숙 역, 학지사, 2011),《인종에 관한 대화와 침묵의 공모: 민감한 대화의 이해와 촉진Race Talk and the Conspiracy of Silence: Understanding and Facilitating Difficult Dialogues on Race》(D. W. Sue, 2015) 등 데럴드 윙 수의 책과 논문을 특정하여 답했다. 응답자의 12.5%는 미겔 세하Miguel Ceja, 로빈 디앤젤로, 존 도비디오John Dovidio, 새뮤얼 게트너Samuel Gaertner, 그레타 케니Greta Kenney, 케빈 나달Kevin Nadal, 멜러니 도메니크 로드리게스Melanie Domenech Rodriguez, 대니얼 솔로르사노Daniel Solórzano, 타라 요소Tara Yosso 등 다른 저자들의 저술을 언급했다. "인종·민족적 미세공격 척도Racial and Ethnic Microaggressions Scale"(Nadal, 2011), "비판적 인종 이론, 인종차별 미세공격, 캠퍼스 인종 환경: 아프리카계 미국인 대학생들의 경험Critical Race Theory, Racial Microaggressions, and Campus Racial Climate: The Experiences of African American College Students"(Solórzano, Ceja, & Yosso, 2000),《백인의 취약성White Fragility》(DiAngelo, 2011)(국역본: 이재만 역, 책과함께, 2020), "백인 특권: 보이지 않는 배낭 풀기White Privilege: Unpacking the Invisible Knapsack"(McIntosh, 1989), "인종차별에 대한 개입Interrupting Racism Handout"(Kenney, 2014) 등이 그 예다. 한 응답자는 "상담심리학회Society of Counseling Psychology에서 나온 〈사회정의 강의계획서〉"라고 답했다.

이 조사에서 응답자들은 미세공격의 정의, 표출 형태, 영향을 논의하기 위해 읽기 자료 외에 다양한 매체를 활용한다고 응답했다. 개방형 질문에 응답한 32명의 응답자 중 75%는 짧은 비디오 클립, 테드 강연TED Talks, 다큐멘터리를 사용한다고 답했다. 그들이 언급한 자료는 다음과 같다.

다큐멘터리

〈샬러츠빌: 인종과 테러Charlottesville: Race and Terror〉(Vice News, 2017)

〈컬러 오브 피어The Color of Fear〉(Wah, 1994)

〈에덴의 마지막 기회Last Chance for Eden〉(Wah, 2003)

〈고통의 소리, 희망의 소리Voices of Pain, Voices of Hope〉(Rabow, 2005)

테드 강연

〈헤쳐 나가는 것 외에는 방법이 없다No Way but Through〉(Domenech Rodriguez, 2014)

〈교차로 효과의 위기The Urgency of Intersectionality〉(Crenshaw, 2016)

비디오 클립

데럴드 윙 수의 교재 부록

〈내 언행이 문제가 되었을 때 사과하는 법Getting Called Out: How to Apologize〉(Ramsey, 2013)

〈미세공격은 왜 모기가 무는 것과 같은가?How Microaggressions Are Like Mosquito Bites〉(Fusion Comedy, 2016)

〈미세공격이 백인에게 일어났다면If Microaggressions Happened to White People〉(MTV Decoded, 2015)

〈아시아인이 백인처럼 말했다면If Asians Said the Stuff White People Say〉(As/Is, 2014, June 6)

〈흑인이 백인처럼 말했다면If Black People Said the Stuff White People Say〉(As/Is, 2014, June 20)

〈라틴계 사람이 백인처럼 말했다면If Latinos Said the Stuff White People

Say⟩(As/Is, 2014, July 12)

⟨인종차별주의를 다이어트하세요!Kinda Racist? Try Diet Racism!⟩
(College Humor, 2014)

#여자애 같다는 것#LikeAGirl(Always, 2014)

⟨모건 머피가 미묘한 인종차별을 조명하다Morgan Murphy Highlights
Subtle Racism⟩(Doyle, 2009)

⟨교실에서 벌어지는 미세공격Microaggressions in the Classroom⟩(Flores
Niemann & Carter, 2017)

⟨인종차별 미세공격: 상처를 주는 발언들Racial Microaggressions:
Comments that Sting⟩(New York Times, 2014)

⟨백인 여성들이 라틴계 여성에게 하는 재수 없는 말들Shit White
Girls Say to Latinas⟩(TheChristinal, 2012)

⟨트랜스젠더에게 해서는 안 되는 말Things Not to Say to a Trans
Person⟩(BBC Three, 2015)

⟨어느 쪽 아시아인이세요?What Kind of Asian Are You?⟩(Ken Tanaka, 2013)

⟨어느 쪽 아시아인이세요?What Kind of Asian Are You?⟩(Alex Dang, 2014)

⟨트랜스젠더를 혐오하는 사람들이 트랜스젠더에 관해 말하는
것들What Haters Say about Transgender Peopl⟩(My Genderation, 2016)

자신의 경험담을 나누는 개인적 내러티브를 미세공격 교수법의 하
나로 이용했다는 응답자가 57.5%나 되었다는 점에 주목할 필요가 있
다. 이는 적절한 자기 노출이 효과적인 교육 기법이 될 수 있다고 주
장한 다른 질적 연구들과도 일치하는 결과다. 유색인 교수들은 유색
인 학생들에게는 공감대를 형성하고 유색인과 의미 있는 상호작용 경
험이 거의 없는 백인 학생들에게는 실제 사례를 제공하기 위해 개인
적 내러티브 기법을 활용했다. 백인 교수들은 적절한 자기 노출을 통

해 학생들에게 진정성을 보여주고 백인 학생들에게는 반인종차별주의적 역할 모델을 제공할 수 있었다. 소셜미디어에 관해 구체적으로 질문하지는 않았지만 텀블러Tumblr와 같은 소셜미디어를 이용하여 미세공격의 표출 형태와 영향에 관한 인식을 높인다고 응답한 참여자들도 있었다. 대개 소셜미디어는 또 다른 형태의 개인적 내러티브를 제공한다.

연구 참여자 중 다수는 전체 토론(75%)이나 조별 토론(67.5%)을 활용한다고 응답했다. 앞서 설명했듯이, 교육자는 민감한 대화의 선례를 만들고 존중과 책임의 분위기를 창출할 줄 알아야 한다.

요컨대, 우리는 교수들을 대상으로 한 설문조사를 통해 교실에서 활용할 수 있는 다양한 도구를 알 수 있었다. 앞으로 남은 과제는 학생들의 암묵적, 명시적 편향과 문화적 역량을 사전, 사후 측정하는 경험적 연구를 통해 교육자들이 미세공격에 관해 가르칠 때 효과적이라고 판단한 방법들을 검증하는 것이다.

향후의 과제

인종 문제를 대화의 장에 올려놓는 전략

교육자가 수업 중에 미세공격을 당하거나 목격하게 되면 당황한 나머지 그러한 사건을 제대로 처리하고 교육의 기회로 만들지 못하고 말 때가 많다. D. W. 수(2015)는 인종 문제와 관련한 힘든 대화의 대부분이 미세공격에 의해 촉발된다는 것을 밝힌 바 있다. 인종에 관한 대화는 인종과 인종 관계 문제를 선명하게 하거나 이와 관련된 상호 이해를 증진하기보다 교사와 학생을 양극화하는 결과를 초래할 때가 많다. 이러한 상황에서 대부분의 선량한 교사는 자신이 수업 중에 일어나는 인종 문제와 관련된, 때로는 폭발적인 감정 표출을 다룰 준비가 안 되어 있음을 깨닫는다. 교육자가 그러한 대화를 미숙하게 처리하면 재앙적인 결과(분노, 적개심, 침묵, 불평, 오해, 학습 방해 등)로 이어질 수 있는 반면, 능숙하게 처리하면 학생들에게 성숙과 소통 능력 향상, 학습의 기회가 될 수 있다.

미세공격에 관한 교육을 다룬 문헌들과 교사들의 경험을 검토한 결과, 교육자는 자신도 인종적/문화적 존재임을 스스로 인정하고, 자신의 편향과 편견을 진지하게 탐구하며, 인종 문제를 다루는 데 대한 두려움과 우려에 맞서야 한다. 또한 교육 현장에서 인종 문제에 관한 대화를 잘 이끌어가기 위해 인식, 지식, 기술을 적극적으로 길러야 한다. 많은 연구자들이 도움이 될 만한 개인적/직업적 역량 개발 전략을 제시했으며(Bell, 2003; Bolgatz, 2005; D. W. Sue, Lin, & Rivera, 2009; D. W. Sue, Lin, Torino, et al., 2009; D. W. Sue, Rivera, et al., 2010; Watt, 2007; Willow, 2008; Winter, 1977; Young, 2003), 그 핵심은 다음과 같이 요약된다.

1. 실제 상황에서 인종차별 미세공격과 민감한 대화를 어떻게 정의하고 이해해야 하는지 알고 있어야 한다. 인종 문제, 인종차별 미세공격, 인종 관련 대화에 대한 비판적 의식과 인식이 없으면 당황하거나 방향 감각을 잃거나 혼란에 빠져 문제를 올바르게 정의하고 적절히 개입하지 못하게 된다. 따라서 교육자가 인종차별 미세공격의 원인, 표출 형태, 전개 양상 및 인종 문제에 관한 민감한 대화를 제대로 정의하고 이해하는 것은 절대적으로 중요하다. 전자에 대해서는 이미 상당한 분량을 들여 설명했으므로, 후자를 간단히 정의해 보자. 단, 민감한 대화에 대한 정의는 복잡하며 진정한 의미는 실제 상황을 고려하여 파악해야 한다는 점을 기억하자.

인종 문제에 관한 민감한 대화를 폭넓게 정의하자면, 서로 다른 인종이나 민족 집단 구성원 사이에서 이루어지는 위협이 잠재된 대화나 상호작용으로 다음과 같은 특징이 있다. (a) 권력 및 특권이 동등하지 않은 지위 관계에 관련된다. (b) 세계관, 성향, 관점의 차이를 강조한다. (c) 공개적으로 반론이 제기된다. (d) 상대방에게 불쾌감을 준다. (e) 편향이나 편견을 드러낼 수 있다. (f) 강한 감정적 반응을 일으킨다. (D. W. Sue & Constantine, 2007; Young, 2003).

민감한 대화의 당사자들은 인종 문제와 관련된 내밀한 생각이나 신념, 감정이 노출될 잠재적 위험을 느낄 수 있다. (D. W. Sue, Lin, Torino, et al., 2009, p. 184)

2. "보이지 않던 것을 보이게" 함으로써 자신 또한 인종적/문화적 존재임을 인정해야 한다. 인간 행동에 대해 자신이 가진 가치관이나 편향, 선입견을 인식하지 못하는 교육자는 유능한 촉진자가 될 수 없다. 이러한 인식이 없다면 선의를 지닌 촉진자라도 자기도 모르게 인간 행동에 관한 자신의 가치관, 편향, 선입견을 타인에게 적용하고 첨예한 사건을 편향된 시선으로 평가할 수 있다. 교육자는 끊임없이 다음과 같은 질문을 던져야 한다. 자신이 백인, 흑인/아프리카계 미국인, 아시아/태평양계 미국인, 라틴계 미국인, 아메리카 원주민이라는 사실은 어떤 의미를 갖는가? 인종적/문화적 존재로서 나는 누구인가?

3. 자신의 문화적 조건화 및 편향을 객관적으로 인정해야 한다. 교육자는 자신이 문화적 조건화의 산물이며 조상으로부터 편향, 두려움, 고정관념을 물려받았다는 사실을 지적/인지적 차원에서 인정

하고 받아들일 수 있어야 한다. 솔직한 인정이 중요한 것은 그것이 다음 사항들의 바탕이 되기 때문이다.

- 솔직하게 인정하고 나면 인종차별, 성차별 등 자신이 지닌 편향을 부정하기 위해 끊임없이 주의를 기울이고 경계하지 않아도 된다.
- 인종과 인종차별 문제에 관해 대화할 때 가져야 할 진실성, 개방성, 정직성의 모범을 보일 수 있다.
- 학생들이 인종차별 문제에 대한 자신의 편향, 한계, 노력을 용기 있게 드러내도록 격려할 수 있다.
- 교사도 똑같이 "결함이 있는" 존재라고 생각함으로써 학생들이 솔직하게 인종차별 문제를 대할 수 있다.

4. 인종, 인종차별 문제를 다룰 때 감정적으로 편안한 상태를 갖는 방법을 알아내야 한다. 교육자 자신이 인종 및 인종차별 문제를 편안하게 다룰 수 있고 자신과 학생들의 편향을 터놓고 솔직하게, 약점을 드러내면서 탐구할 수 있다는 것은 감정적인 차원에서 교육자에게 이점이 된다. 교육자의 불편한 감정이 학생들에게 전달되면 학생들의 불편감과 방어적인 태도만 가중될 뿐이다. 편안해지려면 교실 밖에서 자신과 다른 다양한 집단의 다양한 사람들과 실제로 상호작용하면서 연습할 필요가 있다. 즉, 인종, 민족, 문화가 자신과 다른 사람들과 대화해 본 경험이 중요하다. 이는 교육자 자신이 "불편하고" 새로운 상황에 자진해서 들어가야 한다는 뜻이다.

5. 자신이 어떤 감정 상태인지 알고 이해해야 한다. 자신과 다른 세계관을 지닌 모든 집단을 겪어본 교육자는 드물다. 따라서 경험해 보지 못한 다양성/다문화 문제가 쟁점이 되었을 때 불편감과 혼란을 느끼는 것은 다양하다. 이러한 감정은 정상적인 것이며

회피해서는 안 된다. 그보다는 그 감정을 이해하는 것이 중요하다. 대화를 촉진하려면 자신과 학생들의 감정과 감정 반응을 관찰하는 능력이 중요하다. 감정 반응은 민감한 대화를 성공적으로 이끌어가는 데 "감정 장벽"이 될 때가 많다. 감정은 다른 어떤 것의 징후다. 다음의 예시들에서 볼 수 있듯이, 어떤 느낌을 받을 때 종종 그 이면에는 숨은 의미가 있다.

- 죄책감이 든다. "더 잘할 수 있었는데."
- 화가 난다. "내가 틀렸다고 생각하기 싫다"
- 나를 방어하고 싶은 마음이 든다. "왜 나를 탓하지? 나는 할 만큼 했어."
- 신경을 끊고 싶다. "내 인생에는 다른 중요한 문제도 많다."
- 무력함이 든다. "내가 다루기엔 너무 큰 문제야. 내가 뭘 할 수 있겠어?"
- 두렵다. "결국 나만 뭔가를 잃어버릴 것 같다." "더 큰 문제로 번질지 모른다."

교육자가 자신과 학생들의 감정을 뛰어넘지 못한다면 학습은 가로막힌다. 교육자가 이러한 감정을 느낄 때는 즉각적으로 그 의미를 이해할 수 없더라도 우선 인정하는 것이 좋다. 학생들에게도 그렇게 하라고 가르치고 격려하면 이 같은 감정의 부정적 영향을 줄일 수 있다.

6. **내용이 아니라 과정을 통제해야 한다.** 학생들 사이에서 인종에 관한 대화가 과열되는 원인은 대개 내용 차원에 있다. 프로이트가 꿈을 분석하면서 말했듯이 명시적인 내용(의식 수준)은 무의식 수준의 잠재된 "진짜" 내용과 일치하지 않을 때가 있다. 다음은 인종차별에 관한 토론에서 백인 학생이 유색인 학생에게 흔히 하는 말의 예시다.

- "그래서 뭐! 억압당하는 건 우리 여성들도 마찬가지야!"
- "우리 조상은 노예를 부리지 않았어. 일본계 미국인 강제 수용이나 아메리카 원주민 토지 수탈은 나와는 상관없는 일이야."
- "죄송하게 됐군요. 하지만 편견이나 억압은 미국뿐 아니라 세계 어디에나, 과거에나 지금이나 늘 있는 문제입니다."
- "우리 이탈리아인(또는 아일랜드인)도 처음 미국 땅에 왔을 때 심한 차별을 당했습니다. 하지만 그 문제를 계속 문제 삼진 않잖아요? 우리는 편견을 뛰어넘었습니다. 왜 그럴 수 있었을까요? 이 나라의 건국이념이 있었으니까요!"
- "나를 백인이라고 싸잡아 말하지 마. 너도 똑같이 고정관념에 사로잡혀 있어. 우리 모두 인간이고 다 다른 생각을 가진 것뿐이야."

이러한 감정 반응은 죄책감이나 비난을 피하기 위한 방어 전략이다. 그 가면을 벗기려면 (a) 그 진술이 옳다면 옳다고 인정하고, (b) 말의 내용보다는 과정에 개입하며, (c) 학생들이 말의 의도와 결과의 차이를 알도록 돕고, (d) 감정적인 어조에 관해 조언해야 한다.

앞에서 예로 든 것과 같은 발언은 대개 그 자체만 보면 맞는 말이다. 그러나 이런 발언들은 진실한 대화를 가로막을 수 있다. 촉진자는 진술에 동의함으로써 초점을 흐트리지 않고 학생들의 관심을 중요한 쟁점, 감정, 세계관의 갈등에 집중시킬 수 있다. 논쟁의 내용에서 어느 한쪽 편을 들어 언쟁에 휘말리면 안 된다. 학생들이 자신의 반응과 감정을 살피도록 지도함으로써 토론의 과정에 개입하는 것이 좋다. 학생들이 자신의 감정이 어떤 의미를 갖는지 탐구하도록 독려하자.

비난 게임blame game은 각자 독백만 하게 만든다. 학생들이 말의 의도와 결과의 차이를 알도록 도와야 한다. 예를 들어, 백인 여학생이

"그래서 뭐! 억압당하는 건 우리 여성들도 마찬가지야!"라고 말했을 때 그 의도와 결과는 다를 수 있다. 대화의 참여자들이 서로의 감정에 집중하게 하자.

교사: "여러분이 어떻게 느끼는지 말해줄 수 있나요?"

교사: "존(흑인 학생)이 여성들도 피억압 집단이라는 데 동의했습니다. 그렇게 하니 기분이 나아졌나요?

(학생은 그렇지 않다고 대답할 것이다.)

교사: "기분이 나아지지 않았군요. 왜 그럴까요?"

학생이 왜 불쾌한 감정이 사라지지 않는지 탐구하도록 도와야 한다. 계속 문제가 풀리지 않으면 다른 학생들도 함께 추측하게 해라. 교사가 관찰하여 해석을 내놓는 것은 마지막 방법이다.

아래는 수업 중에 일어나는 논쟁을 다루는 방법을 종합한 것이다.

1. **침묵이 흐르도록 내버려 두지 말고 능동적으로 개입해라.** 갈등이 발생하고 교착 상태에 빠진 듯할 때 그냥 내버려 두면 안 된다. 촉진자가 선택할 수 있는 방법은 다음 세 가지이다. (a) 모두가 자신의 생각과 감정을 정리할 시간을 가진 후 다음 수업에서 토론을 계속하자고 말한다. (b) 대화 복기, 미시훈련, 관계 모델을 활용하여 학생들이 서로의 말을 경청, 관찰, 반추, 재서술하도록 당사자들에게 직접 개입한다. (c) 수강생 전체의 도움을 구한다. 이 방법은 다른 학생들의 활발한 참여를 이끌어낼 수 있으므로 매우 유용하다. 예를 들면, 이렇게 물어볼 수 있다. "존과 메리 사이에서 무슨 일이 일어난 거죠?"

2. **논쟁의 당사자와 수강생 전체의 기여를 인정하고 칭찬해라.** 그들이 용기 있게, 자발적으로 위험을 감수하며 터놓고 논쟁에 참여해 준 그 가치를 인정하고 칭찬하는 것은 중요하다. 이 전략은 학

기 내내 사용해야 한다.

- "메리, 감정적으로 무척 힘들었을 거예요. 개인적인 생각과 감정을 모두에게 공유해 준 용기를 높이 평가합니다. 이 수업에서 성차별이나 동성애혐오 문제를 다룰 때 나도 메리처럼 용감해질 수 있기를 바랍니다."
- "우리는 지금 힘든 대화를 경험했습니다. 저는 도망치지 않고 정면으로 이 문제에 맞선 여러분 모두를 존경합니다. 여러분 모두가 앞으로도 이와 같은 쟁점이 대두했을 때 오늘처럼 자유롭게 이야기를 나누기를 바랍니다. 진정한 용기는 혹여 상대방을 불쾌하게 할 위험을 감수하더라도 자신에게 솔직해지는 것입니다. 오늘 나는 여러 학생들에게서 그 용기를 보았고, 모두가 그 점에 감사하게 생각해야 합니다."

수업 중의 인종차별 미세공격을 처리하고 인종에 관한 민감한 대화를 지도하는 이 방법들은 성별, 성적지향 등 권력, 특권, 억압과 관련된 다른 주제에도 똑같이 적용할 수 있다. 교육은 미세공격에 의해 유색인, 여성, 성소수자 등 소외집단 구성원들이 피해를 입는 일을 막고 그러한 문제를 극복하는 중요한 열쇠 중 하나다. 불행히도, 반억압 전략anti-oppression strategy을 충분히 훈련받은 교육자는 드물다. 진정으로 포용적이고 자원에 대한 접근과 기회가 모두에게 평등한 사회를 만들기 위해서는 우리의 교육 시스템이 다문화적 철학과 정의 지향적인 입장을 취하여 학교의 정책과 교육 실무, 교육과정, 교수·학습 스타일, 다음 세대를 가르치는 교사에게서 구현되어야 할 것이다.

9장

상담 및 심리치료와 미세공격

사례 9.1

나는 흑인 여성이며 레즈비언이고 내 애인은 다른 인종이다. 나는 성폭행 생존자다. 모르는 남자에게 내 문제를 털어놓고 싶지 않던 나는 여성 치료사를 찾았고, 우연히 유색인 여성을 만났다. 소외집단 구성원이라는 공통점은 안전한 느낌, 이해와 인정을 받고 있다는 느낌을 주었다. 치료사는 미묘한 억압이 정신 건강을 포함한 내 삶의 모든 면면에 어떻게 영향을 끼쳤는지 이해했다. 그녀는 인종에 따른 소득 격차 문제—예를 들어, 2017년 경제정책연구소 Economic Policy Institute 발표에 따르면 백인 남성이 1년 동안 버는 돈을 흑인 여성이 벌려면 7개월을 더 일해야 한다—도 잘 알고 있었으며, 치료법(대체요법, 강의 수강, 고가의 약물 치료 등)을 제안할 때 그 점을 고려해 주었다. 그 치료사가 포용적, 공감적, 상호교차적인 언어를 사용한 점도 나에게 큰 도움이 되었다.

몇 년 후, 나는 내 애인과 함께 그녀의 고향인 조지아주 애틀랜타로 이사했다. 다수가 도널드 트럼프—그는 편가르기식 용어로 인종차별주의자를 과감해지게 만들고 유색인을 더 소외시키는 정책을 펴는 인물이다—를 지지하는 주에 살아야 한다는 사실에 나는 점차 불안해졌다. 조지아주는 직장에서 성소수자를 보호하는 법적 장치도 없고, 이른바 "종교의 자유" 법안은 성소수자 차별 행위가 아무런 법적 제재도 받지 않게 만드는 곳이다. 이런 곳에 산다는 것 자체가 불안을 유발하는 인자였고, 나는 치료를 재개해야 했다.

내가 찾아간 곳은 한 백인 여성 치료사의 상담소였고, 처음에는 괜찮아 보였다. 우리는 성폭행 경험 때문에 내가 되풀이하여 겪는 문제에 관해 이야기를 나누었다. 치료사는 불면증을 해소하는 몇 가지 유용한 방법을 알려주었다. 따뜻하고 매력적인 사람이었다.

그러나 소득에 관한 불안과 친구, 가족과의 불화 문제가 인종적 억압과 미세공격에 관한 내용으로 옮겨가면서 상담의 방향이 이상하게 변했다. 그녀는 언론에서 유색인의 목소리가 제대로 전달되지 않는 데 대한 나의 불안을 이해하지 못하는 것 같았다. 내가 더 열심히 일하면 직업적으로 성공할 수 있을 거라면서 시스템 문제를 지적하는 나의 주장은 묵살했다.

내가 가족이든 친구든 트럼프 지지자들과는 가까이하지 않기로 했다는 말을 했을 때 치료사는 실망감을 노골적으로 드러냈다. "정말로 당신의 삶에서 그 사람들을 잘라내겠다고요? 그게 경솔한 행동이라는 생각은 안 들어요?" 이런 질문도 했다. "우정보다 정치가 중요하다는 건가요?"

소외집단 구성원에게 정치는 단순한 정치가 아니다. "정치적 결정이 매일매일의 내 삶에 영향을 주니까요." 나는 유색인, 여성, 이민

자에 관한 선동적인 발언이 나에게 얼마나 큰 위해가 되는지 설명
했다. 트럼프에게 투표한 내 주변 사람들은, 그럴 의도는 아니었겠
지만, 나에게 피해를 주었다. 치료사가 내 말을 이해했을 것 같지는
않다.

백인 치료사가 그 일을 하기에 적합하지 않다고 말하는 것도 아니
고 수많은 사람들이 자신과 다른 인종이나 성별의 치료사에게 치
료를 받으며, 큰 도움을 받는 경우도 많다는 사실을 부정하는 것도
아니다. 도움이 필요한데 자신과 비슷한 배경을 가진 치료사를 찾
기 힘든 곳에 산다면 당연히 그렇지 않은 치료사에게라도 상담을
받아야 할 것이다. 내 파트너와 나도 혼전 상담 때 자신의 특권을
인정하며 우리를 지지해 주었던 백인 치료사에게 전적으로 만족했
던 경험이 있다. 그러나 이번 일대일 치료는 달랐다.

치료사가 반드시 나의 모든 선택(또는 도널드 트럼프와 그의 지지자에 대
한 나의 생각)에 동의할 필요는 없지만 그렇다 하더라도 내 경험은
인정해 주어야 마땅하다. 내가 믿고 치료를 맡긴 사람이 나의 경험
을 무시하거나 인종차별의 존재 자체를 인정하지 않으려고 한다면
트라우마의 고통만 더 깊어질 뿐이다. 그 어떤 말보다 진정으로 공
감해 줄 때 치유의 문이 열린다.

―제이시 톱스(2018)

《글래머 매거진Glamour Magazine》에서 발췌한 사례 9.1에서 프리랜서
기자이자 수필가인 제이시 톱스Jacy Topps는 상담과 심리치료에서 미
세공격의 영향을 조명했다. 그녀는 심리치료사가 내담자와 동일한 사
회 집단 정체성을 갖거나 늘 내담자의 의견에 동의해야 하는 것은 아
니지만 내담자의 경험을 있는 그대로 인정해 주어야 한다고 말한다.
예를 들어, 톱스가 언론에서 유색인의 목소리를 충분히 대변하지 못

하고 있는 데 대해 말했을 때 그녀는 치료사가 자신의 의견을 무시한다고 느꼈다. 이 장에서 우리는 이러한 무시를 치료사의 인종적 색맹이 표출된 것임을 설명하고 임상 상담에서 선의의 백인 치료사가 흔히 저지르는 미세공격에 관해 살펴볼 것이다. 톱스의 사례는 인종 문제에 관련되어 있지만, 이 문제는 성별, 성정체성, 성적지향 등 다른 사회 집단 정체성에도 해당된다.

우리는 앞의 장들에서 일상생활에 퍼진 미세공격의 피해가 누적된다는 점을 강조했다. 선의의 전문가가 치료를 하는 과정에서 유해한 미세공격을 저지르는 것이 특히 우려스러운 점은 내담자가 이미 일상생활에서 문제를 겪고 있는 사람이라는 점에 있다. 문화 감수성이 결여된 치료 행위는 2차 외상이 될 수 있다. 이것은 일상생활에서 여러 미세공격을 경험하고 있는 내담자에게 특히 문제가 된다(Bryant-Davis, 2018). 일상생활에서 미세공격을 받은 상처가 상담을 통해 치유되기는커녕 치료사마저 미세공격을 가한다면, 내담자는 도움을 구할 길이 없다. 이 장에서는 우선 관련 서비스의 낮은 이용률, 조기 종료, 치료의 질 측면에서 정신 건강의 불평등을 간략히 설명할 것이다. 그다음으로는 경험적, 이론적 연구를 검토하면서 임상 치료에서 나타나는 다양한 미세공격 형태와 미세공격이 상담 과정 및 결과에 미치는 잠재적 영향을 개괄할 것이다. "향후의 과제"에서는 이러한 내용이 임상에서 갖는 함의와 앞으로 더 연구되어야 할 분야를 제시할 것이다.

정신 건강 서비스의 낮은 이용률

정신 건강 전문가의 대다수는 백인이며(American Psychological Association, 2015), 이것은 구조적 인종차별이 낳은 결과이자 2장에서 언급한 환경적 미세공격의 사례다. 예상할 수 있듯이, 유색인은 백인인 유럽계 미국인보다 정신 건강 서비스를 이용할 확률이 현저히 낮다. 메타분석 결과를 통해 더 구체적으로 살펴보자면, 백인에 비해 아시아계 미국인은 51%, 라틴계 미국인은 25%, 아프리카계 미국인은 21% 낮은 정신 건강 서비스 이용률을 보였다(Smith & Trimble, 2016). 정신 건강 불평등 연구자들은 유색인이 정신 건강 서비스를 덜 이용하는 다섯 가지 이유를 제시했다.

1. 의료보험, 휴가 사용의 용이성, 교통 편의 등 가용한 자원의 부족이 유색인의 정신 건강 서비스 이용을 가로막을 수 있다(Kalibatseva & Leong, 2011; Sanchez, Chapa, Ybarra, & Martinez, 2012.)

2. 백인 전문가들의 문화적 역량이 부족할 것이라는 인식도 유색인이 정신 건강 서비스를 이용하지 않게 만드는 요인이다(Hernandez, Nesman, Mowery, Acevedo-Polakovich, & Callejas, 2009). 유색인은 정신 건강 서비스가 편견을 가진 유럽계 백인의 관점에서 운영되므로 자신의 경험을 제대로 이해받지 못하거나 문화 요인이 치료에서 무시될 것이라고 생각할 수 있다(Burkard & Knox, 2004; Gómez, 2015; D. W. Sue, Sue, Neville, & Smith, 2019).

3. 낙인에 대한 두려움이 서비스 활용도를 낮출 수 있다. 예를 들어, 아시아계 미국인들 중에는 심리적 문제를 당사자는 물론 가족에게까지 수치스럽고 불명예스러운 약점이라고 생각하는 경우가 있다(Augsberger, Yeung, Dougher, & Hahm, 2015; Kearney, Draper, & Barón, 2005).

4. 유색인들 스스로가 대체요법이나 원주민 공동체 내에서 문제를 해결하는 방식을 선호하기도 한다(Leong, Wagner, & Tata, 1995). 일부 유색인은 종교 지도자, 민간 치료사, 비공식적 치유 네트워크로부

터 도움이나 조언, 상담을 받고 싶어 한다.

5. 정신 건강 서비스에서 좋지 않은 경험이 있어서 문화적 불신이 생기고, 이 때문에 다시 서비스를 받으려 하지 않을 수 있다(Alegría et al., 2008).

정신 건강 치료의 조기 종료와 치료의 질

유색인은 정신 건강 치료 환경에서 백인보다 질이 낮은 치료를 받거나 무시를 당하거나 부적절한 서비스를 경험하는 경우가 많다(D. W. Sue, Sue, et al., 2019; U.S. Department of Health and Human Services, 2001). 또한 유색인은 정신 건강 서비스를 덜 이용할 뿐 아니라 정신 건강 서비스를 이용하더라도 상담과 치료를 일찍 중단하는 경향이 있다(D. W. Sue, Sue, et al., 2019). 다문화 학자들은 다양한 문화 배경을 지닌 내담자들의 경험에 적대적인 정신 건강 서비스가 많다고 주장한다. 문화 감수성과 이해가 부족하며 소외집단 구성원들에게 억압적, 차별적이라는 것이다(Cokley, 2006; Kearney et al., 2005). 인종차별 미세공격은 유색인 내담자가 상담 예약을 해놓고도 오지 않게 만드는 주요 요인이다(D. W. Sue, Capodilupo, et al., 2007). 관련 연구 대부분에서 유색인보다 백인의 치료 참석률이 높고, 유색인은 고통에 시달리면서도 정해진 상담 시간에 나타나지 않는 경우가 많은 것으로 나타났다(Barnes, 1994; Kearney et al., 2005; S. Sue, Fujino, Hu, Takeuchi, & Zane, 1991). D. W. 수 등(2019)은 문화나 계급에 따른 가치관과 언어 요인의 영향을 많이 받는 등 상담이 갖는 일반적 특징 자체가 유색인 내담자의 인생관이나 경험에 적대적일 수 있다는 점을 지적했다. 치료사가 정상과 비정상에 대한 자신의 기준에 따라 내담자가 어떻게 생각하고 느끼고 행동해야 하는지 규정할 때, 유색인 내담자는 불편하고 억압받고 있다는 느낌을 갖게 된다는 것이다.

　사례 9.1은 인종차별 미세공격이 조력 관계를 손상, 단절시키는 복잡한 상호작용을 잘 보여준다. 상담과 심리치료는 치료사와 내담자 간의 긴밀한 관계 형성에 달려 있다. 치료란 믿음직한 조력자와 신뢰 관계에 의존하는 친밀하고 사적인 여정이다. 임상 전문가는 경청하고, 이해하고 있음을 전달하고, 공감하고, 내담자의 진실성을 존중하며, 내담자의 이익을 최우선시하고, 기술과 전문성을 활용하여 내담자가 자신의 문제를 해결하도록 도와야 한다(Grencavage & Norcross, 1990). 그러나 이 모든 것보다 더 중요한 것, 즉 성공적인 상담 결과를 낳는 데 있어서 가장 중요한 요소는 내담자가 **치료사와의 관계를 포용적이고 긍정적인 관계로 인식하는 것이다**(Horvath & Symonds, 1991; Horvath, Del Re, Flückiger, & Symonds, 2011). 상담 시간에 일어나는 미세공격이나 다른 형태의 미묘한 편향은 신뢰관계(라포르) 형성을 가로막고 치료사와 내담자 사이의 작업동맹을 깨트린다. 치료 관계therapeutic relationship가 실패하면 내밀한 두려움과 걱정을 공유할 수 없게 되고, 치료의 조기 종료나 정신 건강 서비스 전반에 대한 불신으로 이어질 수 있다.

다문화적 상담 역량

8장에서 설명한 문화적 역량에 관한 삼차원 모델은 소외집단 구성원에 대한 임상 치료의 질 문제를 이해하는 한 가지 방법이 될 수 있다. D. W. 수와 토리노(D. W. Sue and Torino, 2005)는 다문화적 상담 역량을 다음과 같이 정의했다.

문화적 역량이란 내담자와 내담자 시스템의 최적 개발을 위한 행위를 수행하거나 환경을 조성하는 능력을 말한다. 다문화적 상담 역량은 다원적 민주주의 사회에서 효과적으로 기능하기 위해 상담자가 갖추어야 할 인식, 지식, 기술(다양한 배경을 지닌 내담자의 입장에서 소통·상호작용·협상·개입하는 능력)이라고 정의할 수 있다. (p. 8)

"다문화적 상담 지식"이라는 용어에는 권력, 특권, 억압의 본질에 대한 이해와 더불어 사회정치적 요인들이 내담자의 경험에 어떠한 영향을 끼치는지에 대한 지식도 포함된다는 것을 잊으면 안 된다. 미세공격에 초점을 맞추자면, 문화적 역량에 능숙한 실무자는 미세공격 이론뿐 아니라 대인 상호작용에서 미묘한 형태의 억압을 생산, 재생산하는 미시적 맥락과 거시적 맥락 간 상호작용에 관해 잘 알고 있어야 한다.

"다문화적 상담 인식"이란 자신의 인종적·문화적 사회화에 대한 비판적 자기성찰을 뜻한다. 상담 관계에서 자신이 어떠한 위치에 있는지에 대한 인식을 유지하려면 이러한 성찰이 필수적이다. 그래야만 치료 관계에서 상담자나 치료사로서 갖게 되는 권력 외에 사회 집단 정체성(백인, 이성애자, 시스젠더 등)에 의한 특권이 작동하지 않도록 스스로 경계할 수 있다. 무엇보다 자신에게도 편향과 선입견, 미세공격을 저지를 가능성이 있다는 인식이 중요하다.

상담과 심리치료에서 "다문화적 기술"이란 문화적으로 적절하게 평가하고 진단하며 치료를 통해 개입하는 능력을 말한다. 다문화적 기술은 내담자가 처한 상황을 이해하고 사회정치적 요인이 내담자의 삶에서 어떻게 유의미한 영향을 끼치는지 인지할 것을 요구한다. 미세공격이라는 주제에 관련된 다문화 상담 기술은 내담자의 일상에서 또는 상담 중에 일어난 미세공격을 인지하고 그것이 내담자의 경험에 끼치는 영향을 파악하는 역량이다. 이 장의 뒷부분에서 다시 설명하 겠지만, 미세공격에 대응하는 회복 기술은 매우 중요한 다문화 상담 기술이다.

상담 및 심리치료에서 나타나는 미세공격 유형

D. W. 수 등(D. W. Sue, Capodilupo, Lin, Nadal, and Torinoe, 2007)은 인종차 별 미세공격의 유형을 분류하고 치료 행위에서 표출되는 인종차별 미 세공격의 형태들을 기술한 바 있다. 이 논문에서는 백인인 정신 건강 서비스 종사자들이 사회의 인종 편향으로부터 자유롭지 못하며, 치료 사가 자신의 편견, 편향, 선입견을 인식하지 못하는 경우가 많다고 지 적했다. 따라서 치료사가 지배집단 구성원(예를 들어, 백인 이성애자)이라 면 치료 행위에 비의도적이고 무의식적인 편향이 개입될 것이다. 상 담 및 심리치료 공간은 어떤 배경을 지닌 내담자든 심리적 안녕감을 느낄 수 있는 곳이라야 하지만, 일상생활에서 겪는 미세공격이 이곳 에서도 똑같이 일어나고 있는 것이다.

이 논문에서 D. W. 수 등은 치료 행위에서 일어나는 인종차별 미세 공격의 아홉 유형(이방인 취급, 인종적 색맹, 문화적 가치의 병리화 등)을 제시 했으며, 이후 내담자의 회고 형태의 보고로 이루어진 질적 연구가 쏟 아져 나왔다(Constantine, 2007). 치료 상황에서 일어나는 미세공격 연구 는 인종뿐 아니라 성별, 성적지향 문제로 폭을 넓혀왔다(Owen, Tao, & Rodolfa, 2010; Shelton & Delgado-Romero, 2011). 우리는 D. W. 수 등의, 치 료 행위에서 나타나는 미세공격에 관한 기존의 설명을 이들 문헌을 통해 업데이트하고자 한다. 표 9.1도 최근의 연구 성과를 참고하여 이 책 초판에 실렸던 표를 수정·보완한 결과물이다.

D. W. 수 등이 치료 상황에서 미세공격 분석틀을 발표한 것과 거의 동시에 콘스탄틴(Constantine, 2007)은 질적, 양적 연구 방법을 혼합하여 치료 상황에서 아프리카계 미국인 내담자에게 가해지는 미세공격을 분석한 논문을 발표했다. 그녀는 우선 아프리카계 미국인 내담자 24명을 대상으로 포커스 그룹 인터뷰를 실시하여 백인 상담사에게 받은 심리치료 경험 내용을 파악했다. 콘스탄틴은 전반적인 상담 만족도와 치료사의 문화 감수성에 대한 만족도에 관해 질문했고, 결과적으로 12개의 미세공격 유형을 확인할 수 있었다. 우리는 이 12개 주제를 검토하여 5개의 대범주로 분류했다.

1. 인종적 색맹의 태도
2. 문화 감수성 결여
3. 고정관념
4. 인종적·문화적 문제에 내담자가 보이는 과민 반응 비난
5. 과잉동일시 경향

이 범주들은 앞에서 설명했던 미세공격 주제들과 상당 부분 일치한다. 여기서는 치료 맥락에서 그 주제들에 대한 이해를 심화하고 콘스탄틴이 이 주제들을 어떻게 활용하여 '상담 중 인종차별 미세공격 척도(RMCS)'를 개발했는지 살펴볼 것이다(7장 참조).

오언 등(Owen et al., 2010)은 치료 상황에서 벌어지는 성차별 미세공격을 조사하기 위해 콘스탄틴의 인터뷰 프로토콜을 사용하여 유사한 연구를 수행했다. 이 연구에서는 내담자가 아니라 상담학 및 심리학을 전공하는 여학생들을 대상으로 포커스 그룹 인터뷰를 실시했다. 그 결과 상담에서 일어날 수 있는 성차별 미세공격의 다섯 가지 주제

가 다음과 같이 추려졌다. (a) 성적 대상화, (b) 여성의 심리적 고통에 대한 고정관념, (c) 진단 관련 선입견, (d) 둔감한 치료 제안, (e) 젠더 문제 무시.

셸턴과 델가도-로메로(Shelton and Delgado-Romero, 2011)도 치료 환경에 주목하여 내담자의 성적지향 관련 미세공격 피해 경험을 조사했으며, 선행 연구들과 일맥상통하는 주제들을 확인했다. 그들은 두 개의 포커스 그룹을 선정하여 성소수자 16명(백인 13명, 유색인 3명)을 인터뷰했다. 이 인터뷰에는 치료 경험에 대한 일반적 질문과 미세공격에 관한 구체적인 질문("치료사에게 차별 경험을 무시당한 경험이 있다면 어떤 말이나 행동이었습니까?", "치료사는 어떤 방식으로 이성애규범성을 미묘하게 표출했습니까?")이 포함되었다. 그 결과 참여자들이 치료 과정에서 인지한 성적지향 관련 미세공격 주제는 일곱 가지로 확인되었다. 그중 유사한 것끼리 묶으면 콘스탄틴의 연구와 유사한 결과를 확인할 수 있다. (a) 퀴어 문제 부정(예: 이성애규범적 가정, 성적지향 문제의 축소 및 무시), (b) 성소수자 문제에 대한 감수성 결여 또는 성소수자 문제를 병리화하는 태도, (c) 고정관념, (d) 과잉동일시overidentification.

이와 관련하여, 스펭글러 등(Spengler, Miller, and Spengler, 2016)은 성소수자 내담자에게 미세공격이 될 수 있는 세 가지 임상 상담 오류를 개념화했다. 첫 번째 오류는 내담자의 상담 예약이나 접수 서류 작성 시에 일어나는 오류다. 내담자는 이 시점에 배타적인 언어, 성소수자의 존재를 인정하지 않는 신상 정보 작성 형식이나 대기실 비치 자료 등 이성애규범적 가정을 경험할 수 있다. 두 번째 임상 오류는 퀴어 문제를 부정하는 것으로, 치료사가 내담자가 성소수자로서 겪는 문제를 논의 대상에서 제외하는 문제다. 스펭글러와 그의 동료들은 치료사가 성적지향이나 성정체성이라는 주제를 불편하게 느껴 회피하는 경우가 있다고 보았다. 이러한 회피는 "맹점 편향bias blind spot"—타인의 편향은 알아차리지만 자신의 편향은 보지 못하는 경향—과 관련된다 (Pronin, Lin, & Ross, 2002). 맹점 편향은 다문화적 상담 역량의 삼차원 모델에서 다문화적 자기인식의 중요성을 상기시킨다. 세 번째 임상 오류는 성소수자를 병리회하거나 현재의 문제와 무관하게 성소수자라는 문제를 핵심적 또는 중요한 치료 쟁점으로 삼는 것이다. 대개의 정신 건강 전문가들은 진심으로 타인을 돕고자 하는 입장에서 치료에 임하므로, 자신이 미세공격과 관련한 임상 오류를 저질러 내담자에게 피해를 입히고 있다는 사실을 인정하기 힘들 수 있다. 그러나 스펭글러 등이 권고했듯이 수치심의 악순환에 빠지기보다 스스로에게 너그러운 태도로 이 문제를 관리할 필요가 있다.

우리는 여러 사회 정체성 집단을 대상으로 수행한 이론적·경험적 연구들을 종합하여 정신 건강 임상 환경에서 나타나는 다양한 미세공격을 여섯 개 상위 범주로 구분했다(표 9.1 참조).

1. 치료사가 인종, 성별, 퀴어 문제를 부정하는 데 따른 미세공격. 네 개 이상의 미세공격 주제가 이 범주에 해당된다. 첫 번째 주제는 치료사가 상담에서 인종차별, 성차별, 성적지향 차별 문제를 축소하거나 회피하는 것이다. 두 번째 주제는 사회적 억압은 물론, 인종적·문화적 차이까지도 부정하는 것으로, 이는 말 그대로 인종적 색맹 이데올로기를 드러내는 것이다(Neville, Awad, Brooks, Flores, & Bluemel, 2013). 세 번째 주제는 "능력주의 신화", 즉 인종과 관계없이 누구에게나 성공할 기회는 똑같이 주어져 있다는 것이다. 2장에서 설명했듯이, 능력주의 신화는 우리 사회에 제도적·구조적 억압이 존재한다는 것을 부정한다. 네 번째 주제는 치료사가 개인적 편향을 부정하는 것이다. 자신의 편파적 태도를 부정하는 수사학적 전략은 인종적 색맹 이데올로기와 밀접하게 연관되어

있다(Bonilla-Silva, 2002; D. W. Sue, 2015).

2. 치료사의 고정관념에 의한 미세공격. 내담자가 고정관념에 의한 미세공격을 당한 경험은 대개 자신이 속한 사회 정체성 집단에 대한 획일적인 가정과 관련된다. 즉, 치료사들은 특정 집단에 대한 고정관념에 따라 그 구성원인 내담자도 그렇게 생각하고 느끼고 행동할 것이라고(예를 들어, "흑인이니까 교외에 살지 않을 거라고 생각했습니다"라든가 동성애자 남성 내담자에게 "철물점에서 일한다고 해서 놀랐어요"라고 말하는 것) 가정한다.

3. 치료사의 문화 감수성 결여와 소수자를 병리화하는 태도에 의한 미세공격. 사회적으로 낮게 평가되는 집단에 속한 내담자는 치료사의 문화 감수성 결여로 인해 자민족중심주의적(백인 중산층 중심)인 평가나 진단, 자신의 인종적·문화적 가치에 어긋나는 치료 권고를 받을 때가 많다. 이 범주의 미세공격 주제로는 지시적 상담을 선호하는 내담자에게 비지시적 상담 방법을 적용하는 것, 내담자의 정체성을 단지 "지나가는 과정"으로 보거나 사회 집단 정체성에 과잉귀인overattribution하는 것(내담자의 성정체성이 현재 나타나는 모든 문제의 원인이라고 단정함)이 포함된다.

4. 내담자를 탈인격화하고 이류 시민 취급하는 미세공격. 연구자들은 이 범주를 지배집단 구성원을 소수집단 구성원보다 우대할 때 일어나는 미세공격이라고 설명한다. 여러 연구에서 아시아계나 라틴계 미국인이 그들의 가족이 미국에서 아무리 오래 살았어도 영원한 외국인 취급을 받는 "이방인 취급"이라는 주제가 다루어졌다. 8장에서 언급한 비디오 클립 〈어느 쪽 아시아인이세요?〉가 이 주제를 잘 보여준다. 여성을 탈인격화하고 이류 시민 취급하는 성차별 미세공격도 이 범주에 해당한다. 치료 맥락에서 예를 들자면, 남성 치료사가 여성 내담자를 성적 대상화하는 경우다.

5. 치료사의 과잉동일시에 의한 미세공격. 치료 상황에서 이 범주의 미세공격은 치료사가 내담자와의 공감대를 실제보다 더 강조할 때 나타난다. 치료사가 거짓 공감false empathy을 표하는 것도 이 범주에 포함된다. 예를 들어, 백인 여성 치료사가 자신도 성차별을 자주 경험했으므로 멕시코계 미국인 내담자의 성차별 및 외국인혐오증 피해 경험을 이해할 수 있다고 생각할 때, 그러한 가정은 선의에서 나온 것이지만 내담자 입장에서는 미세공격이 될 수 있다.

6. 인종적·문화적 쟁점에 관한 과민 반응을 치료사가 비난하는 미세공격. 아프리카계 미국인 내담자를 인터뷰한 질적 데이터에서 이 범주의 미세공격을 볼 수 있다(Constantine, 2007). 백인 치료사들이 아프리카계 미국인 내담자들에게 인종차별에 너무 예민하게 반응하지 말라고 조언하는 경우가 있는데, 그것은 자신의 인종차별적인 무례에 대해 죄책감을 덜기 위해서일 수 있다. 사례 9.1에서 살펴본 톱스의 진술은 치료사의 과민 반응 비난을 잘 보여준다. 치료 환경에 국한하지 않은 일반적인 미세공격 연구 결과를 적용해 보면, 여성·동성애자 남성·젠더 비순응자 등 다른 소외집단 내담자도 성과 권력 역학에 과민하게 반응한다고 비난받는 경우("당신은 만사를 성별/성차별 문제로 보는군요!")가 있을 것으로 보인다.

이제 이상의 여섯 개 범주에 근거하여 이 책 초판(D. W. Sue, 2010)에 실린 표를 재구성해 보자. 치료 맥락에서 나타날 수 있는 또 다른 미세공격도 있을 수 있지만, 표 9.1은 학술 문헌에서 주로 나타나는 미세공격 주제 대부분을 포착하고 있다.

표 9.1 상담 및 심리치료와 미세공격

미세공격 주제	표출 형태	피해자에게 전달되는 미묘한 메시지
1. 치료사가 인종, 성별, 퀴어 문제를 부정하는 데 따른 미세공격		
개인적, 사회적 편견/편향 부정 치료사의 문화적 자기인식 부족을 반영하며, 대개 자신의 특권적 정체성과 관련이 있다.	유색인 내담자가 인종이 상담/치료에 영향을 미칠 것을 우려할 때 치료사가 이렇게 말한다. "인종은 아무 상관이 없습니다. 저는 모든 내담자를 똑같이 대하니까요."	나는 치료에 권력, 특권, 억압을 고려할 생각이 없다. 나는 인종차별주의자가 아니다.
능력주의 신화 누구에게나 성공할 기회, "아메리칸 드림"을 이룰 기회는 똑같이 있다고 가정한다. 인종차별, 성차별 등 억압의 영향을 부정한다.	한 여성이 직업·진로 상담사를 방문하여 자기보다 실력이 떨어지고 근속 기간도 짧은 남성 동료가 자기보다 먼저 관리자 직급으로 승진한 일을 털어놓자 상담사가 이렇게 말한다. "그 사람에게 직책에 더 알맞은 점이 있었겠지요." 학교 상담사가 흑인/라틴계/아메리카 원주민 내담자에게 이렇게 말한다. "더 끈기 있게 열심히 공부하지 않으면 높은 성적을 낼 수 없어요."	여성도 열심히 일하기만 하면 똑같이 승진할 수 있다. 승진하지 못한다면 그 직책에 오를 만한 자격이 없어서일 것이다. 유리 천장 같은 건 없다. 유색인은 게으르고 무능하며 충분히 열심히 일하지 않는다. 그들이 성공하지 못하는 데 대한 책임은 자신에게 있다.
이성애규범적 편향 표출 모두가 이성애자라는 전제하에 발언한다.	레즈비언 여성이 사귀는 사람이 있다고 말하자 치료사가 "남자친구"는 어떤 사람이냐고 묻는다.	여성과 남성이 사귀는 것이 정상적인 관계다. 이곳은 "대안적인 라이프 스타일"에 관해 이야기하는 데가 아니다.
인종, 성별 및/또는 성적지향 문제의 축소와 회피 치료사에게 억압과 소외집단의 정체성 문제를 논의할 역량이나 의지가 없다.	라틴계 게이 내담자가 자신이 직장에서 유일한 유색인이며 동료들 사이에서 소외되고 무시받고 있다고 느낀다고 토로하자 치료사가 이렇게 말한다. "개인 간의 차이보다 유사성에 집중해야 동료들과 잘 지낼 방법을 찾을 수 있습니다." 백인 여성 내담자가 여성으로서 건설현장에서 일하면서 겪는 고충을 토로하자 치료사가 이렇게 말한다. "자신이 여성이라는 사실에 골몰하기보다는 자중하며 일에 집중하세요."	인종, 성별, 성적지향은 삶에서 중요한 요소가 아니다. 우리는 여기서 그 문제를 논의하지 않을 것이다. 그런 문제를 논의해 봤자 다른 사람들을 비방하게 될 뿐이며, 나는 당신이 스스로 고립되기를 바라지 않는다.

미세공격 주제	표출 형태	피해자에게 전달되는 미묘한 메시지
	2. 치료사의 고정관념에 의한 미세공격	
지적 능력에 대한 선입견 사회 정체성 집단에 근거하여 상대방의 지적 능력을 판단한다. 흑인, 라틴계, 아메리카 원주민 내담자는 전반적으로 열등한 지적 능력을 가졌을 것이라고 생각한다. 여성은 STEM 분야에서 부족할 것으로 여기며, 반면에 아시아계 미국인은 STEM 분야에서 우수할 것으로 본다.	직업·신로 상담사가 흑인이나 라틴계 학생에게 "대학에 갈 준비가 되어 있다고 생각하세요?"라고 묻는다. 여학생이 엔지니어가 되고 싶다는 말을 듣고 학교 상담사가 놀라워하는 반응을 보인다. 학교 상담사가 수학 성적이 낮은 아시아계 미국인 학생을 보고 의아해한다.	내담자 각자의 능력을 알 수 없으므로, 나는 당신이 속한 집단의 능력(그것이 좋은 쪽이든 나쁜 쪽이든)으로 당신을 판단할 것이다.
데이트, 섹슈얼리티에 대한 선입견 상대방이 속한 사회 정체성 집단에 근거하여 행동을 추정하여 말한다. (예를 들어, 모든 이성애자 여성은 결혼하여 자녀를 갖기를 바랄 것이고, 동성애인 남성은 문란할 것이라고 추정한다.)	내담자가 관심이 있다는 말을 한 적이 없는데도 젊은 여성이라는 이유만으로 데이트나 "연애 시장에 자신을 내놓는 것"에 관해 계속 질문한다. 5년 동안 한 파트너와 동거한 동성애자 남성 내담자에게 다른 남자와 바람을 피우고 싶은 욕망에 관해 집요하게 캐묻는다. 여성 내담자가 원나잇스탠드를 하고 나니 자신감이 생겼다고 말하자 눈살을 찌푸린다.	나는 당신이 무슨 말을 하든, 당신이 누구이든 상관하지 않는다. 내가 아는 한 여성은 다 연애를 하고 싶어 하므로 당신도 분명 그럴 것이다. 동성애자 남성은 과잉성욕자다. 나는 당신이 한 명의 파트너에 만족한다는 것을 믿지 않는다. "멀쩡한 여자"가 그렇게 성적 욕망에 따라 행동하는 건 말도 안 된다.
범죄 가능성에 대한 선입견 유색인이라는 이유만으로 위험한 범죄자나 일탈자로 취급한다.	흑인 내담자가 직장에서 도둑으로 몰렸다고 토로하자 치료사가 고용주의 불신을 산 행동이 없는지 돌아보라고 조언한다. 치료사가 라틴계 내담자에게서 멀리 떨어져 앉아 상담 시간 내내 내담자의 타투만 응시한다.	사람들은 당신을 위험하다고 생각하고, 나도 그런 불신을 이해한다. 나도 당신이 두렵다.
취약하고 도움이 필요한 존재라는 가정 여성 내담자를 신체적, 정신적으로 연약한 존재로 여긴다. 여성은 남성보다 더 많은 도움을 필요로 한다고 전제한다.	한 여성 내담자가 직장에서 상사에게 부당한 대우를 받았다고 이야기한다. 그녀가 치료사에게 바라는 것은 상사에게 맞설 전략에 대한 조언이다. 그러나 치료사는 이렇게 대답한다. "당신은 여성이니까, 상사에게 맞서는 방법은 권하지 않아요. 그보다는 직장에서 더 기분 좋게 일할 방법을 찾아봅시다."	나는 당신이 상사에게 자기주장을 할 만큼 강한 사람이라고 생각하지 않는다.

미세공격 주제	표출 형태	피해자에게 전달되는 미묘한 메시지

3. 치료사의 문화 감수성 결여와 소수자를 병리화하는 태도에 의한 미세공격

타 문화의 가치와 행동 방식을 병리적으로 보는 관념		
치료사가 지배 문화의 가치와 의사소통 방식에 대한 선호를 드러내며 그것에서 벗어난 가치와 방식을 일탈로 간주한다.	흑인 내담자가 상담 시간에 목소리를 높이고 감정을 드러내며 공격적인 태도를 보이자 치료사가 경계성 인격장애로 진단한다.	당신은 유럽계 백인 미국인의 규범에 동화되어야 하며, 상담을 할 때도 마찬가지다.
	트랜스젠더 내담자가 잘못된 몸을 가진 느낌에 대해 설명하자 치료사가 신체이형장애로 진단한다.	성정체성에 대한 당신의 생각은 치료해야 할 질병이다.

내담자의 성적지향, 성정체성이 비정상적이며 모든 문제의 원인이라는 선입견		
치료사가 내담자의 사회 정체성(주로 성소수자)에 문제가 있다는 뜻을 비친다.	치료사가 내담자의 양성애 성향에 대해 이야기하면서 내담자가 "정체성 위기"를 겪고 있다는 식으로 말한다.	양성애 성향은 당신이 누구인가에 대해 혼란스러워하고 있음을 나타낸다.
	20세 레즈비언 내담자의 치료사가 내담자의 섹슈얼리티를 "지나가는 과정"이라고 말한다.	당신은 그저 실험을 하고 있는 것뿐이다. 당신의 섹슈얼리티는 고정되어 있지 않으며 곧 정상적인 이성애자 정체성을 되찾게 될 것이다.

4. 내담자를 탈인격화하고 이류 시민 취급하는 미세공격

이방인 취급		
아시아계 및 라틴계 미국인을 보면 외국 태생일 것이라고 짐작한다.	백인 치료사가 라틴계 미국인 내담자에게 스페인어를 할 줄 아는 치료사에게 갈 것을 권한다.	당신은 나와 다른 부류의 사람이며 이곳에 어울리지 않는다.
	백인 치료사가 대만계 미국인 내담자를 상담하면서 '우리 미국인'의 상담 방식에 관해 계속 설명한다.	

성적 대상화		
여성을 남성의 손에 맡겨진 대상으로 취급한다.	남성 치료사가 상담을 끝내고 나가는 여성 내담자의 등에 손을 얹는다.	당신은 나에게 전인격적 존재가 아니라 몸뚱이로 보인다.
	여성 내담자가 말하는 동안 치료사가 내담자의 몸을 위아래로 훑어본다.	

5. 치료사의 과잉동일시에 의한 미세공격

유색인이나 성소수자인 내담자에게 지나치게 동일시하려는 태도		
내담자와 치료사 사이에 비슷한 점	내담자가 아메리카 원주민임을 알게	나는 당신의 생각과 감정을 듣는 대

미세공격 주제	표출 형태	피해자에게 전달되는 미묘한 메시지
이 없는데도 많이 있다고 전제한다.	된 치료사가 이렇게 말한다. "나의 증조모가 체로키족 공주였어요!" 트랜스젠더인 내담자가 상담사에게 학교에서 당한 집단 괴롭힘에 관해 털어놓자 치료사가 자신의 여동생이 집단 괴롭힘을 당했던 일을 떠올리며 과도하게 위로한다.	신 내 자신의 경험을 사용하여 이해할 수 있습니다.
거짓 공감 표현 치료사가 내담자와 공감대 형성을 위해 이전의 경험을 끌어와 내담자의 감정을 이해한다고 주장한다.	흑인 내담자가 직장에서 겪은 인종차별에 관해 이야기하자 백인 여성 치료사가 이렇게 말한다. "어떤 기분인지 정확히 압니다. 저도 제가 여자라는 이유로 그런 대우를 받으니까요."	당신의 인종차별 경험은 내가 겪은 성차별 경험과 다를 것이 없다.

6. 인종적·문화적 쟁점에 관한 과민 반응을 치료사가 비난하는 미세공격		
내담자가 너무 예민하다는 선입견 내담자가 자신의 경험을 인종차별, 성차별, 이성애주의 등의 억압 때문이라고 보는 것이 착각이라고 생각한다. 이러한 태도에는 내담자가 인종이나 성별, 퀴어 문제를 상관하지 말아야 한다는 뜻이 담겨 있다.	석사과정의 유일한 흑인 레즈비언 학생이 치료사에게 자신이 인종과 성적지향 때문에 수업과 사교 활동에서 배제되는 것 같다고 말하자 치료사가 이렇게 조언했다. "너무 예민하게 굴면 스스로 문제를 만들게 되지요. 사람들과 친하게 지내세요."	인종차별이 원인이라는 생각은 잘못된 것이다. 예민하게 굴지 말고 극복해라!

출처 Sue, D. W., & Sue, D. (2008)

미세공격이 상담 과정과 성과에 끼치는 영향

상담 및 심리치료에 관한 연구는 주로 치료 행위의 과정이나 성과에 주목한다. 간단히 말하자면, "상담 과정 연구"란 상담 시간에 일어나는 상호작용의 작동 방식(예: 특정 치료 방법의 영향)을 다루며, "상담 성과 연구"는 상담의 효과(예: 증상 감소)를 다룬다. 상담 과정과 성과 연구에서 미세공격을 하나의 변수로 다루게 된 것은 이 분야의 큰 진전이다. 상담자-내담자 간 작업동맹은 치료 성과(Horvath et al., 2011) 및 상담자와 인종이 다를 때 내담자가 느끼는 만족도(Fuertes et al., 2006)에 매우 큰 영향을 끼치는 것으로 알려져 있으며, 상담 과정과 성과에서 미세공격의 영향을 논할 때도 반드시 고려해야 하는 요인이다.

우리가 검토한 바로는, 치료 맥락에서 미세공격 측정 척도는 두 가지가 있다. 앞서 언급했듯이 콘스탄틴(Constantine, 2007)은 D. W. 수 등(D. W. Sue, Capodilupo, et al., 2007)의 모델을 경험적으로 검증하기 위해 RMCS를 개발했다. 콘스탄틴은 백인 상담자에 대한 아프리카계 미국인 내담자의 인식을 연구하면서 RMCS를 사용했고, 그 결과 인종차별 미세공격을 많이 인지할수록 상담 만족도가 낮아짐을 확인했다. 상담 시의 인종차별 미세공격은 작업동맹을 매개변수로 하여 치료사의 다문화적 상담 역량과 간접적인 상관관계를 갖는 것으로 나타났다. 오언 등(Owen et al., 2010)은 상담 중에 일어나는 성차별 미세공격을 다룬 유사한 연구에서 '여성에 대한 미세공격 척도(MAWS)'를 개발했다. MAWS를 이용하여 121명의 여성 대학생 및 대학원생을 대상으로 조사한 결과, 성차별 미세공격은 치료 성과와 간접적으로 관련되는 것으로 나타났으며, 여기서도 작업동맹이 매개변수로 작용했다. 즉, 성차별 미세공격은 작업동맹의 수준에 부정적인 영향을 미치며, 결국 치료 성과 저하로 이어진다는 것이다. 이 초기 연구들은 미세공격이 치료에 미치는 영향에 대한 중요한 통찰력을 제공한다. 그러나 이 연구들에는 몇 가지 한계가 있으므로 결과 해석에 신중할 필요가 있다. 우선 콘스탄틴의 조사는 단 40명만을 대상으로 이루어졌으며 연구자 자신도 인정했듯이 주요 변수들 간의 독립성이 충분히 확보되지 않았다. 오언 등(2010)의 연구에서는 회고적 데이터를 사용했다는 점과 응답자들의 치료 경험에서 치료사가 남성인 경우와 여성인 경우가 구분되지 않았다는 점이 한계로 지적될 수 있다. 미세공격 이론에서는 제도적·구조적 억압이라는 거시적 맥락에서 미세공격을 바라보므로 여성 치료사는 성차별 미세공격의 가해자가 될 수 없다. 여성 치료사도 여성 내담자에게 언어적, 비언어적으로 암묵적 편향을 표출할 수 있지만 그러한 편향은 성차별 미세공격으로 분류되지 않는다.

오언과 그의 동료들(Owen et al., 2011)은 후속 연구로 RMCS를 이용하여 치료 맥락에서 일어나는 인종차별 미세공격을 조사했다. 그들은 다양한 인종으로 표본을 구성했다. 대체로 치료 경험에서 겪은 인종차별 미세공격에 대한 내담자의 회고적 평가 결과는 작업동맹 및 내담자의 심리적 안녕감과 부적 상관관계를 갖는 것으로 나타났다. 그들은 인종차별 미세공격이 안녕감에 미치는 영향에 작업동맹이 매개변수로 작용한다는 점도 밝혔다. 상담 맥락에서 미세공격 이론을 검증한 연구자들에게 박수를 보낸다. 그러나 이 연구도 결과 해석에는 신중을 기해야 한다. 오언 등의 표본에서 내담자의 절반은 백인이었기 때문에 상담에서 아프리카계 미국인 내담자가 경험하는 미세공격을 측정하기 위해 설계된 측정 도구를 그대로 적용한 점에 문제가 있을 수 있다. 미세공격은 구조적 인종차별이라는 거시적 맥락 안에서만 존재하므로, 미국에서 백인은 인종차별 미세공격의 표적이 될 수 없다(Clark & Spanierman, 2018).

오언 등은 인종적으로 다양한 학생 표본을 대상으로 또 다른 연구(Owen, et al., 2014)를 수행했다. 이 연구에서 그는 상담 중에 인종차별 미세공격이 일어났을 때 치료사가 그것에 관해 이야기했는지 조사했다. 우선 RMCS를 이용하여 파악한 결과, 내담자의 약 53%가 인종차별 미세공격을 경험했다. 앞서 언급한 다른 연구들에서와 유사하게, 인종차별 미세공격이 얼마나 일어났는지에 대한 내담자의 평가는 작업동맹에 대한 평가와 부적 상관관계를 나타냈다. 이 연구에서 주목할 만한 것은 상담 중에 일어난 인종차별 미세공격에 대해 치료사와 내담자가 대화를 나누는 것이 작업동맹을 강화하는 것으로 나타났다는 점이다. 또한 내담자와 치료사가 상담 중에 일어난 미세공격에 관해 대화를 나누었을 때 그들의 작업동맹 수준은 미세공격이 일어나지 않았을 때의 수준과 비슷했다. 이는 치료사가 대화로써 미세공격으로 인한 악영향을 줄일 수 있음을 시사한다는 점에서 중요하다. 다만, 이 연구에서도 치료사 33명 중 10명이 유색인이었으므로 해석에 주의가 필요하다. 유색인 치료사도 치료 중에 미묘한 인종 편향을 드러낸다면 그것도 물론 문제가 될 것이다. 또한 그러한 편향도 백인우월주의나 내면화된 인종차별주의의 결과물일 수 있다. 하지만 그러한 편향을 인종차별 미세공격으로 볼 수는 없다.

훅 등(Hook et al., 2016)은 치료사의 문화적 겸손cultural humility(타 인종 및 문화에 속한 사람들에 대한 개방성) 수준과 관련하여 상담 중 일어나는 인종차별 미세공격을 조사했다. 연구자들은 아마존 메커니컬 터크 Amazon Mechanical Turk(MTurk)를 통해 다양한 인종 배경을 지닌 성인을 모집하여 대규모 표본(N=2,261)을 구성했다. RMCS를 사용하여 조사한 결과, 약 82%의 응답자가 상담 중에 인종차별 미세공격을 한 번 이상 경험한 것으로 나타났다. 인종 집단 간의 미세공격 경험 빈도는 대체로 차이가 없었지만, 흑인 응답자는 아시아계나 라틴계 응답자에 비해 미세공격의 영향을 더 크게 받은 것으로 나타났다. 치료사의 문화적 겸손은 인종차별 미세공격 빈도 및 그 영향과 부적 상관관계를 보였다. 치료사가 백인이었다는 점을 밝힌 응답자는 66%에 불과했으므로, 이 연구 결과의 해석에도 주의가 요구되며, 더 엄밀한 연구가 다시 이루어질 필요가 있다.

혁신적 연구 방법

연구자들은 동일한 자기보고 측정도구를 사용함으로써 나타나는 단일방법편향mono-method bias을 방지하기 위해 상담에서의 미세공격을 측정하는 다른 방법들을 사용하기 시작했다. 예를 들어, 데이비스 등(Davis et al., 2016)은 치료 행위에서 나타나는 인종 및 성차별 미세공격을 조사하기 위해 "경험에 관해 생각하고 쓰기"라는 방법을 활용했다. 연구자들은 연구 참가자에게 성차별 미세공격의 사례를 설명한 다음 이렇게 물었다. "상담을 받으면서 이런 경험을 한 적이 있나요?" 참가자들은 그 경험을 짧게 글로 쓰고 그와 관련된 설문에 응답했다. 연구자들이 세운 가설은 일부만 입증되었다. 인종은 치료사와의 관계 악화로 인한 부정적 감정, 치료사의 문화적 겸손에 대한 평가, 작업동맹, 인지된 상담 성과 등 다른 변인과 상관관계가 없는 것으로 나타났으나 성별은 상관관계가 있는 것으로 나타났다. 또한 미세공격 때문에 생긴 부정적 감정은 작업동맹 및 인지된 상담 성과와 직접적인 상관관계를 갖는 것으로 나타났으며, 치료사의 문화적 겸손이라는 변수를 매개로 하는 간접적인 영향도 확인되었다. 다만, 이전 연구들에서와 마찬가지로 성차별 미세공격에 대한 조사에서 상담사가 여성인 경우와, 인종차별 미세공격에 대한 조사에서 상담사가 유색인인 경우가 배제되지 않아 미세공격 이론에 어긋난다는 한계가 있었다.

오언 등(Owen et al., 2018)은 또 다른 대안적 연구 방법으로 치료사가 심리치료 과정에서 일어나는 미세공격을 감지할 수 있는지를 검증하는 실험을 설계했다. 78명의 치료사 또는 치료사 훈련생에게 미세공격이 발생한 상황과 그렇지 않은 상황에 관한 짧은 동영상 중 하나를 무작위로 할당했다. 미세공격 상황을 본 참가자들은 중립적인 상황을 본 참가자보다 치료사가 예민하지 못하다고 평가했다. 미세공격 상황을 본 참가자 중 38~51%는 미세공격을 하나 이상(22%는 세 건 모두) 감지했다. 놀랍게도 참가자의 인종적 색맹 점수가 인종차별 미세공격 감지와 무관한 것으로 나타났다.

요컨대, 우리는 연구자들에게 치료 중에 일어나는 미세공격을 연구하기 위한 새로운 방법을 개발할 것을 권한다. 또한 향후의 연구에 새로운 연구 설계가 더 많이 활용되기를 기대한다. 끝으로, 미세공격 연구를 수행할 때 미세공격 이론에 따라 권력, 특권, 억압의 거시 구조를 고려하기 바란다. 사회 전체의 권력 체계에서 지배집단에 속한 구성원만이 가해자가 될 수 있다는 점을 간과해서는 안 된다.

향후의 과제

연구와 실무에서 미세공격 개념이 갖는 함의

내담자는 정신 건강 전문가가 자신의 내밀하고 심층적인 자기탐색 여정에 동행해 줄 것으로 믿는다. 그래서 전문가들에게 자신의 내면세계를 들여다볼 기회를 부여하고 자신의 일상적 삶에 개입하도록 초대하는 것이다. 치료사와 상담사에게는 내담자의 경험적 실재를 이해하기 위해 노력할 의무가 있으며, 이 점은 내담자가 자신과 다른 인종, 성별, 장애 여부, 종교, 성적지향을 갖고 있을 때 더욱 중요하다. 우리는 미세공격이 일상에서 셀 수 없을 만큼 빈번하게 일어나는 경험이라는 점을 확인한 바 있다. 이러한 경험이 내담자에게 끼치는 영향에 대해서는 아직 연구의 초기 단계에 있다. 이 복잡한 현상의 미묘한 의미와 과정을 더 깊이 이해하기 위해 앞으로 해야 할 일이 무척 많다. 치료사와 상담사는 내담자로부터 미세공격에 관해, 그리고 그러한 경멸과 모욕이 현재의 심리적 문제에 어떻게 연관되는지에 관해 배울 수 있는 입장에 있다. 내담자가 인종, 성별, 성적지향 등 자신의 사회집단 정체성과 관련하여 미세공격을 당한 후 갖게 된 감정을 스스로 탐구하도록 격려해야만 그들의 고통이 침묵과 비가시성 속에 감추어져 있는 현 상태를 깨트릴 수 있다. 이제 우리는 치료사가 태도 측면에서 할 수 있는 몇 가지 일—평가, 진단, 치료 영역에서 필요한 일, 그리고 향후의 연구 방향에 관해 제안하고자 한다.

상담사, 치료사의 태도에 관한 조언

1. 미세공격은 많은 사람들이 살아가면서 지속적으로 겪는 현실임을 잊지 말자. 유색인, 장애인, 여성, 종교적 소수자, 성소수자들은 미세공격으로 큰 심리적 상처를 받는다. 치료에서 일어나는 사회 정서적 문제는 내담자 개인의 특성보다 미세공격의 영향 때문일 때가 많다.

2. 누구나 의도치 않게 미세공격을 저지른 적이 있고 저지르고 있음을 기억하자. 이러한 미세공격이 조력 전문가에 의해 저질러질 때 그것은 효과적인 다문화 상담 및 치료에 장애물이 될 수 있다. 모든 치료사에게는 눈에 보이지 않는 문제를 "가시화"할 책임이 있다. 자신에게 미세공격을 유발할 수 있는 편향, 편견, 고정관념이 있는지 돌아보고, 치료 과정에서 자신의 편향이 끼치는 영향을 최소화하려면 어떻게 해야 할지 고민하자.

3. 다양한 문화 배경을 지닌 사람들의 경험적 실재를 인정하자. 특히 인종차별, 성차별, 젠더리즘, 이성애주의에 관한 한, 그들이 상담자보다 현실을 더 정확히 인식할 수 있다는 점을 염두에 두어야 한다. 다양한 배경의 내담자에게 다가가 그들의 세계관을 이해하려고 노력하고, 그들이 토로하는 인종, 성별, 성적지향 관련 문제를 성급히 무시하거나 부정하지 말자.

4. 내담자가 상담자에게서 미세공격적 언행을 느낀 것으로 보일 때 방어적인 태도를 취하지 말자. 자신이 인종, 성별, 성적지향에 관

해 터놓고 대화할 마음이 있음을 보여주어 상황을 명확하게 정리하는 것이 바람직하다. 우리 모두 의도치 않게 미세공격을 저지를 수 있다는 점을 잊지 말자. 단지 내담자에게 건네는 사과 한마디나 유사한 문제가 또 발생하면 서슴지 말고 이야기하라는 말만으로도 치료 관계에 놀라운 효과를 가져올 수 있다. 중요한 것은 문제를 덮는 것이 아니라 해결하는 것임을 기억하자.

평가, 진단, 치료 행위에 대한 조언

치료와 상담은 치유와 개인의 성장을 도모하는 일이다. 따라서 정신 건강 치료 행위는 내담자를 인정하고 긍정해야 한다. 치료사의 미세공격은 이차적 외상을 만들고 정신 건강을 해칠 수 있으므로 정신 건강 전문가는 문화 감수성을 갖고 치료에 임해야 한다. 우리는 내담자가 성소수자일 때 일어날 수 있는 임상 오류에 대하여 스펭글러 등(Spengler et al., 2016)이 제시한 조언을 기반으로 다음과 같이 제안한다.

1. 초기 접촉. 미세공격은 미국 사회의 계층화된 권력 관계에 깊이 뿌리를 내리고 있으므로 정신 건강 의료 행위에서도 불가피하게 발생한다. 따라서 내담자의 인구통계학적 정보 수집 양식과 접수 서류, 기타 문서를 검토하여 가능한 한 더 포괄적인 정보를 담을 수 있게 보완할 것을 제안한다(Hughes, Camden, & Yangchen, 2016). 다양한 사회 집단 정체성에 속한 내담자들을 효과적으로 상담한 적이 있는 신뢰할 만한 동료들에게 자문을 구해라. 또한 대기실, 상담실 등의 공간이 내담자에게 권위적인 분위기를 조성하지 않고 충분히 포용적으로 느껴지는지 평가해 볼 필요도 있다. 끝으로, 내담자를 가장 먼저 상대하는 사람은 상담자 외의 직원인 경우가 많으므로, 그들도 문화감응 훈련을 받도록 해야 한다.

2. 평가 및 진단. 여러 연구에서 치료사가 인종, 성별, 성정체성, 성적 지향에 관한 문제를 회피하는 경우가 있음이 드러났다. 이 문제를 해결하려면, 초기 평가에서 내담자가 문화적 요인이 현재 자신이 갖고 있는 문제와 어떻게 관련되어 있다고 생각하는지를 파악하고 그 점을 치료에 반영해야 한다. 정신 건강 전문가는 내담자에게 치료실이 미묘한 형태의 차별—일상생활에서 겪은 것이든 상담 중에 치료사와 내담자 사이에서 일어난 일이든—에 관해 논의하기에 적합한 공간이라는 암시를 줄 수 있다. 신뢰관계가 발전하기 전에는 내담자가 별다른 반응을 보이지 않을 수도 있지만, 치료 초기의 그러한 암시는 이후에라도 관련 대화를 촉진하는 씨앗이 되어 정확한 평가와 진단에 도움을 줄 수 있다.

3. 치료 계획. 이 장에서 우리는 치료사가 내담자의 사회 집단 정체성을 무심코 병리화하거나 정신적 문제의 근본적 원인이라고 가정하는 경우가 있음을 논의했다. 또한 상담 시 인종, 성별, 성적 지향 문제를 회피하는 경향도 확인했다. 따라서 치료 계획 단계에서도 현재의 문제를 사회 집단 정체성에 과잉귀인하지 않으면서 내담자의 삶에서 권력과 억압이 어떤 영향을 주는지 포착하는 섬세한 균형이 필요하다. 브라이언트-데이비스(Bryant-Davis, 2018)가 제안했듯이, 정신 건강 전문가는 내담자가 안전하다고 느끼는 공간을 제공하여 그들이 가면을 벗고 감정적 상처를 드러낼 수 있게 해야 한다. 또한 미세공격에 대처하는 방법에 관한 연구에 따르면 미세공격의 피해자들은 그들이 속한 공동체 문화에 기반한 영적, 창조적 활동에서 힘을 얻는 것으로 나타났으므로, 이 점을 치료에 활용할 수도 있을 것이다(Houshmand, Spanierman, & DeStefano, 2019). 집단 상담 기법을 이용하면 미세공격에 의해 입은 상처를 적절히 치유하는 문화감응 상담에 도움이 될 수 있다.

4. 작업동맹과 관계 회복. 안타깝게도 내담자의 53~82%가 상담 중
에 미세공격을 경험한 것으로 나타났다. 이는 지배집단 구성원인
치료사 대부분이 내담자에게 미세공격을 저지른다는 것을 시사
한다. 그러나 내담자와 미세공격에 관해 터놓고 대화를 나눔으로
써 깨진 관계를 복구할 수 있다(Owen et al., 2014). 따라서 치료사는
관계 회복 기술을 터득할 필요가 있다.

상담 및 치료에서 일어나는 미세공격의 연구 방향

관련된 질적·양적 연구가 쏟아져 나오면서 치료 행위에서 미세공격
이 일어나는 빈도와 그 영향에 대한 증거가 나오기 시작했다. 앞서 언
급했듯이 내담자의 53~82%는 치료 중에 한 번 이상의 미세공격을 경
험했으며, 이러한 경험은 작업동맹, 내담자의 만족도, 다양한 치료 성
과에 부정적인 영향을 끼치는 것으로 나타났다. 이 분야의 연구 대부
분은 RMCS(Constantine, 2007)로 조사한 회고적 자기보고 데이터에 의
존하고 있다. 우리는 치료 맥락에서 일어나는 미세공격 연구가 앞으
로 나아갈 일곱 가지 방향을 다음과 같이 제안한다.

1. 미세공격 이론에 충실하라. 미세공격 이론에 부합하는 질적, 양적,
   질적-양적 혼합 연구가 더 많이 이루어져야 한다. 특히 거시 수준
   의 제도적, 구조적 억압의 존재를 전제로 치료 맥락에서 미세공
   격 연구를 수행할 필요가 있다. 예를 들어, 인종차별 미세공격에
   관한 연구라면 가해자는 백인인 유럽계 미국인 치료사, 피해자는
   유색인을 가리킨다. 유색인 치료사가 같은 인종이나 다른 인종적
   소수집단에게 인종적 편견을 표출할 수도 있지만, 구조적·제도
   적 인종차별을 고려하면 그러한 행동은 백인 치료사가 유색인 내
   담자에게 드러내는 인종적 편견과 동일선상에 놓고 비교할 수 없

다. 인종 간, 또는 같은 인종 사이에서 일어나는 모욕에 관한 이론이나 경험적 연구도 중요하고, 이 역시 내담자의 안녕감에 상당한 영향을 끼치는 요인이다. 그러나 그러한 모욕을 인종차별 미세공격과 혼동하면 안 된다. 거시 수준의 억압이 미세공격을 이해하는 데 중요한 이유를 확인하려면 D. W. 수의 《우리 안의 인종차별 극복하기: 해방을 향한 여정Overcoming Our Racism: Journey to Liberation》(2003)을 참고할 수 있을 것이다.

2. **정량적 연구에 다양한 미세공격 측정 도구를 활용하라.** 지금까지 이 분야의 연구에서는 주로 아프리카계 미국인 내담자 조사를 위해 개발된 RMCS가 사용되었는데, 7장에서 소개한 다른 미세공격 측정 도구도 활용할 필요가 있다. 치료사도 일상생활에서 다른 사람들처럼 미세공격을 저지른다. 따라서 치료 맥락을 특정하지 않은 일반적인 미세공격 측정 도구라도 내담자의 삶에 영향을 끼치는 미세공격 측정을 위해 유용할 수 있다.

3. **종단 연구와 이원 연구를 수행하라.** 우리가 검토한 바에 따르면, 상담에서의 인종차별 미세공격을 내담자와 상담자 관점에서 동시에 조사한 연구는 아직 나오지 않았다. 미세공격에 관한 상담자-내담자 이원 연구는 교차인종/민족적 정신 건강 치료에서 작업동맹을 이해하는 중요한 열쇠가 될 것이다. 또한 회고적 조사에 더하여 치료가 시작될 때부터 끝날 때까지 상담자와 내담자를 조사하는 종단 연구를 권한다. 이러한 연구 설계는 오언 등(Owen et al., 2014)이 시작한 작업동맹 파열과 회복 연구를 진전시키는 데 특히 도움이 될 것이다.

4. **치료 맥락 관련 질적 연구가 더 필요하다.** 치료 맥락에서 미세공격 유형을 확인한 콘스탄틴 등의 질적 연구(Constantine, 2007; Shelton & Delgado-Romero, 2011)는 거의 10년 전에 발표된 것이므

로, 추가적인 연구가 필요하다. 질적 연구는 표 9.1의 미세공격 주제 분류에 따른 또 다른 표출 형태를 파악할 수 있게 해줄 것이다. 또한 치료 맥락에서 일어나는 상호교차적 미세공격(예를 들어, 성별·인종 복합 미세공격)의 복잡성을 이해하는 데에도 도움이 될 수 있다.

5. 인종적 색맹이나 성별, 퀴어 문제 부정과 관련된 미세공격 연구가 필요하다. 지배집단에 속한 치료사는 치료에서 권력, 특권, 억압이라는 주제의 논의를 무심코 회피하거나 자신의 편견을 인정하지 않는 경향이 있다. 이 때문에 예를 들어 인종적 색맹과 인종차별 미세공격 간의 연관성을 더 잘 이해하는 것이 중요하다. 인종적 색맹 태도 척도Color-blind Racial Attitudes Scale(CoBRAS) 등을 활용한 양적 연구(Neville, Lilly, Duran, Lee, & Browne, 2000)에 더하여 질적 연구와 질적·양적 방법을 혼합한 연구가 더 많이 이루어질 필요가 있다.

6. 내담자가 상담 외적으로 겪은 미세공격 경험을 이야기할 때 상담사, 치료사가 어떻게 대응하는지 조사하라. 지금까지의 연구는 상담자와 내담자 사이에서 일어나는 미세공격을 주로 다루었다. 그러나 내담자가 직장, 학교, 공공장소 등 일상생활에서 당한 미세공격에 관해 상담에서 이야기할 때도 많다. 정신 건강 전문가가 그때 보이는 반응은 내담자의 정신 건강 및 안녕감에 중요한 함의를 지닌다.

7. 내담자가 정신 건강 전문가에게 가하는 미세공격 연구도 필요하다. 상담 중에 일어나는 미묘한 형태의 억압 연구는 대개 치료사가 가해자이고 내담자가 피해자인 경우에 주목한다. 그러나 심리치료, 상담, 사회복지 등 정신 건강 분야에도 다양한 배경을 지닌 종사자가 늘어남에 따라 지배적 사회 정체성 집단에 속한 내담자가

소외집단 구성원인 치료사에게 미세공격을 가하는 경우도 늘어나고 있다. 유색인이나 성소수자인 훈련생들이 상담 중에 미세공격을 가하는 내담자에게 적절하게 대응하는 방법을 강의나 실습에서 다루어달라고 요청한 사례도 있다.

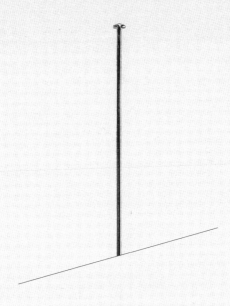

4부

미세공격과 거대공격을 무장해제하기

10장

미세공격과 거대공격을
무장해제하는 미세개입 전략[†]

사례 10.1

2장에서 우리는 인종차별에 대한 침묵과 무반응의 사례를 보았다. 백인 남학생 사교 클럽 회원들이 술에 취해 풋볼 경기 중계를 보다가 부진했던 흑인 쿼터백 선수에 대해 마치 게임을 하듯 인종차별적인 욕설을 하는 장면에서였다. 그들은 신이 나서 누가 더 경멸적인 용어를 사용하는지 경쟁이라도 하듯이, "원숭이", "쿤", "버헤드", "검둥이"라고 외쳤다. 더 심한 용어가 등장할 때마다 더 큰 웃음이 터져 나왔다. 대부분은 이 게임을 즐기는 것 같았지만, 일부는 억지웃음을 지으면서 즐기는 척하는 것으로 보였다. 또 다른 일부

[†]이 장은 다음 논문 내용을 재구성한 것이다. D. W. Sue, S. Alsaidi, M, N. Awad, E. Glaeser, C. Z. Calle, & N. Mendez (2019). Disarming racial microaggressions: Microintervention strategies for targets, white allies, and bystanders. *American Psychologist, 74,* 128–142.

는 묵묵히 앉아 있었는데, 욕설 게임을 불편해했지만 반박하거나 자리를 뜨지는 못했다. 어떤 형태로든 이의 제기가 없다는 것은 그 행동을 정당화하는 것으로 보였고, 거짓 합의를 영속화했다.

사례 10.2

2018년 5월, 제프 세션스Jeff Sessions 법무장관이 멕시코 국경에서 벌어지는 불법 입국에 대해 더 엄격한 입장을 취할 것이라고 발표했다. 이는 불법 입국한 부모와 자녀를 분리하는 조치를 말하는 것이었다. 과거에는 대개 망명 신청 결과를 기다리는 동안 가족이 함께 수용소에 머무르게 했다. 트럼프 대통령의 뜻에 따라 본국의 박해와 폭력을 피해 미국으로 들어오려는 이주민들에게 "가족 분리 정책family separation policy"을 시행한 것이다. 인종적 적대감 때문이 아니라 국가 안보를 위한 조치라는 명분을 내세운 이 정책의 결과로 영유아를 포함한 약 3천 명의 아동이 부모와 가족으로부터 떨어지게 되었다. 부모를 찾으며 울면서 수용소로 들어가는 이주민 아동의 모습은 많은 사람의 마음을 아프게 했고, 대중의 반발을 불러일으켰다. 그러나 공화당 지도부 중에서는 소수만이 이 정책에 반대를 표명했고, 대다수는 이 문제에 침묵했다. (Rhodan, 2018)

사례 10.1에서 인종적 비방에 찬성하지 않는 사교 클럽 회원들은 왜 이 역겨운 행태가 계속되도록 놔둔 것일까? 왜 아무도 경멸적인 용어 사용에 반대하거나 항의하지 않았을까? 만일 내가 누군가 장난으로라도 인종차별적인 말이나 행동을 하는 것을 목격했다면 어떻게 할 것인가? 인종차별적, 성차별적, 이성애주의적 미세공격에 맞서 행동하는 것을 어렵게 만드는 요인은 무엇일까? 사례 10.2에서 본 가족 분리 정책의 인종차별적 본질에 관해서도 비슷한 질문을 할 수 있다. 이 경우는 문제가 개인이 아니라 정부 기관의 편향된 정책과 실행에서 비롯되므로, 거대공격에 해당한다.

이 두 사건은 이 장에서 다룰 (a) 미세공격과 거대공격 간의 차이와 (b) 이 두 형태의 편향에 미세개입microintervention이라는 조치를 취할 필요성을 잘 보여준다. 이 장에서 우리는 개인적인 편견이 취하는 방식(미세공격으로 표출됨)과 정부나 기업 같은 사회체societal entity의 편향된 규칙과 제도가 작동하는 방식(거대공격으로 표출됨)의 차이점을 살펴볼 것이다. 그리고 인종차별이 벌어질 때 그것을 보고도 아무런 조치를 취하지 못하게 만드는 요인이 무엇이며, 어떻게 하면 미세공격이나 거대공격을 무장해제할 수 있는지 질문할 것이다. 피해자, 협력자, 방관자는 개인적인 편향 표출이나 사회적 제도·정책·실행 방식에 존재하는 편향에 대해 무엇을 할 수 있을까?

미세공격과 거대공격

지금까지는 대체로 개인적인 형태의 미세공격이 가져오는 유해성에 초점을 맞추었다. 그러나 사회정의에 주목하는 학자들은 제도적·문화적 인종차별이 시스템 수준에서 편견과 차별의 기초를 형성하며(Jones, 1997; Tatum, 1997; D. W. Sue, 2010) 대인 상호작용에서 일어나는 차별보다 훨씬 더 큰 피해를 낳는다고 지적해 왔다. 문화적 인종차별이란 개인적(미세공격), 제도적(거대공격)으로 한 집단의 문화유산(예술, 공예, 언어, 전통, 종교, 외모 등)이 다른 집단의 문화유산보다 우월하다고 보며 권력관계를 이용하여 자기 집단의 기준을 타 집단에 강요하는 것을 말한다(Jones, 1997). 문화적 인종차별이 취하는 극단적 형태는 자민족중심의 단일문화주의ethnocentric monoculturalism(D. W. Sue & D. Sue, 2016)로, 미국의 백인우월주의 이데올로기가 그 예다. 미국에서 이 이데올로기는 백인이 권력과 특권을 독점하고 유색인 집단을 종속적인 위치에 처하게 만드는 정책과 관행, 구조를 정당화한다. 페레즈 휴버와 솔로르사노(Pérez Huber & Solórzano, 2015)는 제도적, 구조적 인종차별의 유해성을 설명하기 위해 "거대공격"이라는 용어를 사용한다.

미세공격은 개인 차원에서 제한된 영향을 미치는 데 반해 거대공격은 본질적으로 시스템 수준에서 작동하므로 집단이나 계층 전체에 영향을 준다. 사회적 차원에서 거대공격은 교육, 고용, 보건 불평등을 낳으며 소외집단의 생활수준에 직접적으로 영향을 끼친다. 또한 미세공격을 낳는 편향은 개인의 신념과 태도 문제인 반면, 거대공격에서 편향은 사회와 조직의 활동과 정책, 실행 방법에 개재된다. 미세공격을 막거나 미세공격에 대응한다는 것은 개인의 편협함을 무력하게 만든다는 뜻이다. 거대공격에 대항한다는 것은 우리 사회의 소외집단에게 동등한 기회를 보장하지 않는 사회 조직의 정책과 관행을 변화시키거나 다른 정책과 관행으로 대체한다는 것을 뜻한다. 그러나 거대공격도 개인에 의해 매개된다는 점을 기억해야 한다(Jones, 1972). 즉, 소외집단에 불리한 조직의 규칙과 제도를 실행에 옮기는 것은 개인들, 대개 권위나 권력을 행사하는 위치의 사람들이다. 고용·해고·고용 유지·승진을 결정하는 고용주, 아이들을 가르치는 교육자, 유색인 치료의 양과 질을 결정하는 의료 종사자 등이 제도적 정책과 실행의 대표적인 대리인이다.

예를 들어, 이른바 "천명"에 대한 백인들의 철학과 신념은 19세기에 아메리카 원주민을 거리낌 없이 그들의 땅에서 추방하는 영토 확장을 정당화하고 멕시코와 전쟁을 벌일 근거를 제공했다. 그들은 신이 백인에게 영토를 확장하고 이교도, 미개인, 원시인인 원주민에게 자신들의 삶의 방식을 강요할 권리를 부여했다고 믿었다(Cortés, 2013;

D. W. Sue, 2003). 개인 차원의 미세공격과 마찬가지로 사회 차원에서 일어나는 거대공격도 거대폭력macroassault(예: 짐 크로 법Jim Crow laws), 거대모욕macroinsult(예: 아메리카 원주민을 "문명화"하기 위한 정부 정책), 거대부정macroinvalidation(예: 동화 및 문화이식 강요)으로 구분할 수 있다. 오늘날 일어나고 있는 거대공격으로는 미국-멕시코 국경의 장벽 건설 계획, 무슬림이 다수를 차지하는 국가로부터 입국 금지, 사전 투표 및 주말 투표를 제한하여 유색인에게 불리하게 작용하는 투표법 등을 들 수 있다. 또한 인종적 거대공격은 개인 차원에서 저질러지는 인종차별 미세공격을 정당화하고, 지지하고, 종용하는 우산 역할을 한다.

피해자, 협력자, 방관자가 행동에 나서야 한다

편견과 차별에 의해 유색인들이 개인적·집단적으로 입는 막대한 피해를 생각하면, 미세공격과 거대공격의 끊임없는 자행을 막기 위한 조치가 반드시 필요하다는 사실은 분명하다. 이 절에서 우리는 세 주요 집단, 즉 피해자, 협력자, 방관자가 편견과 차별에 맞서 실행할 수 있는 반편향 전략을 제시할 것이다. 가해자의 차별적 행동에 맞서기 위해서는 이 세 집단이 선제적으로 행동에 나설 필요가 있다. 우리는 문헌 검토를 통해 개인 차원에서 편견과 차별을 중단·감소·종식하기 위한 제안과 전략, 개입의 기본 원칙을 추출하여 제시하고자 한다. 또한 학계와 현장에서 편향된 사회 정책과 제도, 실행 방식에 대한 반편향 미세개입 전략을 개발할 필요성을 제기할 것이다. 이 장의 내용은 D. W. 수 등의 인종차별에 관한 논문(D. W. Sue, Alsaidi et al., 2019)을 재구성한 것이므로, 대부분의 사례가 인종 및 인종차별에 대한 것이다. 그러나 여기서 논의할 미세개입 전략 중 다수는 다른 소외집단에도 동일하게 적용할 수 있다.

피해자

"피해자target"란 유색인 또는 사회적으로 낮은 평가를 받는 집단 구성
원으로 미세공격 및 거대공격으로 표출되는 편견과 차별의 대상을 말
한다. 미세공격이나 거대공격의 경험은 고립감과 고통, 위협을 받고
있는 느낌을 유발할 때가 많다. 이것이 바로 인종 문제와 관련하여 스
트레스 대처를 다룬 논문들(Holder, Jackson, & Ponterotto, 2015; Mellor, 2004)
에서 피해자의 자기 관리self-care를 중요한 전략으로 꼽은 이유일 것이
다. 따라서 편향과 차별에 대한 전략을 다룰 때 내적 목표(피해자의 생
존과 자기 관리)와 외적 목표(원인에 대처하기)를 구별하는 것이 중요하다.
편견과 차별로 고통받는 사람에게 무조건 가해자를 교육하거나 가해
자에게 대적하라고 하는 것은 능사가 아니다. 연구자들은 사회적 지
원(Shorter-Gooden, 2004), 영성과 종교(Holder et al., 2015), 유머(Houshmand,
Spanierman, & DeStefano, in press), 역할 전환(Jones & Shorter-Gooden, 2003),
무장(Mellor, 2004), 인지적 재해석(Brondolo et al., 2009), 자기보호를 위한
후퇴(Mellor, 2004), 자기긍정(Jones & Rolón-Dow, 2018), 가해자에 대한 직
간접적 대응(Obear, 2016) 등 편향에 대한 다양한 대처 전략 또는 자기
관리 전략을 제시해 왔다. 우리는 가해자에 대한 대응이 가져올 부정
적 결과에 대한 우려가 미세공격에 대한 무대응을 설명하는 주요 요
인이라고 본다.

　미세공격 피해자에게 편향, 편견, 공격 경험을 사전에 막거나 줄이
거나 피하거나 대적하는 데 필요한 도구와 전략을 제공하는 작업은
아직 거의 이루어지지 않았다(Mellor, 2004). 자기를 돌보는 일이 피해자
에게 갖는 가치를 부정하는 것은 아니지만, 그것은 방어적이고 사후

대응적인 전략이므로 향후의 편향 행위 원인을 제거하지 못한다. 차별당했던 경험이 준 충격은 유사한 상황이 일어날 때 "얼어붙게freeze effect" 만들 수 있다(Goodman, 2011). 피해자는 무엇을 해야 하고 어떻게 반응해야 할지 판단하지 못하고 불안, 자책감, 수치심, 자신에 대한 실망에 빠지는 경우가 많다. 가해자에게 맞서고 싶은 마음이 있는데도 마비된 것처럼 아무런 행동도 하지 못하면 계속 상황을 곱씹으며 부정적인 자기평가를 하게 된다(Shelton, Richeson, Salvatore, & Hill, 2006; D. W. Sue, Bucceri, et al., 2007). 스스로를 지키지 못했다는 생각에 무력감과 절망감을 경험하기도 한다. 그 결과, 인종차별이 이 사회의 규범이므로 수용해야 한다는 잘못된 태도와 믿음이 생길 수 있다(Williams & WilliamsMorris, 2000).

피해자의 체념을 영속화하지 않으려면 (a) 피해자에게 대인관계에서 일어날 수 있는 편향 유형 정보를 제공하고 (b) 자신을 방어할 수 있는 능력을 갖추도록 돕고 (c) 외부 개입 전략을 사용하는 원칙과 근거를 알려주며 (d) 그들의 정신 건강과 안녕감에 미치는 부정적인 영향을 줄여야 한다. 대응 전략은 곤란한 상황에서 용기를 내고 품위를 지키는 도구가 되며, 이는 자존감의 고양으로 이어진다. 또한 대응 전략에는 교육적, 행동지향적 접근으로 가해자의 인종차별적 태도를 바꾸는 방법이 포함되므로, 이러한 전략을 갖춘 피해자는 자기효능감도 높아진다. 무대응은 만연한 인종차별의 내면화와 자신에 대한 부정적인 믿음으로 이어질 수 있다는 점에서 위험하다(Speight, 2007).

협력자

"협력자ally"란 그 사회의 지배집단(백인, 남성, 이성애자 등)에 속해 있으면서 비지배 집단(유색인, 여성, 성소수자)을 지지하며 일상생활이나 직무

중에 마주치는 차별 행위를 근절하기 위해 적극적으로 노력하는 사람을 말한다(Broido, 2000; Brown & Ostrove, 2013). 노골적인 성차별적, 인종차별적, 자민족중심적, 이성애주의적 행동에 가담하지 않는다고 해서 협력자라고 볼 수는 없다. 협력자는 사회정의와 형평성을 강화하고 자신들이 부당하게 이득을 얻는 사회적 불균형을 해소하며 소외집단 구성원들에 대한 자신의 책임을 다하고자 하므로, 개인적·제도적 차원의 실천으로 억압받는 사람들의 권리를 적극적으로 옹호한다(Brown & Ostrove, 2013). 내면적으로는 고통스러운 자기성찰을 하고 외면적으로는 실천에 전념하는 일이 피해자뿐 아니라 협력자에게도 요구된다.

자신의 인종·문화·젠더 정체성에 대한 내적 탐구, 자신의 편향에 대한 인정과 극복, 반편향 활동을 실천할 내적 동기, 억압이 없을 때 자신의 삶이 더 나은 방향으로 달라질 것이라는 인식이 있어야 협력자가 될 가능성이 있다(Edwards, 2006; Helms, 1995). 예를 들어, 헬름스(Helms, 1995)가 지적했듯이, 인종차별적이지 않은 백인 정체성을 발달시키는 것은 사회정의를 향한 중요한 발걸음의 하나다. 협력자에게 동기부여를 하는 것은 백인의 죄책감이나 "백인 구원자White savior"로서의 영광이 아니라 형평성에 대한 내적 욕망이다. 헬름스의 백인 정체성 개발 이론은 이 문제를 심도 있게 다루고 있으며 비인종차별적 정체성 개발(백인성에 대한 내적 화해)과 반인종차별적 정체성을 갖는 것(인종차별에 반대하는 외적 행동)을 구별할 수 있게 해준다. 개인이 협력자로 인정받기를 기대하거나 자신의 옳음을 남들에게 널리 알리려고 하거나 (특히 유색인이 던지는) 비판을 진지하게 받아들이지 않는다면, 진정한 협력자인지 의심스러워진다(Spanierman & Smith, 2017).

인종차별을 연구하는 학자들은 오랫동안 대화와 개방성, 사회적 행동의 중요성을 강조해 왔다(Helms, 1995; D. W. Sue, 2015; Tatum, 1997). 그들의 연구는 백인이 인종차별주의를 타파하고 협력자적 정체성을 발달시키기 위한 일상적 전략의 이론적 기반이다. 협력자를 방관자와 구별하게 하는 공통된 특징은 말에 그치지 않고 행동으로 옮긴다는 것, 특권을 누리며 안주하기보다는 억압자라는 자신의 위치를 인정하는 것, 억압에 저항하기 위해 일상적으로 노력한다는 점이다(Brown, 2015; Reason & Broido, 2005). 협력자는 다양성 문제에 대해 긍정적인 태도를 취하며(Broido, 2000), 의식적으로 부당함의 연쇄를 끊기 위해 노력하고(Waters, 2010), 그러한 노력이 측정 가능한 목표를 위한 수단이 아니라 유색인의 사회적 성장과 삶의 질을 저해하는 개인적·제도적 신념, 관행, 정책을 지속적으로 해체하는 작업임을 안다.

그러나 비인종차별적 정체성이 행동지향적 접근으로 전환될 것이라는 기대는 인종차별에 대한 효과적 대응 지식 및 기술을 갖추고 있다는 것을 전제로 한다. 가해자와 사회 체계를 바꾸기 위해 필요한 구체적이고 직접적인 실천 전략을 백인에게 알려주는 교육과 훈련이 거의 없으므로, 이것은 잘못된 가정일 수 있다(Cross & Reinhardt, 2017; Scully & Rowe, 2009; D. W. Sue, 2017a).

방관자

"방관자bystander"란 부당한 행동, 처우를 알게 되거나 목격한 사람을 말한다(Scully & Rowe, 2009). 협력자와 방관자의 구별이 어려울 때도 있지만, 백인 협력자에 대한 연구에 따르면 협력자는 자신이 인종적/문화적 존재라는 점과 인종 및 인종차별의 사회정치적 역학 관계를 더 잘 인식하고 있을 가능성이 높다(Broido, 2000; Helms, 1995; Spanierman & Smith, 2017). 기본적인 의미만 적용한다면 누구라도 방관자가 될 수 있으며, 심지어 미세공격의 피해자도 다른 소외집단 구성원에 대한 차별을 목격하거나 제도적 규제가 불공정하게 적용되고 있다는 사실을 알게 될 때 방관자가 될 수 있다. 그러나 여기서는 인종차별적인 행동과 유색인에게 불공정한 제도적 정책 및 관행에 대해 피상적으로만 알고 있거나 잘 모르는 사람만을 방관자로 분류하고자 한다. 우리 대부분은 많은 경우에 방관자다.

대부분의 방관자는 보이지 않는 백인성의 베일에 싸여 있으며 자신을 선량하고 도덕적이며 예의 바른 사람이라고 생각하고(D. W. Sue & Sue, 2016), 자신이 인종적/문화적 존재임을 거의 인식하지 못하며(Helms, 1995), 유색인과 교류해 본 경험이 별로 없다(Jones, 1997). 인종과 인종차별 문제에 대한 그들의 순진함은 편향과 차별을 인지하거나 제도적 정책과 관행이 선택받은 집단에만 유리하다는 점을 보기 어렵게 만든다. 방관자는 차별 행위를 목격하더라도 그것이 인종차별이라고 판단하지 못하고 인종차별 외의 다른 이유 때문이라고 합리화할 수 있다(Dovidio, Gaertner, Kawakami, & Hodson, 2002; Obear, 2016). 설사 옳지 않은 행동임을 알았다고 하더라도 대개 아무런 대응도 하지 않는다.

이론 지향적인 연구자들은 명확한 규범 위반이 있을 때조차 방관자들이 수동적인 태도로 일관하는 이유를 설명하고자 했다(Latané & Darley, 1968, 1970; Scully, 2005). 그러나 최근에는 여러 사회과학자들이 방관자의 개입을 독려하고 가능하게 하는 조건을 탐색하는 쪽으로 관심을 돌리기 시작했다(Ashburn-Nardo, Morris, & Goodwin, 2008; Rowe, 2008; Scully, 2005). 방관자가 행동하게 하는 조건으로 연구자들이 확인한 것은 다음 네 가지다. (a) 수용할 수 있는 행동과 그렇지 않은 행동을 구별하는 능력, (b) 행동을 취함으로써 피해자, 가해자, 방관자, 조직에 발생하는 이점, (c) 적극적 개입을 용이하게 하는 수단, (d) 훈련과 연습(Scully & Rowe, 2009).

미세공격과 거대공격에 대응하기

> 이 시대에 우리는 악한 사람들의 증오 어린 말과 행동뿐 아니라
> 선량한 사람들의 지독한 침묵에 대해서도 회개해야 합니다.
> —마틴 루서 킹 주니어Martin Luther King Jr.

루서 킹 목사의 위 인용문은 주변화된 집단 구성원들을 향한 불의, 증오, 억압에 대해 전 세계 사람들이 끔찍한 침묵과 무대응으로 일관한다는 사회정의 옹호자들의 비판에서 여전히 되풀이되고 있다(Freire, 1970; Potok, 2017; Tatum, 1997). 많은 이들이 대중적 비난의 목소리가 높음에도 불구하고 인종차별적 편향과 편협한 행태가 미국 사회 어디에서나 끊임없이 일어나는 이유를 궁금해한다. 사회과학자들은 사람들이 행동에 나서지 않는 여러 이유를 제시했고, 요약하면 다음과 같다. (a) 현대적 형태의 편향이 갖는 비가시성, (b) 악의 없는 실수로 치부하는 경향, (c) 책임 범위의 모호함, (d) 파급효과와 보복에 대한 두려움, (e) 어떻게 해야 할지 모르는 마비 상태(Goodman, 2011; Kawakami, Dunn, Karmali, & Dovidio, 2009; Latané & Darley, 1968; Scully & Rowe, 2009; Shelton et al., 2006; D. W. Sue, 2003).

이 이유들은 차별의 피해자, 백인 협력자, "결백한" 방관자에게 똑같이 적용된다(Scully & Rowe, 2009; D. W. Sue, 2015). 편향이나 차별이 일어나도 그러한 행동이나 말이 무해하고 중요치 않다는 말이나 믿음으로 위장되어 아무도 문제 삼지 않은 채 넘어갈 때가 많다. 편향된 의도와 유해성이 가려져 있지 않을 때도 어떤 조치를 취해야 할지 불분명하고 대응을 하다가 잠재적인 함정에 빠질 수 있다는 두려움이 작동한다. 이러한 비행동의 이유들은 인종차별 미세공격(D. W. Sue, Bucceri, et al., 2007)과 인종차별 거대공격(Pérez Huber & Solórzano, 2015; D. W. Sue,

Alsaidi et al., 2019)에 적용할 때 더 선명해진다.

미세공격과 거대공격을 무장해제하는 구체적 전략을 아는 것은 유색인, 백인 협력자, 방관자 모두에게 유익할 것이다. 이 장에서 우리의 주된 논의 대상은 대인관계에서 일어나는 미세공격이지만, (a) 가해자 개인의 행동, (b) 제도적 프로그램, 관행, 구조, (c) 정책에 대한 개입 전략을 포괄할 수 있는 더 넓은 개념적 틀이 제시될 것이다(표 10.1 참조). 어떤 실천 전략이 적절한지, 어떤 전략을 선택할 것인지는 그 전략을 수행하려는 개인이나 집단이 누구이며 개입의 대상이 개인인지 혹은 조직이나 정책인지에 따라 달라질 수 있다. 물론 우리가 모든 인종차별 대응 전략과 기법을 포괄할 수는 없으며 우리가 제시한 전략과 기법이 모든 집단과 조직/사회 구조에 적용될 수도 없을 것이다. 다만 반인종차별적 개입의 기초를 이루는 몇 가지 전략상 목적과 목표를 목록화하려는 것이다.

표 10.1 미세개입 전략

개인의 미세공격에 개입하기	조직의 거대공격에 개입하기	사회의 거대공격에 개입하기
"보이지 않는 것"을 가시화하기		
메타커뮤니케이션을 약화한다. 메타커뮤니케이션을 명시적으로 만든다. 고정관념에 이의를 제기한다. 가해자가 겨냥하는 속성을 인간의 보편적 문제로 확장한다. 명확한 설명을 요구한다.	불공평한 관행을 볼 때마다 기록한다. 관찰한 바를 확인해 줄 협력자를 찾는다. 동료에게 피드백을 구한다. 모집, 채용, 고용 유지, 승진 동향을 모니터링한다.	학술기관과 협력관계를 구축하여 교육, 의료, 고용 격차에 관한 데이터를 분석한다. 격차의 동향에 관한 연구 결과를 일반 대중과 매체에 알린다. 평화시위를 조직한다.
미세공격과 거대공격을 무장해제하기		
가해자의 말에 동의하지 않는다는 의견을 표명한다. 자신이 가치를 두는 바와 허용할 수 있는 한계를 밝힌다.	보이콧, 파업, 항의한다. 중간관리자나 임원과의 회의를 요청한다. 이사회에 참여할 권리를 행사하여	불평등과 분열을 조장하는 정치 지도자에게 항의하고 그렇지 않은 정치인을 지지한다. 부당한 정책, 관행, 법률을 거부하고

개인의 미세공격에 개입하기	조직의 거대공격에 개입하기	사회의 거대공격에 개입하기
무슨 일이 일어나고 있는지 설명한다. 감탄사로 자신이 받은 느낌을 표출한다. 표정과 몸짓을 사용한다. 말을 끊고 방향을 다른 데로 돌린다.	문제 사안에 대한 목소리를 낸다. 지속적 거대공격이 가져올 재정적 여파를 설명한다. 외부 언론 및 매체에 제보한다.	개정을 촉구한다. 국회의원들에게 의견을 전달한다. TV로 중계되는 타운홀미팅에 참석하여 우려를 표명한다.

가해자를 교육하기		
공통점을 지적한다. 가해자의 가치와 원칙에 호소한다. 의도와 영향을 구별한다. 공감을 유도한다. 태도를 바꾸면 어떤 이점이 있는지 알려준다.	조직 내 다양성이 주는 이점을 설명한다. 모든 직급에서 문화 감수성에 대한 장기 교육을 의무화한다. 다문화 원칙을 조직의 미션과 가치에 포함하게 한다.	자녀에게 편견, 차별, 인종차별 같은 개념을 알려준다. 거대공격에 대한 침묵과 대응 부족에 이의를 제기한다. 모두가 상호 공유하는 목표를 확인한다. 부정적인 고정관념과 편견을 상쇄하기 위해 문화적 다양성의 긍정적 사례가 더 많이 알려지도록 한다.

외부 개입 유도하기		
신고한다. 고발한다. 치료나 상담을 받는다. 영성, 종교, 공동체의 도움을 받는다. 버디 시스템(단짝 제도)을 이용한다. 지원 모임에 참여한다.	부당한 처우를 노동조합에 보고한다. 소수자 직원/학생을 위한 네트워킹/멘토링 기회를 만든다. 모든 구성원이 지지받고 있다고 느낄 수 있고, 개방적이며, 문제에 대한 대응이 원활한 환경을 만든다. 외부 컨설턴트에게 조직 문화에 대한 평가와 감사를 의뢰한다.	경쟁보다 협력을 도모한다. 지역사회에 소속감을 갖도록 독려한다. 협력자와 피해자를 위한 단체를 만든다. 증오 행위의 피해를 잊지 않기 위해 치유모임healing circle, 시위, 추모행사에 참여한다.

미세개입

"미세개입"이란 의도적이든 그렇지 않든 미세공격 및 거대공격의 표적이 되는 사람들에게 (a) 그들의 경험적 실재에 대한 인정, (b) 인격 존중, (c) 그들의 인종이나 여타의 집단 정체성에 대한 긍정, (d) 지지와 격려, (e) 혼자가 아니라는 확신을 전달하는 일상에서의 말이나 행동을 뜻한다. 이러한 행동의 일부를 가리켜 "미세긍정microaffirmation"이라고 부르기도 하지만(Jones & Rolón-Dow, 2018), 미세개입의 범위가 더 넓다. 미세개입의 주요 기능 세 가지는 다음과 같다.

1. 미세공격 피해자, 협력자, 방관자의 심리적 안녕감을 높이고 통제감, 자기효능감을 제공한다. 편향과 차별이 가져오는 가장 해로운 점 중 하나는 무기력, 무력감, 마비된 듯한 느낌이 들 수 있다는 것이며, 이는 자신이 무가치하다는 생각과 절망감으로 이어질 수 있다. 직·간접적인 미세개입은 문제 상황을 변화시킬 수 있는 방향성과 힘을 제공한다. 이와 관련된 문헌을 검토한 결과, 피해자, 협력자, 방관자는 미세개입을 통해 다양한 심리적 변화를 경험할 수 있다. 무기력에서 벗어나 힘을 얻고, 덫에 걸려 있다가 해방감을 느끼며, 비난의 화살을 자신에게서 가해자로 돌릴 수 있게 된다. 또한 무력감에 빠지지 않고 자신이 할 수 있는 일이 있다는 생각이 들게 되며, 자신이 무가치하다는 생각이 자기효능감으로, 비관주의가 낙관주의로, 소심함이 자신감으로 전환된다. 잃어버렸던 판단 능력과 냉정을 되찾을 수도 있다.

2. 미세개입은 대인 상호작용에서 상대방을 모욕하는 가해자, 편향된 정책과 관행을 실행에 옮기는 사람들에게 이의를 제기함으로써 미세공격과 거대공격을 무장해제하거나 그 영향에 대응할 수 있는 무기를 제공한다. 미세개입은 미세공격과 거대공격에 대해 암묵적 또는 명시적으로 응수하고, 가해자 또는 편향된 규칙과 규정을 수행하는 사람들을 교육함으로써 그러한 공격에 대응하고 중단이나 변화를 유도하는 수단이다. 피해자, 협력자, 방관자가 미세개입 전략을 갖고 있으면 실제로 행동에 긍정적인 변화가 일어난다. 행동 패턴이 비행동에서 행동으로, 기능 장애 상태에서 원

활한 기능 수행의 상태로, 무능에서 유능으로, 부적응에서 적응으로, 비효율에서 효율로, 방어에서 공격으로 전환되는 것이다.

3. 미세개입을 사소하고 중요치 않으며 오히려 인종차별의 본질을 하찮게 만들 수도 있는 행위로 간주하는 사람들도 있지만, 여러 학자가 밝혔듯이 협력자와 방관자의 일상적인 개입은 포용적인 환경을 창출하고 부정적인 행동을 억제하며 상호 존중을 중시하는 규범을 강화한다는 점에서 매우 긍정적인 효과를 갖는다(Aguilar, 2006; Houshmand et al., in press; Jones & Rolón-Dow, 2018; Mellor, 2004; Scully & Rowe, 2009). 다시 말해, 미세개입은 공적인 토론의 장, 직장, 교육기관 등에서 긍정적인 언행을 장려하고 부정적인 언행은 억제하는 사회 분위기를 조성함으로써 거시적인 영향력을 발휘할 수 있다(Scully & Rowe, 2009).

미세공격과 거대공격에 대한 개인의 개입은 명시성과 직접성의 수준에 있어서 다양할 수 있다. 적절한 전략으로 무장하지 않으면 미세공격이나 거대공격의 상황이 금방 지나가 버려 제때 대응하지 못할 수 있다는 점도 고려해야 한다. 다음은 인종차별에 대한 대응을 연구한 문헌에서 편향에 대응하거나 개입함으로써 이루어야 할 목표로 제시한 사항들이다(Aguilar, 2006; Brondolo et al., 2009; Houshmand, et al., in press; Joseph & Kuo, 2009; Mellor, 2004; Obear, 2016).

1. 후퇴나 포기 유도
2. 반격이나 공격
3. 유해한 행위의 중단, 감소, 또는 방향 전환
4. 가해자 교육
5. 피해자에 대한 지지와 지원

6. 협력자의 실천

7. 사회적 지원 유도

8. 외부 당국이나 기관의 개입 요청

9. 이상의 목표들의 조합

표 10.2는 여러 문헌에서 확인한 개인적 개입 전략 목록이다. 연구자, 반인종차별 활동가들은 수많은 전술을 제안했으며, 그중에는 명확한 근거 설명 없이 단순한 반격 요령을 제시한 경우도 많았으므로, 분류와 정리에 긴 시간과 노력이 소요되었다. 우리는 전략상 목적, 목표, 근거, 전술, 예시의 다섯 항목으로 미세개입의 개념적 틀을 구성했다. 그다음에는 원칙을 세워 포함할 전략을 정하고, 미세개입 전술의 사례를 선정하고, 그로부터 얻을 수 있는 효과를 논의했다. 그러나 미세개입 전략의 개발은 일종의 예술과도 같아서, 이 전술들의 실행과 활용에는 각자의 창의성과 삶의 경험에 따라 다양한 방식이 발휘될 수 있다(D. W. Sue, 2015).

미세개입의 전략상 목적은 (a) "보이지 않는 것"을 가시화하고 (b) 미세공격을 무장해제하며 (c) 가해자에게 그들이 전달하는 메타커뮤니케이션에 관해 교육하고 (d) 필요한 경우 외부 지원을 유도하는 것이다. 단, 표 10.2에서 개괄한 대부분의 전술은 피해자, 협력자, 방관자의 의도에 따라 혼합될 수 있다. 또한 동일한 전술을 미세공격을 무장해제하기 위해 또는 가해자를 교육하기 위해 활용할 수도 있다. 많은 경우 한 가지 미세공격 전술에 여러 목적이 담긴다. 또한 우리의 설명은 주로 미세공격에 초점을 맞추고 있지만 이 전술 중 다수가 거대공격의 수행자에게도 적용될 수 있다.

표 10.2 미세개입 전략: 목적과 전술

전략상 목적	목표	근거	전술	예시
	시나리오: 백인 이성애자 커플이 타고 있던 엘리베이터에 아프리카계 미국인 남성이 들어선다. 여자가 겁먹은 표정을 하고 애인 쪽으로 가까이 붙으며 지갑을 꽉 움켜쥔다. 메타커뮤니케이션: 흑인 남성은 위험하고, 범죄자일 가능성이 있으며, 나쁜 행동을 할 것이다.			
"보이지 않는 것"을 가시화하기	미세/거대공격을 전면에 드러낸다.	상대방이 위협으로 느끼지 않게 무슨 일이 일어나고 있는지 말로 설명할 수 있다.	메타커뮤니케이션을 약화한다.	"안심하세요. 저는 위험한 사람이 아닙니다."
	반격하거나 자신 혹은 (협력자 혹은 방관자라면) 피해자인 다른 사람을 방어한다.	협력자나 방관자가 개입하는 경우, 피해자에게 현재의 감정과 경험이 정상적인 것이라고 안심시킬 수 있다.		"걱정 마세요. 존은 좋은 사람이에요."
	가해자에게 지금 상대방에 불쾌감을 주는 말 또는 행동을 한 것이라고 알려준다. 가해자에게 자신이 말하거나 행동한 것의 (또는 방관자에게 아무런 말이나 행동을 하지 않은 것의) 영향과 의미를 생각해 보라고 말한다.	권력과 특권을 가진 사람이 대응할수록 가해자에게 더 큰 영향을 줄 수 있다.	메타커뮤니케이션에 명칭을 부여하고 명시적으로 만든다. 고정관념에 이의를 제기한다.	"외모를 보고 제가 위험한 사람이라고 보신 거군요?" "제가 흑인인 것은 맞지만 흑인이라고 해서 위험한 것은 아닙니다."
			가해자가 겨냥하는 속성을 인간의 보편적 문제로 확장한다. 명확한 설명을 요구한다.	"어느 인종, 어떤 배경을 지닌 사람이든 범죄자일 수 있습니다." "제가 엘리베이터를 탈 때 당신이 어떤 행동을 했는지 아십니까?" "저와 함께 엘리베이터 안에 있는 것이 무섭습니까?" "대체 왜 그러는 거죠? 저 사람이 무서워요?"
	시나리오: 동료가 시각장애를 가진 신입 직원에 관해 이렇게 말한다. "장애인 특혜로 입사한 거겠지?" 메타커뮤니케이션: 장애인이 기회를 얻는 것은 자신의 역량이나 장점이 아니라 특혜를 받았을 때뿐이다.			
미세공격 무장해제하기	미세공격을 곧바로 중지시키거나 방향을 전환한다.	피해자가 안녕감을 유지하고, 외상을 입거나 그 문제에 사로잡히는 일을 막는다.	말을 끊고 방향을 다른 데로 돌린다.	"그런 얘긴 관두죠. 지금은 이 일에 집중해야 하니까요."
	가해자의 의견에 동의, 인정하지 않는다는 뜻을 즉시 밝힌다.	피해자, 협력자, 방관자에게 지금/여기에서 가해자에게 대응할 수 있다는 통제감과 자기효능감을 제공한다.	가해자의 말에 동의하지 않는다는 의견을 표명한다.	"저는 그렇게 보지 않습니다." "저는 그렇게 생각하지 않아요."
	가해자에게 방금 한 말이나 행동을 다시 생각해 보라고 요청한다.	가해자가 향후 상대방 같은 사람을 만났을 때 말하거나 행동하기 전에 한 번 더 생각하게 한다.	자신이 가치를 두는 바와 허용할 수 있는 한계를 밝힌다.	"아시다시피, 존중과 관용은 제 삶에서 중요한 가치입니다. 당신에게도 말하고 싶은 것을 말할 권리가 있는 것은 알지만, 저를 조금 더 존중하여 불쾌한 말을 삼가주시기를 부탁드립니다."
			무슨 일이 일어나고 있는지 설명한다. 감탄사로 자신이 받은 느낌을 표출한다.	"번번이 불쾌하고 상처를 주는 발언을 하셔서 불편해지네요." "네?!" "어머, 그렇게 말하지 마세요."

전략상 목적	목표	근거	전술	예시
			표정과 몸짓을 사용한다.	고개를 젓는다. 땅이나 먼 산을 바라본다. 손으로 입을 가린다.
			규칙을 상기시킨다.	"그런 발언은 우리 사규에 위배됩니다. 그러다 곤란한 일을 당할 수도 있어요."

전략상 목적	목표	근거	전술	예시
가해자 교육하기	가해자와 일대일로 대화하여 그의 발언이 왜 다른 사람을 불쾌하게 하는지 알려준다.	피해자, 협력자, 방관자가 가해자와의 관계를 깨트리지 않으면서 자신이 느낀 바를 말할 기회를 갖게 된다.	의도와 영향을 구별한다.	"몰랐겠지만, 네가 한 말은 마리암에게 모욕이야. 아랍계 미국인이라고 해서 모두 국가 안보를 위협하는 건 아니니까."
	가능한 한 깨달음을 주는 대화와 가해자의 편향에 대한 탐구를 촉진한다.	가해자의 방어적 태도를 완화하고 자신이 한 말이나 행동이 끼칠 수 있는 유해한 영향을 깨닫도록 돕는다.	가해자의 가치와 원칙에 호소한다.	"너는 우리 학교 학생 모두를 대변하는 훌륭한 학생회 임원이 되고 싶어 하는 줄로 아는데, 이런 식으로 행동하면 포용력 있는 지도자가 되려는 너의 의도가 무색해질 거야."
	피해자가 속한 집단에 대해 갖고 있는 가해자의 믿음과 태도가 어디에서 발원했는지를 탐구하도록 독려한다.	가해자가 자신이 속한 집단 구성원의 미세공격을 예민하게 알아차리고 그들을 교육할 수 있게 된다.	(가해자와 피해자의) 공통점을 지적한다.	"그건 아랍계 미국인에 대한 부정적인 고정관념이야. 마리암도 너처럼 의사가 되고 싶어 하는 거 알아? 마리암과 얘기 나눠봐. 둘이 공통점이 많은 것 같아."
			공감을 유도한다.	"아랍계 미국인 중 대다수는 테러 행위에 전적으로 반대해. 만약에 누가 너의 인종을 이유로 너에 대해 뭔가 선입견을 갖는다면 어떤 기분이겠어?"
			태도를 바꾸면 어떤 이점이 있는지 알려준다.	"임상심리학을 공부하고 있다고 했지? 그런 고정관념이 왜 유해한지 알면 더 좋은 심리치료사가 될 수 있을 거야."

전략상 목적	목표	근거	전술	예시
외부 지원 요청하기	가해자에게 편협한 행동이 묵인되거나 수용되지 않을 것이라는 메시지를 전달한다.	차별이나 편향 상황을 모르고 넘어가는 일이 없게 한다.	상부에 알린다.	관리자나 권한을 가진 사람에게 보고한다.
			신고, 고발한다.	관계자에게 직접, 또는 온라인 매체(예: 남부빈곤법률센터 Southern Poverty Law Center)를 통해 익명으로 신고하거나 소셜미디어의 해시태그를 이용하여 경험을 공유한다.

전략상 목적	목표	근거	전술	예시
	건강한 몸과 정신을 유지하기 위해 꾸준히 자기 관리 활동을 한다. 스스로 또는 다른 사람들과 함께 건강한 심리 상태를 확인한다.	미세공격에 계속 노출됨으로써 받는 몸과 마음의 피해를 줄인다 피해자, 협력자, 방관자에게 혼자 싸우고 있는 것이 아니라는 점을 상기시킨다.	치료/상담을 받는다. 영성, 종교, 공동체의 도움을 받는다. 버디 시스템을 이용한다. 지원 모임에 참여한다.	자기 관리와 안녕감을 위해 문화적 역량을 갖춘 상담자에게 일대일 상담을 받는다. 공동체의 지도자나 지원을 제공할 수 있는 구성원에게 도움을 요청한다. 언제라도 연락을 취할 수 있고 차별을 당했을 때 도와줄 수 있는 친구를 만든다. 매주 만나서 소수자로서 겪는 문제를 함께 해결해 나가는 지원 모임에 참가한다.

전략상 목적: "보이지 않는 것"을 보이게 하기

미세폭력에 속하는 인종차별적 용어 사용이나 혐오 발언 등 명시적이고 고의적인 미세공격은 가해자의 의도를 짐작하지 않아도 되므로 더 다루기 쉬울 때가 많다. 그러나 대부분의 미세공격에는 겉으로 드러난 커뮤니케이션과 가해자의 의식 수준을 벗어나 있는 메타커뮤니케이션, 즉 숨은 메시지가 함께 담겨 있을 때가 많다(Nadal, Griffin, Wong, Hamit, & Rasmus, 2014). 가해자가 자신의 행동에 편향이나 편견이 없다고 생각할 때 가해자를 변화시키기란 매우 힘들다(Jones, 1997). "보이지 않는 것"을 보이게 만들기 위한 미세개입 전술은 다양한 형태를 취할 수 있으며, 그중 몇 가지를 나열하자면 다음과 같다.

1. 통찰력을 개발한다. 피해자, 협력자, 방관자가 미세공격 상황에 효과적으로 개입하기 위한 첫 번째 요건은 통찰력perspicacity이다. 여기서 통찰력이란 눈에 보이는 것 너머, 행간의 의미를 읽고 의식적 의사소통에서 메타커뮤니케이션을 읽어내는 능력을 말한다. 즉, 자신이 개입하려는 편향된 발언이나 행동, 차별 행위를 명

확하게 인식할 수 있어야 한다. 통찰력은 피해자가 자신이 "미치지 않았"으며 자신이 지각한 바가 정확하다는 확신을 갖게 해준다. 협력자와 방관자의 경우에는 미세공격 발생을 알아차리지 못한다면 개입 자체가 불가능하다. 미세공격의 이중적 의미는 해독하기 어려울 때가 많다. 스턴버그(Sternberg, 2001)는 통찰력을 지적 능력을 넘어 사태를 명료하게 꿰뚫어 볼 줄 아는 지혜를 포함하는 자질이라고 정의한 바 있다. 한 연구에 따르면 인종 문제에 대한 인식 훈련이 편견이나 차별 행위를 알아차리는 데 도움이 되고 그 결과 직장에서 방관자 개입을 증가시키는 것으로 나타났다 (Scully & Rowe, 2009). 이처럼 협력자와 방관자는 인식 교육을 통해 타인이 필요로 할 때 적절하게 개입하고 사회적 지원을 제공하는 역할을 더 잘 수행할 수 있게 된다.

2. 이름을 붙여 공격을 무력하게 만든다. 파울루 프레이리Paulo Freire 는《페다고지: 억눌린 자를 위한 교육Pedagogy of the Oppressed》(1970) 에서 소외집단 구성원에게 억압적인 사건이나 환경, 상황에 "이름"을 붙여 더 이상 힘을 쓰지 못하게 하는 것이 그로부터 해방되고 힘을 얻는 첫 단계라고 했다. 이름짓기naming는 "보이지 않는 것"을 탈신비화, 해체, 가시화한다. 이름짓기가 소외집단을 해방하고 힘을 얻게 하는 것은 그것이 자신의 경험을 설명할 언어를 제공하고 그들에게 자신이 미치지 않았다는 확신을 심어주기 때문이다. 그것은 권력과 특권을 가진 사람들에게 그들이 억압을 영속화하는 데 어떤 역할을 하는지 돌아보게 만든다. "그건 인종차별적(또는 성차별적)인 발언이에요", "방금 너는 미세공격을 저지른 거야", "그건 고정관념입니다" 등이 이름짓기의 예다.

3. 메타커뮤니케이션을 약화한다. 메타커뮤니케이션을 약화하는 것도 "보이지 않는 것"을 가시화하는 전술 중 하나다. 예를 들어, 백

인 교사가 미국 태생인 아시아계 미국인 학생에게 "영어를 정말 잘하는구나"라고 말할 때, 그 말에는 '너는 이 나라에서 영원한 이방인이야. 너는 진정한 미국인이 아니야'라는 메타커뮤니케이션이 담겨 있을 수 있다. 학생이 미세개입 전술을 사용한다면 이렇게 대답할 수 있을 것이다. "고맙습니다. 저도 제가 영어를 잘하길 바라요. 여기서 태어났으니까요." 유머로 상대방의 말을 뒤트는 전술도 있다. 8장에서 소개한 비디오클립 중 〈어느 쪽 아시아인이세요?〉(Tanaka, 2013)가 바로 메타커뮤니케이션 약화를 위해 유머를 사용한 예다.

이 전술은 단순해 보이지만 여러 효과가 있다. 가해자의 표면적 칭찬을 인정하고, 뒤따르는 반격에 대한 방어력을 낮추며, 상대방을 외국인으로 보는 암묵적 선입견을 미묘하게 약화하고, 향후 잘못된 가정을 하지 않게 하는 씨앗을 심는다. 백인 협력자나 방관자가 미세공격을 듣거나 볼 때도 이 전술을 응용할 수 있다.

4. 고정관념에 이의를 제기한다. 이는 이름짓기와 유사하게 피해자에게 전달되는 메타커뮤니케이션의 영향에 대해 문제제기하고 가면을 벗기며 반론을 제기하는 전술이다.

예를 들어, 아프리카계 미국인 남성이 엘리베이터에 들어서자 먼저 타 있던 백인 여성이 갑자기 경계하며 지갑을 꽉 움켜쥔 상황을 생각해 보자. 이때 여성이 전달한 메타커뮤니케이션은 '당신은 위험한 잠재적 범죄자다'라는 것이다.

피해자는 단순히 "걱정 마세요, 제가 흑인인 건 맞지만 흑인이라고 해서 위험한 것은 아니니까요"라고 말할 수 있을 것이다. 백인 협력자나 방관자도 다음과 같이 말함으로써 비슷한 방식으로 개입할 수 있다. "진정하세요, 아무도 당신을 해치지 않을 거예요." "왜 그렇게 긴장하시죠? 우리 모두 그냥 출근하는 거잖아요."

5. 가해자가 겨냥하는 속성을 인간 보편의 문제로 확장한다. 이 전술은 고정관념이 틀렸다는 점을 강조하기보다 그것이 모든 사람, 모든 집단에게 해당되는 바임을 지적하는 것이다. 예를 들어, "나는 모두가 그렇다고 생각해요" 또는 "그게 젠더의 문제라고 생각하지 않아요. 남자도 똑같이 그러니까요"와 같이 대응할 수 있다.

   문제 발언: "왜 흑인 아이들은 학교 식당에서 꼭 자기들끼리만 앉을까요? 왜 그들 스스로 분리되려고 하는 거죠?"

   대응: "백인 아이들에게도 똑같이 말할 수 있을 것 같은데요. 백인 아이들도 자기들끼리 앉아 있잖아요."

6. 공격적인 발언이나 행동에 대해 명확한 설명을 요구한다. 이 전술은 상대방의 발언이나 행동이 무슨 뜻인지 모르거나 헷갈리는 척하며, 가해자에게 무슨 뜻으로 한 말인지 직접 설명하거나 이해할 수 있게 도와달라고 하는 방법이다.

   일반적인 질문

   1. "로버트, 그게 정확히 무슨 뜻이죠?"
   2. "뭐라고요? 제가 제대로 들은 건가요?"
   3. "방금 무슨 말을 한 건지 아십니까?"
   4. "당신이 그렇게 말하다니 믿겨지지 않네요. 왜 그렇게 말한 건지 말해주실래요?"

   구체적인 질문

   1. "정말 라틴계 미국인에게 직업윤리가 부족하다고 생각하시는 거예요?"
   2. "그런 아프리카계 미국인을 겪어본 적이 있어서 그렇게 생각하게 된 건가요?"

   이와 같은 질문들의 의도는 가해자에게 잠시 멈추어 자신이 방금 한 말이나 행동에 관해 생각해 보게 하고, 동의하거나 인정할 수 없다는 뜻을 전달하며, 가해자의 신념이나 태도에 관해 더 탐구해 보도록 독려하는 데 있다.

7. 진술을 반복하거나 재서술하여 메타커뮤니케이션을 분명하게 드러 낸다. 가해자에게 설명을 요구하지 않고 피해자, 협력자, 방관자 가 방금 어떤 말을 들었는지 설명하는 전술이다. 이 전술은 모호 함의 여지를 거의 남기지 않는다.

"백인 직원들이 흑인 상관을 받아들일 준비가 안 되어 있어서 매 니저 자리에 자말을 고려하지 않는다고 말씀하신 거죠?"

"그 말씀은 여자 직원은 출산 휴가를 쓸 거니까 남자 직원보다 덜 믿음직하다는 얘기군요."

"특례 입학 제도가 없었다면 컬럼비아대학교에 흑인 학생들이 입 학할 수 없었을 거라는 말씀이죠?"

"그렇게 말씀하시니 당신이 무슬림에 대해 편견을 갖고 있다고밖 에 생각할 수가 없네요."

이 방법으로 미세공격을 비롯한 편향된 발언에 맞서는 것은 단순 히 가해자에게 설명을 요구하는 방법보다 훨씬 어렵다. 이 방법의 의도는 가해자의 편향된 태도나 신념을 명시화하고 그들에게 자 신의 말이나 행동의 의미를 직시하게 하는 것이다. 가해자는 자신 이 무슨 말을 했는지 "듣게" 된다. 이는 방어적인 태도를 유발할 수 도 있지만, 자신의 선의를 믿는 가해자의 가면을 벗겨낼 수 있다.

전략상 목적: 미세공격을 무장해제하기

동의하지 않는다는 의사 표현으로 가해자의 말이나 행동을 중단하거 나 방향을 바꾸고, 가해자의 말이나 행동에 이의를 제기하며, 그러한 말이나 행동의 유해성을 지적함으로써 더 직접적인 수단으로 미세공격을 무장해제할 수도 있다. 피해자와 주변 사람들이 즉각적인 피해를 입을 수 있는 상황일 때 더 정면으로 맞서는 이 접근 방식이 사용된다.

1. 말을 끊고 방향을 다른 데로 돌린다.

    대화 중에 편향되어 있거나 사실과 다른 발언이 나올 때, 말을 끊고 그 말에 동의할 수 없으며 불쾌하다는 의사를 전달하는 방법이다. 인종차별적, 성차별적, 이성애주의적 농담에 매우 효과적인 대응 방법이다.

    "잠깐! 그런 얘기는 그만하자."

    "위험한 발언이네요. 더 가면 안 될 것 같습니다."

    (대화에서 빠지며) "그런 농담은 듣고 싶지 않습니다."

    고개를 저으며 발길을 돌린다.

2. 자신이 가치를 두는 바와 허용할 수 있는 한계를 밝힌다.

    "아시다시피, 존중과 관용은 제 삶에서 중요한 가치입니다. 당신에게도 말하고 싶은 것을 말할 권리가 있는 것은 알지만, 저를 조금 더 존중하여 불쾌한 말을 삼가주시기를 부탁드립니다."

3. 가해자의 말에 동의하지 않는다는 의견을 표명한다.

    "저는 그렇게 보지 않습니다."

    "저는 그렇게 생각하지 않아요."

    "저는 당신이 한 말(행동)에 동의하지 않습니다."

    "그 말은 옳지 않은 것 같네요."

    "전혀 그렇지 않다고 생각합니다."

    "잘못된 가정을 하고 있는 것 같군요."

4. 무슨 일이 일어나고 있는지 설명한다.

    "번번이 불쾌하고 상처를 주는 발언을 하셔서 불편해지네요."

"아니, 왜 그러세요? 여성 팀원이 제시한 아이디어를 고려 대상에서 제외하고 있다는 말로 들립니다."

5. 감탄사 등으로 자신이 받은 느낌을 표출한다.

"네?!", "아니, 왜 그래!"(Sunshower Learning, 2007) 같은 짧은 말로도 의견을 전달할 수 있다. 아길라(Aguilar, 2006)가 제시한 전술 중 하나는 단지 "네?!(Ouch!)"라고 크고 힘 있게 내뱉는 것이다. 이것은 매우 간단한 방법이지만 가해자에게 자신이 뭔가 공격적인 언행을 했음을 알리고 자신이 말하거나 행동한 바의 의미와 영향을 돌아보게 만들며, 가해자의 편향에 대한 발전적인 대화와 탐구를 유도할 수 있다. 다음은 이 전술의 몇 가지 예다.

누군가 "한국계는 다 똑같아 보여"라고 말할 때 이렇게 반응한다. "네?!"

누군가 "그가 흑인이라서 특별 채용된 걸 거야"라고 말할 때 이렇게 반응한다. "아니, 왜 그래!"

누군가 "당신네 사람들[아시아계 미국인]이 숫자에 밝으니까 재정위원회에 당신을 선임하려고 합니다"라고 말할 때 이렇게 반응한다. "네?!"

6. 가해자에게 규칙을 상기시킨다.

"그런 발언은 우리 사규에 위배됩니다. 그러다 곤란한 일을 당할 수도 있어요."

"우리 회사에서는 직원을 모욕하는 행동을 용납하지 않습니다. 모두 규칙을 준수하기 바랍니다."

전략상 목적: 가해자 교육하기

미세개입은 가해자에게 불편함을 줄 때가 많지만, 대개 그 불편함은 가해자를 징벌하기 위한 것이 아니라 교육하기 위한 것이다(D. W. Sue, 2015). 미세개입을 통해 궁극적으로 바라는 바는 가해자에게 다가가 그들이 저지른 가해 발언과 행동, 그들의 신념과 가치관에 대한 대화에 참여하게 하고, 그들이 소외집단 구성원의 세계관을 고려하도록 교육하는 것이다(Goodman, 2011). 교육은 장기적인 과정이며, 단시간에 심도 있는 토론 기회가 주어지기 힘든 것은 사실이다. 그러나 미세개입은 미래에 변화의 꽃을 피울 씨앗을 심는 일이다. 다양성 및 형평성을 중시하는 환경, 소수자를 포용하는 분위기 속에서 가해자가 주변 사람들로부터 자주 미세개입을 경험하게 되면 그 씨앗이 꽃을 피울 가능성은 더욱 커진다(PurdieVaughns, Steele, Davis, Ditlmann, & Crosby, 2008; Scully & Rowe, 2009). 피해자, 협력자, 방관자가 가해자를 교육하기 위해 활용할 수 있는 간단한 전술에는 여러 가지가 있다.

1. 가해자가 좋은 의도와 유해한 영향을 구별할 수 있게 돕는다.
   이것은 가장 강력한 교육 전술 중 하나다. 가해자에게 미세공격을 저질렀다는 사실을 지적할 때, 흔한 반응은 방어적인 태도를 보이며 초점을 행위에서 의도로 옮기는 것이다(D. W. Sue, 2015). 즉, "그럴 의도가 아니었다"고 주장한다. 인종 문제가 쟁점이 되었을 때 화제의 중심을 의도에 관한 것으로 전환하는 것은 당사자에게 매우 효과적인 전술이다. 차별의 의도가 있었음을 입증하기란 사실상 불가능하기 때문이다. 따라서 장애물을 제거하려면 우선 논의의 초점을 의도에서 영향으로 다시 옮기는 것이 중요할 때가 많다. 몇 가지 예를 들자면 다음과 같다.
   "좋은 의도로 한 말인 건 알지만 듣는 입장에서는 상처가 되네요."
   "농담이었다는 건 알아요. 하지만 아이샤는 무척 불쾌했을 겁니다."

"당신이 이 팀에서 여성 직원이 성공적으로 일을 해내길 바란다는 건 저도 알지만, 여성이라고 해서 환대위원회 일만 맡기는 건 그들의 리더십 개발 기회를 가로막는 거예요."

"네가 원래 농담을 즐기는 건 알지만, 네 말이 다른 사람에게 어떤 영향을 끼칠지도 생각해 줘."

"재밌으라고 한 말인 건 알아. 하지만 그런 고정관념은 농담이 될 수 없어."

2. 특정 개인의 속성을 집단의 속성으로 확대해석하는 고정관념에 반박한다.

부정적인 선입견과 고정관념은 집단 전체에 대한 것일 때가 많다. 그 집단에 속한 사람은 모두 동일한 특징을 지닌다고 보는 것이다. 그 경우, 구체적으로 누구에 대해 얘기하는 것인지 묻거나 과잉일반화의 반증이 되는 예를 제시함으로써 집단에 대한 고정관념에 이의를 제기할 수 있다. 일반적인 대응 방법 중 하나는 다음과 같이 말하는 것이다.

"구체적으로 누구 얘기를 하시는 건가요?"

문제 발언: "역시 흑인은 직업윤리가 부족해."

대응: "에릭과 후아니타처럼 다른 직원들보다 더 열심히 일하고 더 많은 시간을 투입하는 흑인도 있습니다."

문제 발언: "이민자들은 도통 영어를 배우려고 하지 않아요."

대응: "저는 영어를 잘하는 이민자들을 많이 만나봤어요. 쉬운 일은 아니지요. 다른 언어를 배워본 적 있어요?"

3. 가해자의 가치와 원칙에 호소한다.

"너는 우리 학교 학생 모두를 대변하는 훌륭한 학생회 임원이 되고 싶어 하는 줄로 아는데, 이런 식으로 행동하면 포용력 있는

지도자가 되려는 너의 의도가 무색해질 거야."

4. 공통점을 지적한다.

"그건 아랍계 미국인에 대한 부정적인 고정관념이야. 마리암과 얘기 나눠본 적 있어? 내가 보기엔 너희 둘이 공통점이 많은 것 같아. 마리암도 너처럼 의사가 되고 싶어 하더라고. 사이클에 관심이 많은 것도 비슷하고."

5. 공감을 유도한다.

"라틴계 미국인 대부분이 원하는 건 당신과 같습니다. 헤수스도 당신처럼 열심히 일하고 승진해서 가족을 잘 부양하기를 바라지요. 게으른 사람으로 취급당하고 승진 기회를 박탈당할 때 헤수스가 어떤 기분일지 아시겠어요? 당신에게 그런 일이 일어나면 어떨 것 같으세요? 그의 입장이 되어보세요."

6. 태도를 바꾸면 어떤 이점이 있는지 알려준다.

"임상심리학을 공부하고 있다고 했지? 그런 고정관념이 왜 유해한지 알면 더 좋은 심리치료사가 될 수 있을 거야."

전략상 목적: 외부 개입과 지원 요청하기

미세공격에 대한 개인적 대응이 원천적으로 불가능할 때가 있다. 그 경우 가장 효과적인 접근 방법은 외부인이나 조직 관계자에게 지원을 요청하는 것이다(Brondolo et al., 2009; Mellor, 2004). 피해자, 협력자, 방관자가 미세공격의 가해자를 직접 상대하는 것은 때로 위험을 초래하거나 감정 고갈을 일으킬 수 있다(D. W. Sue, 2017a). 인종 전투 피로증은 피해자에게 적용되는 개념이지만, 사회정의를 옹호하는 협력자들도 주변에서 일어날 수 있는 엄청난 반격에 대비해야 한다. 가해자들은 유색인이 과민하거나 편집증적이거나 타인의 행동을 오해한다고 주장하면서 피해자의 경험적 실재를 부정하곤 한다. 유색인에 대한 미세 공격 상황에 개입하는 백인 협력자와 방관자는 위선자나 말썽꾼이라는 비난을 받을 수 있으며, 결과적으로 백인 동료들로부터 고립될 수 있다. 예를 들어, 삼촌의 인종차별적인 농담에 반기를 들었다는 이유로 가족의 화합을 위해 괜히 분란을 일으키지 말라는 훈계를 듣거나 의절하려는 거냐는 협박을 들을 수도 있다. 반인종차별 활동은 당사자를 지치게 만드는 일이므로 타인의 지지와 도움을 구하는 것이 곧 자신을 돌보는 일이다.

이와 관련하여 할 수 있는 일로는 지지 집단 찾기, 지역사회의 관련 서비스 활용, 버디 시스템buddy system 참여, 관련 전문가에게 조언이나 상담을 구하는 것 등이 있다. 이러한 외부 자원은 피해자, 협력자, 방관자가 안심하고 자신의 감정을 표출하고 자신의 존재를 인정하고 긍정하는 타인과 관계를 맺으며, 조언을 얻을 기회를 제공한다. 또한 다양한 방식으로 사회정의를 위해 행동하는 사람들이 그 과정에서 부딪힐 수 있는 문제에 더 잘 대비할 수 있게 하고, 스트레스에 대한 면역력을 키워준다.

다른 방면의 미세개입으로는 관련 당국이나 조직의 관계자에게 도움을 요청하는 방법이다. 특히 (a) 가해자와 피해자에 큰 권력 차이가 존재할 때, (b) 미세폭력처럼 미세공격이 노골적이고 즉각적인 피해를 입힐 때, (c) 개인적으로 대응하기 위험할 때, (d) 제도적 변화가 실행되어야 할 때는 이 방식으로 접근할 필요가 있다. 예를 들어, 직장 상사의 차별 행위에 가장 잘 대응하는 방법은 상부에 보고하거나 가해자와 직급이나 사회적 지위가 동일한 조력자를 찾는 것이다. 인종차별 낙서나 증오 발언을 목격했다면 학교 관계자나 경찰, 지역사회의 관련 단체에 신고할 수 있을 것이다.

1. 상부에 알린다. 미세공격에 개인이 직접 대응하는 일이 원천적으로 불가능할 때도 많다. 그런 경우에는 피해자 대신 상황에 개입할 수 있는 상부 단위나 관계자의 도움을 구하는 편이 더 효과적일 수 있다.

2. 신고, 고발한다. 성희롱 같은 불쾌한 사건이 일어났을 때 이를 기록으로 남기면 향후의 조치를 위한 근거가 될 수 있다. 직장 상사, 감독자, 옴부즈맨 등 권위 있는 사람에게 신고하는 것이 곧 문제 행위에 대한 기록이 된다. 더 나아가 후속 절차의 신뢰성을 높일 수 있다.

3. 치료/상담을 받는다. 피해자, 협력자, 방관자가 가해자를 직접 상대하는 것은 때로 위험을 초래하거나 감정 고갈을 일으킬 수 있다. 피해자의 경우, 인종 전투 피로증으로 인한 감정의 여파가 사적으로나 직업적으로 기능 저하를 일으킬 수 있다. 전문적인 정신 건강 상담을 받으면 스트레스를 완화하거나 스트레스에 대한 면역력을 키우는 데 도움이 되며, 문제 상황을 어떻게 처리할지 조언도 얻을 수 있다.

4. 영성, 종교, 공동체의 도움을 받는다. 미세공격 피해자에 관한 여러 연구가 영성, 종교, 공동체에 대한 애착이 대단히 중요한 지지와 인정의 원천이 될 수 있음을 보여준다. 사회정의를 위한 실천에 임하는 사람들에게도 공동체 지도자 등에게 의지하는 것은 인종차별 관련 스트레스에서 벗어나는 회복력 향상 방법이다.

5. 버디 시스템을 이용한다. 지속적인 미세공격은 무시받고 모욕당하는 느낌의 가장 큰 원천이 되고, 그 결과 이 세상에 나 혼자뿐인 것 같은 고립감과 외로움을 느끼게 된다. 협력자와 방관자도 행동에 나서기를 주저하고 아무런 행동도 하지 않는 사람들 때문에 같은 느낌을 받을 수 있다. 이 경우 침묵은 가해자와 공모한

것이나 다름없다. 친밀하고 가까운 친구와 생각과 감정을 공유하고 자신이 겪은 차별의 경험을 함께 처리하고 자신의 경험을 인정받으면 의지와 회복력을 강화할 수 있다.

6. 지원 모임을 만들거나 참여한다. 정기적으로 만나 서로를 격려하고 아이디어를 주고받으면서 편향과 차별에 맞서는 싸움을 지속할 수 있게 하는 지원 모임은 미세공격을 가장 효과적으로 다루고 협력자로서 미세개입에 개입하려는 의지를 다지는 가장 효과적인 수단이 될 수 있다.

미세개입과 거대공격

앞에서 언급했듯이, 가해자의 태도·신념·행동과 연관된 미세공격과 달리 거대공격은 조직이나 사회 전체의 편향된 정책·구조·관행에서 나타난다. 이 때문에 개별적인 미세개입이 거대공격을 타파하는 데는 그다지 효과가 없을 것이라고 생각할 수도 있을 것이다. 일면 타당한 결론이지만, 미세개입도 편향된 정책과 관행을 바꾸고 멈추게 하는 수단으로서 효과를 발휘할 수 있다. 거대공격 문제를 해결하는 데 있어 미세개입의 중요성을 보여주는 한 사례가 있다.

우리는 이 장 맨 앞의 사례 10.2에서 2018년 트럼프 정부가 이주민 자녀와 부모를 분리 수용하여 미국으로 들어오는 망명 신청자를 줄이고자 입안한 가족 분리 정책 문제를 다루었다. 이 경우에는 개인이 아니라 강력한 정부 기관이 편향의 행위자였다. 구체적으로 말하자면, 이 정책은 법무부가 입안·시행하고 국토안보부Department of Homeland Security(DHS)가 지원했으며 이민관세수사청Immigration and Customs Enforcement(ICE)이 집행했다.

그러나 정책을 규칙과 규정으로 만들고, 시행하고, 지원하고, 집행하는 것은 개인들이다. 이 경우에는 도널드 트럼프 대통령, 제프 세션스 법무장관, 키어스턴 닐슨Kirstien Nielsen 국토안보장관이 가족 분리 정책의 입안과 시행에 있어서 중요한 역할을 했으며, 이민관세수사청 직원들은 멕시코 국경에서 이 정책을 직접 집행했다. 즉, 거대공격도 개인에 의해 매개된다는 것이다. (a) 권력과 권한 있는 지위의 사람들이 편향된 제도와 사회 정책을 만들고, (b) 정책의 대리인들—그들이 편향된 일을 하고 있다는 사실을 알든 모르든—이 실행에 옮긴다. 편향된 정책이 유해하고 위험한 이유는 개인이 아닌 조직이나 사회의 힘이 그 뒤를 받치고 있다는 데 있다. "나는 그저 한 사람일 뿐인데, 내가 뭘 할 수 있겠어?"라고 자문하기는 쉽지만, 나의 행위는 그저 한 사람의 행위가 아닐 수 있다는 뜻이다.

그러나 "보이지 않는 것"의 가시화, 거대공격의 무장해제, 가해자 교육, 외부 개입 유도를 추구하는 미세개입 전술들은 가족 분리 정책을 완화하고 변화시키는 데 중요한 역할을 했다. 거대공격에 대한 미세개입은 두 집단을 겨냥한다. 첫째, 대통령, 법무장관, 국토안보장관 등 권력을 쥔 지도자가 차별적인 정책을 바꾸도록 교육하고, 설득하고, 압력을 가해야 한다. 둘째, 대중이 불공정한 정책을 인지하도록 교육하고, 도덕적 인간이라는 품위에 호소하며, 지지를 구하고, 행동에 나서도록 동기를 부여해야 한다. 많은 시민들이 가족 분리 정책에 대해 개인적·집단적으로 나섰다. 그들은 이 정책을 편향과 차별이라고 명명함으로써 "보이지 않는 것"을 가시화했으며, 명령에 저항하고 거부하고, 정책의 유해성을 폭로함으로써 대중을 교육하고, 사법 절차를 통해 외부의 지원을 구했다. 결국 2018년 6월 20일, 트럼프 대통령은 가족 분리 정책을 뒤집는 행정 명령에 서명했다.

이러한 입장 변화는 주요 의사결정권자를 압박하고 대중을 교육하고 정부에 항의한 수많은 개인들이 낳은 성과였다. 표 10.1의 틀에서 가족 분리 정책에 대해 사용된 미세개입 전술을 살펴보면 다음과 같다.

- 대중과 의사결정권자를 교육하기 위해 평화 시위를 벌였다.
- 아동에게 가해지는 차별의 피해를 공론화하기 위해 언론과 매체에 고발했다.
- 정치 지도자들에게 시민의 우려를 전하기 위한 로비를 벌였다.
- 공정성과 민주적인 사회에 대한 정책 입안, 집행자들의 가치관에 호소했다.
- 여러 집단과 조직에 외부 지원을 요청했다.

이러한 노력들은 가족 분리 정책을 중단하는 데 효과를 발휘했다. 즉, 미세개입은 거대공격에 맞서는 데에도 효과적인 도구가 될 수 있다. 그러나 이런 방식의 미세개입을 실천하려면 개인의 관성을 극복하며 난공불락으로 보이는 규칙과 제도에 맞서야 한다. 헬렌 켈러Helen Keller가 말했듯이, "나는 한 사람일 뿐이다. 그러나 그래도 한 사람이다. 내가 모든 것을 할 수는 없지만 그래도 뭔가를 할 수는 있다. 나는 기꺼이 내가 할 수 있는 뭔가를 할 것이다."

맥락의 중요성

맥락과 환경을 고려하지 않은 미세개입 전략은 무효하거나 심지어 위험할 수도 있다. 미세공격은 진공에서 발생하지 않으며, 반인종차별 전략도 마찬가지다. 미세공격이나 거대공격을 목격한 백인 협력자와 방관자의 개입은 피해자의 대응보다 백인 가해자에게 더 큰 영향을 끼칠 수 있지만(Spanierman & Smith, 2017), 좋은 의도로 한 개입이 피해자의 사생활을 침해하여 상황을 악화시킬 수도 있다(Scully & Rowe, 2009). 따라서 미세개입을 실천하려는 모든 사람은 통찰력을 갖추고 그 개입이 가져올 수 있는 긍정적, 부정적 여파를 알아야 한다. 고려해야 할 다섯 가지 사항은 다음과 같다.

1. 가치 있는 싸움을 선별한다. 피해자, 협력자, 방관자 모두에게 해당되는 내용이지만 특히 유색인이 인종차별에 대응할 때 더 중요한 고려 사항이다. 끝없이, 빈번히 일어나는 미세공격에 일일이 대응하는 것은 스스로를 지치게 만들고 에너지를 고갈시키는 일이다. 자신을 지키려면 조치를 취하거나 노력을 할 가치가 있는 사안인지 판단하는 것이 중요하다.

2. 언제 어디에서 가해자에게 응수할 것인지 판단한다. 상처를 주는 말이나 행동을 한 사람을 공개적으로 지적하는 것은 방어적인 태도나 위험한 반격을 불러일으켜 미세공격을 중단시키기는커녕 더 증가시킬 수도 있다. 따라서 가해자에게 언제(즉시 또는 나중에), 어디서(공개적으로 또는 사적으로) 문제를 제기할 것인지를 신중히 판단해야 한다.

3. 상황에 따라 대응 방식을 조정한다. 모르고 한 일이라면 대적하기보다는 교육하는 쪽을 택하는 것이 낫다. 상대방을 적으로 대하기보다 조력자의 태도로 임하면 방어의 벽을 낮추고 다른 견해를 경청하게 만들 수 있다.

4. 가해자와의 관계와 역학을 고려한다. 가해자와 어떤 관계에 있는지에 따라 개입 방식이 달라질 수 있다. 가해자가 가족이나 친구인가? 아니면 동료이거나 직장 상사인가? 아니면 모르는 사람인

가? 예를 들어, 가까운 가족이라면 모르는 사람일 때보다 교육적인 접근 방식의 우선순위가 훨씬 더 올라간다.

5. 미세개입이 가져올 수 있는 결과를 늘 염두에 둔다. 가해자와 피해자의 권력 차이가 클 때 더 중요하게 고려해야 할 사항이다. 미세개입이 긍정적인 결과를 낳을 수도 있지만, 피해자, 협력자, 방관자를 위험에 빠트릴 가능성도 늘 존재한다.

향후의 과제

미세개입과 새로운 연구 영역

끝으로 미세개입 연구가 앞으로 취할 수 있는 방향과 몇 가지 일반적인 논평을 덧붙이고자 한다. 첫째, 기존의 스트레스 대처 관련 연구들은 일반적인 스트레스를 다루는 중요한 전략들을 제시했지만 미세개입 전략 연구는 아직 거의 이루어지지 않았다. 새로운 인종차별 대응 전략들을 확인하고 그것이 미세공격적 발언이나 행동에 미치는 영향과 효과성을 입증하는 연구가 반드시 필요하다. 미세개입 훈련의 효과를 파악하고 반인종차별 전략으로 무장하는 것이 피해자의 정신 건강, 감정, 자기효능감, 자존감에 긍정적인 영향을 미치는지 살펴보는 일도 가치가 있을 것이다. 또 이렇게 질문해 볼 수도 있을 것이다. 편향에 대한 비행동의 흔한 이유가 무엇을 해야 할지 모른다는 점이라면, 피해자, 협력자, 방관자가 미세개입 전략을 알고 있을 때 그들이 미세공격과 거대공격에 맞서 행동에 나설 확률이 높아지는가?

둘째, 피해자는 언제나 방관자나 협력자의 개입을 원할까? 개입이 피해자의 자기효능감과 자율성을 감소시키거나 가해자의 추가적인 미세공격을 불러일으킴으로써 오히려 피해를 주는 경우가 있다면 어떤 상황과 조건에서일까? 인종차별적인 말이나 행동에 대해 대응하는 방식이 인종, 문화, 성별에 따라 달라질까? 특정 사회 집단에 속한 사람들에게 더 잘 맞는 대응 방식이나 미세개입 전략이 따로 있을까? 리 등의 연구 결과(Lee, Soto, Swim, and Bernstein, 2012)에 따르면 아시아계 미국인은 원만한 대인관계를 유지하기 위해 더 간접적이고 미묘한 접근 방식을 취하는 경향이 있으며, 아프리카계 미국인은 더 직접적으로 인종차별 행위에 대적한다. 그렇다면 어느 한 접근 방식이 더 효과적이라는 판단도 자민족중심주의적인 결과가 될 수 있다는 뜻이다. 따라서 이렇게 질문해야 할 것이다. 차별에 대항하는 데 있어서 인종, 문화, 민족은 어떤 역할을 하며, 특정 전략이 특정 집단에게 갖는 장점과 단점은 무엇인가? 미세개입이라는 개념이 복잡한 것은 분명하며, 미세개입의 형태, 역학, 영향을 명확히 하기 위해 더 많은 연구가 필요하다.

셋째, 교육과 훈련의 영역에서, 미세개입 전략과 기술을 알려주는 것만으로는 보통 사람이 그것을 행동으로 옮기게 하기에 충분치 않다. 관성 등 방해 요인을 극복하고 개입 기술을 학습, 연습, 준비해야만 능동적 개입이 가능하다. 일부 기업에서는 차별 행위를 목격한 방관자가 능동적으로 대응할 수 있게 하는 훈련을 직원 교육에 도입하기 시작했다(Aguilar, 2006; Ashburn-Nardo et al., 2008; Scully & Rowe, 2009). 이러한 훈련은 피해자와 협력자에게도 이로울 것이며, 심리치료, 교육, 사회복지 분야 종사자들을 위한 미세개입 훈련 프로그램도 필요하다.

넷째, 이 장에서 우리는 주로 개인과 대인관계 수준에서 일어나는 미세공격을 다루었지만 조직과 사회 수준에서 일어나는 거대공격을 무력화하는 방안의 조사와 연구도 그만큼 중요하다. 피해자, 협력자, 방관자가 조직의 활동, 절차, 관행, 구조, 사회 전체의 정책에서 일어나는 거대공격에 맞서 할 수 있는 일은 무엇일까? 표 10.1에서처럼, 조직과 사회 수준의 미세개입 전략을 기술하는 것부터 시작하자.

다섯째, 이 책에서 다룬 내용은 인종차별적인 미세공격과 거대공격에 국한되지 않는다. 우리 사회의 소외집단 구성원 모두는 개인적, 제도적 편향에 노출되어 있다. 따라서 우리가 제시한 미세개입 전략도 대개 성별, 성적지향, 성정체성 등 집단의 정체성에 근거한 모든 미세공격 및 거대공격에 적용될 수 있다. 우리는 학계와 현장에서 각 집단에 고유한 미세개입 전략을 탐색해 줄 것을 기대한다.

끝으로, 미세개입만으로 우리 삶의 모든 면면에서 일어나는 미세공격과 거대공격을 타파할 수 있다거나 가해자들을 계몽할 수 있다는 것은 어불성설이다. 미세공격과 거대공격 모두 명시적이거나 암묵적인 편향, 즉 사람들을 우열로 가르는 세계관을 반영한다. 따라서 행동을 중단시키는 것만으로는 충분하지 않다. 진지한 자기 심판과 그것을 바탕으로 한 세계관의 변화가 있어야 한다. 우리는 미세개입이 최전선에서 인종차별 행위에 즉각적으로 대응하는 단기적 조치이지만 피해자, 협력자, 방관자, 궁극적으로 우리 사회에 긍정적인 영향을 꽃 피우는 씨앗이 될 수 있다고 믿는다.

참고문헌

Abelson, R. P., Dasgupta, N., Park, J., & Banaji, M. R. (1998). *Perceptions of the collective other. Personality and Social Psychology Review, 2,* 243‑250.

Aguilar, L. C. (2006). Ouch! That stereotype hurts: *Communicating respectfully in a diverse world.* Orlando, FL: International Training and Development, LLC.

Ahmed, S. (2012) *On being included: Racism and diversity in institutional life* Durham, NC: Duke University Press.

Alegria, M., Chatterji, P., Wells, K., Cao, Z., Chen, C. N., Takeuchi, D., ⋯ & Meng, X. L.(2008). Disparity in depression treatment among racial and ethnic minority populations in the United States. *Psychiatric Services, 59*(11), 1264‑1272.

Allen, K., & Frisby, C. M. (2017). A content analysis of micro aggressions in news stories about female athletes participating in the 2012 and 2016 Summer Olympics. *Journal of Mass Communication & Journalism, 7*(3), 1‑9. doi:10.4172/2165‑7912.1000334

Allen, Q. (2010). Racial microaggressions: The schooling experiences of Black middleclass males in Arizona's secondary schools. *Journal of African American Males in Education, 1*(2), 125‑143.

Always. (2014, June 26). Always #LikeAGirl [Video file]. Retrieved from https://www.youtube.com/watch?v=XjJQBjWYDTs

American Psychiatric Association. (2013). *Diagnostic and statistical manual of mental disorders* (5th ed.). Washington, DC: American Psychiatric Association Publications.

American Psychological Association (2015). *Demographics of the U.S. psychology workforce: Findings from the American Community Survey.* Washington, DC: Author.

Apfelbaum, E. P., Sommers, S. R., & Norton, M. I. (2008). Seeing race and seeming racist: Evaluating strategic colorblindness in social interaction. *Journal of Personality and Social Psychology, 95,* 918‑932.

Archer, J., & Coyne, S. M. (2005). An integrated review of indirect, relational, and social aggression. *Personality and Social Psychology Review, 9*(3), 212‑230.

As/Is. (2014, June 6). If Asian people said the stuff White people say [Video file]. Retrieved from https://www.youtube.com/watch?v=PMJI1Dw83Hc

As/Is. (2014, July 12). If Latinos said the stuff White people say [Video file]. Retrieved from https://www.youtube.com/watch?time_continue=4&v=XnFUDx3wC‑Y

As/Is. (2014, June 20). If Black people said the stuff White people say [Video file]. Retrieved from https://www.youtube.com/watch?v=A1zLzWtULig

Ashburn‑Nardo, L., Morris, K. A., & Goodwin, S. A. (2008). The confronting prejudiced responses (CPR) model: Applying CPR in organizations. *Academy of Management Learning & Education, 7*(3), 332‑342. doi:10.5465/AMLE.2008.34251671

Astin, M. C., Ogland‑Hand, S. M., Foy, D. W., & Coleman, E. M. (1995). Posttraumatic stress disorder and childhood abuse in battered women: Comparisons with maritally distressed women. *Journal of Consulting and Clinical Psychology, 63,* 308‑313.

Augsberger, A., Yeung, A., Dougher, M., & Hahm, H. C. (2015). Factors influencing the underutilization of mental health services among Asian American women with a history of depression and suicide. *BMC Health Services Research, 15*(542), 1‑11.

Baker, J. G., & Fishbein, H. D. (1998). The development of prejudice towards gay and lesbian adolescents. *Journal of Homosexuality, 36,* 89‑100.

Balsam, K. F., Molina, Y, Beadnell, B., Simoni, J., & Walters, K. (2011) Measuring multiple minority stress: The LGBT People of Color Microaggressions Scale. *Cultural Diversity and Ethnic Minority sychology, 17*(2),163‑174.

Banaji, M. R., & Greenwald, A. G. (1995). Implicit gender stereotyping in judgments of fame. *Journal of Personality and Social Psychology, 68,* 181‑198.

Banaji, M. R., Hardin, C., & Rothman, A. J. (1993). Implicit stereotyping in person judgment. *Journal of Personality and Social Psychology, 65,* 272‑281.

Banks, J. A. (2004). Multicultural education: Historical development, dimensions, and practice. In J. A. Banks & C. A. M. Banks (Eds.), *Handbook of research on multicultural education* (2nd ed., pp. 3‑29). San Francisco, CA: Jossey Bass.

Barnes, M. (1994). Clinical treatment issues regarding Black African‑Americans. In J. L. Ronch, W. Van Ornum, & N. C. Stilwell (Eds.), *The counseling sourcebook: A practical reference on contemporary issues* (pp. 157—164). New York, NY: Crossroad.

Barret, B., & Logan, C. (2002). *Counseling gay men and lesbians: A practice primer*. Pacific Grove, CA: Brooks Cole.

Barry, D. T., & Grilo, C. M. (2003). Cultural self-esteem and demographic correlates of perception of personal and group discrimination among East Asian immigrants. *American Journal of Orthopsychiatry, 73*, 223 – 229.

Barthelemy, R. S., McCormick, M., & Henderson, C. (2016). Gender discrimination in physics and astronomy: Graduate student experiences of sexism and gender microaggressions. *Physical Review Physics Education Research, 12*, 020119(1 – 14).

Basford, T. E., Offermann, L. R., & Behrend, T. S. (2014). Do you see what I see? Perceptions of gender microaggressions in the workplace. *Psychology of Women Quarterly, 38*(3), 340 – 349.

Bauer, M., Cahlikova, J., Chytilova, J., & Želinsky, T. (2018). Social contagion of ethnic hostility. *PNAS, 115*(19), 4881 – 4886. doi:10.1073/pnas.1720317115

BBC Three. (2015, May 21). Things not to say to a Trans person [Video file]. Retrieved from https://www.youtube.com/watch?v=pvBwWeG4Rpc

Becker, J. C., & Wright, S. C. (2011). Yet another dark side of chivalry: Benevolent sexism undermines and hostile sexism motivates collective action for social change. *Journal of Personality and Social Psychology, 101*(1), 62 – 77.

Bell, L. A. (2003). Telling tales: What stories can teach us about racism. *Race Ethnicity and Education, 6*, 3 – 28.

Benokraitis, N. V. (1997). *Subtle sexism: Current practice and prospects for change*. Thousand Oaks, CA: Sage.

Blackhorse, A. (2016, August 29). Native American vs. Indian. Retrieved from https://newsmaven.io/indiancountrytoday/archive/native-american-vs-indian-_llUK00r1EionG_T5_LgRA

Blume, A. W., Lovato, L. V., Thyken, B. N., & Denny, N. (2012). The relationship of microaggressions with alcohol use and anxiety among ethnic minority college students in a historically White institution. *Cultural Diversity and Ethnic Minority Psychology, 18*(1), 45 – 54.

Bolgatz, J. (2005). *Talking race in the classroom*. New York, NY: Teachers College Press.

Bonifacio, L., Gushue, G. V., & Mejia-Smith, B. X. (2018). Microaggressions and ethnic identity in the career development of Latina college students. *The Counseling Psychologist, 46*(4), 505 – 529.

Bonilla-Silva, E. (2001). *White supremacy and racism in the post-civil rights era*. Boulder, CO: Lynne Rienner.

Bonilla-Silva, E. (2002). The linguistics of color blind racism: How to talk nasty about Blacks without sounding "racist." *Critical Sociology, 28*(1 – 2), 41 – 64.

Bonilla-Silva, E. (2006). *Racism without racists: Color-blind racism and the persistence of racial inequality in the United States*. Lanham, MD: Rowman & Littlefield.

Bostwick, W. B., & Hequembourg, A. L. (2014). "Just a little hint": bisexual-specific microaggressions and their connection to epistemic injustices. *Culture, Health & Sexuality, 16*(5), 488 – 503.

Bowser, B. P., & Hunt, R. G. (Eds.), (1981). *Impacts of racism on White Americans*. Beverly Hills, CA: Sage.

Boyd-Franklin, N. (2003). *Black families in therapy*. New York, NY: Guilford Press.

Boysen, G. A. (2012). Teacher and student perceptions of microaggressions in college classrooms. *College Teaching, 60*(3), 122 – 129.

Braun, V., & Clarke, V. (2006). Using thematic analysis in psychology. *Qualitative Research in Psychology, 3*(2), 77 – 101.

Brave Heart, M. Y. (1993). The historical trauma response among Natives and its relationship with substance abuse: A Lakota illustration. *Journal of Psychoactive Drugs, 35*(1), 7 – 13.

Brittian, A. S., Toomey, R., Gonzales, N. A., & Dumka, L. (2013). Perceived discrimination, coping strategies, and Mexican origin adolescents' internalizing and externalizing behaviors: Examining the moderating role of gender and cultural orientation. *Applied Developmental Science, 17*, 4 – 19.

Broido, E. M. (2000). The development of social justice allies during college: A phenomenological investigation. *Journal of College Student Development, 41*(1), 3 – 18.

Brondolo, E., Beatty, D. L., Cubbin, C., Pencille, M., Saegert, S., Wellington, R., ⋯ Schwartz, J. (2009). Sociodemographic variations in self-reported racism in a community sample of Blacks and Latino(a)s. *Journal of Applied Social Psychology, 39*, 407 – 429.

Brondolo, E., Brady, N., Thompson, S., Tobin, J. N., Cassells, A., Sweeney, M., ⋯ Contrada, R. J. (2008). Perceived racism and negative affect: Analysis of trait and state measures of affect in a community sample. *Journal of Social and Clinical Psychology, 27*, 150 – 173

Brondolo, E., Kelly, K. P., Coakley, V., Gordon, T., Thompson, S., Levy, E., ⋯ Contrada, R. J. (2005). The Perceived Ethnic Discrimination Questionnaire: Development and preliminary validation of a community version. *Journal of Applied Social Psychology, 35*, 335 – 365.

Brondolo, E., Rieppi, R., Kelly, K. P., & Gerin, K. W. (2003). Perceived racism and blood pressure: A review of the literature and conceptual and methodological critique. *Annals of Behavioral Medicine, 25*, 55 – 65.

Brown, G. W., & Harris, T. O. (1989). Depression. In G. W. Brown & T. O. Harris (Eds.), *Life events and illness* (pp.

49 – 93). New York, NY: Guilford Press.

Brown, K. T. (2015). Perceiving allies from the perspective of non-dominant group members: Comparisons to friends and activists. *Current Psychology, 34*(4), 713 – 722. http://dx.doi.org/10.1007/s12144-014-9284-8

Brown, K. T., & Ostrove, J. M. (2013). What does it mean to be an ally? The perception of allies from the perspective of people of color. *Journal of Applied Social Psychology, 43*(11), 2211 – 2222. doi:10.1111/jasp.12172

Bryant-Davis, T. (2018). Microaggressions: Considering the framework of psychological trauma. In G. C. Torino, D. P. Rivera, C. M. Capodilupo, K. L. Nadal, & D. W. Sue (Eds.), *Microaggression theory: Influence and implications* (pp. 86 – 101). Hoboken, NJ: Wiley.

Burdsey, D. (2011). That joke isn't funny anymore: Racial microaggressions, colorblind ideology and the mitigation of racism in English men's first-class cricket. *Sociology of Sport Journal, 28*(3), 261 – 283.

Burkard, A. W., & Knox, S. (2004). Effect of therapist color-blindness on empathy and attributions in cross-cultural counseling. *Journal of Counseling Psychology, 51*(4), 387 – 397.

Burkard, A. W., Knox, S., & Hill, C. E. (2012). Ethical considerations in consensual qualitative research. In C. E. Hill (Ed.), *Consensual qualitative research: A practical resource for investigating social science phenomena* (pp. 201 – 212). Washington, DC: American Psychological Association.

Burn, S. M., Kadlec, K., & Rexer, R. (2005). Effects of subtle heterosexism on gays, lesbians, and bisexuals. *Journal of Homosexuality, 40*, 23 – 38.

Burrow, A. L., & Ong, A. D. (2010). Racial identity as a moderator of daily exposure and reactivity to racial discrimination. *Self and Identity, 9*, 383 – 402.

Bursztyn, L., Egorov, G., & Fiorin, S. (2017). From extreme to mainstream: How social norms unravel. NBER Working Papers 23415.

Butler, D., & Geis, F. L. (1990). Nonverbal affect responses to male and female leaders: Implications for leadership evaluations. *Journal of Personality and Social Psychology, 58*, 48 – 59.

Cadinu, M., Maass, A., Rosabianca, A., & Kiesner, J. (2005). Why do women underperform under stereotype threat? Evidence for the role of negative thinking. *Psychological Science, 16*, 572 – 578.

Campbell, B., & Manning, J. (2018). *The rise of victimhood culture: Microaggressions, safe spaces, and the new culture wars.* Cham, Switzerland: Springer.

Canel-Çınarbaş, D., & Yohani, S. (2019). Indigenous Canadian university students' experiences of microaggressions. *International Journal for the Advancement of Counselling, 41*, 41 – 60.

Caplan, P. J., & Ford, J. C. (2014). The voices of diversity: What students of diverse races/ethnicities and both sexes tell us about their college experiences and their perceptions about their institutions' progress toward diversity. *Aporia, 6*(3), 30 – 69.

Capodilupo, C. M., Nadal, K. L., Corman, L., Hamit, S., Lyons, O. B., & Weinberg, A. (2010). The manifestation of gender microaggressions. In D. W. Sue (Ed.), *Microaggressions and marginality: Manifestation, dynamics, and impact* (pp. 193 – 216). Hoboken, NJ: Wiley.

Cappiccie, A., Chadha, J., Lin, M. B., & Snyder, F. (2012). Using critical race theory to analyze how Disney constructs diversity: A construct for the baccalaureate human behavior in the social environment curriculum. *Journal of Teaching in Social Work, 32*(1), 46 – 61.

Carter, R. T. (2007). Racism and psychological and emotional injury: Recognizing and assessing race-based traumatic stress. *The Counseling Psychologist, 35*(1), 13 – 105.

Casanova, S., McGuire, K. M., & Martin, M. (2018). "Why you throwing subs?": An exploration of community college students' immediate responses to microaggressions. *Teachers College Record, 120*(9), n.p.

Case, K. A. (2007). Raising male privilege awareness and reducing sexism: An evaluation of diversity courses. *Psychology of Women Quarterly, 31*(4), 426 – 434.

Case, K. A. (2013). Beyond diversity and Whiteness: Developing a transformative and intersectional model of privilege studies pedagogy. In K.A. Case (Ed.), *Deconstructing privilege: Teaching and learning as allies in the classroom* (pp. 1 – 14). New York, NY: Routledge.

Case, K. A., Hensley, R., & Anderson, A. (2014). Reflecting on heterosexual and male privilege: Interventions to raise awareness. *Journal of Social Issues, 70*(4), 722 – 740.

Cheng, Z. H., Pagano, L. A., Jr., & Shariff, A. F. (2018). The development and validation of the Microaggressions Against Non-religious Individuals Scale (MANRIS). *Psychology of Religion and Spirituality, 10*(3), 254 – 262.

Cheung, F., Ganote, C. M., & Souza, T. J. (2016). Microaggressions and microresistance: Supporting and empowering students. *Diversity and Inclusion in the College Classroom*, 15 – 17.

Children Now. (1998). *A different world: Children's perceptions of race and class in the media.* Oakland, CA: Author.

Choi, S., Lewis, J. A., Harwood, S., Mendenhall, R., & Huntt, M. B. (2017). Is ethnic identity a buffer? Exploring the relations between racial microaggressions and depressive symptoms among Asian-American individuals. *Journal of Ethnic & Cultural Diversity in Social Work, 26*(1 – 2), 18 – 29.

Chung, R. C. Y., Bemak, F., Talleyrand, R. M., & Williams, J. M. (2018). Challenges in promoting race dialogues in psychology training: Race and gender perspectives. *The Counseling Psychologist, 46*(2), 213 – 240.

Clark, D. A., Kleiman, S., Spanierman, L. B., Isaac, P., & Poolokasingham, G. (2014). "Do you live in a teepee?" Aboriginal student's experiences with racial microaggressions in Canada. *Journal of Diversity in Higher Education, 7*(2), 112 – 125.

Clark, D. A., & Spanierman, L. B. (2018). "I didn't know that was racist": Costs of racial microaggressions to White people. In G. C. Torino, D. P. Rivera, C. M. Capodilupo, K. L. Nadal, & D. W. Sue (Eds.), *Microaggression theory: Influence and implications* (pp. 138 – 156). Hoboken, NJ: Wiley.

Clark, D. A., Spanierman, L. B., Reed, T. D., Soble, J. R., & Cabana, S. (2011). Documenting weblog expressions of racial microaggressions that target American Indians. *Journal of Diversity in Higher Education, 4*(1), 39 – 50.

Clark, R. (2006). Perceived racism and vascular reactivity in Black college women: Moderating effects of seeking social support. *Health Psychology, 25,* 20 – 25.

Clark, R., Anderson, N. B., Clark, V. R., & Williams, D. R. (1999). Racism as a stressor for African Americans. *American Psychologist, 54,* 805 – 816.

Clay, R. A. (2017, January). Did you really just say that? Here's advice on how to confront microaggressions, whether you're a target, bystander or perpetrator. *Monitor on Psychology, 48*(1), 46.

Cohen, S., & Herbert, T. B. (1996). Health psychology: Psychological factors and physical disease from the perspective of human psychoneuroimmunology. *Annual Review of Psychology, 47,* 113 – 142.

Cohen, S., Frank, E., Doyle, W. J., Skoner, D. P., Rabin, B. S., & Gwalmey, J. M. (1998). Types of stressors that increase susceptibility in the common cold in health adults. *Health Psychology, 17,* 214 – 223.

Cokley, K. (2006). The impact of racialized schools and racist (mis) education on African American students' academic identity. In M. G. Constantine & D. W. Sue (Eds.), *Addressing racism: Facilitating cultural competence in mental health and educational settings* (pp. 127 – 144). New York: Wiley.

Coleman, M. G. (2004). Racial discrimination in the workplace: Does market structure make a difference? *Industrial Relations, 43,* 660 – 689.

College Humor. (2014, August 28). Kinda racist? Try diet racism! [Video file]. Retrieved from https://www.youtube.com/watch?v=xdyin6uipy4

Conley, T. D., Calhoun, C., Evett, S. R., & Devine, P. G. (2001). Mistakes that heterosexual people make when trying to appear non-prejudiced: The view from LGB people. *Journal of Homosexuality, 42,* 21 – 43.

Conover, K. J., Israel, T., & Nylund-Gibson, K. (2017). Development and validation of the Ableist Microaggressions Scale. *The Counseling Psychologist, 45*(4), 570 – 599.

Constantine, M. G. (2007). Racial microaggressions against African American clients in cross-racial counseling relationships. *Journal of Counseling Psychology, 54*(1), 1 – 16.

Constantine, M. G., Smith, L., Redington, R. M., & Owens, D. (2008). Racial microaggressions against Black counseling and counseling psychology faculty: A central challenge in the multicultural counseling movement. *Journal of Counseling & Development, 86*(3), 348 – 355.

Constantine, M. G., & Sue, D. W. (Eds.). (2006). *Addressing racism: Facilitating cultural competence in mental health and educational settings.* Hoboken, NJ: Wiley.

Constantine, M. G., & Sue, D. W. (2007). Perceptions of racial microaggressions among Black supervisees in cross-racial dyads. *Journal of Counseling Psychology, 54,* 142 – 153.

Cortes, C. E. (2004). Knowledge construction and popular culture: The media as multicultural educator. In J. A. Banks & C. A. M. Banks (Eds.), *Handbook of research on multicultural education* (2nd ed., pp. 211 – 227). San Francisco, CA: Jossey Bass.

Cortes, C. E. (2013). *Multicultural America: A multimedia encyclopedia* (Vols. 1 – 4). Thousand Oaks, California: Sage.

Cortina, I. M., & Kubiak, S. P. (2006). Gender and posttraumatic stress: Sexual violence as an explanation for women's increased risk. *Journal of Abnormal Psychology, 115,* 753 – 759.

Cowan, G., Heiple, B., Marquez, C., Katchadourian, D., & McNevin, M. (2005). Heterosexuals' attitudes toward hate crimes and hate speech against gays and lesbians. *Journal of Homosexuality, 49*(2), 67 – 82.

Crandall, C. S., Preisler, J. J., & Aussprung, J. (1992). Measuring life event stress in the lives of college students: The Undergraduate Stress Questionnaire (USQ). *Journal of Behavioral Medicine, 15,* 627 – 662.

Crenshaw, K. (2016). The urgency of intersectionality [Video file]. Retrieved from https://www.youtube.com/watch?v=akOe5-UsQ2o

Creswell, J. W. (2014). *Research design: Qualitative, quantitative, and mixed methods approaches.* Thousand Oaks, CA: Sage.

Crocker, J., & Major, B. (1989). Social stigma and self-esteem: The self-protective properties of stigma. *Psychological*

Review, 96, 608 – 630.

Cross, W. E. Jr., & Reinhardt, J. S. (2017). Whiteness and serendipity. *The Counseling Psychologist, 45*(5), 697 – 705.

Croteau, J. M., Lark, J. S., & Lance, T. S. (2005). Our stories will be told. In J. M. Croteau, J. S. Lark, M. A. Lidderdale, & Y. Barry Chung (Eds.), *Deconstructing heterosexism in the counseling professions* (pp. 1 – 15). Thousand Oaks, CA: Sage.

D'Andrea, M., & Daniels, J. (2001). Expanding our thinking about White racism: Facing the challenge of multiculturalism in the 21st century. In J.G. Ponterotto, J. Manuel Casas, L.A. Suzuki, & C.M. Alexander (Eds.), *Handbook of multicultural counseling* (2nd ed., pp. 289 – 310). Thousand Oaks, CA: Sage.

Dang, A. (2014, January 29). Alex Dang—"What kind of Asian are you?" (NPS 2013) [Video file]. Retrieved from https://www.youtube.com/watch?v=VoP0ox_Jw_w

Davis, D. E., DeBlaere, C., Brubaker, K., Owen, J., Jordan, T. A., Hook, J. N., & Van Tongeren, D. R. (2016). Microaggressions and perceptions of cultural humility in counseling. *Journal of Counseling & Development, 94*(4), 483 – 493.

Davis, M. C., Matthews, K. A., Meilahn, E. N., & Kiss, J. E. (1995). Are job characteristics related to fibrinogen levels in middle-aged women? *Health Psychology, 14*(4), 310 – 318.

de Jong, G. M., Timmerman, I. G. H., & Emmelkamp, P. M. G. (1996). The Survey of Recent Life Experiences: A psychometric evaluation. *Journal of Behavioral Medicine, 19*(6), 529 – 542.

De La Fuente, R. (1990). The mental health consequences of the 1985 earthquakes in Mexico. *International Journal of Mental Health, 19,* 21 – 29.

DeCuir-Gunby, J. T., & Gunby, N. W. Jr. (2016). Racial microaggressions in the workplace: A critical race analysis of the experiences of African American educators. *Urban Education, 51*(4), 390 – 414.

Denzin, N. K., & Lincoln, Y. S. (2018). *The SAGE handbook of qualitative research (5th ed.).* Thousand Oaks, CA: Sage.

DePaulo, B. M. (1992). Nonverbal behavior and self-presentation. *Psychological Bulletin, 111,* 203 – 243.

Desai, S. R., & Abeita, A. (2017) Institutional microaggressions at a Hispanic serving institution: A Dine (Navajo) woman utilizing tribal critical race theory through student activism. *Equity & Excellence in Education, 50*(3), 275 – 289.

Devos, T., & Banaji, M. R. (2005). American = White? *Journal of Personality and Social Psychology, 88,* 447 – 466.

DiAngelo, R. (2011). White fragility. *International Journal of Critical Pedagogy, 3*(3), 54 – 70.

DiAngelo, R. (2018). *White fragility: Why it's so hard for white people to talk about racism.* Boston, MA: Beacon Press.

Dimberg, S. K., Clark, D. A., Spanierman L. B., & VanDaalen, R. (2019, September). "School shouldn't be something you have to survive": Microaggressions targeting queer women in an urban Canadian university. *Journal of Homosexuality.* Advance online publication.

Donovan, R. A., Galban, D. J., Grace, R. K., Bennett, J. K., & Felicie, S. Z. (2013). Impact of racial macro-and microaggressions in Black women's lives: A preliminary analysis. *Journal of Black Psychology, 39*(2), 185 – 196.

Douce, L. A. (2005). Coming out on the wave of feminism, coming of age on the ocean of multiculturalism. In J. M. Croteau, J. S. Lark, M. A. Lidderdale, & Y. Barry Chung (Eds.), *Deconstructing heterosexism in the counseling professions* (pp. 59 – 64). Thousand Oaks, CA: Sage.

Dovidio, J. F. (2001) On the nature of contemporary prejudice: The third wave. *Journal of Social Issues, 57,* 829 – 849.

Dovidio, J. F., & Gaertner, S. L. (1991). Changes in the expression of racial prejudice. In H. Knopke, J. Norrell, & R. Rogers (Eds.), *Opening doors: An appraisal of race relations in contemporary America* (pp. 201 – 241). Tuscaloosa: University of Alabama Press.

Dovidio, J. F., & Gaertner, S. L. (1993). Stereotypes and evaluative intergroup bias. In D. M. Mackie & D. L. Hamilton (Eds.), *Affect, cognition, and stereotyping: Interactive processes in group perception* (pp. 167 – 194). New York, NY: Academic Press.

Dovidio, J. F., & Gaertner, S. L. (1996). Affirmative action, unintentional racial biases, and intergroup relations. *Journal of Social Issues, 52,* 51 – 75.

Dovidio, J. F., & Gaertner, S. L. (2000). Aversive racism and selective decisions: 1989 – 1999. *Psychological Science, 11,* 315 – 319.

Dovidio, J. F., Gaertner, S. L., Kawakami, K., & Hodson, G. (2002). Why can't we just get along? Interpersonal biases and interracial distrust. *Cultural Diversity and Ethnic Minority Psychology, 8*(2), 88 – 102. doi:10.1037//1099 – 9809.8.2.88

Dovidio, J. F., Gaertner, S. L., & Pearson, A. R. (2017). Aversive racism and contemporary bias. In C. G. Sibley & F. K. Barlow (Eds.), *The Cambridge handbook of the psychology of prejudice* (pp. 267 – 294). New York, NY: Cambridge University Press.

Dovidio, J. F., Pearson, A. R., & Penner, L. A. (2018). Aversive racism, implicit bias, and microaggressions. In G. C. Torino, D. P. Rivera, C. M. Capodilupo, K. L. Nadal, & D. W. Sue (Eds.), *Microaggression theory: Influence and implications* (pp. 16 – 31). Hoboken, NJ: Wiley.

Doyle, A. (2009, September 6). Morgan Murphy highlights subtle racism [Video file]. Retrieved from https://www.youtube.com/watch?v=fFgJve3R1O8

Dunton, B., & Fazio, R. (1997). An individual difference measure of motivation to control prejudiced reactions. *Personality and Social Psychology Bulletin, 23,* 316 – 326.

Dupper, D. R., Forrest-Bank, S., & Lowery-Carusillo, A. (2014). Experiences of religious minorities in public school settings: Findings from focus groups involving Muslim, Jewish, Catholic, and Unitarian Universalist youths. *Children & Schools, 37*(1), 37 – 45.

Duran, E. (2006). *Healing the soul wound.* New York, NY: Teachers College Press.

Eddo-Lodge, R. (2017). *Why I'm no longer talking to White people about race.* London, England: Bloomsbury.

Edwards, K. E. (2006). Aspiring social justice ally identity development: A conceptual model. *NASPA Journal, 43,* 39 – 60.

Eldridge, J., & Johnson, P. (2011). The relationship between old-fashioned and modern heterosexism to social dominance orientation and structural violence. *Journal of Homosexuality, 58*(3), 382 – 401.

Ellis, C., Adams, T., & Bochner, A. (2011). Autoethnography: An overview. *Historical Social Research/Historische Sozialforschung, 36*(4), 273 – 290.

Essed, P. (1991). *Understanding everyday racism: An interdisciplinary theory.* Newbury Park, CA: Sage.

Estacio, E. V., & Saidy-Kahn, S. (2014). *Experiences of racial microaggression among migrant nurses in the United Kingdom.* Global Qualitative Nursing Research, 1 – 7.

Fang, C. Y., & Myers, H. F. (2001). The effects of racial stressors and hostility on cardiovascular reactivity in African American and Caucasian men. *Health Psychology, 20,* 64 – 70.

Feagin, J. R. (2006). *Systemic racism: A theory of oppression.* New York, NY: Routledge.

Feagin, J. R. (2013). *The white racial frame: Centuries of racial framing and counter-framing* (2nd ed.) New York, NY: Taylor & Francis.

Feagin, J. R., & McKinney, K. D. (2003). *The many costs of racism.* New York, NY: Rowman & Littlefield.

Feagin, J. R., & Sykes, M. P. (1994), *Living with racism.* Boston, MA: Beacon Press.

Fiske, S. T. (1993). Controlling other people: The impact of power on stereotyping. *American Psychologist, 48,* 621 – 628.

Fiske, S. T., & Stevens, S. L. E. (1993). What's so special about sex? Gender stereotyping and discrimination. In S. Oskamp (Ed.), *Gender issues in contemporary society* (pp. 173 – 196). Newbury Park, CA: Sage.

Flores Niemann, Y., & Carter, C. L. (2017). Microaggressions in the classroom [Video file]. Retrieved from https://notesfromanaspiringhumanitarian.com/video-microaggressions-classroom

Forrest-Bank, S., & Cuellar, M. J. (2018). The mediating effects of ethnic identity on the relationships between racial microaggression and psychological well-being. *Social Work Research, 42*(1), 44 – 56.

Forrest-Bank, S., & Jenson, J. M. (2015). Differences in experiences of racial and ethnic microaggression among Asian, Latino/Hispanic, Black, and White young adults. *Journal of Sociology and Social Welfare, 42*(1), 141 – 161.

Forrest-Bank, S., Jenson, J. M., & Trecartin, S. (2015). The Revised 28-Item Racial and Ethnic Microaggressions Scale (R28REMS): Examining the factorial structure for Black, Latino/Hispanic, and Asian young adults. *Journal of Social Service Research, 41*(3), 326 – 344.

Franklin, A. J. (1999). Invisibility syndrome and racial identity development in psychotherapy and counseling African American men. *The Counseling Psychologist, 27,* 761 – 793.

Franklin, A. J. (2004). *From brotherhood to manhood: How Black men rescue their relationships and dreams from the invisibility syndrome.* Hoboken, NJ: Wiley.

Fredrickson, B. L., & Roberts, T. (1997). Objectification theory: Toward understanding women's lived experiences and mental health risks. *Psychology of Women Quarterly, 21,* 173 – 206.

Freire, P. (1970). *Pedagogy of the oppressed.* New York, NY: Continuum.

Frost, D. M., Lehavot, K., & Meyer, I. H. (2015). Minority stress and physical health among sexual minority individuals. *Journal of Behavioral Medicine, 38*(1), 1 – 8.

Frost, D. M., & Meyer, I. H. (2009). Internalized homophobia and relationship quality among lesbians, gay men, and bisexuals. *Journal of Counseling Psychology, 56*(1), 97 – 109.

Fuertes, J. N., Stracuzzi, T. I., Bennett, J. S., Scheinholtz, J., Mislowack, A., Hersh, M., & Cheng, D. I. (2006). Therapist multicultural competency: A study of therapy dyads. *Psychotherapy, 43*(4), 480 – 490.

Fukuyama, M. A., Miville, M. L., & Funderburk, J. R. (2005). Untold stories: Voices from the "closet" of counseling professionals. In J. M. Croteau, J. S. Lark, M. A. Lidderdale, & Y. Barry Chung (Eds.), *Deconstructing heterosexism in the counseling professions* (pp. 137 – 157). Thousand Oaks, CA: Sage.

Fusion Comedy. (2016, October 5). How microaggressions are like mosquito bites · Same difference [Video file].

Retrieved from https://www.youtube.com/watch?v=hDd3bzA7450

Gaertner, S. L., & Dovidio, J. F. (2005). Understanding and addressing contemporary racism: From aversive racism to the common in-group identity model. *Journal of Social Issues, 61*(3), 615–639.

Galupo, M. P., Henise, S. B., & Davis, K. S. (2014). Transgender microaggressions in the context of friendship: Patterns of experience across friends' sexual orientation and gender identity. *Psychology of Sexual Orientation and Gender Diversity, 1*(4), 461–470.

Garippo, L. (2000). *The Chief Illiniwek dialogue: Intent and tradition vs. reaction and history: A report to the board of trustees of the University of Illinois.* Chicago, IL: Cahil Christian & Kunkle.

Gartner, R. E., & Sterzing, P. R. (2016). Gender microaggressions as gateway to sexual harassment and sexual assault: expanding the conceptualization of youth sexual violence. *Journal of Women and Social Work, 31*(4), 491–503.

Gattis, M. N., & Larson, A. (2017). *Perceived microaggressions and mental health in a sample of black youths experiencing homelessness.* Social Work Research, 41, 7–17.

Gee, G., Spencer, M., Chen, J. Yip, T., & Takeuchi, D. (2007). *The association between self-reported racial discrimination and 12-month DSM-IV mental disorders among Asian Americans nationwide.* Social Science & Medicine, 64, 1984–1996.

Gelso, C. J. (1979). Research in counseling: Methodological and professional issues. *The Counseling Psychologist, 8*(3), 7–36.

Glick, P., & Fiske, S. T. (1996). The ambivalent sexism inventory: Differentiating hostile and benevolent sexism. *Personality and Social Psychology Review, 70*(3), 491–512.

Glick, P., & Fiske, S. T. (2001) An ambivalent alliance: Hostile and benevolent sexism as complementary justifications for gender inequality. *American Psychologist, 56*(2), 109–118.

Goff, P. A., Jackson, M. C., Leone D., Lewis B. A., Culotta, C. M., & DiTomasso, N. A. (2014). The essence of innocence: Consequences of dehumanizing Black children. *Journal of Personality and Social Psychology, 106*(4), 526–545.

Gomez, J. M. (2015). Microaggressions and the enduring mental health disparity: Black Americans at risk for institutional betrayal. *Journal of Black Psychology, 41*(2), 121–143.

Gomez, M. L., Khurshid, A., Freitag, M. B., & Lachuk, A. J. (2011). Microaggressions in graduate students' lives: How they are encountered and their consequences. *Teaching and Teacher Education: An International Journal of Research and Studies, 27*(8), 1189–1199.

Gonzales, L., Davidoff, K. C., DeLuca, J. S., & Yanos, P. T. (2015). The Mental Illness Microaggressions Scale—Perpetrator Version (MIMS–P): Reliability and validity. *Psychiatry Research, 229,* 120 125.

Goodman, D. J. (1995). Difficult dialogues: Enhancing discussions about diversity. *College Teaching, 43,* 47–52.

Goodman, D. J. (2011). *Promoting diversity and social justice: Educating people from privileged groups* (2nd ed.). New York, NY: Routledge.

Gray, B., Johnson, T., Kish-Gephardt, J., & Tilton, J. (2018). Identity work by first-generation college students to counteract class-based microaggressions. *Organization Studies, 39*(9),1227–1250.

Greene, B. (2000). Beyond heterosexism and across the cultural divide. In B. Greene & G. L. Croom (Eds.), *Education, research, and practice in lesbian, gay, bisexual, and transgendered psychology* (pp. 1–45). Thousand Oaks, CA: Sage.

Grencavage, L. M., & Norcross, J. C. (1990). Where are the commonalities among the therapeutic common factors? *Professional Psychology: Research and Practice, 21*(5), 372–378.

Grier, W. H., & Cobbs, P. M. (2000). *Black rage.* Eugene, OR: Wipf and Stock.

Guiliano, J. (2015). *Indian spectacle: College mascots and the anxiety of modern America.* New Brunswick, NJ: Rutgers University Press.

Gusa, D. L. (2010). White institutional presence: The impact of Whiteness on campus climate. *Harvard Educational Review, 80,* 464–490.

Guthrie, R. V. (1998). *Even the rat was White* (2nd ed.). New York, NY: Harper & Row.

Gutierrez y Muhs, G., Niemann, Y. F., Gonzalez, C. G., & Harris, A. P. (2012). *Presumed incompetent: The intersections of race and class for women in academia.* Logan, UT: Utah State University Press.

Haidt, J. (2017, June). Retrieved from: https://heterodoxacademy.org/professorsmust- now-fear-intimidation-from-both-sides/

Hale, J. E. (2016) Thirty-year retrospective on the learning styles of African American children. *Education and Urban Society, 48*(5), 444–459.

Hall, J. M., & Fields, B. (2015). "It's killing us!" Narratives of Black adults about microaggression experiences and related health stress. *Global Qualitative Nursing Research, 1*–14.

Hamelsky, S. W., & Lipton, R. B. (2006). Psychiatric comorbidity of migraine. *Headache, 46,* 1327–1333.

Hamilton, C. J., & Mahalik, J. R. (2009). Minority stress, masculinity, and social norms predicting gay men's health risk behaviors. *Journal of Counseling Psychology, 56,* 132 – 141.

Hammen, C. (2006). Stress generation in depression: Reflections on origins, research, and future directions. *Journal of Clinical Psychology, 62,* 1065 – 1082.

Hanna, F. J., Talley, W. B., & Guindon, M. H. (2000). The power of perception: Toward a model of cultural oppression and liberation. *Journal of Counseling and Development, 78,* 430 – 446.

Haraway, D. (1988). Situated knowledges: The science question in feminism and the privilege of partial perspective. *Feminist Studies, 14*(3), 575 – 599.

Harrell, J. P. (2000). A multidimensional conceptualization of racism–related stress: Implications for the well–being of people of color. *American Journal of Orthopsychiatry, 70,* 42 – 57.

Harrell, J. P., Hall, S., & Taliaferro, J. (2003). Physiological responses to racism and discrimination: An assessment of the evidence. *American Journal of Public Health, 93,* 243 – 248.

Harris, J. C. (2017). Multiracial college students' experiences with multiracial microaggressions. *Race Ethnicity and Education, 20*(4), 429 – 445.

Hartmann, W. E., & Gone, J. P. (2014). American Indian historical trauma: Community perspectives from two Great Plains medicine men. *American Journal of Community Psychology, 54*(3 – 4), 274 – 288.

Hatzenbuehler, M. L. (2009). How does sexual minority stigma "get under the skin"? A psychological mediation framework. *Psychological Bulletin, 135*(5), 707 – 730.

Hatzenbuehler, M. L., O'Cleirigh, C., Mayer, K. H., Mimiaga, M. J., & Safren, S. A. (2011). Prospective associations between HIV–related stigma, transmission risk behaviors, and adverse mental health outcomes in men who have sex with men. *Annals of Behavioral Medicine: A Publication of the Society of Behavioral Medicine, 424*(2), 227 – 234.

Hebl, M. R., Foster, J. B., Mannix, L. M., & Dovidio, J. F. (2002). Formal and interpersonal discrimination: A field study of bias toward homosexual applicants. *Personality and Social Psychology Bulletin, 28*(6), 815 – 825.

Helms, J. E. (1990). *Black and white racial identity: Theory, research, and practice.* New York, NY: Greenwood Press.

Helms, J. E. (1995). An update of Helms' White and people of color racial identity models. In J. G. Ponterotto, J. M. Casas, L. A. Suzuki, & C. M. Alexander (Eds.), *Handbook of multicultural counseling* (pp. 181 – 198). Thousand Oaks, CA: Sage.

Henfield, M. (2011). Black male adolescents navigating microaggressions in a traditionally White middle school: A qualitative study. *Journal of Multicultural Counseling and Development, 39*(3), 141 – 155.

Hennink, M. M. (2014). *Focus group discussions.* New York, NY: Oxford University Press.

Henry, W. J., Cobb–Roberts, D., Dorn, S., Exum, H. A., Keller, H., & Shircliffe, B. (2007). When the dialogue becomes too difficult: A case study of resistance and backlash. *College Student Affairs Journal, 26*(2), 160 – 168.

Heppner, P. P., Wampold, B. E., & Kivlighan, D. K. (2008). *Research design in counseling* (3rd ed.). Belmont, CA: Thompson Brooks/Cole.

Herek, G. M. (1990). The context of anti–gay violence: Notes on cultural and psychological heterosexism. *Journal of Interpersonal Violence, 5*(3), 316 – 333.

Herek, G. M. (1998). *Stigma and sexual orientation: Understanding prejudice against lesbians, gay men, and bisexuals.* Thousand Oaks, CA: Sage.

Herek, G. M. (2000). The psychology of sexual prejudice. *Current Directions in Psychological Science, 9,* 19–22.

Herek, G. M. (2004). Beyond "homophobia": Thinking about sexual stigma and prejudice in the twenty–first century. *Sexuality Research and Social Policy, 1*(2), 6 – 24.

Herek, G. M., Gillis, J. R., & Cogan, J. C. (2009). Internalized stigma among sexual minority adults: Insights from a social psychological perspective. *Journal of Counseling Psychology, 56,* 32 – 43.

Hernandez, M., Nesman, T., Mowery, D., Acevedo–Polakovich, I. D., & Callejas, L. M. (2009). Cultural competence: A literature review and conceptual model for mental health services. *Psychiatric Services, 60*(8), 1046 – 1050.

Hernandez, R. J., & Villodas, M. (2019). Collectivistic coping responses to racial microaggressions associated with Latina/o college persistence attitudes. *Journal of Latinx Psychology, 7,* 76 – 90.

Hill, C. E. (Ed.) (2012). *Consensual qualitative research: A practical resource for investigating social science phenomena.* Washington, DC: American Psychological Association.

Hill, C. E., Knox, S., Thompson, B. J., Williams, E. N., Hess, S. A., & Ladany, N. (2005). Consensual qualitative research: An update. *Journal of Counseling Psychology, 52,* 196 – 205. doi:10.1037/0022–0167.52.2.196

Hill, C. E., Thompson, B. J., & Williams, E. N. (1997). A guide to conducting consensual qualitative research. *The Counseling Psychologist, 25*(4), 517 – 572.

Hinton, E. L. (2004, March/April). *Microinequities: When small slights lead to huge problems in the workplace.* Princeton, NJ: Diversity Inc.

Ho, D. D., Neumann, A. U., Perelson, A. S., Chen, W., Leonard, J. M., & Markowitz, M. (1995). Rapid turnover of plasma virions and CD4 lymphocytes in HIV−1 infection. *Nature, 373,* 123 – 126.

Holder, A. M. B., Jackson, M. A., & Ponterotto, J. G. (2015). Racial microaggression experiences and coping strategies of Black women in corporate leadership. *Qualitative Psychology, 2*(2), 164 – 180.

Hollingsworth, D. W., Cole, A. B., O'Keefe, V. M., Tucker, R. P., Story, C. R., & Wingate, L. R. (2017). Experiencing racial microaggressions influences suicide ideation through perceived burdensomeness in African Americans. *Journal of Counseling Psychology, 64*(1), 104 – 111.

Holmes, T. H., & Rahe, R. H. (1967). The Social Readjustment Rating Scale. *Journal of Psychosomatic Research, 11*(2), 213 – 218.

Holmes, T. S., & Holmes, T. H. (1970). Short-term intrusion into the life style routine. *Journal of Psychosomatic Research, 14,* 121 – 132.

Hook, J. N., Boan, D., Davis, D. E., Aten, J. D., Ruiz, J. M., & Maryon, T. (2016). Cultural humility and hospital safety culture. *Journal of Clinical Psychology in Medical Settings, 23*(4), 402 – 409.

hooks, b. (1995). *Killing rage: Ending racism.* New York, NY: Henry Holt.

Horvath, A. O., Del Re, A. C., Fluckiger, C., & Symonds, D. (2011). Alliance in individual psychotherapy. *Psychotherapy, 48*(1), 9 – 16.

Horvath, A. O., & Symonds, B. D. (1991). Relation between working alliance and outcome in psychotherapy: A meta-analysis. *Journal of Counseling Psychology, 38*(2), 139 – 149.

Houshmand, S., Spanierman, L. B., & DeStefano, J. (2017). Racial microaggressions: A primer with implications for counseling practice. *International Journal for the Advancement of Counseling, 39,* 203 – 216.

Houshmand, S., Spanierman, L. B., & DeStefano, J. (2019). "I have strong medicine, you see": Community members' responses to racial microaggressions. *Journal of Counseling Psychology, 66*(6), 651 –664.

Houshmand, S., Spanierman, L. B., & Tafaradi, R. W. (2014). Excluded and avoided: racial microaggressions targeting Asian international students in Canada. *Cultural Diversity and Ethnic Minority Psychology, 20*(3), 377 – 88.

Hughes, J. L., Camden, A. A., & Yangchen, T. (2016). Rethinking and updating demographic questions: Guidance to improve descriptions of research samples. *Psi Chi Journal of Psychological Research, 21*(3), 138 – 151.

Hughey, M. W., Rees, J., Goss, D. R., Rosino, M. L., & Lesser, E. (2017). Making everyday microaggressions: An exploratory experimental vignette study on the presence and power of racial microaggressions. *Sociological Inquiry, 87*(2), 303 –336.

Hunter, J., & Mallon, G. P. (2000). Lesbian, gay and bisexual adolescent development. In B. Greene & G. L. Croom (Eds.), *Education, research, and practice in lesbian, gay, bisexual, and transgendered psychology* (pp. 226 – 243). Thousand Oaks, CA: Sage.

Husain, A., & Howard, S. (2017). Religious microaggressions: a case study of Muslim Americans. *Journal of Ethnic & Cultural Diversity in Social Work, 26*(1 – 2), 139 – 152.

Huynh, V. (2012). Ethnic microaggressions and the depressive and somatic symptoms of Latino and Asian American adolescents. *Journal of Youth and Adolescence, 41,* 831 – 846.

Inzlicht, M., & Good, C. (2006). How environments threaten academic performance, self-knowledge, and sense of belonging. In S. Levin & C. van Laar (Eds.), *Stigma and group inequality: Social psychological approaches* (pp. 129 – 150). Mahwah, NJ: Erlbaum.

Isom, D. (2016). Microaggressions, injustices, and racial identity: An empirical assessment of the theory of African American offending. *Journal of Contemporary Criminal Justice, 32*(1), 27 – 59.

Ito, T. A., & Urland, G. R. (2003). Race and gender on the brain: Electrocortical measures of attention to the race and gender of multiply categorizable individuals. *Journal of Personality and Social Psychology, 85,* 616 – 626.

Iyer, A., Leach, C. W., & Crosby, F. J. (2003). White guilt and racial compensation: The benefits and limits of self-focus. *Personality & Social Psychology Bulletin, 29*(1), 117 – 129.

Jackson, J. S., Brown, T. N., Williams, D. R., Torres, M., Sellers, S. L., & Brown, K. (1992). *Racism and the physical and mental health status of African Americans: A thirteen year national panel study.* Ann Arbor, MI: University of Michigan Institute for Social Research.

Jackson, S. (2006). Gender, sexuality and heterosexuality: The complexity (and limits) of heteronormativity. *Feminist Theory, 7*(1), 105 – 121.

Jackson, S. E., May, K. E., & Whitney, K. (1995). Understanding the dynamics of diversity in decision-making teams. In R. A. Guzzo & E. Salas (Eds.), *Team decision-making effectiveness in organizations* (pp. 204 – 261). San Francisco, CA: Jossey- Bass.

Jensen, R. (2002). White privilege shapes the U.S. In P. S. Rothenberg (Ed.), *White privilege* (pp. 103 – 106). New York, NY: Worth.

Johnson, S. (1988). Unconscious racism and the criminal law. *Cornell Law Review, 73,* 1016 – 1037.

Johnston-Goodstar, K., & Roholt, R. V. (2017). "Our kids aren't dropping out: They're being pushed out": Native American students and racial microaggressions in schools. *Journal of Ethnic & Cultural Diversity in Social Work, 26,* 30 – 47.

Jones, C., & Shorter-Gooden, K. (2003). *Shifting: The double lives of Black women.* New York, NY: Harper Collins.

Jones, J. M. (1972). *Prejudice and Racism.* Reading, MA: Addison-Wesley.

Jones, J. M. (1997). *Prejudice and racism.* Washington, DC: McGraw-Hill.

Jones, J. M., & Dovidio, J. F. (2018). Change, challenge, and prospects for a diversity paradigm in social psychology. *Social Issues and Public Policy. 12*(1), 7 – 56.

Jones, J. M., & Rolon-Dow, R. (2018). Multidimensional models of microaggressions and microaffirmations. In G. C. Torino, D. P. Rivera, C. M. Capodilupo, K. L. Nadal, & D. W. Sue (Eds.), *Microaggression theory: Influence and implications* (pp. 32 – 47). Hoboken, NJ: Wiley.

Jones, K. P., Peddie, C. I., Gilrane, V. L., King, E. B., & Gray A. L. (2016). Not so subtle: a meta-analytic investigation of the correlates of subtle and overt discrimination. *Journal of Management, 20*(10), 1 – 26.

Jones, M. L., & Galliher, R. V. (2015). Daily racial microaggressions and ethnic identification among Native American young adults. *Cultural Diversity and Ethnic Minority Psychology, 21*(1), 1 – 9.

Joseph, J., & Kuo, B. C. H. (2009). Black Canadians' coping responses to racial discrimination. *Journal of Black Psychology, 35*(1) 78 – 101. doi:10.1177/0095798408323384

Kalibatseva, Z., & Leong, F. (2011). Depression among Asian Americans: Review and recommendations. Depression Research and Treatment. doi:10.1155/2011/320902

Kang, H. K., & Garran, A. M. (2018) Microaggressions in social work classrooms: Strategies for pedagogical intervention. *Journal of Ethnic & Cultural Diversity in Social Work, 27*(1), 4 – 16.

Kaskan, E. R., & Ho, I. K. (2016). Microaggressions and female athletes. *Sex Roles, 7,* 275 – 287.

Kaufman, T. M. L., Baams, L., & Dubas, J. S. (2017). Microaggressions and depressive symptoms in sexual minority youth: The roles of rumination and social support. *Psychology of Sexual Orientation and Gender Diversity, 4*(2), 184 – 192.

Kawakami, K., Dunn, E., Karmali, F., & Dovidio, J. F. (2009). *Mispredicting affective and behavioral responses to racism. Science, 323,* 276 – 278.

Kearney, L. K., Draper, M., & Baron, A. (2005). Counseling utilization by ethnic minority college students. *Cultural Diversity and Ethnic Minority Psychology, 11*(3), 272 – 285.

Keels, M., Durkee, M., & Hope, E. (2017). The psychological and academic costs of school-based racial and ethnic microaggressions. *American Educational Research Journal, 54*(6), 1316 – 1344.

Keltner, D., & Robinson, R. J. (1996). Extremism, power, and imagined basis of social conflict. *Current Directions in Psychological Science, 5,* 101 – 105.

Keltner, N. G., & Dowben, J. S. (2007). Psychobiological substrates of posttraumatic stress disorder: Part I. *Perspectives in Psychiatric Care, 43,* 97 – 101.

Kenney, G. (2014, January). Interrupting microaggressions. College of the Holy Cross, Diversity Leadership & Edu*cation. Retrieved from https://www.*holycross.edu/sites/default/files/files/centerforteaching/interrupting_microaggressions_january2014.pdf

Keum, B. T., Brady, J. L., Sharma, R., Lu, Y., Kim, Y. H., & Thai, C. J. (2018). Gendered Racial Microaggressions Scale for Asian American Women: Development and initial validation. *Journal of Counseling Psychology, 65*(5), 571 – 585.

Kiecolt-Glaser, J. K., Fisher, L. D., Ogrocki, P., Stout, J. C., Speicher, C. E., & Glaser, R. (1987). Marital quality, marital disruption, and immune function. *Psychosomatic Medicine, 49*(1), 13 – 34.

Kiecolt-Glaser, J. K., Glaser, R., Cacioppo, J. T., MacCallum, R. C., Snydersmith, M., Kim, C., & Malarkey, W. B. (1997). Marital conflict in older adults: Endocrinological and immunological correlates. *Psychosomatic Medicine, 59*(4), 339 – 349.

Kim, H., Sefcik, J. S., & Bradway, C. (2016). Characteristics of qualitative descriptive studies: A systematic review. *Research in Nursing & Health, 40,* 23 – 42.

Kim, J. Y. J., Block, C. J., & Nguyen, D. (2019). What's visible is my race, what's invisible is my contribution: Understanding the effects of race and color-blind racial attitudes on the perceived impact of microaggressions toward Asians in the workplace. *Journal of Vocational Behavior, 113,* 75 – 87.

Kim, J. G. S. (2002). Racial perceptions and psychological well being in Asian and Hispanic Americans. *Dissertation Abstracts International, 63*(2 – B), 1033B.

Kim, P. Y. (2017). Religious support mediates the racial microaggressions – mental health relation among Christian ethnic minority students. *Psychology of Religion and Spirituality, 9*(2), 148 – 157.

Kim, P. Y., Kendall, D. L., & Cheon, H. S. (2017). Racial microaggressions, cultural mistrust, and mental health outcomes among Asian American college students. *American Journal of Orthopsychiatry, 87*(6), 663–670.

King, K. R. (2005). Why is discrimination stressful? The mediating role of cognitive appraisal. *Cultural Diversity and Ethnic Minority Psychology, 11,* 202–212.

Kiselica, M. (1998). Preparing Anglos for the challenges and joys of multiculturalism. *The Counseling Psychologist, 26,* 5–21.

Kitzinger, J. (2005) Focus group research: Using group dynamics to explore perceptions, experiences and understandings. In I. Holloway (Ed.), *Qualitative research in health care* (pp. 56–70). London, England: Open University Press.

Kivel, P. (2011). *Uprooting racism: How White people can work for racial justice* (3rd ed.). Gabriola Island, BC: New Society Publishers.

Klonoff, E. A., & Landrine, H. (1995). The schedule of sexist events: A measure of lifetime and recent sexist discrimination in women's lives. *Psychology of Women Quarterly, 19,* 439–472.

Kochman, T. (1981). *Black and White styles in conflict.* Chicago, IL: University of Chicago Press.

Kohli, R., & Solorzano, D. G. (2012). Teachers, please learn our names!: Racial microaggressions and the K–12 classroom. *Race Ethnicity and Education, 15,* 1–22.

Kraus, M. W., & Park, J. W. (2017, March 20). *Microaggressions as part of the historical context of stigma and prejudice.* Retrieved from osf.io/preprints/psyarxiv/622ke

Krueger, R. A., & Casey, M. A. (2015). *Focus groups: A practical guide for applied research.* Thousand Oaks, CA: Sage.

Kuchynka, S. L., Salomon, K., Bosson, J. K., El-Hout, M., Kiebel, E., Cooperman, C., & Toomey, R. (2018). Hostile and benevolent sexism and college women's STEM outcomes. *Psychology of Women Quarterly, 42*(1), 72–87.

Landrine, H., & Klonoff, E. A. (1996). The schedule of racist events: A measure of racial discrimination and a study of its negative physical and mental health consequences. *Journal of Black Psychology, 22,* 144–168.

Lane, K., Kang, J., & Banaji, M. R. (2007). Implicit social cognition and law. *Annual Review of Law & Social Science, 3,* 427–451.

Lara, M. E., Klein, D. N., & Kasch, K. L. (2000). Psychosocial predictors of the short-term course and outcome of major depression: A longitudinal study of a nonclinical sample with recent-onset episodes. *Journal of Abnormal Psychology, 109*(4), 644–650.

Latane, B., & Darley, J. M. (1968). Group inhibition of bystander intervention in emergencies. *Journal of Personality and Social Psychology, 10*(3), 215–221.

Latane, B., & Darley, J. M. (1970). *The unresponsive bystander: Why doesn't he help?.* New York, NY: Appleton-Century-Crofts.

Lau, M. Y., & Williams, C. D. (2010). Microaggression research: Methodological review and recommendations. In D. W. Sue (Ed.) *Microaggressions and marginality: Manifestations, dynamics, and impact* (pp. 313–336). Hoboken, NJ: Wiley.

Lazarus, R. S. (1966). *Psychological stress and the coping process.* New York, NY: McGraw-Hill.

Lazarus, R. S., & Folkman, S. (1984). *Stress, appraisal, and coping.* New York, NY: Springer.

Lee, D. L., & Ahn, S. (2011). Racial discrimination and Asian mental health: A metaanalysis. *The Counseling Psychologist, 39*(3), 463–489.

Lee, E. A., Soto, J. A., Swim, J. K., & Bernstein, M. J. (2012) Bitter reproach or sweet revenge: Cultural differences in response to racism. *Personality and Social Psychology Bulletin, 38*(7), 920–932.

Lee, R. M. (2003). Do ethnic identity and other-group orientation protect against discrimination for Asian Americans? *Journal of Counseling Psychology, 50,* 36–44.

Leong, F. T. L., Wagner, N. S., & Tata, S. P. (1995). Racial and ethnic variations in helpseeking attitudes. In J. G. Ponterotto, J. M. Casas, L. A. Suzuki, & C. M. Alexander (Eds.), *Handbook of multicultural counseling* (pp. 415–438). Thousand Oaks, CA: Sage.

Leonhardt, D., & Philbrick, I. P. (2018, January 15). *Donald Trump's racism: The definitive list.* New York Times.

Lester, J., Yamanaka, A., & Struthers, B. (2016). Gender microaggressions and learning environments: The role of physical space in teaching pedagogy and communication. *Community College Journal of Research and Practice, 40*(11), 909–926.

Levenstein, C., Prantera, C., Varvo, V., Scribano, M. L., Berto, E., Luzi, C., & Andreoli, A. (1993). Development of the Perceived Stress Questionnaire: A new tool for psychosomatic research. *Journal of Psychosomatic Research, 37,* 19–32.

Levitt, H. M., Bamberg, M., Creswell, J. W., Frost, D. M., Josselson, R., & Suarez-Orozco, C. (2018). Journal article reporting standards for qualitative primary, qualitative meta-analytic, and mixed methods research in psychology: The APA Publications and Communications Board task force report. *American Psychologist, 73*(1), 26–46.

Lewis, J. A., Mendenhall, R., Harwood, S. A., & Huntt, M. B. (2013). Coping with gendered racial microaggressions among Black women college students. *Journal of African American Studies, 17*(1), 51 – 73.

Lewis, J. A., Mendenhall, R., Harwood, S. A., & Huntt, M. B. (2016). "Ain't I a woman?" Perceived gendered racial microaggressions experienced by Black women. *The Counseling Psychologist, 44*(5), 758 – 780.

Lewis, J. A., & Neville, H. A. (2015) Construction and initial validation of the Gendered Racial Microaggressions Scale for Black Women. *Journal of Counseling Psychology, 62*(2), 289 – 302.

Li, M. J., Thing, J. P., Galvan, F. H., Gonzalez, K. D., & Bluthenthal, R. N. (2017). Contextualising family microaggressions and strategies of resilience among young gay and bisexual men of Latino heritage. *Culture, Health & Sexuality, 19,* 107 – 120.

Liang, C. T. H., Alvarez, A. N., Juang, L. P., & Liang, M. X. (2007). The role of coping in the relationship between perceived racism and racism–related stress for Asian Americans: Gender differences. *Journal of Counseling Psychology, 54,* 132 – 141.

Liang, C. T. H., & Fassinger, R. E. (2008). The role of collective self–esteem for Asian Americans experiencing racism–related stress: A test of moderator and mediator hypotheses. *Cultural Diversity and Ethnic Minority Psychology, 14,* 19 – 28.

Liao, K. Y.–H., Weng, C. Y., & West, L. M. (2016). Social connectedness and intolerance of uncertainty as moderators between racial microaggressions and anxiety among Black individuals. *Journal of Counseling Psychology, 63*(2), 240 – 246.

Lilienfeld, S. O. (2017). Microaggressions: Strong claims, inadequate evidence. *Perspectives on Psychological Science, 12*(1), 138 – 169.

Lilly, F. R. W., Owens, J., Bailey, J., TaShara, C., Ramirez, A., Brown, W., ⋯ Vidal, C. (2018). The influence of racial microaggressions and social rank on risk for depression among minority graduate and professional students. *College Student Journal, 52*(1), 86 – 104.

Lincoln, Y. S., & Guba, E. G. (1985). *Naturalistic inquiry.* Newbury Park, CA: Sage Publications.

Linder, C. (2015). Navigating guilt, shame, and fear of appearing racist: A conceptual model of antiracist White feminist identity development. *Journal of College Student Development, 56,* 535 – 550.

Lipscomb, A., Ashley, W., & Mountz, S. (2017). From the teachers perspective: Exploring ways to navigate transformative dialogues about microaggressions in social work higher education. *International Research in Higher Education, 2*(3), 50 – 59.

Locke, D. C. (1994, October). Fatigue: An essay. *African American News* (Asheville, NC), 30.

Loewen, J. W. (2018). *Lies my teacher told me: Everything your American history textbook got wrong.* New York: The New Press.

Lott, B., Aquith, K., & Doyon, T. (2001). Relationship of ethnicity and age to women's responses to personal experiences of sexist discrimination in the United States. *Journal of Social Psychology, 141,* 309 – 315.

Louis, D. A., Rawls, G. J., Jackson–Smith, D., Chambers, G. A., Phillips, L. L., & Louis, S. L. (2016). Listening to our voices: Experiences of Black faculty at predominantly White research universities with microaggression. *Journal of Black Studies, 47*(5), 454 – 474.

Luoma, J. B., Martin, C. E., & Pearson, J. L. (2002). Contact with mental health and primary care providers before suicide: A review of the evidence. *American Journal of Psychiatry, 159*(6), 909 – 916.

Lynch, M., & Haney, C. (2011). Mapping the racial bias of the White male capital juror: Jury composition and the "empathic divide." *Law and Society Review, 45*(1), 69 – 102.

Lyness, K. S., & Thompson, D. E. (2000). Climbing the corporate ladder: Do female and male executives follow the same route? *Journal of Applied Psychology, 85,* 86 – 101.

Mallinckrodt, B., Miles, J. R., & Recabarren, D. (2016). Using focus groups and Rasch item response theory to improve instrument development. *The Counseling Psychologist, 44*(2), 146 – 194. doi:10.1177/0011000015596437

Mallon, G. P. (1998). *Gay, lesbian, and bisexual childhood and adolescent development: An ecological perspective. In G. Appleby & J. Anastas* (Eds.), Not just a passing phase: Social work with gay, lesbian, and bisexual persons. New York, NY: Columbia University Press.

Mazzula, S. L., & Nadal, K. L. (2015). Racial microaggressions, Whiteness, and feminist therapy. *Women and Therapy, 38*(3 – 4), 308 – 326.

McCabe, J. (2009). Racial and gender microaggressions on a predominantly–White campus: Experiences of Black, Latina/o and White undergraduates. *Race, Gender & Class, 16,* 133 – 151.

McConahay, J. B. (1986). Modern racism, ambivalence, and the modern racism scale. In J. F. Dovidio & S. L. Gaertner (Eds.), *Prejudice, discrimination, and racism* (pp. 91 – 126). Orlando, FL: Academic Press.

McGonagle, K. A., & Kessler, R. C. (1990). Chronic stress, acute stress, and depressive symptoms. *American Journal of Community Psychology, 18,* 681 – 706.

McIntosh, P. (1989). *White privilege: Unpacking the invisible knapsack.* Peace and Freedom Magazine, pp. 10 – 12.

Mekawi, Y., & Todd, N. R. (2018). Okay to say?: Initial validation of the Acceptability of Racial Microaggressions Scale. *Cultural Diversity and Ethnic Minority Psychology, 24*(3), 346 – 362.

Mellor, D. (2004). Responses to racism: A taxonomy of coping styles used by Aboriginal Australians. *American Journal of Orthopsychiatry, 74,* 56 – 71. doi:10.1037/0002-9432.74.1.56

Mercer, S. H., Zeigler-Hill, V., Wallace, M., & Hayes, D. M. (2011). Development and initial validation of the Inventory of Microaggressions against Black Individuals. *Journal of Counseling Psychology, 58*(4), 457 – 469.

Merritt, M. M., Bennett, G. G., Jr., Williams, R. B., Edwards, C. L., & Sollers, J. J., III. (2006). Perceived racism and cardiovascular reactivity and recovery to personally relevant stress. *Health Psychology, 25,* 364 – 369.

Meyer, I. H. (1995). Minority stress and mental health in gay men. *Journal of Health and Social Behavior, 3,* 38 – 56.

Meyer, I. H. (2003). Prejudice as stress: Conceptual and measurement problems. *American Journal of Public Health, 93,* 262 – 265.

Meyer, I. H., & Frost, D. M. (2013). Minority stress and the health of sexual minorities. In C. J. Patterson & A. R. D'Augelli (Eds.), *Handbook of psychology and sexual orientation* (pp. 252 – 266). Oxford University Press.

Miller, G. E., Chen, E., & Zhou, E. S. (2007). If it goes up, must it come down? Chronic stress and the hypothalamic–pituitary–adrenocortical axis in humans. *Psychological bulletin, 133*(1), 25 – 45.

Miller, J., & Garran, A. M. (2008). *Racism in the United States.* Belmont, CA: Brooks Cole.

Mills, C. (1997). *The racial contract.* Ithaca, NY: Cornell University Press.

Minikel-Lacocque, J. (2013). Racism, college, and the power of words: Racial microaggressions reconsidered. *American Educational Research Journal, 50*(3), 432 – 465.

Miyake, E. (2018). Female Microaggressions Scale (FeMS): A comprehensive sexism scale. (Doctoral dissertation). Retrieved from ProQuest Dissertations and Theses.

Moody, C., Spanierman, L. B., Houshmand, S., Smith, N. G., & Jarrett, T. (2019). Trans students' experiences with microaggressions at a Canadian university. Manuscript submitted for publication.

Moradi, B., & Risco, C. (2006). Perceived discrimination experiences and mental health of Latina/o American persons. *Journal of Counseling Psychology, 53,* 411 – 421.

Morrison, M. A., & Morrison, T. G. (2003). Development and validation of a scale measuring modern prejudice toward gay men and lesbian women. *Journal of Homosexuality, 43*(2), 15 – 37.

Morrow, S. L. (2005). Quality and trustworthiness in qualitative research in counseling psychology. *Journal of counseling psychology, 52*(2), 250 – 260.

MTV Decoded. (2015, July 22). If microaggressions happened to White people | Decoded | MTV News [Video file]. Retrieved from https://www.youtube.com/watch?v=KPRA4g-3yEk

Munoz, S. M., & Vigil, D. (2018). Interrogating racist nativist microaggressions and campus climate: How undocumented and DACA college students experience institutional legal violence in Colorado. *Journal of Diversity in Higher Education, 11,* 451 – 466.

Murphy, M. C. Richeson, J. A., Shelton, N. J., Rheinschmidt, M. L., & Bergsieker, H. (2012). Cognitive costs of contemporary prejudice. *Group Processes & Intergroup Relations, 16*(5), 560 – 571.

My Genderation. (2016, August 11). What haters say about Transgender people [Video file]. Retrieved from https://www.youtube.com/watch?v=MHECMit1Obo

Nadal, K. L. (2011). The Racial and Ethnic Microaggressions Scale (REMS): Construction, reliability, and validity. *Journal of Counseling Psychology, 58*(4), 470 – 480.

Nadal, K. L. (2013). *That's so gay!: Microaggressions and the lesbian, gay, bisexual and transgender communities.* Washington, DC: American Psychological Association.

Nadal, K. L., Davidoff, K. C., Davis, L. S., & Wong, Y. (2014). Emotional, behavioral, and cognitive reactions to microaggressions: Transgender perspectives. *Psychology of Sexual Orientation and Gender Diversity, 1*(1), 72 – 81.

Nadal, K. L., Davidoff, K. C., Davis, L. S., Wong, Y., Marshall, D., & McKenzie, V. (2015). A qualitative approach to intersectional microaggressions: Understanding influences of race, ethnicity, gender, sexuality, and religion. *Qualitative Psychology, 2*(2), 147 – 163.

Nadal, K. L., Griffin, K. E., Wong, Y., Davidoff, K. C., & Davis, L. S. (2017). The injurious relationship between racial microaggressions and physical health: Implications for social work. *Journal of Ethnic & Cultural Diversity in Social Work, 26*(1 – 2), 6 – 17.

Nadal, K. L., Griffin, K. E., Wong, Y., Hamit, S., & Rasmus, M. (2014). The impact of racial microaggressions on mental health: Counseling implications for clients of color. *Journal for Counseling and Development, 92*(1), 57 – 66. doi:10.1002/j.1556 – 6676.2014.00130.x

Nadal, K. L., Hamit, S., Lyons, O., Weinberg, A., & Corman, L. (2013). Gender microaggressions: Perceptions, processes, and coping mechanisms of women. In M. A. Paludi (Ed.), Psychology for business success (pp. 193 –

220), Santa Barbara, CA: Praeger/ABC-CLIO.

Nadal, K. L., Issa, M., Leon, J., Meterko, V., Wideman, M., & Wong, Y. (2011). Sexual orientation microaggressions: "Death by a thousand cuts" for lesbian, gay, and bisexual youth. *Journal of LGBT Youth, 8*(3), 234 – 259.

Nadal, K. L., Mazzula, S., Rivera, D., & Fujii-Doe, W. (2014). Microaggressions and Latina/o Americans: An analysis of nativity, gender, and ethnicity. *Journal of Latina/o Psychology, 2*(2), 67 – 78.

Nadal, K. L., Rivera, D. P., & Corpus, M. J. H. (2010). Sexual orientation and transgender microaggressions: Implications for mental health and counseling. In D. W. Sue (Ed.), *Microaggressions and marginality: Manifestation, dynamics, and impact* (pp. 217 – 240). Hoboken, NJ: Wiley.

Nadal, K. L., Skolnik, A., & Wong, Y. (2012). Interpersonal and systemic microaggressions toward transgender people: Implications for counseling. *Journal of LGBT Issues in Counseling, 6*(1), 55 – 82.

Nadal, K. L., Whitman, C. N., Davis, L. S., Erazo, T., Davidoff, K. C. (2016). Microaggressions toward lesbian, gay, bisexual, transgender, queer, and genderqueer people: A review of the literature. *Journal of Sex Research, 53*(4 – 5), 488 – 508.

Nadal, K. L., Wong, Y., Griffin, K., Davidoff, K., & Sriken, J. (2014). The adverse impact of racial microaggressions on college students' self-esteem. *Journal of College Student Development, 55*, 461 – 474.

Nadal, K. L., Wong, Y., Griffin, K., Sriken, J., Vargas, V., Wideman, M., & Kolawole, A. (2011). Microaggressions and the multiracial experience. *International Journal of Humanities and Social Sciences, 1*(7), 36 – 44.

Nadal, K. L., Wong, Y., Sriken, J., Griffin, K., & Fujii-Doe, W. (2015). Racial microaggressions and Asian Americans: An exploratory study on within-group differences and mental health. *Asian American Journal of Psychology, 6*(2), 136 – 144.

Nagai, A. (2017). The pseudo-science of microaggressions. *Academic Questions, 30*(1), 47 – 57.

Najih, M., Spanierman, L. B., & Clark, D. A. (2019). Arab Muslim students' experiences with racial microaggressions in a Canadian public university. Manuscript in preparation.

Nakaoka, S., & Ortiz, L. (2018). Examining racial microaggressions as a tool for transforming social work education: The case for critical race pedagogy. *Journal of Ethnic & Cultural Diversity in Social Work: Innovation in Theory, Research & Practice, 27*(1), 72 – 85.

National Academy of Sciences, National Academy of Engineering, & Institute of Medicine. (2006). *Beyond bias and barriers: Fulfilling the potential of women in academic science, and engineering.* Washington, DC: National Academies Press.

National Institute of Mental Health. (2007). Anxiety disorders. Retrieved from www.nimh.nih.gov/publica/ NIMHanxiety.pdf

Native American Rights Fund. (n.d.) Frequently asked questions. Retrieved from https://www.narf.org/frequently-asked-questions

Nelson, T. (2006). *Psychology of prejudice* (2nd ed.). Boston, MA: Allyn & Bacon.

Neville, H. A., Awad, G. H., Brooks, J. E., Flores, M. P., & Bluemel, J. (2013). Colorblind racial ideology theory, training, and measurement implications in psychology. *American Psychologist, 68*(6), 455 – 466.

Neville, H. A., Lilly, R. L., Duran, G., Lee, R. M., & Browne, L. (2000). Construction and initial validation of the Color-Blind Racial Attitudes Scale (CoBRAS). *Journal of Counseling Psychology, 47*(1), 59 – 70.

New York Times. (2014, March 23). Racial microaggressions: Comments that sting [Video file]. Retrieved from https://www.youtube.com/watch?v=_85JVcniE_M

Newnham, E. A., Pearson, R. M., Stein, A. R., & Betancourt, T. S. (2015). Youth mental health after civil war: The importance of daily stressors. *The British Journal of Psychiatry: The Journal of Mental Science, 206*(2), 116 – 121.

Nnawulezi, N. A., & Sullivan, C. M. (2014). Oppression within safe spaces: Exploring racial microaggressions within domestic violence shelters. *Journal of Black Psychology, 40*(6), 563 – 591.

Nix, J., Campbell, C. A, Byers, E. H., & Alpert, G. P. (2015). A bird's eye view of civilians killed by police in 2015. *Criminology and Public Policy, 16*(1), 309 – 340.

O'Brien, J. M. (2005). Sexual orientation, shame and silence. In J. M. Croteau, J. S. Lark, M. A. Lidderdale, & Y. Barry Chung (Eds.), *Deconstructing heterosexism in the counseling profession* (pp. 97 – 102). Thousand Oaks, CA: Sage.

Obear, K. (2016). *… But I'm not racist! Tools for well-meaning whites.* McClean, VA: Difference Press.

Offermann, L. R., Basford, T. E., Graebner, R., DeGraaf, S. B., & Jaffer, S. (2013). Slights, snubs, and slurs: Leader equity and microaggressions. *Equality, Diversity, and Inclusion, 32*(4), 374 – 393. doi.org/10.1108/EDI-05-2012-0046

O'Keefe, V., Wingate, L., Cole, A., Hollingsworth, D., & Tucker, R. (2015). Seemingly harmless racial communications are not so harmless: Racial microaggressions lead to suicidal ideation by way of depression symptoms. *Suicide and Life-Threatening Behavior, 45*(5), 567 – 576.

Ong, A. D., Burrow, A. L., Fuller-Rowell, T. E., Ja, N. M., & Sue, D. W. (2013). Racial microaggressions and daily well-being among Asian Americans. *Journal of Counseling Psychology, 60*(2), 188 – 199.

Ong, A. D., Cerrada, C., Lee, R. A., & Williams, D. R. (2017). Stigma consciousness, racial microaggressions, and sleep disturbance among Asian Americans. *Asian American Journal of Psychology, 8*(1), 72 – 81.

Owen, J., Drinane, J. M., Tao, K. W., DasGupta, D. R., Zhang, Y. S. D., & Adelson, J. (2018). An experimental test of microaggression detection in psychotherapy: Therapist multicultural orientation. *Professional Psychology: Research and Practice, 49*(1), 9 – 21.

Owen, J., Imel, Z. E., Tao, K. W., Wampold, B. E., Smith, A., & Rodolfa, E. (2011). Cultural ruptures in short-term therapy: Working alliance as a mediator between clients' perceptions of microaggressions and therapy outcomes. *Counselling & Psychotherapy Research, 11*, 204 – 212.

Owen, J., Tao, K. W., Imel, Z. E., Wampold, B. E., & Rodolfa, E. (2014). Addressing racial and ethnic microaggressions in therapy. *Professional Psychology: Research and Practice, 45*(4), 283 – 290.

Owen, J., Tao, K. W., & Rodolfa, E. (2010). Microaggressions and women in short-term psychotherapy: Initial evidence. *The Counseling Psychologist, 38*(7), 923 – 946.

Palmer, R. T., & Maramba, D. C. (2015). Racial microaggressions among Asian American and Latino/a students at a historically Black university. *Journal of College Student Development, 56*(7), 705 – 722.

Paradies Y., Ben J., Denson N., Elias A., Priest N., Pieterse A., ⋯ Gee, G. (2015). Racism as a determinant of health: A systematic review and meta-analysis. *PLoS ONE, 10*(9), 1 – 48.

Pascoe, E. A., & Richman, S. L. (2009). Perceived discrimination and health: A metanalytic review. *Psychological Bulletin, 135*(4), 531 – 554.

Patton, M. Q. (2015). *Qualitative research & evaluation methods: Integrating theory and practice* (4th ed.). Thousand Oaks, CA: Sage.

Pearson, A. R., Dovidio, J. F., & Gaertner, S. L. (2009). The nature of contemporary prejudice: Insights from aversive racism. *Social and Personality Psychology Compass, 3*(3), 314 – 338.

Penner, L. A., Phelan, S. M., Earnshaw, V., Albrecht, T. L., & Dovidio, J. F. (2017). Patient stigma, medical interactions, and health care disparities: A selective review. In B. Major, J. F. Dovidio, & B.G. Link. (Eds.), *The Oxford handbook of stigma, discrimination, and health* (pp. 183 – 201). Oxford, England: Oxford University Press.

Perez Huber, L. P. (2011). Discourses of racist nativism in California public education: English dominance as racist nativist microaggressions. *Journal of the American Educational Studies Association, 47*, 379 – 401.

Perez Huber, L. P., & Solorzano, D. G. (2015). Racial microaggressions as a tool for critical race research. *Race Ethnicity and Education, 18*(3), 297 – 320.

Peters, H. J., Schwenk, H. N., Ahlstrom, Z. R., & McIalwain, L. N. (2017). Microaggressions: The experience of individuals with mental illness. *Counselling Psychology Quarterly, 30*(1), 86 – 112.

Pew Research Center. (2016). On views of race and inequality, Blacks and Whites are worlds apart. *Pew Research Center: Social and Demographic Trends.* Retrieved from https://www.pewsocialtrends.org/2016/06/27/on-views-of-race-and-inequalityblacks-and-whites-are-worlds-apart/

Pierce, C. (1974). Psychiatric problems of the Black minority. In S. Arieti (Ed.), *American handbook of psychiatry* (pp. 512 – 523). New York, NY: Basic Books.

Pierce, C. (1988). Stress in the workplace. In A. F. Concer-Edwards & J. Spurlock (Eds.), *Black families in crisis: The middle class* (pp. 27 – 34). New York, NY: Brunner/Mazel.

Pierce, C. (1995). Stress analogs of racism and sexism: Terrorism, torture, and disaster. In C. Willie, P. Rieker, B. Kramer, & B. Brown (Eds.), *Mental health, racism, and sexism* (pp. 277 – 293). Pittsburgh, PA: University of Pittsburgh Press.

Pierce, C. M., Carew, J. V., Pierce-Gonzalez, D., & Willis, D. (1978). *An experiment in racism: TV commercials.* Sage Contemporary Social Science, 44, 62 – 88.

Pieterse, A. L., Todd, N. R., Neville, H. A., & Carter, R. T. (2012). Perceived racism and mental health among Black American adults: A meta-analytic review. *Journal of Counseling Psychology, 59*(1), 1 – 9.

Pike, J. L., Smith, T. L., Hauger, R. L., Nicassio, P. M., Patterson, T. L., McClintock, J., ⋯ Irwin, M. R. (1997). Chronic life stress alters sympathetic, neuroendocrine, and immune responsibility to an acute psychological stressor in humans. *Psychosomatic Medicine, 59*, 447 – 457.

Pinterits, E. J., Poteat, V. P., & Spanierman, L. B. (2009). The White Privilege Attitudes Scale: Development and initial validation. *Journal of Counseling Psychology, 56*(3), 417 – 429.

Pitcher, E. N. (2017). "There's stuff that comes with being an unexpected guest": Experiences of trans* academics with microaggressions. *International Journal of Qualitative Studies in Education, 30*, 668 – 703.

Plant, E. A., & Devine, P. G. (1998). Internal and external motivation to respond without prejudice. *Journal of Personality and Social Psychology, 75*, 811 – 832.

Plant, E. A., & Peruche, B. M. (2005). The consequences of race for police officers' responses to criminal suspects. *Psychological Science, 16,* 180–183.

Platt, L. F., & Lenzen, A. L. (2013). Sexual orientation microaggressions and the experience of sexual minorities. *Journal of Homosexuality, 60*(7), 1011–1034.

Ponterotto, J. G., Utsey, S. O., & Pedersen, P. B. (2006). *Preventing prejudice: A guide for counselors, educators, and parents* (2nd ed.). Thousand Oaks, CA: Sage.

Poolokasingham, G., Spanierman, L. B., Kleiman, S., & Houshmand, S. (2014). "Fresh off the boat?" Racial microaggressions that target South Asian Canadian students. *Journal of Diversity in Higher Education, 7*(3), 194–210.

Potok, M. (2017, February). The Trump effect. *Intelligence Report.* Southern Poverty Law Center. Retrieved from https://www.splcenter.org/fighting-hate/intelligencereport/2017/trump-effect

Pronin, E., Lin, D. Y., & Ross, L. (2002). The bias blind spot: Perceptions of bias in self versus others. *Personality and Social Psychology Bulletin, 28*(3), 369–381.

Purdie-Vaughns, V., Steele, C. M., Davies, P. G., Ditlmann, R., & Crosby, J. R. (2008). Social identity contingencies: How diversity cues signal threat or safety for African Americans in mainstream institutions. *Journal of Personality and Social Psychology, 94*(4), 615–630. doi:10.1037/0022-3514.94.4.615

Quinnipiac University. (2017, August). Trump is dividing the country, U.S. voters say 2–1, Quinnipiac university national poll finds; Most trust media more than president. *Quinnipiac University/Poll.* Retrieved from https://poll.qu.edu/images/polling/us/us08232017_Usgdv94.pdf

Rabow, J. (2005). *Voices of pain, voices of hope.* Santa Monica, CA: Pyramid media.

Ragins, B. R., Singh, R., & Cornwell, J. M. (2007). Making the invisible visible: Fear and disclosure of sexual orientation at work. *Journal of Applied Psychology, 92*(4), 1103–1118.

Rahe, R. H. (1994). The more things change···. *Psychosomatic Medicine, 56,* 306–307.

Ramsey, F. (2013, September 6). Getting called out: How to apologize [Video file]. Retrieved from https://www.youtube.com/watch?v=C8xJXKYL8pU&feature=youtu.be

Reason, R. D., & Broido, E. M. (2005). Issues and strategies for social justice allies (and the student affairs professionals who hope to encourage them). *New Directions for Student Services, 110,* 81–89. doi:10.1002/ss.167

Reid, K., Flowers, P., & Larkin, M. (2005). Exploring lived experience. *The Psychologist, 18*(1), 20–23.

Rhodan, M. (2018, June 20). Here are the facts about President Trump's family separation policy. *Time.* Retrieved from http://time.com/5314769/family-separation-policy-donald-trump

Richeson, J. A., & Shelton, J. N. (2007). Negotiating interracial interactions: Costs, consequences, and possibilities. *Current Directions in Psychological Science, 16*(6), 316–320.

Ridley, C. R. (2005). *Overcoming unintentional racism in counseling and therapy* (2nd ed.). Thousand Oaks, CA: Sage.

Rivera, D. P., Forquer, E. E., & Rangel, R. (2010). Microaggressions and the life experience of Latina/o Americans. In D. W. Sue (Ed.), *Microaggressions and marginality: Manifestation, dynamics, and impact* (pp. 59–83). Hoboken, NJ: Wiley.

Rodriguez, M. D. (2014, December). *No way but through* [Video file]. Retrieved from https://www.youtube.com/watch?v=2orqr-nOIPk

Rothman, T., Malott, K. M., & Paone, T. R. (2012). Experiences of a course on the culture of Whiteness in counselor education. *Journal of Multicultural Counseling and Development, 40*(1), 37–48.

Rowe, M. (2008). Micro-affirmations and micro-inequities. *Journal of the International Ombudsman Association, 1*(1), 1–9.

Rowe, M. P. (1990). Barriers to equality: The power of subtle discrimination to maintain unequal opportunity. *Employee Responsibilities and Rights Journal, 3,* 153–163.

Salvatore, J., & Shelton, J. N. (2007). Cognitive costs of exposure to racial prejudice. *Psychological Science, 18*(9), 810–815. doi:10.1111/j.1467-9280.2007.01984.x

Sanchez, D., Adams, W. N., Arango, S. C., & Flannigan, A. E. (2018). Racial-ethnic microaggressions, coping strategies, and mental health in Asian American and Latinx American college students: A mediation model. *Journal of Counseling Psychology, 65*(2), 214–225.

Sanchez, K., Chapa, T., Ybarra, R., & Martinez, O. N. (2012). *Enhancing the delivery of health care: Eliminating health disparities through a culturally & linguistically centered integrated health care approach.* Hogg Foundation Pamphlets.

Satcher, J., & Leggett, M. (2007). Homonegativity among professional school counselors: An exploratory study. *Professional School Counselor, 11,* 10–16.

Schacht, T. E. (2008). A broader view of racial microaggression in psychotherapy. *American Psychologist, 63*(4), 273. doi:10.1037/0003-066X.63.4.273

Schoulte, J., Schultz, J., & Altmaier, E. (2011). Forgiveness in response to cultural microaggressions. *Counselling*

Psychology Quarterly, 24(4), 291–300.

Scott, M. J., & Stradling, S. G. (1994). Posttraumatic stress disorder without the trauma. *British Journal of Clinical Psychology, 33,* 71–74.

Scully, M. (2005). Bystander awareness: Skills for effective managers. In D. G. Ancona, T. A. Kochan, M. Scully, J. Van Maanen, & D. E. Westney (Eds.), *Managing for the future: Organizational behavior and processes* (pp. 18–27). Cincinnati, OH: Southwestern Publishing Group.

Scully, M., & Rowe, M. (2009). Bystander training within organizations. *Journal of the International Ombudsman Association, 2*(1), 1–9.

Sears, D. O. (1988). Symbolic racism. In P. A. Katz & D. A. Taylor (Eds.), Eliminating racism: Profiles in controversy (pp. 53–84). New York, NY: Plenum.

Sears, D. O., & Henry, P. J. (2003). The origins of symbolic racism. *Personality and Social Psychology Review, 85*(2), 259–275.

Sears, M. (2018, January). I'll start 2018 by recognizing my white privilege. *The Globe and Mail.* Retrieved from: https://www.theglobeandmail.com/opinion/ill-start-2018-by-recognizing-my-white-privilege/article37472875/

Seelman, K. L. (2016). Transgender adults' access to college bathrooms and housing and the relationship to suicidality *Journal of Homosexuality, 63*(10), 1378–1399.

Segerstrom, S. C., & Miller, G. E. (2004). Psychological stress and the human immune system: A meta-analytic study of 30 years of inquiry. *Psychological Bulletin, 30,* 601–630.

Segrest, M. (2001). "The soul of White folks." In B. B. Rasmussen, E. Kilenberg, I. J. Nexica, & M. Wray (Eds.), *The making and unmaking of Whiteness* (pp.43–72). Durham, NC: Duke University Press.

Sellers, R. M., & Shelton, J. N. (2003). The role of racial identity in perceived racial discrimination. *Journal of Personality and Social Psychology, 84,* 1070–1092.

Selmi, M. (2017). *The paradox of implicit bias and a plea for a new narrative.* GWU Law School Public Law Research Paper No. 2017–63.

Selye, H. (1956). *The stress of life.* New York, NY: McGraw–Hill.

Selye, H. (1982). Stress: Eustress, distress, and human perspectives. In S. B. Day (Ed.), *Life Stress* (pp. 3–13). New York, NY: Van Nostrand Reinhold.

Shelton, J. N., Richeson, J. A., Salvatore, J., & Hill, D. M. (2006). Silence is not golden: The intrapersonal consequences of not confronting prejudice. In S. Levin & C. Van Laar (Eds.), *Stigma and group inequality: Social psychological perspectives* (pp. 65–81), Mahwah, NJ: Erlbaum.

Shelton, K., & Delgado–Romero, E. A. (2011). Sexual orientation microaggressions: The experience of lesbian, gay, bisexual, and queer clients in psychotherapy. *Journal of Counseling Psychology, 58,* 210–221.

Shenoy–Packer, S. (2015). Immigrant professionals, microaggressions, and critical sensemaking in the U.S. workplace. *Management Communication Quarterly, 29*(2), 257–275.

Shorter–Gooden, K. (2004). Multiple resistance strategies: How African American women cope with racism and sexism. *Journal of Black Psychology, 30*(3), 406–425. doi:10.1177/0095798404266050

Sittner, K. J., Greenfield, B. L., & Walls, M. L. (2018). Microaggressions, diabetes distress, and self-care behaviors in a sample of American Indian adults with type 2 diabetes. *Journal of Behavioral Medicine, 41,* 122–129.

Slavich, G. M., & Irwin, M. R. (2014). From stress to inflammation and major depressive disorder: A social signal transduction theory of depression. *Psychological Bulletin, 140*(3), 774–815.

Slavin, L. A., Rainer, K. I., McCreary, M. L., & Gowda, K. K. (1991). Toward a multicultural model of the stress process. *Journal of Counseling and Development, 70,* 156–163.

Sleeter, C. E., & Bernal, D. D. (2004). Critical pedagogy, critical race theory, and antiracist education. In J. A. Banks (Ed.), *Handbook of research on multicultural education* (2nd ed., pp. 240–258). San Francisco, CA: Jossey-Bass.

Smedley, A., & Smedley, B. D. (2005). Race as biology is fiction, racism as a social problem is real. *American Psychologist, 60,* 16–26.

Smith, J. A., Flowers, P., & Larkin, M. (2009). *Interpretive phenomenological analysis: Theory, method, and research.* London, UK: Sage.

Smith, J. A., & Osborn, M. (2007). Pain as an assault on the self: An interpretative phenomenological analysis of the psychological impact of chronic benign low back pain. *Psychology & Health, 22*(5), 517–534.

Smith, L., Kashubeck–West, S., Payton, G., & Adams, E. (2017). White professors teaching about racism: Challenges and rewards. *The Counseling Psychologist, 45*(5), 651–668.

Smith, L. C., Mao, S., & Deshpande, A. (2016) "Talking across worlds": Classist microaggressions and higher education. *Journal of Poverty, 20*(2), 127–151.

Smith, L. C., & Shin, R. Q. (2014). Queer blindfolding: A case study on difference "blindness" toward persons who identify as lesbian, gay, bisexual, and transgender. *Journal of Homosexuality, 61*(7), 940‒961.

Smith, N. G., & Ingram, K. M. (2004). Workplace heterosexism and adjustment among lesbian, gay, and bisexual individuals: The role of unsupportive social interactions. *Journal of Counseling Psychology, 51,* 57‒67.

Smith, T. B., & Trimble, J. E. (2016). *Foundations of multicultural psychology: Research to inform effective practice.* Washington, DC: American Psychological Association.

Smith, W. A. (2004). Black faculty coping with racial battle fatigue: The campus racial climate in a post-civil rights era. In D. Cleveland (Ed.), *A long way to go: Conversations about race by African American faculty and graduate students* (pp. 171‒190). New York, NY: Peter Lang.

Smith, W. A., Mustaffa, J. P., Jones, C. M., Curry, T. J., & Allen, W. R. (2016) "You make me wanna holler and throw up both my hands!": Campus culture, Black misandric microaggressions, and racial battle fatigue. *International Journal of Qualitative Studies in Education, 29*(9), 1189‒1209.

Sojo, V. E., Wood, R. E., & Genat, A. E. (2016). Harmful workplace experiences and women's occupational well-being: A meta-analysis. *Psychology of Women Quarterly, 40*(1), 10‒40.

Solorzano, D., Ceja, M., & Yosso, T. (2000). Critical race theory, racial microaggressions, and campus racial climate: The experiences of African American college students. *Journal of Negro Education, 69*(1/2), 60‒73.

Souza, T. J. (2018). "Responding to Microaggressions in the Classroom: Taking ACTION." *Faculty Focus Premium.* Retrieved from https://www.facultyfocus.com/articles/effective-classroom-management/responding-to-microaggressionsin-the-classroom

Spangenberg, J. J., & Pieterse, C. (1995). Stressful life events and psychological status in Black South African women. *Journal of Social Psychology, 135,* 439‒445.

Spanierman, L. B. (2015). White racial identity: Looking back and considering what is ahead. In L. Salett & D. Koslow (Eds.), *Race, ethnicity, and self: Identity in multicultural perspective* (2nd ed., pp. 123‒138). New York, NY: National Association of Social Workers.

Spanierman, L. B., & Cabrera, N. L. (2015). The emotions of White racism and antiracism. In V. Watson, D. Howard-Wagner, and L. B. Spanierman (Eds.), *Unveiling Whiteness in the 21st century: Global manifestations, transdisciplinary interventions* (pp. 9‒28). Lanham, MD: Lexington Books.

Spanierman, L. B., & Clark, D. A. (2019). *Teaching about microaggressions: A qualitative study of sources, methods, and recommendations.* Manuscript in preparation.

Spanierman, L. B., & Heppner, M. J. (2004). Psychosocial Costs of Racism to Whites scale (PCRW): Development and initial validation. *Journal of Counseling Psychology, 51,* 249‒262.

Spanierman, L. B., Oh, E., Heppner, P., Neville, H. A., Mobley, M., Wright, C. V., ⋯ Navarro, R. (2011). The Multicultural Teaching Competency Scale: Development and initial validation. *Urban Education, 46*(3), 440‒464.

Spanierman, L. B., Oh, E., Poteat, V. P., Hunt, A. R., McClair, V. L., Beer, A. M., & Clarke, A. M. (2008). White university students' responses to societal racism. *The Counseling Psychologist, 36,* 839‒870.

Spanierman, L. B., Poteat, V. P., Beer, A. M., & Armstrong, P. I. (2006). Psychosocial costs of racism to Whites: Exploring patterns through cluster analysis. *Journal of Counseling Psychology, 53*(4), 434‒441.

Spanierman, L. B., Poteat, V. P., Wang, Y. F., & Oh, E. (2008). Psychosocial costs of racism to white counselors: Predicting various dimensions of multicultural counseling competence. *Journal of Counseling Psychology, 55*(1), 75‒88.

Spanierman, L. B., Poteat, V. P., Whittaker, V. A., Schlosser, L. Z., & Arevalo Avalos, M. R. (2017). Allies for life? Lessons from White scholars of multicultural psychology. *The Counseling Psychologist, 45*(5), 618‒650.

Spanierman, L. B., & Smith, L. (2017). Roles and responsibilities of White allies: Implications for research, teaching, and practice. *The Counseling Psychologist, 45*(5), 606‒617. doi:10.1177/0011000017717712

Spanierman, L. B., Todd, N. R., & Anderson, C. J. (2009). Psychosocial costs of racism to Whites: Understanding patterns among university students. *Journal of Counseling Psychology, 56,* 239‒252.

Speight, S. L. (2007). Internalized racism: One more piece of the puzzle. *The Counseling Psychologist, 35*(1), 126‒134. doi:10.1177/0011000006295119

Spengler, E. S., Miller, D. J., & Spengler, P. M. (2016). Microaggressions: Clinical errors with sexual minority clients. *Psychotherapy, 53*(3), 360‒366.

Spindel, C. (2000). *Dancing at halftime: Sports and the controversy over American Indian mascots.* New York, NY: New York University Press.

Stambor, Z. (2006). Stressed-out nation. *Monitor in Psychology, 37,* 28‒29.

Steele, C. M. (1997). A threat in the air: How stereotypes shape intellectual identity and performance. *American Psychologist, 52*(6), 613‒629.

Steele, C. M. (2003). Race and the schooling of Black Americans. In S. Plous (Ed.), *Understanding prejudice and discrimination* (pp. 98 – 107). New York, NY: McGraw–Hill.

Steele, C. M., Spencer, S. J., & Aronson, J. (2002). Contending with group image: The psychology of stereotype and social identity threat. In M. Zanna (Ed.), *Advances in experimental social psychology* (Vol. 23, pp. 379 – 440). New York, NY: Academic Press.

Steele, M. S., & McGarvey, S. T. (1997). Anger expression, age, and blood pressure in modernizing Samoan adults. *Psychosomatic Medicine, 59,* 632 – 637.

Sternberg, R. J. (2001). *Wisdom, intelligence, and creativity synthesized.* New York, NY: Cambridge University Press. doi:10.1017/CBO9780511509612

Stevens, F. G., Plaut, V. C., & Sanches–Burks, J. (2008). Unlocking the benefits of diversity. *Journal of Applied Behavioral Science, 44,* 116 – 133.

Stroud, A. (2012). Good guys with guns: Hegemonic masculinity and concealed handguns. *Gender & Society, 26,* 216 – 238.

Suarez–Orozco, C., Casañova, S., Martin, M., Katsiaficas, D., Cuellar, V., Smith, N. A., & Dias, S. I. (2015). Toxic rain in class: Classroom interpersonal microaggressions. *Educational Researcher, 44*(3), 151 – 160.

Sue, D., Sue, D. W., & Sue, S. (2010). *Understanding abnormal behavior* (9th ed.). Boston, MA: Wadsworth.

Sue, D. W. (2003). *Overcoming our racism: The journey to liberation.* San Francisco, CA: Jossey–Bass. doi:10.1002/9780787979690

Sue, D. W. (2004). Whiteness and ethnocentric monoculturalism: Making the "invisible" visible. *American Psychologist, 59,* 759 – 769.

Sue, D. W. (2005). Racism and the conspiracy of silence. *Counseling Psychologist, 33*(1), 100 – 114.

Sue, D. W. (2008). Multicultural organizational consultation: A social justice perspective. *Consulting Psychology Journal: Practice and Research, 60,* 157 – 169.

Sue, D. W. (2010). *Microaggressions in everyday life: Race, gender & sexual orientation.* Hoboken, NJ: John Wiley & Sons.

Sue, D. W. (2013). Race talk: The psychology of racial dialogues. *American Psychologist, 68*(8), 663 – 672.

Sue, D. W. (2015). *Race talk and the conspiracy of silence: Understanding and facilitating Difficult dialogues on race.* Hoboken, NJ: Wiley.

Sue, D. W. (2017a). The challenges of becoming a White ally. *The Counseling Psychologist, 45*(5), 706 – 716.

Sue, D. W. (2017b). Microaggressions and "evidence": Empirical or experiential reality? *Perspectives on Psychological Science, 12*(1), 170 – 172.

Sue, D. W. (2018). Microaggressions and student activism. In Torino, G. C., Rivera, D. P., Capodilupo, C. M., Nadal, K. L., & Sue, D. W. (Eds.), *Microaggressions theory: Influence and implications* (pp. 229 – 243). Hoboken, NJ: Wiley.

Sue, D. W., Alsaidi, S., Awad, M. N., Glaeser, E., Calle, C. Z., & Mendez, N. (2019). Disarming racial microaggressions: Microintervention strategies for targets, White allies, and bystanders. *American Psychologist, 74,* 128 – 142. doi:10.1037/amp0000296

Sue, D. W., Bernier, J. E., Durran, A., Feinberg, L., Pedersen, P., Smith E. J., & Vasquez–Nuttall, E. (1982). Position paper: Cross–cultural counseling competencies. *Counseling Psychologist, 10,* 45 – 52.

Sue, D. W., Bucceri, J., Lin, A. I., Nadal, K. L., & Torino, G. C. (2007). Racial microaggressions and the Asian American experience. *Cultural Diversity and Ethnic Minority Psychology, 13*(1), 72 – 81.

Sue, D. W., & Capodilupo, C. M. (2008). Racial, gender, and sexual orientation microaggressions: Implications for counseling and psychotherapy. In D. W. Sue & D. Sue (Eds.), *Counseling the culturally diverse: Theory and practice* (5th ed., pp. 109 – 131). Hoboken, NJ: Wiley.

Sue, D. W., Capodilupo, C. M., & Holder, A. M. B. (2008). Racial microaggressions in the life experience of Black Americans. *Professional Psychology: Research and Practice, 39*(3), 329 – 336.

Sue, D. W., Capodilupo, C. M., Nadal, K. L., & Torino, G. C. (2008). Racial microaggressions and the power to define reality. *American Psychologist, 63*(4), 277 – 279.

Sue, D. W., Capodilupo, C. M., Torino, G. C., Bucceri, J. M., Holder, A. M. B., Nadal, K. L., & Esquilin, M. E. (2007). Racial microaggressions in everyday life: Implications for clinical practice. *American Psychologist, 62*(4), 271 – 286. doi:10.1037/0003066X.62.4.271

Sue, D. W., & Constantine, M. G. (2007). Racial microaggressions as instigators to difficult dialogues on race: Implications for student affairs educators and students. *Journal of Student College Personnel, 26,* 136 – 143.

Sue, D. W., Lin, A. I., & Rivera, D. P. (2009). Racial microaggressions in the workplace: Manifestation and impact. In J. Chin (Ed.), *Diversity in mind and in action* (pp. 157 – 172). Westport, CT: Praeger Press.

Sue, D. W., Lin, A. I., Torino, G. C., Capodilupo, C. M., & Rivera, D. P. (2009). Racial microaggressions and difficult dialogues in the classroom. *Cultural Diversity and Ethnic Minority Psychology, 15,* 183 – 190.

Sue, D. W., Nadal, K. L., Capodilupo, C. M., Lin, A. I., Torino, G. C., & Rivera, D. P. (2008). Racial microaggressions against Black Americans: Implications for counseling. *Journal of Counseling and Development, 86*, 330 - 338.

Sue, D. W., Rivera, D. P., Capodilupo, C. M., Lin, A. I., & Torino, G. C. (2010). Racial dialogues and White trainee fears: Implications for education and training. *Cultural Diversity and Ethnic Minority Psychology, 16*(2), 206 - 214.

Sue, D. W., Rivera, D. P., Watkins, N. L., Kim, R. H., Kim, S., & Williams, C. D. (2011). Racial dialogues: Challenges faculty of color face in the classroom. *Cultural Diversity and Ethnic Minority Psychology, 17*, 331 - 340.

Sue, D. W., & Sue, D. (2008). *Counseling the culturally diverse: Theory and practice* (5th ed.). Hoboken, NJ: Wiley.

Sue, D. W., & Sue, D. (2016). *Counseling the culturally diverse: Theory and practice* (7th ed.). Hoboken, NJ: Wiley.

Sue, D. W., Sue, D., Neville, H. A., & Smith, L. (2019). *Counseling the culturally diverse: Theory and practice* (8th ed.). Hoboken, NJ: Wiley.

Sue, D. W., & Torino, G. C. (2005). Racial-cultural competence: Awareness, knowledge, and skills. In R. T. Carter (Ed.), *Handbook of racial-cultural psychology and counseling, Vol. 2. Training and practice* (pp. 3 - 18). Hoboken, NJ: Wiley.

Sue, D. W., Torino, G. C., Capodilupo, C. M., Rivera, D. P., & Lin, A. I. (2009). How White faculty perceive and react to difficult dialogues on race: Implications for education and training. *Counseling Psychologist, 37*(8), 1090 - 1115.

Sue, S., Fujino, D. C., Hu, L. T., Takeuchi, D. T., & Zane, N. W. S. (1991). Community mental health services for ethnic minority groups: A test of the cultural responsiveness hypothesis. *Journal of Consulting and Clinical Psychology, 59*(4), 533 - 540.

Sunshower Learning (2007). *Ouch! That stereotype hurts.* Retrieved from: http://www.Ouch-Video.com

Swim, J. K., Aikin, K. J., Hall, W. S., & Hunter, B. A. (1995). Sexism and racism: Old-fashioned and modern prejudices. *Personality and Social Psychology Review, 68*(2), 199 - 214.

Swim, J. K., & Cohen, L. L. (1997). Overt, covert, and subtle sexism a comparison between the attitudes toward women and modern sexism scales. *Psychology of Women Quarterly, 21*, 103 - 118.

Swim, J. K., Hyers, L. L., Cohen, L. L., & Ferguson, M. J. (2001). Everyday sexism: Evidence for its incidence, nature, and psychological impact from three daily dairy studies. *Journal of Social Issues, 57*, 31 - 53.

Swim, J. K., Mallett, R., & Stangor, C. (2004). Understanding subtle sexism: Detection and use of sexist language. *Sex Roles, 51*, 117 - 128.

Szymanski, D. M. (2009). Examining potential moderators of the link between heterosexist events and gay and bisexual men's psychological distress. *Journal of Counseling Psychology, 56*(1), 142 - 151. doi:10.1037/0022 - 0167.56.1.142

Tanaka, K. [helpmefindparents]. (2013, May 23). What kind of Asian are you? [Video file]. Retrieved from https:// www.youtube.com/watch?v=DWynJkN5HbQ

Tatum, B. D. (1997). *Why are all the Black kids sitting together in the cafeteria?* New York, NY: Basic Books. doi:10.1080/00131729908984411

Tatum, B. D. (2002). Breaking the silence. In P. S. Rothenberg (Ed.), *White privilege* (pp. 115 - 120). New York, NY: Worth.

Terrell, F., Taylor, J., Menzise, J., & Barrett, R. K. (2009). Cultural mistrust: A core component of African American consciousness. In H. A. Neville, B. M. Tynes, & S. O. Utsey (Eds.), *Handbook of African American Psychology* (pp. 299 - 309). Thousand Oaks, CA: Sage.

Terry, R. W. (1981). The negative impact on White values. In B. J. Bowser & R. G. Hunt (Eds.), *Impacts of racism on White Americans* (pp. 119 - 151). Beverly Hills, CA: Sage.

Thai, C. J., Lyons, H. Z., Lee, M. R., & Iwasaki, M. (2017). Microaggressions and selfesteem in emerging Asian American adults: The moderating role of racial socialization. *Asian American Journal of Psychology, 8*(2), 83 - 93.

TheChristinal. (2012, January 24). *Shit White girls say to Latinas* [Video file]. Retrieved from https://www.youtube.com/watch?v=ZcQSLJHpwCA

Thomas, K. R. (2008). Macrononsense in multiculturalism. *American Psychologist, 63*, 274 - 275. doi:10.1037/0003 - 066X.63.4.274

Topps, J. (2018). Why I'll be choosing my next therapist by race. *Glamour Magazine.* Retrieved from https://www.glamour.com/story/choosing-my-therapist-by-race

Torino, G. C., Rivera, D. P., Capodilupo, C. M., Nadal, K. L., & Sue, D. W. (2018). Everything you wanted to know about microaggressions but didn't get a chance to ask. In G. C. Torino, D. P. Rivera, C. M. Capodilupo, K. L. Nadal, & D. W. Sue (Eds.), *Microaggression theory: Influence and implications* (pp. 3 - 15). Hoboken, NJ: Wiley.

Torres, L., Driscoll, M. W., & Burrow, A. L. (2010). Racial microaggressions and psychological functioning among highly achieving African-Americans: A mixedmethods approach. *Journal of Social and Clinical Psychology, 29*(10), 1074 - 1099.

Torres, L., & Ong, A. D. (2010). A daily diary investigation of Latino ethnic identity, discrimination, and depression. *Cultural Diversity and Ethnic Minority Psychology, 16*(4), 561–568.

Torres, L., & Taknint, J. T. (2015). Ethnic microaggressions, traumatic stress symptoms, and Latino depression: A moderated mediational model. *Journal of Counseling Psychology, 62*(3), 393–401.

Torres-Harding, S. R., Andrade, A. L., Jr., & Romero Diaz, C. E. (2012). The Racial Microaggressions Scale (RMAS): A new scale to measure experiences of racial microaggressions in people of color. *Cultural Diversity and Ethnic Minority Psychology, 18*(2), 153–164.

Torres-Harding, S. R., & Turner, T. (2015). Assessing racial microaggression distress in a diverse sample. *Evaluation & The Health Professions, 38*(4), 464–490.

Tran, A. G., & Lee, R. M. (2014). You speak English well! Asian Americans' reactions to an exceptionalizing stereotype. *Journal of Counseling Psychology, 61*(3), 484–490.

Trepagnier, B. (2010). *Silent racism: How well-meaning White people perpetuate the racial divide* (2nd ed.). Boulder, CO: Paradigm Publishers.

Trinkner, R., Tyler, T. R., & Goff, P. A. (2016). Justice from within: The relations between a procedurally just organizational climate and police organizational efficiency, endorsement of democratic policing, and officer well-being. Psychology, *Public Policy, and Law, 22*(2), 158–172.

Tucker, C., Kojetin, B., & Harrison, R. (1996). A statistical analysis of the CPS supplement on race and ethnic origin. Retrieved from https://www.census.gov/prod/2/gen/96arc/ivatuck.pdf

Turner, G. W., Pelts, M., & Thompson, M. (2018). Between the academy and queerness: Microaggressions in social work education. *Journal of Women and Social Work, 33*(1), 98–111.

Ulloa, J. G., & Talamantes, E., & Moreno, G. (2016). Microaggressions during medical training. *JAMA, 316,* 1113–1114.

Underwood, A. (2005, October 3). *The good heart.* Newsweek, 49–55.

U.S. Department of Health and Human Services. (2001). Mental health: Culture, race, and ethnicity–A supplement to mental health: A report of the surgeon general. Rockville, MD: U.S. Department of Health and Human Services, Substance Abuse and Mental Health Services Administration, Center for Mental Health Services.

Utsey, S. O., Gernat, C. A., & Hammar, L. (2005). Examining White counselor trainees' reactions to racial issues in counseling and supervision dyads. *Counseling Psychologist, 33,* 449–478.

Utsey, S. O., Giesbrecht, N., Hook, J., & Stanard, P. M. (2008). Cultural, sociofamilial, and psychological resources that inhibit psychological distress in African Americans exposed to stressful life events and race-related stress. *Journal of Counseling Psychology, 55,* 49–62.

Utsey, S. O., & Hook, J. N. (2007). Heart rate variability as a physiological moderator of the relationship between race-related stress and psychological distress in African Americans. *Journal of Counseling Psychology, 13,* 250–253.

Utsey, S. O., & Ponterotto, J. G. (1996). Development and validation of the Index of Race-Related Stress (IRRS). Journal of Counseling Psychology, 43, 490–502.

Valentiner, D. P., Foa, E. B., Riggs, D. S., & Gershuny, B. S. (1996). Coping strategies and posttraumatic stress disorder in female victims of sexual and nonsexual assault. *Journal of Abnormal Psychology, 105,* 455–458.

VICE News. (2017). *Charlottesville: Race and terror.* [Television series episode]. In Vice News Tonight. Brooklyn, NY: VICE News.

Vizenor, G. (Ed.). (2008). *Survivance: Narratives of native presence.* Lincoln, NE: University of Nebraska Press.

Wah, L. M. (Director). (1994) *The color of fear.* [Documentary]. Berkeley, CA: Stir-Fry Seminars & Consulting.

Wah, L. M. (Director). (2003). *Last chance for Eden.* [Documentary]. Berkeley, CA: Stir-Fry Seminars & Consulting.

Wang, Y.-W. (2008). Qualitative research. In P. P. Heppner, B. E. Wampold, & D. M. Kivlighan, *Research design in counseling* (3rd ed., pp. 256–295). Belmont, CA Thomson: Brooks/Cole.

Wang, J., Leu, J., & Shoda, Y. (2011). When the seemingly innocuous "stings": Racial microaggressions and their emotional consequences. *Personality and Social Psychology Bulletin, 37*(12), 1666–1678.

Waters, A. (2010, August–September). Injustice. [Review of the book Injustice, by Daniel Dorling]. *Local Economy, 25,* 523–525. doi:10.1080/09581596.2010.543847

Watt, S. K. (2007). Difficult dialogues, privilege and social justice: Uses of the privileged identity exploration (PIE) model in student affairs practice. *College Student Affairs Journal, 26*(2), 114–126.

Weber, A., Collins, S.-A., Robinson-Wood, T., Zeko-Underwood, E., & Poindexter, B. (2018). Subtle and severe: Microaggressions among racially diverse sexual minorities. *Journal of Homosexuality, 65*(4), 540–559.

Wegner, R., & Wright, A. J. (2016) A psychometric evaluation of the homonegative microaggressions scale. *Journal of Gay & Lesbian Mental Health 20*(4), 299–318.

Wei, M., Ku, T-Y., Russell, D. W., Mallinckrodt, B., & Liao, K. Y-H. (2008). Moderating effects of three coping strategies and self-esteem on perceived discrimination and depressive symptoms: A minority stress model for Asian, international students. *Journal of Counseling Psychology, 55,* 451－561.

Wilding, T. (1984). Is stress making you sick? American Health, 6, 2－5.

Wildman, S. M., & Davis, A. D. (2002). Making systems of privilege visible. In P. S. Rothenberg (Ed.), *White privilege* (pp. 89－95). New York, NY: Worth.

Williams, D. R., Neighbors, H. W., & Jackson, J. S. (2003). Racial/ethnic discrimination and health: Findings from community studies. *American Journal of Public Health, 93*(2), 200－208.

Williams, M. T. (2019). Microaggressions: Clarification, evidence, and impact. *Perspectives on Psychological Science,* 1－24.

Williams, R. D., & Williams-Morris, R. (2000). Racism and mental health: The African American experience. *Ethnicity and Health, 5*(3－4), 243－268. doi:10.1080/713667453

Willow, R. A. (2008). Lived experience of interracial dialogue on race: Proclivity to participate. *Journal of Multicultural Counseling and Development, 36,* 40－51.

Wineman, S. (2017, August 9). Racism diminishes us all, even White men like me. Retrieved from http://www.wbur. org/cognoscenti/2017/08/09/detroit-riots-1967-steven-wineman

Winter, S. (1977). Rooting out racism. Issues in Radical Therapy, 17, 24－30.

Wintner, S., Almeida, J., & Hamilton-Mason, J. (2017). Perceptions of microaggression in K－8 school settings: An exploratory study. *Children and Youth Services Review, 79,* 594－601.

Wong, G., Derthick, A. O., David, E. J. R., Saw, A., & Okazaki, S. (2014). The what, the why, and the how: A review of racial microaggressions research in psychology. *Race and social problems, 6*(2), 181－200.

Wong-Padoongpatt, G., & Rider, G. N. (2018, August). *"Still we rise": A fight for the microaggression research program.* Poster presented at the annual convention of the American Psychological Association, San Francisco, CA.

Wong-Padoongpatt, G., Zane, N., Okazaki, S., & Saw, A. (2017). Decreases in implicit self-esteem explain the racial impact of microaggressions among Asian Americans. *Journal of Counseling Psychology, 64*(5), 574－583.

Woodford, M. R., Chonody, J. M., Kulick, A., Brennan, D. J., & Renn, K. (2015). The LGBQ microaggressions on campus scale: A scale development and validation study. *Journal of Homosexuality, 62*(12), 1660－1687.

Woodford, M. R., Joslin, J. Y., Pitcher, E. N., & Renn, K. A. (2017). A mixed-methods inquiry into trans* environmental microaggressions on college campuses: Experiences and outcomes. *Journal of Ethnic & Cultural Diversity in Social Work, 26,* 95－111.

Woodford, M. R., Kulick, A., Sinco, B. R., & Hong, J. S. (2014). Contemporary heterosexism on campus and psychological distress among LGBQ students: The mediating role of self-acceptance. *American Journal of Orthopsychiatry, 84*(5), 519－529.

Worthington, R. L., & Reynolds, A. L. (2009). Within-group differences in sexual orientation and identity. *Journal of Counseling Psychology, 56,* 44－55.

Worthington, R. L., & Whittaker, T. A. (2006). Scale development research: A content analysis and recommendations for best practices. *Counseling Psychologist, 34*(6), 806－838.

Wright, A. J., & Wegner, R. T. (2012). Homonegative microaggressions and their impact on LGB individuals: A measure validity study. *Journal of LGBT Issues in Counseling, 6*(1), 34－54. doi.org/10.1080/15538605.2012.648 578

Yellow Bird, M. (1999). What we want to be called: Indigenous peoples' perspectives on racial and ethnic identity labels. *American Indian Quarterly 23,* 1－21.

Ylioja, T., Cochran, G., Woodford, M. R., & Renn, K. A. (2018). Frequent experience of LGBQ microaggression on campus associated with smoking among sexual minority college students. Nicotine & Tobacco Research, 20(3), 340－346.

Yoo, H. C., & Lee, R. M. (2008). Does ethnic identity buffer or exacerbate the effects of frequent racial discrimination on situational well-being of Asian Americans? *Journal of Counseling Psychology, 55,* 63－74.

Yosso, T., Smith, W., Ceja, M., & Solorzano, D. (2009). Critical race theory, racial, microaggressions, and campus racial climate for Latina/o undergraduates. *Harvard Educational Review, 79*(4), 659－691.

Young, G. (2003). Dealing with difficult classroom dialogue. In P. Bronstein & K. Quina (Eds.), *Teaching gender and cultural awareness: Resources for the psychology classroom* (pp. 347－360). Washington, DC: American Psychological Association.

찾아보기

미세공격
삶을 무너뜨리는 일상의 편견과 차별

초판 1쇄 발행 2022년 12월 27일

지은이   데럴드 윙 수, 리사 베스 스패니어만
옮긴이   김보영
펴낸이   김명희
편집부장   이은희
편집   김재실
디자인   육일구디자인

펴낸곳   다봄교육 등록 2011년 6월 15일 제2021-000136호
주소   서울시 마포구 토정로 222 한국출판콘텐츠센터 305호
전화   02-446-0120
팩스   0303-0948-0120
전자우편   dabombook@hanmail.net
인스타그램 instagram.com/dabom_books

ISBN 979-11-92148-42-7 93330

- 다봄교육은 출판사 다봄의 교육 도서 브랜드입니다.
- 책값은 뒤표지에 있습니다.
- 잘못 만든 책은 구입하신 곳에서 교환해 드립니다.